Ullstein

ÜBER DAS BUCH:

Mit der Erfindung der Mickymaus legte Walt Disney 1928 den Grundstein für ein Freizeitunternehmen, das heute mit Kinofilmen, Fernsehserien und Videos, mit Unterhaltungsparks, Spielzeug, Büchern und Musikmedien weltweit engagiert ist. Beflügelt von dem typischen Disney-Erfindungsreichtum und seit 1984 unterstützt von einem einzigartigen Management-Team, steht der Disney-Konzern mittlerweile wie kein anderer für wirtschaftliche Rekordleistungen. Unter Michael Eisners Leitung stieg Disneys Börsenwert von weniger als zwei Milliarden auf etwa 18 Milliarden Dollar, der Reingewinn der Gesellschaft explodierte von 98 auf 824 Millionen Dollar. Die Verbindung kreativen Denkens und innovativen Managements hatte schon Walt und seinen Bruder Roy Disney zum Erfolg geführt und Anfang der 90er Jahre für das »Wirtschaftswunder« des bekanntesten Unterhaltungskonzerns der Welt gesorgt. Ron Grover, einer der Topleute unter Hollywoods Wirtschaftsjournalisten, erzählt die atemberaubende Erfolgsgeschichte des Konzerns. Er führt hinter die Kulissen und zeigt, wie Eisner und sein Team die Chance nutzten, Disneys »Magisches Königreich« zu einem Unterhaltungsimperium aufzubauen.

DER AUTOR:

Ron Grover, ausgebildet an der Columbia School of Journalism in New York, leitet die Redaktion der *Business Week* in Los Angeles. Er lebt in Pasadena, Kalifornien.

Ron Grover

Die Disney Story

Ullstein

Sachbuch
Ullstein Buch Nr. 35366
im Verlag Ullstein GmbH,
Frankfurt/M — Berlin
Titel der amerikanischen Originalausgabe:
The Disney Touch
Aus dem Amerikanischen von
Klaus-Dieter Schmidt

Ungekürzte Ausgabe
Mit 24 Farbabbildungen

Umschlagentwurf:
Dietmar Suchalla
Alle Rechte vorbehalten
© der amerikanischen Originalausgabe
1991 by Richard D. Irwin, Inc.
© der deutschen Ausgabe 1992 by
Verlag Ullstein GmbH, Frankfurt/M.,
Berlin
© der Übersetzung by Verlag Ullstein GmbH,
Frankfurt/M., Berlin
Printed in Germany 1994
Druck und Verarbeitung:
Clausen & Bosse, Leck
ISBN 3 548 35366 5

Februar 1994

Gedruckt auf alterungsbeständigem Papier
mit chlorfrei gebleichtem Zellstoff

Die Deutsche Bibliothek – CIP-Einheitsaufnahme
Grover, Ron:
Die Disney-Story / Ron Grover.
[Aus dem Amerik. von Klaus-Dieter Schmidt].
– Ungekürzte Ausg. – Frankfurt/M.;
Berlin: Ullstein, 1994
(Ullstein-Buch; Nr. 35366: Ullstein-Sachbuch)
Einheitssacht.: The Disney touch <dt.>
ISBN 3-548-35366-5
NE: GT

Inhalt

Vorwort
11

Danksagung
17

Einführung
20

Kapitel 1
Das Haus, das Walt baute
24

Kapitel 2
Eines Tages wird mein Prinz kommen
51

Kapitel 3
Neuanfang im »Magischen Königreich«
66

Kapitel 4
Team Disney
80

Kapitel 5
Lord Micky wird reicher
99

Kapitel 6
ZOFF IN BURBANK
122

Kapitel 7
DER GRIFF NACH DEN STERNEN
151

Kapitel 8
MR. SPIELBERG KOMMT NACH TOONSTADT
165

Kapitel 9
DIE SCHÄTZE AUS DEM SCHLOSSKELLER
193

Kapitel 10
DAS LEERE NEST
216

Kapitel 11
AUF DEM WEG ZU NEUEN UFERN
237

Kapitel 12
EIN KÖNIGREICH FÜR EUROPA
257

Kapitel 13
HÜTER DER SCHATZTRUHEN
287

Kapitel 14
HOLLYWOOD SHUFFLE
311

Kapitel 15
WENN MICKYMAUS GRANTIG WIRD
335

Kapitel 16
TROMMELN FÜR MICKYMAUS
360

Kapitel 17
JENSEITS VON TOMORROWLAND
378

Quellenverzeichnis
395

Register
409

*Für meine Tochter Elizabeth,
die jeden Tag beweist,
daß Wünsche Wirklichkeit werden können*

Vorwort

»Gibt es keine Möglichkeit, Ihnen dieses Buch auszureden?« fragte mich Michael Eisner, als ich sein Büro betrat. Es war nicht die Reaktion, die ich erwartet hatte.

Ich war, gelinde gesagt, perplex. Nach allem, was ich wußte, war Michael Eisner, der Aufsichtsratsvorsitzende der Walt Disney Company, nicht gerade ein schüchterner Mann. Das sind nur wenige in Hollywood. Und wie mir jeder Reporter, der sich mit der Unterhaltungsindustrie befaßt, bestätigen wird, gibt es nur wenige Firmen, die die Presse so eifrig zur Berichterstattung ermuntern wie Disney. Im übrigen konnte Disney mit einer großartigen Cinderella-Geschichte des Aufstiegs aus der Armut zu ungeahntem Reichtum aufwarten. Das Problem war nur, daß Eisner offenbar einem anderen Gedankengang folgte. »Wenn alle Welt anfängt, Bücher darüber zu schreiben, wie großartig man ist«, erklärte er, »ist das der Anfang vom Ende.«

Man konnte ihm seine abergläubische Furcht nicht verübeln. Seit er und Frank Wells auf den Plan getreten waren, hatte das auf der Beliebtheit von Mickymaus und Donald Duck gegründete Unternehmen eine Metamorphose erlebt, die in der amerikanischen Wirtschaft kaum ihresgleichen hat. Aus dem glanzlosen Betreiber von Vergnügungsparks war bis Anfang der 90er Jahre ein Unterhaltungsgigant geworden. Die Unternehmenserträge, die vor Eisners Eintritt bei Disney drei Jahre lang stetig gesunken waren, hatten sich unter seiner Leitung auf mehr als das Achtfache gesteigert, so daß Disney, dessen chronische Leistungsschwäche einst von den Investmentbankern verspottet wurde, zum Liebling der Wall Street avancierte.

1990 wußte so gut wie jeder in Amerika, wer Michael Eisner war.

Sein jungenhaftes Gesicht mit dem großen Mund und den braunen Locken war auf den Titelseiten von *Time, Newsweek, Business Week* und Dutzender anderer Zeitschriften zu sehen. Gleichzeitig war Eisner zu einem der höchstbezahlten Manager geworden. Aber er hatte sich, wie ich später erfuhr, stets geweigert, an einem Buch mitzuarbeiten. Seine offenkundige Reserviertheit reizte mich jedoch nur noch mehr, dieses Buch zu schreiben.

Während der Recherchen lernte ich Michael Eisner als jemanden kennen, der von bestrickender Liebenswürdigkeit sein kann. Als Showmaster der am Sonntagabend laufenden Disney-Fernsehshow kaspert der Aufsichtsratsvorsitzende der Gesellschaft mit Goofy und Pluto herum und sprüht nur so von selbstironischem Humor. Außerdem ist er ein hingebungsvoller Familienmensch, der in seine jährlichen Geschäftsberichte Verweise auf die neuesten schulischen Aufgaben seines Sohnes einstreut. Sind keine Fernsehkameras oder Reporter in der Nähe, ist er jedoch ein scharfsichtiger, entschlossener Geschäftsmann, der mehr als nur ein bißchen unangenehm werden kann.

Ich erfuhr auch, daß Michael Eisner ohne jede falsche Scham stolz auf das ist, was er erreicht hat. Ziemlich sicher wollte er, daß dieses Buch geschrieben wurde. Aber wie ein guter Washingtoner Politiker war er sich bewußt, welchen Wert es hat, das Bild, das sich die Öffentlichkeit von ihm macht, selbst zu bestimmen. Wenn schon ein Buch geschrieben wurde, wollte er sicherstellen, daß er und Disneys gut geschmierte Pressemaschine eine nicht unerhebliche Dosis ihres eigenen »Feenstaubs« zu der Mixtur beisteuerten. Und indem er sich, wenn auch nicht allzu heftig, gegen die Aufmerksamkeit wehrte, wollte er gleichzeitig das Maß seiner Bescheidenheit in das zu entwerfende Bild einführen.

Erwin Okun, Disneys allgegenwärtiger Abteilungsdirektor für Öffentlichkeitsarbeit, hatte Eisners Einwilligung zu dem Buchprojekt bereits erhalten, als ich in Disneys Burbank-Studio bei ihm vorsprach. Die Grundregeln waren einfach. Es würde mein Buch werden – keine von einem Ghostwriter niedergeschriebene Eisner-Version der Geschichte. Die Disney-Manager würden mir ausreichend Zeit widmen, ohne daß ich mich in ihren Vorzimmern häuslich niederlassen würde. Disney würde nicht alle Geheimzimmer zur Besichtigung freigeben, andererseits aber auch nicht das letzte Wort über den Inhalt des Manuskripts haben.

Die Disney-Manager opferten mir schließlich in großzügiger, wenn auch sicherlich nicht verschwenderischer Weise einen Teil ihrer Zeit. Sowohl Michael Eisner als auch der Generaldirektor von Disney, Frank Wells, standen mir drei Stunden lang Rede und Antwort. Jeffrey Katzenberg, Disneys unermüdlicher Studiochef, hatte eine Stunde Zeit für mich, ebenso Dick Nunis, der Chef der Vergnügungsparks, bevor er zu einem seiner vielen Trips nach Orlando aufbrach.

Die Zeiten, die ich mit anderen Disney-Mitarbeitern verbrachte, variierten, aber keiner von ihnen war zu beschäftigt oder zu vorsichtig, um sich mit mir abzugeben. Alles in allem habe ich über 75 Interviews geführt und mehr als 100 Stunden an Tonbandmitschnitten angefertigt. Ron Miller, Walts Schwiegersohn, der als Geschäftsführer ausgeschaltet worden war, gab mir eines seiner seltenen Interviews, ebenso wie Sid Bass, der pressescheue Milliardär aus Fort Worth, der mitten im Getümmel der Übernahmeschlacht von 1984 zur Rettung Disneys antrat. Einige andere Disney-Manager baten darum, anonym bleiben zu dürfen.

Was sich in den Gesprächen herauskristallisierte, war die Story eines neubelebten Genius. Niemand hat jemals die geniale Erfindungsgabe von Walt Disney in Frage gestellt. In anderer Weise und auf einem anderen Feld haben Michael Eisner und sein Team Disney eine ähnliche Gedankenfrische und einen ähnlichen Willen zum Erfolg eingehaucht. Die Kreativität bewies sich dabei nicht nur in neuen Filmdrehbüchern und thematischen Ideen für die Vergnügungsparks, sondern auch in Marketingstrategien und in finanziellen Transaktionen, die das Unternehmen vor übermäßigen Risiken schützten. Vom neuesten Film von Touchstone Pictures bis hin zur Kette der Disney Stores, die fast täglich wächst, blieb kein Unternehmensbereich von der Übernahme durch ein kühnes, kreatives neues Management unberührt.

Michael Eisner war fraglos derjenige, der den Ton angab. Er ist, wie selbst seine Kritiker zugeben, einer der kreativsten Manager

Amerikas. Seine Ideen decken die ganze Bandbreite vom Brillianten bis zum Albernen ab. Er war es, der darauf drängte, daß der Knüller *Drei Männer und ein Baby* gedreht wurde, und der George Lucas überredete, Erlebnisfahrten zu gestalten. Sogar noch während eines Interviews, des ersten, das ich mit ihm führte, nahm er einen Telefonanruf von Bob Small entgegen. Eisner, der gerade aus Orlando zurückgekehrt war, wollte Flitterwöchner nach Disney World locken, und Bob Small hörte sich skeptisch an, wie er ihm den Plan auseinandersetzte, das oberste Stockwerk in Cinderellas Schloß, dem Wahrzeichen in der Mitte des »Magischen Königreichs«, in ein Apartment für frisch Verheiratete umzubauen.

Ich begegnete Michael Eisner zum ersten Mal Anfang 1987. Ich recherchierte damals über die Walt Disney Company, um einen Artikel zu schreiben, der dann als Titelgeschichte in der *Business Week* erschien und der Auslöser für dieses Buch wurde. Der Anlaß, bei dem ich Eisner kennenlernte, war die Eröffnung von »Star Tours«, einem Weltraumpark in Disneyland. In der Folgezeit hatte ich, sowohl im Rahmen meiner Arbeit für *Business Week* als auch während der Recherchen für dieses Buch, mehrmals die Gelegenheit, mit ihm zu sprechen.

Seit unserer ersten Begegnung habe ich Eisner und Disney im Auge behalten und miterlebt, wie aus dem 1,4-Milliarden-Dollar-Unternehmen, das er vorfand, eines mit Einnahmen von 5,8 Milliarden Dollar im Jahr wurde. In dieser Zeit wurde ein fünfter Vergnügungspark eröffnet, ein sechster bei Paris zu bauen begonnen (inzwischen ebenfalls eröffnet) und der Konzern um Fernsehsender, Restaurants und sogar eine Schallplattenfirma erweitert. Disney wurde auf diese Weise zu einem Unternehmen, das von anderen als Maßstab ihres Erfolgs herangezogen wird.

Die Wiederbelebung der Walt Disney Company war in vieler Hinsicht einer jener glücklichen Zufälle, wie sie in der Geschichte manchmal zu verzeichnen sind. Als Michael Eisner und Frank Wells in die Gesellschaft eintraten, befand sich die Unterhaltungsindustrie in einer Krise. Die Einnahmen an den Kinokassen sackten ab, während die neuen Märkte des Heimvideos und der Kabelprogramme rasant expandierten. Gleichzeitig waren die Kinder aus der Zeit des Babybooms in das Alter gekommen, in dem sie auf Disneys Spielzeuge und Filme ansprachen. Aber es bedurfte einer besonderen Managergruppe, um die Möglichkeiten zu sehen und zu ergreifen. Das Disney-Team war diese Gruppe.

Ich habe versucht, eine objektive Darstellung der Ereignisse zu geben. Michael Eisner und die Manager, die er um sich scharte, waren keine Heiligen. Auf den Erfolg fixiert, konnten sie recht kurz angebunden und gelegentlich sogar schroff sein. Unermüdlich die Ergebnisse unter dem Strich im Blick, waren sie hartgesottene Manager und abgebrühte Verhandlungsführer. Ging etwas nicht nach ihrem Willen, schreckten sie nicht davor zurück, vor Gericht zu ziehen. Angestellte wurden gefeuert; andere kündigten von sich aus, da sie in der neuen Disney Company nicht mehr arbeiten wollten. Aber kein Unternehmen kann, meiner Erfahrung nach, auf Märchen allein aufgebaut werden.

Dieses Buch zu schreiben, war nicht leicht. Ohne ständigen Zugang zu Eisner, Wells und den anderen wäre es unmöglich gewesen, lange Gespräche zu rekonstruieren oder die Atmosphäre nächtlicher Sitzungen wieder heraufzubeschwören. Da viele dieser Treffen fünf Jahre vorher stattgefunden hatten, war die Erinnerung an sie selektiv und das Zusammenfügen der Ereignisse um so schwieriger. Ich mußte regelmäßig feststellen, daß ein und dasselbe Treffen von verschiedenen Seiten verschieden erinnert wurde.

Ich habe aus diesem Grund von extensivem Gedankenlesen oder billiger Psychoanalyse Abstand genommen. Geheime Quellen oder mysteriöse Dokumente sind in diesem Buch nicht zu finden. Ich habe außerdem davon abgesehen, die Seiten mit jedem neuen Produkt oder Spielfilm zu füllen, die Disney hervorgebracht hat, und mich statt dessen auf die Dinge konzentriert, die von besonderer Bedeutung für die Gesellschaft waren.

Daneben stellte sich heraus, daß es, anders als bei anderen Unternehmensgeschichten, schwierig werden würde, die Disney-Geschichte streng chronologisch zu erzählen. In ihrer Anfangszeit bei Disney konzentrierten sich Michael Eisner und Frank Wells noch auf eine nicht allzu große Anzahl von Projekten, so daß ihre Aktivitäten in den Rahmen einer geradlinigen Darstellung paßten. Aber je größer und komplizierter die Gesellschaft wurde, desto schwieriger wurde auch meine Aufgabe. Viele Kapitel wurden deshalb einzelnen wichtigen Themen oder Ereignissen gewidmet. So beschäftigen sich gesonderte Kapitel mit Projekten wie dem Pariser Vergnügungspark und andere mit Unternehmensbereichen wie dem Disney-Fernsehnetz und der Konsumgüterproduktion. Einige dieser Kapitel fallen daher notwendigerweise aus der Chronologie heraus.

Schließlich möchte ich darauf hinweisen, daß dieses Buch keine vollständige Geschichte der Walt Disney Company ist. Ich habe mich dafür entschieden, Walts Leben und der Übernahmeschlacht von 1984, die zur Anstellung von Eisner und Wells führte, nur einige wenige Seiten zu widmen. Mein Thema war die Wendung von Disneys Schicksal, *nachdem* die beiden Manager ihre Posten in Burbank angetreten hatten. Die Geschichte der Gesellschaft vor der Ära Eisner war für mich insofern von Belang, als sie die Perspektive bietet, in der die Leistungen seines Managementteams angemessen gewürdigt werden können. Die Dinge, die ich ausgespart habe, sind in Bob Thomas' sorgfältig recherchiertem Buch *Walt Disney. An American Original* und in John Taylors ausgezeichneter Arbeit *Storming the Magic Kingdom* nachzulesen.

Letzten Endes ist die Hauptperson der Disney-Story Walt Disney selbst. Mit unbegrenzter Vorstellungskraft und weit gefächerten Talenten begabt, schuf er ein Unterhaltungsimperium mit einer Substanz, die reichhaltig genug war, um es auch zwei Jahrzehnte uninspirierter Führung überdauern zu lassen. Als Michael Eisner und Frank Wells an dessen Spitze traten, übernahmen sie eine Gesellschaft, die immer noch zu den bekanntesten und beliebtesten der Welt gehörte. Darüber hinaus, und das war vermutlich noch wichtiger, verfügte die Walt Disney Company über einen umfangreichen Immobilienbesitz und einige der marktfähigsten Phantasiegestalten der Welt. Michael Eisner, Frank Wells und die Dutzende von Disney-Managern, die sie um sich sammelten, fügten diesem Erbe ihre eigene Disney-Story hinzu – indem sie auf grandiose Weise neue Möglichkeiten fanden, wie diese Aktiva verwertet und neue Märkte erobert werden können.

Ron Grover

DANKSAGUNG

Nachdem ich über ein Jahr für dieses Buch recherchiert und an ihm geschrieben habe, ist mir zumindest eine große Wahrheit klargeworden: Schreiben kann ein einsames Geschäft sein. Dennoch hatte ich das Glück, die Hilfe und Unterstützung vieler freundlicher, rücksichtsvoller Menschen zu finden. Auch für dieses Buch trifft – wie für die meisten Sachbücher – zu, daß es ohne sie nicht zustande gekommen wäre.

Am tiefsten in der Schuld stehe ich vermutlich bei Hollywoods bestem PR-Manager, Erwin Okun. Voller Wohlwollen und Verständnis hat er mir mit seinem Rat zur Seite gestanden und mir viele verschlossene Türen geöffnet. Die größte dieser Türen war natürlich diejenige, die zu Michael Eisner führte, dem Aufsichtsratsvorsitzenden der Walt Disney Company. Es steht außer Frage, daß dieses Buch in der vorliegenden Form ohne ihn nicht hätte geschrieben werden können. Obwohl er wußte, daß es ein unabhängiges Buch werden würde, hat er mir nicht nur zwei Interviews gewährt, sondern auch gestattet, mit seinen Spitzenmanagern und einigen der Aufsichtsratsmitglieder zu sprechen. Frank Wells verhielt sich ähnlich entgegenkommend, indem er mir in seinem Haus in Beverly Hills am frühen Morgen drei Stunden lang Rede und Antwort stand. Mein Dank gilt beiden.

Auch die anderen Disney-Mitarbeiter waren ohne Ausnahme auf großzügige Weise bereit, mir ihre Zeit zu opfern. Zu jenen, die mir einen Einblick in die Disney-Welt gewährten und denen ich zu großem Dank verpflichtet bin, gehören Roy Disney, Jeffrey Katzenberg, Rich Frank, Dick Nunis, Joe Shapiro, Bo Boyd, Dick Cook, John Cooke, Robert Jacquemin, Steve Burke, Arthur Levitt III., Bob Levin, Jack Lindquist, Bill Mechanic, Ricardo Mestres, Larry

Murphy, Peter Nolan, Paul Pressler, Marty Sklar, Bob Small, Rick Johnson und Ed Nowak.

Mein Dank gilt auch den unermüdlichen Presseleuten von Disney, die mir halfen, die Berge von Dokumenten und Presseerklärungen zusammenzutragen, die ich brauchte: Chuck Champlin, Hilary Clark, Howard Green, Tania Steele, Andi Sporkin, Dave Herbst, Daniel Wolf, Kristin Hogan, Tom Deegan und Ed Pine. Disney-Archivar David Smith und seine Assistentinnen Rose Motzko und Jennifer Hendrickson waren eine reichhaltige Quelle historischer Details und nützlicher Rückblicke.

Besonders danken möchte ich Gary Wilson, der mir in seinem Haus in Malibu mehrere Stunden widmete und mir unschätzbare Informationen gab, und den Disney-Aufsichtsräten Stanley Gold und Ray Watson, die mir von der Disney-Übernahmeschlacht und den Ereignissen berichteten, die Michael Eisner und Frank Wells zu der Gesellschaft brachten.

Sid Bass gab mir am Telefon eines seiner seltenen Interviews, wofür ich ihm besonders dankbar bin. Al Checchi wandte sich dankenswerterweise für einige Zeit von der Leitung der Northwest Airlines ab, um mich an seinem einzigartigen Insiderwissen teilhaben zu lassen. Weitere Einblicke verdanke ich einer ganzen Reihe von Angehörigen der kreativen Gemeinde Hollywoods. Zu jenen, denen mein besonderer Dank gebührt, gehören Sam Cohn, Robert Cort, Bud Crystal, Garry Marshall, Paul Junger Witt, Gary Wolf, Roland Betts, Tom Bernstein und Jerry Zucker.

Unter denen, die Disneys Weg kreuzten und jene Tage für mich wieder aufleben ließen, waren Chuck Cobb, Richard Berger, Jim Jimirro, Stan Kinsey, John Tishman, Tom Wilhite und Rita Henderson. Ich danke ihnen allen. Besonders hervorgehoben sei an dieser Stelle Ron Miller, der, neben allem anderen, ein rechtschaffener, ehrlicher Mann ist.

Einige derjenigen, die die größte Hilfe für mich waren, haben mich gebeten, ihren Beitrag zu diesem Buch nicht zu erwähnen, und ich beuge mich ihrem Wunsch. Ich kann nur hoffen, daß sie alle wissen, wie sehr ich in ihrer Schuld stehe.

Dank sagen möchte ich auch meinen Chefs von der *Business*

Week, Steve Shepard und Keith Felcyn, die mir die Zeit ließen, die ich brauchte, um dieses Buch zu schreiben. Meinen Kollegen im Büro in Los Angeles – Larry Armstrong, Katie Kerwin und Eric Schine – danke ich dafür, daß sie mich und meine langanhaltende Inanspruchnahme durch dieses Buch klaglos ertragen haben.

Ohne das Vertrauen und das Verständnis des Verlags kann kein Buch entstehen. Mein Dank gilt Jeffrey Krames, einem Mann von grenzenloser Begeisterungsfähigkeit, der auch unter gelegentlich aufreibenden Bedingungen stets ein Gentleman blieb. Ohne die Hilfe von Doug Lowell und Maryanne Conlin, ihre Anregungen und ihren scharfen Blick hätte ich mich nie durch das Gewirr meiner Sätze hindurchkämpfen können. Und ohne die kundige Mithilfe von Sharon Miller, eines Engels, der über 3000 Kilometer von mir entfernt seine Arbeit verrichtete, hätte nichts von all dem seinen Weg aus meinem Computer auf eine Druckseite gefunden.

Vor allem aber möchte ich jenen danken, die mir am nächsten stehen und deren Hilfe unschätzbar ist. Mein von Herzen kommender Dank und meine Liebe gelten meinen Eltern, Susan, Coli und vor allem Elizabeth.

R.G.

Einführung

Die Reihen kleiner Häuser und das Gewirr der Lagerhäuser von Burbank verschwanden aus dem Bild in den Fenstern der 727 der Continental Airlines. In der fast leeren ersten Klasse unterhielten sich zwei Männer miteinander. Sie bemerkten kaum, daß ihnen die Stewardeß einen Kaffee anbot. Der Flug würde drei Stunden dauern, und es gab viel zu besprechen.

Es war der 26. September 1984. Vor vier Tagen waren die beiden Männer, Michael Eisner und Frank Wells, zum Aufsichtsratsvorsitzenden bzw. Generaldirektor der Walt Disney Productions gewählt worden. Sie befanden sich jetzt, während der Continental-Jet das San-Gabriel-Gebirge überflog, auf dem Weg zu einem Treffen mit Sid Bass, dem größten Aktionär der Gesellschaft.

Vor einem Monat noch waren sich Michael Eisner und Frank Wells so gut wie unbekannt gewesen. Sie waren sich nur gelegentlich bei gesellschaftlichen Veranstaltungen oder offiziellen Anlässen der Unterhaltungsindustrie begegnet, gehörten aber schon zu den Veteranen der Ellbogengesellschaft von Hollywood. Beide waren als junge Männer in die Metropole des Films gekommen – Eisner nach einer behüteten Kindheit in der New Yorker Park Avenue und Wells aus dem strengen Reglement einer Navy-Familie –, und sie hatten Erfolg gehabt. Sie waren in die oberen Etagen der mächtigsten Filmstudios von Hollywood aufgestiegen.

Groß, etwas zerzaust aussehend, mit dünner werdenden braunen Locken und tiefliegenden Augen, war Eisner die Personifikation von Hollywoods neuer Generation kreativer Manager. Seine ersten Erfahrungen hatte er nicht anhand aufwendiger Spielfilme gesammelt, sondern beim Fernsehen, mit Komödien- und Comic-Serien, die er für die American Broadcasting Company (ABC) betreute. Später, bei Paramount Pictures, hatte er einer ganzen Reihe von Hits auf den Weg geholfen, darunter *Saturday Night Fever, Jäger des verlorenen Schatzes* und *Zeit der Zärtlichkeit.*

Wells, ebenso groß wie Eisner, hatte das schmale, straffe Aussehen eines in die Jahre gekommenen Sportlers. Er trug die steife Uniform von Unternehmensanwälten, weißes Hemd, gestreifte Krawatte und dunkel gefaßte Brille, und saß, anders als Eisner, der beim Reden wild gestikulierte, aufrecht wie ein Stock da und sprach mit gespitzten Lippen. Seine Hollywood-Karriere hatte damit begonnen, daß er in seinem Beruf als Anwalt juristische Schlachten für Clint Eastwood, James Garner und andere Stars führte. Mit einem geschärften Blick für das Kleingedruckte von rechtlichen Dokumenten und Finanzberichten ausgestattet, hatte er seinen Aufstieg bei Warner Brothers mehr seinem Geschäftssinn als einer schöpferischen Begabung zu verdanken.

Eisner und Wells waren im Sommer 1984 zusammengebracht worden. Fast zwei Jahrzehnte nach dem Tod ihres Gründers befand sich die Walt Disney Productions mitten in einer Krise, die ihr Überleben bedrohte. Saul Steinberg, Irwin Jacobs und eine Meute weniger bekannter Raider hatten sie seit Monaten schon eingekreist, und das auf flimmerndem »Feenstaub« und einer Maus mit piepsiger Stimme errichtete Unternehmen schwankte hilflos wie ein Schilfrohr im Wind. Ein inkompetentes Management hatte es an den Rand des Untergangs geführt.

Hilfe war in Gestalt von Sid Bass erschienen. Zusammen mit seinen drei Brüdern stand Bass an der Spitze eines 4-Milliarden-Dollar-Imperiums, das sich aus Immobilien, Ölquellen und Kabelfernsehsendern zusammensetzte. Die Grundlagen des Vermögens der Brüder waren drei Generationen vor ihnen von dem texanischen Spekulanten Sid Richardson gelegt worden, der von Münztelefonen aus mit Erdöl- und Erdgasbohrrechten handelte. Die Bass-Brüder hatten jedoch seit den frühen 80er Jahren selbst ein noch weit größeres Vermögen angehäuft, indem sie Aktien von Unternehmen, die von Raidern belagert wurden, kauften und verkauften.

Die Bass-Gruppe hielt neun Prozent der Walt Disney Productions, die sie im Juni 1984 durch den Verkauf ihrer Immobilienfirma

Arvida an Disney erworben hatten. Der Deal war abgeschlossen worden, um ein großes Aktienpaket der Walt Disney Productions in befreundete Hände zu bringen. Aber während der Continental-Jet in Richtung Texas flog, konnten sich Eisner und Wells nicht mehr sicher sein, ob Sid Bass nicht vorhatte, seine Disney-Position zu veräußern, was ihre Gesellschaft in noch größere Bedrängnis gebracht hätte. Tatsächlich hatte, was Eisner und Wells nicht wissen konnten, Harry Gray, der auf Neuerwerbungen fixierte Präsident von United Technologies, bereits bei Bass angefragt, ob er seine Disney-Aktien nicht verkaufen wolle. Bass war sich zu dieser Zeit noch nicht im klaren gewesen, was er tun würde.[1]

Während sie in fast 10 000 Meter Höhe dahinflogen, ließ sich Michael Eisner im einzelnen über die Gesellschaft informieren, die er übernommen hatte. Auf der anderen Seite des Mittelgangs, Eisner und Wells gegenüber, saß Disneys Finanzchef, der silberhaarige Mike Bagnall. Trotz all seiner Erfahrung mit den Steven Spielbergs und Eddie Murphys der Unterhaltungsbranche kannte sich Eisner noch nicht allzu gut in den finanziellen Verästelungen eines 1,7-Milliarden-Dollar-Konglomerats aus. Sid Bass aber, soviel wußte er, würde mehr hören wollen als schwammige Ideen und langfristige Pläne zur Verbesserung der Lage der Walt Disney Productions.

Also hörte er aufmerksam zu, während Bagnall die Situation schilderte. Das Bild, das er malte, war düster. Die Unternehmensgewinne waren in den vergangenen drei Jahren stetig gesunken, von 153 Millionen Dollar im Jahr 1980 auf 93 Millionen im Jahr 1983.[2] Die Besucherzahlen in den Vergnügungsparks in Anaheim (Kalifornien) und Orlando (Florida) waren in drei der letzten vier Jahre rückläufig gewesen. In Disneyland, dem Flaggschiff der Vergnügungsparks in Anaheim, war die Zahl der Besucher auf dem tiefsten Stand sei 1974 angekommen.[3] Gleichzeitig waren die Schulden dramatisch gestiegen, während sogar der Verkauf von Mickymaus-Puppen zurückging.[4]

Schlimmer als die roten Zahlen war allerdings die beängstigende Tatsache, daß der kreative Funke, der einst die Walt Disney Productions gekennzeichnet hatte, schon seit langem erloschen war. Das Unternehmen, das einst solche Klassiker wie *Schneewittchen und die sieben Zwerge* und *Mary Poppins* produziert hatte, brachte jetzt mit alarmierender Regelmäßigkeit Flops wie *Watcher in the Woods* heraus. Einstmals eines der großen Filmstudios, war Disney inzwischen – mit einem Anteil von mageren vier Prozent am Gesamteinspielergebnis von Hollywood – in die zweite Reihe zurückgefallen.[5]

Dennoch war Eisner und Wells klar, daß sie ein Unternehmen mit enormen Möglichkeiten übernommen hatten. Als Walt Disney 1966 starb, hatte er einen riesigen Schatz an alten Filmen und Comics hinterlassen, von Dauerbrennern wie *Pinocchio* und *Fantasia* bis hin zu alten Episoden der Fernsehserie *Wonderful World of Disney*. Außerdem hatte man gerade erst, und das auch nur ansatzweise, damit begonnen, die Möglichkeiten zu nutzen, die in den gut 11 000 Hektar Land in Orlando steckten. Das einst abgelegene Anbaugebiet von Zitrusfrüchten in Zentralflorida war, was Eisner und Wells natürlich sehr gut wußten, seit der Eröffnung der Walt Disney World im Jahr 1971 zu einem wahren Mekka der Erholungssuchenden geworden.

Als das Flugzeug auf dem weitläufigen Dallas-Fort Worth International Airport landete, war die Abendbrotzeit bereits vorbei. Sid Bass hatte den drei Disney-Managern ein Auto mit Chauffeur geschickt. Nachdem die Limousine auf den Highway 183 eingebogen war, lag noch eine Fahrt von zwanzig Minuten vor ihnen. In der Stadt warteten Reservierungen im keilförmigen Worthington Hotel auf sie. Es gehörte den Bass-Brüdern.

Am nächsten Vormittag würden sich Michael Eisner und Frank Wells dem ersten großen Test in ihrer noch kurzen Amtszeit bei Disney stellen. Der dreistündige Flug war mehr gewesen als eine Reise über fast zweitausendfünfhundert Kilometer. Er hatte sie direkt mit der Zukunft des Unternehmens konfrontiert, das Walt aufgebaut hatte.

Kapitel 1

DAS HAUS, DAS WALT BAUTE

An heutigen unternehmerischen Maßstäben gemessen, hätte Walt Disney eigentlich scheitern müssen. Er hatte wenig Sinn für Zahlen und noch viel weniger dafür, wie man einen Budgetrahmen einhält. Für ihn, den Sohn eines erfolglosen Geschäftsmanns und Farmers aus dem Mittelwesten, verkörperte sich die Geschäftswelt in Ideen – Ideen, die von so unterschiedlichen Quellen angeregt waren wie den Büchern von Mark Twain, die er als Junge in Kansas City gelesen hatte, und den Burgen, die er in Europa aufsuchte, während er als Sanitätsfahrer am Ersten Weltkrieg teilnahm. Zu den Ideen, die Disney beflügelten, gehörten sprechende Mäuse, fliegende Elefanten und das Lachen kleiner Kinder. In der Folgezeit sollten ihn diese Ideen in die Lage versetzen, eines der bekanntesten Unternehmen der Welt zu schaffen – dessen Erfolg auf gut zwei Dutzend einprägsamer Comic-Figuren beruhte.

Das erste geschäftliche Abenteuer des jungen Walt Disney endete 1923 im Bankrott. Er hatte in einem Studio in Kansas City plumpe Comic strips für örtliche Theater und Werbeanzeigen für einen Friseur gezeichnet. Aber er träumte trotzt der Enttäuschung weiter. Mit nur 40 Dollar in der Tasche und einem Lederkoffer in der Hand machte sich der 21jährige Cartoonist auf den Weg zu einer staubigen früheren Rinderranch namens Hollywood. Er konnte sich von einem Onkel genügend Geld leihen, um eine neue, mäßig erfolgreiche Firma aufzubauen. Zwei Trickfilmserien, *Oswald the Lucky Rabbit* und *Alice Comedies,* kamen recht gut an. Die *Alice*-Serie rankte sich um die Begegnungen einer jungen, brünetten Schauspielerin mit vermenschlichten Löwen, Tigern und Fischen. Aber nach einiger Zeit übernahm eine andere Gesellschaft die *Oswald*-Cartoons, und *Alice* hatte ihre Schuldigkeit getan.

Auf der Suche nach neuen Figuren spielte Walt mit verschiedenen Vorstellungen. Die Idee der Maus kam ihm angeblich auf einem fünftägigen Ausflug, den er 1928 mit seiner Frau Lillian von New York nach Los Angeles unternahm. Die genaue Entstehungsgeschichte der Mickymaus ist allerdings in Legenden gehüllt, die zum größten Teil von Walt Disney selbst in die Welt gesetzt wurden.[1] Er hatte die Figur ursprünglich »Mortimer« nennen wollen. Aber dann schlug seine Frau Lillian, die vor ihrer Heirat im Jahr 1925 Tuscherin in seinem Studio gewesen war, den Namen »Micky« vor.

Mit den roten Shorts und gelben Schuhen als Markenzeichen trat Mickymaus seither in drei Zeichentrickfilmen von Spielfilmlänge und hundertzwanzig kürzeren Filmen auf und erschien in Dutzenden von Fernsehshows und auf Millionen von T-Shirts. Ihre liebenswerte, freundliche Art verschaffte der Mickymaus eine enorme Beliebtheit, die es Walt Disney ermöglichte, ihre Welt nach und nach mit weiteren Figuren zu bevölkern. Am 18. November 1928 gesellte sich in *Steamboat Willie* zum ersten Mal die Minniemaus als Co-Star zur Mickymaus, und in der Folgezeit traten andere Figuren an ihre Seite, angefangen mit Pluto im Jahr 1930 und Goofy 1932. Donald Duck hatte 1934 sein Debüt. Fünf Jahre später übertraf seine Beliebtheit sogar die von Micky; im Zweiten Weltkrieg war Donald Duck in mehr als zweihundert Militäremblemen zu sehen.[2]

Walt war der unbestrittene Motor seines Unternehmens. Er war es, der neue Figuren ersann und die Ideen für ihre Geschichten lieferte. Am Anfang gab er Micky sogar die piepsige Stimme. Nicht lange nach seinem Umzug nach Kalifornien stieß Roy Disney, sein sieben Jahre älterer Bruder, zu ihm. Er war an Tuberkulose erkrankt und befand sich zum Zeitpunkt von Walts Ankunft in einem Militärkrankenhaus im Westen von Los Angeles.

Die beiden Brüder nannten ihre erste Firma Disney Brothers Cartoon Studio. Während Walt die schöpferische Kraft war und mit der kleinen Gruppe von Trickfilmzeichnern arbeitete, die er um sich geschart hatte, brachte Roy den Sinn fürs Geschäftliche ein, der seinem Bruder fehlte. Obwohl sich seine Erfahrungen auf dem

Gebiet der Finanzen auf eine kurze Tätigkeit als Bankkassierer beschränkten, war Roy doch geschickt genug, die Bankiers und Investoren zu überreden, Walt das Geld zur Verfügung zu stellen, das er brauchte, um seine »albernen Ideen« in Comics und Trickfilme umzusetzen.

Die Beziehung zwischen den Brüdern war nicht immer ganz einfach. Roy war häufig gezwungen, seinen jüngeren Bruder davon abzuhalten, mehr Geld auszugeben, als ihr Studio hatte. Aber obwohl Roy das geschäftliche Know-how einbrachte, stand es nie in Frage, wer der wirkliche Chef des Studios war. 1926, drei Jahre nach der Gründung von Disney Brothers Cartoon Studio, wurde der Name in Walt Disney Studios geändert, und seit 1929 firmierte die Gesellschaft schließlich als Walt Disney Productions.

Von Anfang an war Walt mit seinem intuitiven Talent fürs Geschichtenerzählen derjenige, der den Zauber schuf. Detailversessen, wie er war, bestand er darauf, daß die Disney-Filme, ungeachtet der Kosten, mit größtem Aufwand produziert wurden und daß sein Studio stets zu den ersten gehörte, die die neuesten Errungenschaften der Filmindustrie einsetzten. Als er *Steamboat Willie* mit der Musik von »Turkey in the Straw« unterlegte, produzierte er den ersten Trickfilm mit Synchronton. Vier Jahre später war er der erste, der ganz in Farbe arbeitete, und *Schneewittchen und die sieben Zwerge* war 1937 der erste Zeichentrickfilm in Spielfilmlänge.

Der Beste oder Erste der Branche zu sein, hatte allerdings seinen Preis: Es bedeutete, daß Geld ausgegeben wurde, das die Brüder nicht hatten. Die Produktion von *Schneewittchen* brachte das junge Studio an den Rand des Ruins. Um die eine Million Dollar aufzutreiben, die für die Fertigstellung des Films benötigt wurde, lud Roy einen höheren Kreditangestellten der Bank of America ins Studio ein, um ihm einige frühe Teile des Films vorzuführen. Der Bankmanager war danach überzeugt, daß *Schneewittchen* zu einem Erfolg werden würde, und gab den Brüdern den benötigten Kredit. Als der Film herauskam, spielte er an den Kinokassen über 8 Millionen Dollar ein, mit denen der Kredit und die anderen Schulden des Studios zurückgezahlt werden konnten.[3]

In den Anfangsjahren der Walt Disney Productions schloß man

trotzdem in der Regel mit Verlusten ab. Die frühen finanziellen Überlebenskämpfe führten jedoch auch zu einer flexiblen und kreativen Unternehmenspolitik, die Walts Erfindungskraft entsprach und förderte, und die er nicht nur bei der Schaffung neuer Comics, sondern auch bei der Erschließung einer großen Vielfalt anderer Vermarktungsmöglichkeiten bewies. Der erste Schritt auf diesem Weg wurde 1929 getan, als Walt sich geschäftlich in New York aufhielt und von einem Manager eines Schreibwarenherstellers angesprochen wurde. Er bot Walt 300 Dollar für das Recht an, die Mickymaus auf Zeichenblöcken für Kinder abbilden zu dürfen. »Roy und ich brauchten wie üblich Geld«, sagte Walt später. »Also habe ich die dreihundert genommen.«[4]

Diese Zeichenblöcke waren der Anfang einer Zweitverwertung der Disney-Figuren, die die Walt Disney Productions schließlich zum Modellfall dessen machte, was die Wirtschaftsschulen später »Synergie« nannten. 1932 stellten Roy und Walt einen Werbefachmann aus Kansas City an, der die Rechte an der Mickymaus und anderen Disney-Figuren vertreiben sollte. Drei Jahre später verkaufte Ingersoll-Waterbury Co. eine Million Mickymaus-Uhren jährlich. Und zehn Jahre später machten die Einnahmen aus der Lizenzvergabe von Disney-Figuren zehn Prozent des Unternehmensertrags aus.[5]

Anfang der 50er Jahre schließlich begann Disney regelmäßig Gewinne zu erwirtschaften. Gleichzeitig wandte sich Walt seinem zu dieser Zeit ehrgeizigsten Projekt zu – Disneyland. Da Roy es sich schon seit langem zur Regel gemacht hatte, Walts Planungsbudget streng zu limitieren, stellte er ihm nur 10 000 Dollar an Firmengeldern für die Planung des Vergnügungsparks zur Verfügung. Doch Walt war derartig von seiner Idee besessen, daß er seine Lebensversicherungspolice belieh und auf diese Weise weitere 100 000 Dollar auftrieb. Um mehr von den fantasievollen Erlebnisfahrten schaffen zu können, die ihm vorschwebten, gründete er WED Enterprises (WED = Walter Elias Disney), eine supergeheime Gruppe von Technikern und Künstlern, die von aller Welt abgeschottet in einem Lagerhaus in Glendale arbeitete. Wie früher bei seinen Comics war Walt jedoch auch diesmal derjenige, der die meisten Ideen lieferte.

Disneyland entstand auf einer knapp vierundsiebzig Hektar großen ehemaligen Zitrusfruchtplantage in Anaheim. Die Baukosten betrugen mit 17 Millionen Dollar ein Vielfaches der ursprünglich angesetzten Summe, und so setzten die Brüder alle Hebel in Bewegung, um Investoren zu gewinnen. Zu ihnen gehörte schließlich sogar die kleine Druckerei, in der auf Disney-Figuren basierende Bücher gedruckt wurden.

Der größte Förderer von Disneyland war jedoch der Sender ABC, der 500 000 Dollar direkt investierte und darüber hinaus einen Kredit in Höhe von 4,5 Millionen Dollar bereitstellte. Als Gegenleistung erhielt ABC 34,5 Prozent von Disneyland und Walts Zusage, eine wöchentlich zur besten Sendezeit ausgestrahlte Fernsehsendung namens *Disneyland* zu produzieren.

Der Deal zwischen Disney und ABC veränderte Walts Gesellschaft auf Dauer. Disneyland öffnete am 17. Juli 1955 die Pforten. Es bestand aus fünf thematisch gestalteten »Ländern«, wie zum Beispiel Fantasyland und Frontierland (Grenzland). Die jährlichen Einnahmen schossen innerhalb eines Jahres auf 10 Millionen Dollar hinauf und machten damit rund ein Drittel der Gesamteinnahmen der Walt Disney Productions aus. Neben dem Verkauf von Micky- und Donald-Stofftieren bot der Park gute Gelegenheiten, für den großen Filmbestand der Gesellschaft zu werben, von den verrückten Teetassen aus *Alice im Wunderland* bis zum Baumhaus aus dem *Dschungel der tausend Gefahren.*

Keine dieser Werbestrategien war allerdings so zugkräftig wie die Fernsehsendung *Disneyland.* Die erste ging an einem Mittwoch im Oktober 1954 über den Sender, neun Monate vor der Eröffnung des Parks. Wie in den folgenden zehn Jahren sprach Walt Disney die einleitenden Worte. Mit seiner tiefen Stimme und seinem ruhigen Charme kam er in die Wohnzimmer der Zuschauer wie ein freundlicher Onkel, der seine Familie zum Sonntagsbraten einlädt. *Disneyland* rangierte im ersten Jahr auf Platz sechs der Liste der beliebtesten Fernsehsendungen und kletterte 1956 auf Platz vier. Die Sendereihe lief ohne Unterbrechungen 29 Jahre lang.[6] Einer der ersten großen Hits von *Disneyland,* die dreiteilige *Davy Crockett*-Serie mit Fess Parker als Hauptdarsteller, löste einen landesweiten Run auf Pelzmützen aus – ein zusätzlicher Erfolg für die Walt Disney Productions, der die Rechte gehörten und die daher das Geld kassierte.

Die Zugkraft der wöchentlichen Fernsehsendung wirkte nachhaltig auf die gesamte Disney-Gesellschaft. Sie warb nicht nur für den Disneyland-Park, sondern bewirkte durch die ständige Ausstrahlung von Zeichentrickfilmen über Micky, Donald und Pluto auch einen sprunghaft steigenden Absatz von lizenzierten Produkten, die die Beliebtheit der Disney-Figuren nutzten. Walt war so fasziniert von den Möglichkeiten des Fernsehens, daß er Ende 1955 die zweite ABC-Sendung, den »Mickey Mouse Club«, startete.

Die Walt Disney Productions hatte sich seit den frühen Tagen von *Steamboat Willie* dramatisch verändert. Mit Walt als schöpferischer Kraft produzierte die Gesellschaft solche Klassiker des Zeichentrickfilms wie *Schneewittchen und die sieben Zwerge* (1937), *Pinocchio* (1940) und *Cinderella* (1950). Während der Unternehmensgründer weitgehend von der Planung des Disneyland-Parks und den Fernsehsendungen vereinnahmt wurde, brachte das Studio weniger im Gedächtnis haftengebliebene Klassiker heraus wie *Dornröschen und der Prinz* (1959) und *Pongo und Perdita* (1961). Außerdem hatte Walt Anfang der 50er Jahre begonnen, normale Spielfilme zu drehen, allerdings mit unterschiedlichen Ergebnissen. Erst 1964 gelang dem Studio mit *Mary Poppins* der erste durchschlagende Erfolg mit einem Film, der zum überwiegenden Teil kein Zeichentrickfilm war.

Zu jener Zeit war Walt Disney bereits mit seinem weitsichtigsten Projekt beschäftigt. Da er plante, einen zweiten Vergnügungspark zu bauen, hatte er unter der Hand damit begonnen, im Zitrusfruchtanbaugebiet von Zentralflorida Land anzukaufen. Seine Gesellschaft erwarb in der Nähe der ländlichen Kleinstadt Orlando für 5 Millionen Dollar insgesamt rund 11 000 Hektar Land. Walt war unglücklich darüber, daß Disneyland in Anaheim eine Vielzahl schmieriger Motels und Fastfood-Spelunken hatte entstehen lassen. Deshalb wollte er bei seinem neuen Projekt auch die Entwicklung des Umlandes unter Kontrolle behalten. Er plante nicht nur Hotels und Restaurants, sondern eine ganze Stadt der Zukunft. Die

Environmental Prototype Community of Tomorrow (EPCOT – Umweltmodellgemeinde von morgen) sollte eine komplette, in sich geschlossene Stadt sein, mit Schulen, Wohnungen und Einkaufsmöglichkeiten. Sogar eine computergesteuerte Kanalisation war vorgesehen.

Das Orlando-Projekt sollte die Walt Disney Productions schließlich in einen Unterhaltungsgiganten verwandeln. Es war zugleich der letzte große Traum ihres Gründers – einer, dessen Verwirklichung er nicht mehr erleben sollte. Walt Disney starb am 15. Dezember 1966 im Alter von 65 Jahren an Lungenkrebs, nur wenige Wochen, nachdem die Krankheit diagnostiziert worden war.

Wie die meisten Menschen hatte auch Walt Disney eine Abneigung dagegen gehabt, sich mit seiner eigenen Sterblichkeit auseinanderzusetzen. Und wie die meisten Unternehmensgründer hatte er es versäumt, einem Nachfolger den Weg zu ebnen. Eine Zeitlang führte Roy Disney, der 73 Jahre alt gewesen war, als sein Bruder starb, die Gesellschaft allein weiter. Er erlebte noch, daß der letzte große Traum seines jüngeren Bruders in Orlando verwirklicht wurde, verstarb jedoch nur knapp drei Monate, nachdem die Walt Disney World am 1. Oktober 1971 eröffnet worden war.

Walt und Roy hatten einige Manager lanciert, die an ihre Stelle treten konnten. Walt hatte sich, da er keine Söhne besaß, seinem Schwiegersohn Ron Miller zugewandt, einem ehemaligen Schlußspieler der Los Angeles Rams, und ihn als einen möglichen Nachfolger aufgebaut. Das besondere Augenmerk, das er auf ihn richtete, sollte zum Symbol der Spaltung innerhalb der Gesellschaft werden, die im Gegensatz zweier Gruppen bestand: der »Walt-Männer« – den kreativen Kräften – und der »Roy-Männer« – derjenigen, die mehr an der geschäftlichen Seite interessiert waren. Die Folge dieser Spaltung war eine innerbetriebliche Dauerfehde, die nach dem Tod der Disney-Brüder immer erbitterter geführt wurde.

Ron Miller, ein großer, gutaussehender, aber auch überaus schüchterner Mann, hatte seine Karriere 1953 auf der Disneyland-Baustelle begonnen. Einige Zeit darauf machte ihn Walt, der seinen

Schwiegersohn auf der Rangleiter nach oben bringen wollte, zum zweiten Regieassistenten bei der Produktion von *Sein Freund Jello*. Später arbeitete Miller an der Fernsehserie *Zorro* mit, und vier Monate nach Walts Tod produzierte er einen eigenen Film, *Never a Dull Moment*. Im selben Jahr wurde er in den Aufsichtsrat der Walt Disney Productions gewählt, wo er Walts Sitz einnahm.

Ron Millers Aufstieg symbolisierte den Riß innerhalb der Gesellschaft, der sich schon vor Walts Tod aufgetan hatte. Obwohl sie die Gesellschaft gemeinsam führten, lagen sich Walt und Roy häufig in den Haaren. Für gewöhnlich entbrannte der Streit zwischen ihnen an Roys Weigerung, Walts riskantere Projekte zu finanzieren. Einmal jedoch ging es um ein ernsteres Problem. Die hitzig geführte Auseinandersetzung riß eine solche Kluft auf, daß die Brüder jahrelang kaum noch ein Wort miteinander wechselten. Walt gründete 1953 gegen den vehementen Widerstand seines Bruders eine eigene Firma, Retlaw Enterprises (Retlaw = Walter, rückwärts gelesen), an die fünf Prozent der Einnahmen aus sämtlichen Vermarktungsgeschäften der Walt Disney Productions gingen. Roy Disney hielt seinem Bruder entgegen, daß dieser Schachzug in den Augen der Aktionäre so aussähe, als würde er Geld aus der Gesellschaft abziehen. Bis 1960 waren die Jahreseinnahmen von Retlaw auf rund 500 000 Dollar gestiegen, was hauptsächlich auf den reißenden Absatz von Disney-Produkten in Disneyland zurückzuführen war. Der Streit zwischen den Brüdern wurde schließlich beigelegt, als Walt seinem Bruder zum 63. Geburtstag eine Friedenspfeife schickte.

1977 gab Roys Sohn, Roy E. Disney, seinen Managerposten bei Disney auf, nachdem sieben Monate zuvor Ron Miller, ein »Walt-Mann«, zum Produktionschef ernannt worden war. Roy Disney hatte bis zu seinem Ausscheiden eine kleine Studioabteilung geleitet, die Naturfilme im 16-Millimeter-Format produzierte und Miller unterstellt war.

Als Roy Disney sich aus der Gesellschaft seines Onkels Walt zurückzog, wurde sie von einem Triumvirat geleitet, dem Miller, Card Walker und Donn Tatum angehörten. Das Sagen hatte jedoch Walker, ein Disney-Veteran, der seit vierzig Jahren für die Gesellschaft arbeitete und als »Walt-Mann« galt. Er hatte 1938 als Postverteiler mit einem Lohn von 15,95 Dollar pro Woche bei Disney angefangen, bevor er als Kameramann mit Walt zusammen *Fantasia* drehte. Später stieg er zum Marketingchef auf und wurde gleichzeitig zu einem der engsten Vertrauten von Walt Disney.

Keiner von Walts Erben war jedoch geeignet, die Gesellschaft in die 70er Jahre zu führen. Wie in den meisten Familienunternehmen war zu ihren Lebzeiten jeder Aspekt der Walt Disney Productions von Walt oder Roy überwacht worden. Auf jede Kleinigkeit seiner Projekte achtend, bis hin zu den Fahrzeiten der Erlebnisfahrten in Disneyland, war Walt nicht gerade ein Mann, dem es leichtfiel, Entscheidungen zu delegieren, wie geringfügig sie auch gewesen sein mochten. Und was den Kurs der Gesellschaft betraf, die seinen Namen trug, war fraglos er derjenige, der die Richtung angab.

So kam es, daß die Walt Disney Productions, als die Gründer nicht mehr da waren, um die Zukunft zu planen, zum Gefangenen der eigenen Vergangenheit wurde, und der Bereich, für den das am meisten zutraf, war die Filmproduktion. Roy Disney hatte nach dem Tod seines Bruders Card Walker an die Spitze eines fünfköpfigen Führungsstabs gestellt, der die Filmproduktion leiten sollte. Diesem Stab gehörten unter anderem auch Ron Miller und der junge Roy Disney an, aber die letzte Entscheidung darüber, welche Filme gedreht werden sollten, lag bei Walker. Hollywood befand sich damals mitten in einer Phase grundlegender Veränderungen. Aber Card Walker war überzeugt, daß die Amerikaner immer noch die gleiche Art von Filmen sehen wollten, wie sie Walt Disney in der Vergangenheit gedreht hatte.

Eine Zeitlang schien sich Cards Ansicht auch zu bestätigen. 1974 spielten Disney-Filme an den amerikanischen Kinokassen über 48 Millionen Dollar ein, 21 Prozent mehr als im Vorjahr.[7] Die Disney-Hits jenes Jahres waren *Herbie groß in Fahrt,* ein Film über die Heldentaten eines vermenschlichten, altklugen VW-Käfers, und *Castaway Cowboy* mit James Garner in der Rolle eines texanischen Cowboys, der für eine schöne Witwe eine Plantage auf Hawaii rettet. Die größten Kassenerfolge des Jahres erzielte Disney allerdings mit der Wiederaufführung zweier Filme von Walt, *Robin Crusoe, der Amazonenhäuptling* und *Alice im Wunderland*.

Fünf Jahre später steckte die Gesellschaft in Schwierigkeiten. Der Anteil am Gesamteinspielergebnis war zwar auch in den besten Tagen von Disney nie sonderlich hoch gewesen, aber 1979 war der Marktanteil auf trostlose vier Prozent gesunken. Disney war damit das Schlußlicht unter den sieben großen Filmstudios von Hollywood. Während Columbia Pictures in jenem Jahr *Kramer gegen Kramer* und Paramount den ersten *Star Trek*-Film herausbrachten, hielt Disney mit solch magerer Kost wie der Wiederaufführung von *Ein toller Käfer* und *König Artus und der Astronaut* dagegen. Die neuen Filme des Studios waren auch nicht viel besser. Nach einer Reihe von Flops wie *König Artus* und *Die Semmelknödelbande* war Disneys Gewinn aus dem Filmgeschäft 1979 mit 40,3 Millionen Dollar der niedrigste der vorangegangenen zehn Jahre.[8]

Das Problem war, daß sich das amerikanische Kinopublikum verändert hatte, nicht aber Disney. Die Familien, die früher nach Karten für Disney-Filme Schlange gestanden hatten, blieben jetzt zu Hause und sahen statt dessen Fernsehen. Die Filme, die die Massen in die Kinos lockten, waren gewalttätiger und rauher als alles, was Card Walker Disney jemals zu drehen erlaubt hätte. Die Teenager strömten in den *Weißen Hai* und *Ich glaub', mich tritt ein Pferd,* und nicht in Disneys alberne Komödien mit Don Knotts und Tim Conway.

Insidern war jedoch klar, daß die Situation noch viel schlimmer war, da die Probleme des Studios weit tiefer reichten. Mangels der Kreativität eines Walt Disney verlegte sich Walker darauf, als Nachlaßverwalter des Unternehmensgründers zu agieren. Er billigte nur solche Projekte, von denen er meinte, daß sie auch die Zustimmung von Walt gefunden hätten. Nach einiger Zeit gab es bei Disney niemanden mehr, der jene Risiken eingegangen wäre, die früher für die Walt Disney Productions kennzeichnend gewesen waren. Statt dessen unterstrichen die Disney-Manager die im Studio herrschende Lethargie mit der ständig wiederholten Frage: »Was hätte Walt getan?«

Alles in allem lähmte der anhaltende geisterhafte Einfluß Walts die kreative Arbeit. »Walt war auf so beherrschende Weise gegenwärtig«, sagte mir sein Neffe Roy Disney in einem Interview am 14. März 1990, »daß man fast hören konnte, wie er mit den Fingern auf den Sessel trommelte, was bei ihm ein Zeichen dafür war, daß ihm eine Idee, die jemand hatte, nicht gefiel.« Anstatt das Schicksal herauszufordern, entschlossen sich Walts Erben, nichts zu tun.

Der riesige Erfolg von *Krieg der Sterne* im Jahr 1977 hatte gezeigt, daß es noch möglich war, einen Hit zu landen, ohne die Familientauglichkeit zu opfern. Aber Card Walker und Ron Miller waren nicht bereit, die beträchtlichen Honorare zu zahlen, die sie hätten aufbringen müssen, um einen ähnlichen Kassenschlager zu produzieren. Die Folge war, daß Disney nur wenige Spitzenprojekte angetragen wurden. Doch selbst wenn es dazu kam, ließ man sie sich in der Regel durch die Lappen gehen. Als Steven Spielberg und George Lucas 1979 ihren Film *Jäger des verlorenen Schatzes* planten, wurden sie von Disney kurzerhand abgewiesen, weil beide eine prozentuale Beteiligung am Einspielergebnis verlangten. Es war damals Disneysche Firmenpolitik, niemandem »Punkte« zu gewähren, das heißt einen Prozentsatz an den Filmeinnahmen, wie er von vielen anderen Studios bereits gezahlt wurde.

1980 erhielt Spielberg für ein weiteres Vorhaben, *E. T. – Der Außerirdische,* erneut eine Abfuhr. Der Film wurde schließlich von Universal Pictures herausgebracht und erwies sich als der größte Kassenmagnet aller Zeiten. Nachdem Universal ihn in die Kinos gebracht hatte, gab Walker, wie sich Ron Miller in einem Interview vom 26. April 1990 erinnerte, zu, daß er den Film liebend gern gemacht hätte. »Aber ich hätte die Textzeile des Jungen herausgenommen, wo er ›Du Pimmelzwerg‹ sagt«, fügte Walker hinzu.

Im Juni 1980 sah sich Walker einem noch drückenderen Problem gegenüber als dem der Disneyschen Filmproduktion. Die Bauarbeiten am EPCOT Center in Florida liefen aus dem Ruder. Arbeitskräftemangel und Schwierigkeiten mit den Entwürfen trieben die Kosten in die Höhe. Ursprünglich mit einer Investitionssumme von weniger als 600 Millionen Dollar veranschlagt, stand das EPCOT Center jetzt mit voraussichtlich 800 Millionen Dollar zu Buche.[9] Und Walker wußte, daß die Kosten am Ende sogar noch höher liegen würden. Interne Schätzungen gingen von 1 Milliarde Dollar aus. Als das EPCOT Center im Oktober 1982 eröffnet wurde, gab Disney bekannt, daß man über 1,2 Milliarden Dollar ausgegeben hatte, um den Park zu bauen und zu eröffnen.[10]

Zu dieser Zeit waren die Einnahmen des Konzerns bereits ins Trudeln geraten. Um die eskalierenden Kosten von EPCOT bestreiten zu können, hatte Disney zum erstenmal seit mehreren Jahren eine beträchtliche Menge an Fremdkapital aufnehmen müssen. Schlimmer aber war, daß die Ausgaben für dringend nötige Arbeiten in den anderen beiden Vergnügungsparks gekürzt werden mußten. Disney gab 1982 insgesamt nicht mehr als 48 Millionen Dollar für die Instandhaltung von Disneyland und Walt Disney World aus, unwesentlich mehr als die 40 Millionen, die man fünf Jahre vorher dafür investiert hatte.

Die Folge waren veraltende Erlebnisfahrten und ein Imageverlust, der den Ruf Disneys als eines frischen, innovativen Unternehmens, den Walt Disney als eine Grundvoraussetzung für einen anhaltenden Erfolg betrachtet hatte, ankratzte. Die Lage verschlechterte sich noch weiter, als die Besucherzahlen aufgrund des hochschießenden Ölpreises während der 70er Jahre und des wirtschaftlichen Abschwungs zu Anfang der 80er in beiden Parks zurückgingen. Die Eröffnung von EPCOT konnte diesen Trend nur für ein Jahr aufhalten. Schon 1983 sanken auch in Orlando die Besucherzahlen wieder.[11]

Walt Disney, der enge Beziehungen zu Managern aller drei Fernsehnetze unterhielt, hatte die Werbung verabscheut. Wenn einer seiner Vergnügungsparks einen Anstoß brauchte, um mehr Besucher anzulocken, konnte er NBC, ABC oder CBS jederzeit überreden, eine Sondersendung zu einem Geburtstag von Micky oder einem Jahrestag von Disneyland auszustrahlen. Card Walker folgte diesem Muster selbst dann noch, als die Besucherzahlen zurückgingen. Es würde keine Werbung für einen der Disneyparks geben, dekretierte er.

Auch die Preise sollten nicht allzu häufig erhöht werden. Wie Walt, der ursprünglich überhaupt kein Eintrittsgeld für Disneyland hatte nehmen wollen, befürchtete Walker, daß eine Erhöhung der

Preise den Ruf der Walt Disney Productions als eines »freundlichen Unternehmens« schädigen würde. Walkers Finanzverwalter erklärten ihm zwar, daß die Inflation schneller stieg als die Eintrittspreise der Parks, aber er hielt dem entgegen, daß ein höherer Eintrittspreis den Rückgang der Besucherzahlen nur noch beschleunigen würde.

»Er hatte sein eigenes inneres Thermometer, das ihm anzeigte, wann die Preise zu hoch oder zu niedrig waren«, erinnerte sich Stan Kinsey, ein Stanford-MBA (Master of Business Administration), der 1980 zu Disney gekommen war.[12] Wenn man ihm empfahl, die Eintrittspreise zu erhöhen, machte Card Walker seinem Stab dieselben Vorhaltungen, die er einst von Walt zu hören bekommen hatte: »Man würde sagen, diese Typen sind Halsabschneider, die einen auf Teufel komm raus ausnehmen wollen.« Card Walker lehnte übrigens mehrere Interviewanfragen ab.

Ohne einen Walt Disney als Planer war die Gesellschaft gezwungen, einige von Walts ehrgeizigsten Vorhaben zusammenzustreichen. Walker trieb zwar den Bau des EPCOT Center voran, schraubte aber Walts großen Plan einer Stadt der Zukunft zurück. Der Gesamtplan von 1971, der unter anderem auf einer Fläche von vierhundert Hektar den Bau von Einfamilienhäusern und Eigentumswohnungen vorsah, wurde zu den Akten gelegt, ebenso Walts Vorhaben, innerhalb des 11 000 Hektar großen Komplexes mehrere zusätzliche Hotels zu errichten. Als Roy Disney noch das Projekt betreute, wurden immerhin drei Hotels in Orlando gebaut. Nach ihm, unter Card Walker, wurde ein halbes Dutzend geplanter Hotelbauten zurückgestellt, als das Ölembargo von 1973 dem Tourismus in Zentralflorida einen Dämpfer aufsetzte. Ein Jahrzehnt später waren dennoch neue Hotels mit insgesamt fast 40 000 Zimmern in Orlando hochgezogen worden, die den Löwenanteil der 2 Milliarden Dollar einnehmen, die der Hotelmarkt in diesem Gebiet jährlich abwirft. Keines dieser Hotels aber war von Disney gebaut worden.

Anfang 1984 war Walts Neffe, Roy Disney, nicht gerade bester Laune. Die 1,1 Millionen Aktien der Walt Disney Productions, die er besaß, waren rund 55 Millionen Dollar wert – 30 Millionen weniger als noch ein Jahr zuvor. Das Unternehmen, das die Brüder Walt und Roy Disney aufgebaut hatten, steckte in Schwierigkeiten. Trotz der beträchtlichen Vermögenswerte, die die beiden Brüder geschaffen hatten, – des Schatzes alter Zeichentrickfilme, der Vergnügungsparks und des riesigen Landbesitzes bei Orlando – war die Gesellschaft ins Stolpern geraten. Während die Wall Street einen der größten Höhenflüge seit Jahren erlebte, hatten die Investoren das Vertrauen in Card Walker und Ron Miller verloren.

Gegen Roy Disneys Widerstand war Ron Miller, damals 50 Jahre alt, auf einer Aufsichtsratssitzung am 24. Februar 1983 zum Geschäftsführer gewählt worden. Auf derselben Sitzung hatte Card Walker seine Absicht bekanntgegeben, seinen Posten als Aufsichtsratsvorsitzender aufzugeben. Er wollte allerdings noch bis zum Mai im Amt bleiben, um Tokyo Disneyland eröffnen zu können, ein Vergnügungspark, der nach einem Lizenzvertrag mit der Walt Disney Productions der Oriental Land Co. gehören und von ihr betrieben werden sollte.

Da Card Walker nicht glaubte, daß Ron Miller in der Lage war, die Gesellschaft allein zu führen, hatte der 66jährige Aufsichtsratsvorsitzende von Disney vor seinem Rücktritt Ray Watson, einen betuchten kalifornischen Bauunternehmer, als seinen Stellvertreter eingesetzt. Der 56jährige Watson hatte seit 1964 mit Disney zusammengearbeitet, als Walt ihn heranzog, um die Pläne für das EPCOT Center zu überprüfen. Walker stellte sicher, daß Watson, nicht Miller, zum Aufsichtsratsvorsitzenden werden würde, wenn er im April zurücktrat. »Ich glaubte damals, daß ich jemanden brauchte, der mir bei Dingen, mit denen ich nicht viel zu tun gehabt hatte, wie etwa der Landerschließung, helfen konnte«, sagte Miller in einem Interview vom 26. April 1990.

Roy Disney hatte nie viel von Ron Miller gehalten. Aber sie stimmten beide darin überein, daß der erste Bereich, der saniert werden mußte, die Filmproduktion war. Miller hatte Walker seit Jahren bestürmt, eine zweite, auf Jugendliche und Erwachsene zugeschnittene Produktionsfirma zu gründen. Um die Notwendigkeit eines solchen Schritts zu unterstreichen, hatte Walker bei dem Meinungsforschungsinstitut Yankelovich, Skelly & White eine entsprechende Studie in Auftrag gegeben. Sie ergab, daß Disney eindeutig mit Kinderkost identifiziert wurde; ein Jugendlicher aus Chicago sagte, daß er »nicht ums Verrecken« in einen Disney-Film gehen würde, sich aber auf die Zeit freue, »in der er mit seinen Kindern in einen gehen könne«.[13]

Für Ron Miller war es daher von entscheidender Bedeutung, daß der Name »Disney« nicht in der Bezeichnung der neuen Firma auftauchte. 1980 hatte er vergeblich versucht, Walker zu überreden, ein anderes Hollywood-Studio zu kaufen. Er wollte, unter Einschaltung von Morgan Stanley, des Investmentbankers von Disney, Twentieth Century Fox erwerben. Fox befand sich damals seinerseits in finanziellen Schwierigkeiten, hatte aber auch vor kurzem erst mit *Das Imperium schlägt zurück,* dem zweiten Teil der Trilogie *Krieg der Sterne,* einen Riesenhit gelandet. Trotzdem schreckte Walker vor der Kaufsumme von 650 Millionen Dollar zurück. Ein Jahr darauf kaufte Marvin Davis, der Ölmagnat aus Denver, das Studio und zahlte 725 Millionen Dollar dafür.[14]

Schließlich gab Card Walker dem Drängen Ron Millers nach und gestattete ihm, eine zweite Produktionsfirma aufzubauen, die über ein Jahr später den Namen Touchstone Pictures erhielt. Zunächst stellte Miller den 27jährigen Tom Wilhite an die Spitze der neuen Filmfirma. Wilhite, ein junger Mann mit glattem Gesicht aus Iowa, der noch nie einen Film produziert hatte, war vorher in der Marketingabteilung von Disney beschäftigt gewesen. Millers erste Wahl für den Chefposten in der neuen Firma war allerdings Michael Eisner, der Generaldirektor von Paramount. Eisner und Barry Diller, Paramounts beinharter Aufsichtsratsvorsitzender, hatten das einst müde dahindümpelnde Studio mit Filmen wie *Saturday Night Fever* und *Jäger des verlorenen Schatzes* zur heißesten Filmgesellschaft Hollywoods gemacht.

Miller verbrachte Wochen damit, Eisner zu hofieren. Das Problem bestand darin, daß Eisner nicht nur die Filmproduktion, sondern auch die Vergnügungsparks leiten wollte. »Michael wollte Chef der ganzen Gesellschaft werden«, sagte Miller später, »und ich wollte ihm bloß die Leitung des Studios anvertrauen.«

Im Frühjahr 1984 brachte Touchstone Pictures, inzwischen unter der Führung des ehemaligen Fox-Produzenten Richard Berger, den ersten Film heraus: *Splash – Jungfrau am Haken,* ein Märchen um eine Meerjungfrau in New York mit Darryl Hannah und Tom Hanks in den Hauptrollen. Das Buch war von Tom Wilhite angenommen worden, nachdem mehrere Hollywood-Studios es abgelehnt hatten. Das Disney-Management war allerdings entsetzt über einige kurze Nacktszenen, die das Drehbuch vorsah, und war aus Besorgnis um das familienfreundliche Image der Gesellschaft nur unter der Bedingung, daß die Nacktszenen ausgemerzt wurden, bereit, den Film zu drehen. Am Ende wurden Darryl Hannahs Haare so drapiert, daß sie ihre Brüste bedeckten, ein Kompromiß, der die Disney-Manager zufriedenstellte.

Splash war der Höhepunkt in Ron Millers kurzer Amtszeit als Disney-Geschäftsführer. Der Film spielte über 69 Millionen Dollar ein, mehr als jeder Disney-Film vorher. Ein Ereignis allerdings überschattete seinen Kinostart. Roy Disney legte an dem Tag, an dem *Splash* anlief, sein Rücktrittsschreiben vor und trat aus dem Aufsichtsrat von Disney aus. Zwei Monate später hatte er das Übernahmeangebot in die Wege geleitet, das Ron Miller seinen Chefsessel kosten sollte.

Die Vorbereitungen für Roy Disneys Angriff auf die Walt Disney Productions begannen in seinem großen Haus in Toluca Lake, einer vornehmen Wohngegend nicht weit vom Hauptsitz der Gesellschaft in Burbank.[15] Seit er 1977 von seinem Posten bei Disney zurückgetreten war, hatte sich Walts Neffe eine Rinderranch in Oregon und eine Reihe von Radiosendern zugelegt. Er hatte sogar einen Angriff auf den Parfümhersteller Faberge gestartet, war mit seinem feindseligen Angebot aber gescheitert. Alle diese Deals waren von Stanley Gold ausgeheckt worden, einem Rechtsanwalt aus Los Angeles, der seit 1978 Roys Unternehmen, die Shamrock Holdings, leitete. Golds Diversifizierung des Unternehmensprofils hatte die 100 Millionen Dollar, die Roy von seinem Vater geerbt hatte, im Laufe der Zeit verdoppelt.

Anfang 1984 hatte Stanley Gold den Plan gefaßt, die Walt Disney Productions zu übernehmen. Einer seiner ersten Schritte, um ihn in die Tat umzusetzen, war ein Anruf bei Frank Wells, der damals Berater von Warner Brothers war. Wells war Partner der exklusiven, für die Unterhaltungsindustrie arbeitenden Anwaltskanzlei Gang, Tyre & Brown gewesen, die Gold nach Abschluß seines Studiums eingestellt hatte. Die beiden hatten dort lange Zeit zusammengearbeitet, bis Wells 1969 die Kanzlei verließ und als Chef der Westküstenunternehmungen bei Warner Brothers einstieg.

In den folgenden Jahren war Wells die Karriereleiter bei Warner hinaufgeklettert und 1977 schließlich zum Generaldirektor und Mitgeschäftsführer geworden. Er blieb es bis 1982, als er seine Posten aufgab, um sich einen lebenslangen Traum zu erfüllen: die Besteigung der höchsten Berge auf allen sieben Erdteilen. Als er ein Jahr später nach Hollywood zurückkehrte, war der Neuanfang nicht leicht. Die Bergsteigertour hatte fast seine gesamten Ersparnisse aufgezehrt, und als Gold bei ihm anrief, hatte er nur einen überwiegend dekorativen Job bei Warner.

Gold überredete Wells, sich ihm und Roy Disney anzuschließen und mit ihnen eine Gruppe zu bilden, die bald allgemein der »Braintrust« genannt wurde. Wellś erster Beitrag war, daß er Gold und Roy Disney mit Michael Milken bekanntmachte, dem Junkbond-König der Investmentbank Drexel Burnham Lambert. Bei dem Treffen zu nachtschlafener Zeit in seinen Büroräumen in Beverly Hills erklärte Milken dem »Braintrust«-Trio, daß er die 2 Milliarden Dollar aufbringen könne, die notwendig waren, um die Übernahmeschlacht zu eröffnen. Die daraus resultierende Schuldenlast hätte Roy Disney jedoch mit größter Wahrscheinlichkeit gezwungen, große Teile der Gesellschaft zu verkaufen, die sein Vater mit aufgebaut hatte. »Das war etwas, das ich einfach nicht fertigbrachte«, erklärte Roy Disney rückblickend in einem Interview vom 14. März 1990.

Am Ende nahm Roy Disney Abstand von dem Übernahmeangebot und erwarb statt dessen weitere 700 000 Disney-Aktien, wonach er einen Unternehmensanteil von mehr als fünf Prozent hielt. An seiner Stelle nahm der New Yorker Finanzier Saul Steinberg Michael Milkens Angebot wahr. Steinberg leitete vom Hauptsitz seiner Reliance Group Holding in New York aus bereits eine potente

Übernahmestreitmacht. Zu den Unternehmen, die er bisher ins Visier genommen hatte, gehörten die Chemical Bank und Quaker State Oil Refining.

Die Beute konnte sich seinem Zugriff zwar fast immer entziehen, aber Steinberg war ein Meister darin, »Greenmail«-Zahlungen aus seinen Zielobjekten herauszuquetschen – das heißt seine Aktienpakete zu einem einträglichen Preis an sie zurückzuverkaufen –, und ging aus jedem dieser Deals mit Gewinnen in Millionenhöhe hervor. Ende März 1984 gab er bekannt, daß er einen 6,3-Prozent-Anteil an der Walt Disney Productions erworben hatte, und zwei Monate später unterbreitete er der Gesellschaft ein Angebot für 49 Prozent – ein Deal von 1,2 Milliarden Dollar.

Die Vorstellung, eine moderne Übernahmeschlacht schlagen zu müssen, verschreckte den Disney-Aufsichtsrat, der kaum über Erfahrungen mit der sich rasch verändernden Welt der Raider und der Junk-bonds verfügte. Man zog hastig die Investmentbank Morgan Stanley als Berater hinzu und setzte in aller Eile ein Leveraged buyout in Gang, um die eigenen Aktien zurückzukaufen. Danach suchte man krampfhaft nach einem freundlichen Kaufinteressenten für ein großes Aktienpaket, um es auf diese Weise vor Steinberg in Sicherheit zu bringen.

Die Investmentbanker von Morgan Stanley kontaktierten im Rahmen der Operation, die unter dem Decknamen »Project Fantasy« lief, sowohl langjährige Disney-Partner wie Kodak und Coca-Cola als auch andere Unterhaltungskonzerne wie MCA Inc. Auf der Suche nach einem freundlichen Anleger sprach Disneys Aufsichtsratsvorsitzender Ray Watson schließlich auch Arvida an, ein Landerschließungsunternehmen in Boca Raton, das Sid Bass ein Jahr zuvor von Penn Central erworben hatte.

Ray Watson war von Haus aus Architekt und hatte die meiste Zeit seines Berufslebens bei der Irvine Company gearbeitet, einem Landwirtschaftskonzern, der auf einem Großteil seiner gut 400 Quadratkilometer Land Reißbrettgemeinden aus Einkaufszentren und Reihenhäusern errichtet hatte. Disneys Schwierigkeiten rührten, wie Watson glaubte, zum Teil daher, daß Card Walker sich weigerte, mehr als nur ein kleines Stück der 11 000 Hektar Land, die

Disney in Zentralflorida gehörten, zu nutzen. Zusammen mit Arvida, einer Firma, die eine beeindruckende Bilanz an von ihr gebauten Erholungszentren und Apartmenthäusern vorzuweisen hatte, hoffte er den Grundbesitz bei Orlando intensiv erschließen zu können. In dramatischer Abkehr von allem, was Walt Disney vorgeschwebt hatte, plante Watson sogar, auf einem 2,8 Hektar großen Grundstück gegenüber dem Disney-Studio in Burbank ein Hotel zu errichten.

Watson war auf Arvida gestoßen, nachdem er mit einem ehemaligen Nachbarn telefoniert hatte, der von Kalifornien nach Boca Raton umgezogen war, um eine Stellung bei Arvida anzutreten. Wenige Wochen später schlug der Spitzenmanager von Sid Bass, Richard Rainwater, eine noch engere Verbindung vor. Rainwater, der die Disney-Aktie seit Wochen im Auge behalten hatte, bot Watson einen Aktientausch an, durch den das Bauunternehmen aus Florida in den Besitz von Disney übergehen und Bass im Gegenzug ein großes Aktienpaket von Disney erhalten sollte.

Der Disney-Aufsichtsrat segnete den Deal im Mai ab, und Sid Bass erhielt im Austausch für Arvida 3,3 Millionen Aktien oder 8,9 Prozent der Walt Disney Productions. Bass wollte die Disney-Aktien zum Teil deshalb, weil er sich auf diese Weise eine enorme Steuerzahlung für das 300-Millionen-Dollar-Geschäft ersparte. Eine Bedingung des Deals war, daß der Arvida-Chef Chuck Cobb einen Sitz im Disney-Aufsichtsrat bekam, um dort die Interessen von Sid Bass vertreten zu können.

Die Einverleibung von Arvida setzte eine Kette von Ereignissen in Gang, die schließlich dazu führten, daß Ron Miller abtreten mußte und Michael Eisner und Frank Wells die Leitung der Walt Disney Productions übernahmen. Wütend über die durch den Aktientausch bewirkte Schwächung von Roy Disneys Unternehmensanteil, drohten Gold und Roy Disney damit, den Aufsichtsrat zu verklagen. Um sie zu besänftigen, wurden sowohl ihnen als auch Roys Schwager, dem Werbefachmann Peter Dailey, Sitze im Disney-Aufsichtsrat angeboten.

Nachdem er auf diese Weise Zutritt zu Disney erlangt hatte, machte sich Stanley Gold für drastische Veränderungen stark. Mit

Sid Bass als Verbündetem stritt er gegen eine weitere von Ray Watson ins Auge gefaßte Neuerwerbung – von Gibson Greetings. Wie bei Arvida wollte Watson auch diesmal ein Paket von Disney-Aktien gegen das Grußkartenunternehmen eintauschen, das damals von dem ehemaligen Finanzminister William Simon kontrolliert wurde. Wäre der Deal zustande gekommen, hätten fünfzehn Prozent der Disney-Aktien den Besitzer gewechselt. Das Ziel war klar: Saul Steinbergs Position sollte weiter geschwächt werden. Aber alles, was Steinberg schwächte, hätte auch Roy Disney und Sid Bass in Mitleidenschaft gezogen. Deshalb mußte Watson den Deal auf Druck von Gold und Bass fallenlassen.

Im Juni 1984 schließlich wehrte Disney den Angriff Saul Steinbergs durch den Ankauf seines Aktienpakets zum Preis von 325,5 Millionen Dollar ab. Danach sah man sich allerdings einem weiteren möglichen Übernahmeversuch ausgesetzt, diesmal von seiten des Investors Irwin Jacobs aus Minneapolis. Als Steinberg seinen Angriff beendete, hielt Jacobs sechs Prozent der Disney-Aktien und plante eine erneute Belagerung der Gesellschaft.

Um die Wahrscheinlichkeit eines neuen Übernahmeversuchs zu verringern, beschloß der Aufsichtsrat im September einschneidende personelle Veränderungen. Er forderte Ron Miller auf, seinen Rücktritt einzureichen, und Miller kam der Aufforderung nach.

Niemand zweifelte daran, daß Miller nur als Sündenbock für die anhaltend schlechten Einspielergebnisse des Studios herhalten mußte. Während seiner kurzen Amtszeit als Geschäftsführer war mit einem Aufwand von 82 Millionen Dollar der Disney Channel gestartet worden, und bis zu seinem Ausscheiden hatten sich bereits 1,4 Millionen Zuschauer für das Kabelprogramm entschieden. Außerdem hatte Miller vor seinem Rücktritt einen Fünfjahresplan zur Neubelebung der Gesellschaft vorgelegt, der unter anderem vorsah, viele der alten Disney-Klassiker zum erstenmal auf Videokassetten herauszubringen. Andererseits waren unter seiner Führung solch katastrophale Flops produziert worden wie *Tron* und *Something Wicked This Way Comes*. Nur Millers Ausscheiden, so hatte Stanley Gold argumentiert, würde die Wall Street davon überzeugen, daß Disney ernsthaft bemüht war, das Ruder herumzureißen.

Stanley Gold hatte sich seit Monaten auf den Weggang von Ron Miller vorbereitet. Seine erste Wahl für die Nachfolge war Frank Wells. Der frühere Generaldirektor von Warner Brothers war während der Übernahmeschlacht einer der wichtigsten Berater Golds gewesen und hatte auch bei Sid Bass und dessen Team Anklang gefunden. Wells war zu einem entscheidenden Gespräch mit Richard Rainwater, dem wichtigsten Helfer von Bass, nach Nantucket geflogen und hatte ihn in seinem Ferienhaus aufgesucht. Rainwater hatte in ihm einen jener soliden, im Zahlenwerk der Bilanzen wurzelnden Manager kennengelernt, mit denen er es schon seit Jahren zu tun gehabt hatte.

Aber Wells hatte seine eigenen Vorstellungen. »Wenn Sie Michael Eisner bekommen können, dann ist er der Mann, den Sie sich holen sollten«, sagte er Rainwater.[16] Gold und Roy Disney standen bereits mit Eisner in Verbindung. Da er als einer der kreativsten Manager von Hollywood galt, war sein Name häufig in den Gesprächen mit Wells und anderen Hollywood-Insidern aufgetaucht. Ende Juli hatte Roy Disney mit Michael Eisner telefoniert, der gerade einen seiner drei Söhne in einem Sommerlager in Middlebury (Vermont) besuchte. Eisner war interessiert gewesen, und Anfang September war er von Gold, Wells und Roy Disney in ihren »Braintrust« aufgenommen worden.

Der September war auch für Paramount Pictures, wo Eisner seit acht Jahren beruflich zu Hause war, ein schicksalhafter Monat. Das Studio war trotz der beachtlichen Serie von Kinoerfolgen kein sehr angenehmer Ort mehr, seit der Chef seiner Muttergesellschaft, Charlie Bluhdorn, im Jahr zuvor gestorben war. Das gängige Bild des Aufsichtsratsvorsitzenden von Gulf + Western war zwar das eines abgehärteten Geschäftsmannes gewesen, der zu ständigen Schimpfkanonaden neigte, aber zu Eisner und Barry Diller hatte er ein fast väterliches Verhältnis gehabt. Sein Nachfolger Martin Davis war durch keine derartigen Gefühlsbande mit seinen beiden Hollywood-Managern verbunden.

Am 8. September, dem Tag, an dem Ron Miller seinen Posten bei der Walt Disney Productions loswurde, beschloß Barry Diller, von Paramount Pictures zu Twentieth Century Fox zu wechseln. Der Vertrag, den Diller unterschrieb, war sogar nach Hollywood-Maßstäben atemberaubend. Er erhielt ein festes Jahresgehalt von 3 Millionen Dollar und bekam 25 Prozent des Vermögenszuwachses zugesichert, den er für Fox erzielen sollte. Alles, was er tun mußte, war, das Studio wieder auf die Beine zu bringen, das Marvin Davis zwei Jahre zuvor erworben und anschließend heruntergewirtschaftet hatte.

Diller wollte Michael Eisner bei Fox an seiner Seite haben. Aber Eisner, der sowohl bei ABC als auch bei Paramount unter Diller gearbeitet hatte, war es satt, in seinem Schatten zu stehen. Außerdem waren die beiden Männer immer weniger gut miteinander ausgekommen. Eine Klausel in Eisners Vertrag machte ihn für den Fall, daß Diller ausscheiden sollte, zum ersten Anwärter auf den Spitzenjob bei Paramount, und obwohl er die Gespräche mit Disney weiterführte, wollte Eisner wissen, wo er bei Paramount stand. Er erfuhr am Vormittag des 8. Septembers, eines Samstags, während eines Tennisspiels, das einer seiner Söhne bestritt, daß Diller Paramount verlassen würde. Am folgenden Montagabend rief Diller bei Marty Davis in New York an, um ihm mitzuteilen, daß er bei Paramount ausscheiden werde.

Davis rief Eisner noch am selben Abend nach New York, um die Frage zu klären, wer an Dillers Stelle die Leitung des Studios übernehmen sollte. Am Dienstag um zwei Uhr mittags ging Eisner zusammen mit Jeffrey Katzenberg, dem Produktionschef von Paramount, an Bord einer Pan-Am-Maschine nach New York. Sie trafen abends um 23.30 Uhr auf dem New Yorker Flughafen La Guardia ein und nahmen ein Taxi zum Gulf + Western-Hochhaus. Um Mitternacht kamen sie mit Davis in dessen Penthausbüro mit Blick über den Central Park zusammen.

Das Treffen erwies sich als ein nächtlicher Showdown. Eisner wußte nicht, daß Diller einige Wochen vorher von Davis aufgefordert worden war, ihn zu feuern. Davis bemängelte, daß Eisner nicht genügend Teamgeist besaß. Er hielt ihn, trotz all der Filmhits, die er

Paramount beschert hatte, für einen »Klugscheißer«, für jemanden, dem es an der Ernsthaftigkeit fehlte, die nötig war, um ein Unternehmen zu führen. »Marty hat mir gesagt: ›Michael ist wie ein Kind‹«, erinnerte sich Rich Frank, der die Fernsehabteilung von Paramount leitete. »›Wenn man ein paar Bausteine auf den Fußboden legt, setzt er sich hin und fängt an, mit ihnen zu spielen.‹« Frank war verblüfft. »Ich habe erwidert: ›Dann würde ich mein ganzes Geld in Bausteinen anlegen, sie überall verteilen und zwanzig Leute wie Michael mit ihnen spielen lassen.‹«[17]

Davis leugnete später ab, diesen Vergleich angestellt zu haben. Während des nächtlichen Treffens in seinem Büro hoch über dem Central Park erklärte er Eisner jedenfalls, daß er sich in der Frage, wer die Leitung von Paramount Pictures übernehmen solle, noch nicht festgelegt habe. Eine Möglichkeit wäre es, ihn, Eisner, Frank Mancuso zu unterstellen, Paramounts damaligem Marketingchef. Eisner lehnte dies strikt ab.

Die Entscheidung, die Davis bei dem Treffen mit Eisner in der Schwebe gehalten hatte, stand im *Wall Street Journal* vom Tage bereits fest. Katzenberg rief Eisner um vier Uhr früh in seinem Hotel an, um ihm die Neuigkeit mitzuteilen. Die Finanzzeitung berichtete, daß Frank Mancuso zum neuen Geschäftsführer des Studios ernannt werden würde. Eisner sollte einen neuen Boß vor die Nase gesetzt bekommen, noch dazu einen, der ihm gestern noch unterstellt gewesen war.

Davis wurde in dem Artikel mit der Ansicht zitiert, daß Paramount unter Diller und Eisner zu wenige Fernsehproduktionen für die Haupteinschaltzeit verkauft und nicht genügend Filmhits herausgebracht hatte. Davis dementierte später, daß er den Artikel lanciert hatte. Aber er spiegelte deutlich die Abneigung wider, die der Chef von Gulf + Western für Eisner empfand. Eisner reichte noch am selben Tag seine Kündigung ein und schied mit einer stattlichen Abfindung, einschließlich eines Zahlungsaufschubs für ein Darlehen von 1,2 Millionen Dollar, das er für den Kauf seines Hauses in Bel Air von dem Studio erhalten hatte, bei Paramount aus.

Er hatte mehrere Angebote. Diller wollte ihn immer noch zu Fox holen. Leonard Goldenson, Eisners alter Boß bei ABC, bot ihm 300

Millionen Dollar für den Aufbau einer eigenen Filmgesellschaft. Aber Eisner wollte den Disney-Job, den ihm Roy Disney im Juli in Aussicht gestellt hatte.

Eisner hatte Walt Disney immer verehrt. Doch er würde nur zu seinen eigenen Bedingungen zu Disney gehen. Wenn er in das Unternehmen eintreten sollte, sagte er Stanley Gold während einer Zusammenkunft in dessen Haus in Beverly Hills, dann als Geschäftsführer, oder gar nicht.

Gold wußte, daß zwischen Eisner und Barry Diller in ihren letzten gemeinsamen Monaten bei Paramount wachsende Unstimmigkeiten geherrscht hatten. Eisner hatte daraus die Konsequenz gezogen, daß er nicht länger die Nummer zwei sein wollte, in welchem Studio auch immer. Und wenn er schon nicht bereit gewesen war, unter Frank Mancuso zu arbeiten, würde er ganz gewiß nicht als Nummer zwei bei Disney einsteigen. Im übrigen brauche Disney, wie Eisner Gold gegenüber betonte, eine kreative Persönlichkeit an der Spitze. Es sei Walt gewesen, nicht Roy, der die Grundlagen geschaffen habe, auf denen die Gesellschaft errichtet wurde.

Bei einem späteren Treffen mit Frank Wells in dessen Haus in Beverly Hills beschlossen er und Eisner, sich gemeinsam um die Spitzenpositionen bei Disney zu bewerben. Eisner mit seiner kreativen Ader sollte Aufsichtsratsvorsitzender und Geschäftsführer und Wells, der sich mehr im Faktischen und in den kleingedruckten Details der Unternehmensführung heimisch fühlte, Generaldirektor werden. »Ich liebe die geschäftliche Seite des Geschäfts«, hatte Wells Disneys Aufsichtsratsvorsitzendem Ray Watson bei einem Treffen in Wells' Haus erklärt.[18]

Sid Bass jedoch wollte nicht, daß Michael Eisner die Gesellschaft führte. Richard Rainwater bewunderte Wells' nüchterne, sachliche Art und seinen beruflichen Werdegang und hatte Bass dementsprechend Bericht erstattet. Eisner dagegen gehörte zur Hollywood-Szene, für die Sid Bass nicht viel übrig hatte. Richard Rainwater, der George Lucas einmal bei einem Geschäft behilflich gewesen war, hatte Eisner zusammen mit den Machern des Kriegs der Sterne überprüft, und das Ergebnis war positiv ausgefallen. Michael Eisner wußte, wie man Filmhits landete, hatte George Lucas resümierend gesagt. Aber Rainwater hatte immer noch den Eindruck, daß ihm die geschäftliche Erfahrung fehlte. Er besäße nicht den Tiefgang, erklärte er Sid Bass, um eine 1,7-Milliarden-Gesellschaft zu leiten.[19]

Eisner erfuhr durch Frank Wells von der ablehnenden Haltung von Bass. Wells und Gold pflegten während des größten Teils der Disney-Übernahmeschlacht in der Nähe von Eisners Haus auf der Laufstrecke der University of California in Los Angeles (UCLA) zusammen zu joggen. An diesem Morgen Mitte September hatte er jedoch, bevor er sich zum Joggen begab, mit Sid Bass telefoniert und lief mit Gold nicht wie üblich über die UCLA-Strecke, sondern zu Eisners Haus.

Sie kamen um acht Uhr dort an, gerade als sich Eisners drei Söhne auf den Schulweg machten. »Es ist vorbei«, sagte Frank Wells. »Sid kauft es nicht.«[20] Eisner war wie vor den Kopf geschlagen. Aber er wollte doch noch einen letzten Versuch unternehmen, um den Job zu bekommen, und die ganze Gruppe, Eisner, dessen Frau Jane, Wells und Gold, eilte in Eisners Arbeitszimmer, wo er Sid Bass' Nummer in Fort Worth wählte.

»Ich glaube, Sie machen einen Fehler, Sid«, sagte Eisner mit erhobener Stimme in den Telefonverstärker. »Die Gesellschaft braucht eine kreative Person an der Spitze.« Er ging, mit den Armen fuchtelnd, vor dem Telefonverstärker auf und ab und fügte mit wachsender Erregung hinzu: »Sehen Sie sich die amerikanische Unternehmensgeschichte an. Die Unternehmen sind immer in Schwierigkeiten gekommen, wenn die kreativen Leute durch bloße Manager ersetzt wurden.« Die Walt Disney Productions, fuhr er fort, könne sich eine solche Entwicklung nicht leisten.

»Ich hielt das für ziemlich großspurig«, erklärte Bass später. Aber je länger er darüber nachgedacht hätte, desto vernünftiger hätte er Eisners Argument gefunden. Um eine Gesellschaft wie Disney zu führen, mußte man Eisner die Freiheit zugestehen, die Projekte auszuwählen, von denen er glaubte, daß sie für das Studio am besten wären. Das leuchtete Bass ein, der das Filmemachen mit seiner eigenen rauhen Welt der Finanzdeals verglich. »In meinem Geschäft kann man auch nicht erst einen Deal machen und dann sagen: ›Ich werde ihn dem und dem Gremium vorlegen‹«, äußerte

Bass in einem Interview vom 30. Mai 1990. »Er (Eisner) mußte das letzte Wort haben. An dem Punkt dachte ich zum ersten Mal, daß Michael Führungsqualitäten besitzt.«

Als nächster sprach Wells mit Bass und bestätigte seine Zustimmung zu dem Arrangement. Das genügte Sid Bass, der immerhin so viel Vertrauen in Wells' Urteilsvermögen gefaßt hatte, daß er ihm die Führung der Gesellschaft übertragen wollte. Wenn Wells meinte, Eisner wäre der bessere Mann für den Job, würde er seinem Urteil vertrauen. Bass' Billigung erwies sich als der entscheidende Faktor bei der Überantwortung der beiden Spitzenposten bei Disney an Eisner und Wells. Zu dieser Zeit hatte der »Braintrust« bereits fieberhaft daran gearbeitet, die Unterstützung des Aufsichtsrats zu gewinnen. Eisner hatte die Aufsichtsratsmitglieder Sam Williams und Ignacio Lozano auf seine Seite gezogen, und Wells war in Roy Disneys Flugzeug nach Arizona geflogen, um mit Card Walker zu sprechen, der zum Angeln dorthin gefahren war. Neben dieser Überzeugungsarbeit war auch von anderer Seite Unterstützung gekommen: Steven Spielberg hatte Ray Watson angerufen und sich für Eisner eingesetzt.

Es gab noch andere Kandidaten für den Posten. Dick Nunis, der für die Vergnügungsparks verantwortlich war, hatte Ray Watson geschrieben und sich selbst vorgeschlagen. Arvida-Chef Chuck Cobb hatte erfolglos versucht, Sid Bass und Richard Rainwater für seine Kandidatur zu gewinnen. Und Ray Watson neigte eher der Wahl von Dennis Stanfill zu, des ehemaligen Finanzchefs der Times Mirror Corporation, der Aufsichtsratsvorsitzender von Fox gewesen war, bis Marvin Davis das Studio übernahm. Das Aufsichtsratsmitglied Phil Hawley hatte sich nachdrücklich für Stanfill eingesetzt. Aber als sich das Blatt zugunsten von Eisner und Wells zu wenden begann, beschloß Ray Watson, sich ebenfalls auf die Seite der beiden zu schlagen.

Die entschiedene Haltung von Sid Bass gab schließlich den Ausschlag und überzeugte auch jene Aufsichtsratsmitglieder, die sich noch nicht festgelegt hatten. Am Freitag, dem 21. September, dem Abend vor der Sitzung des Disney-Aufsichtsrats, hatten die Truppen von Stanley Gold gewonnen. Die Abstimmung fiel einstimmig aus. Die letzte Stimme, die zugunsten von Eisner und Wells in die Waagschale fiel, war die von Card Walker, der so viele Jahre lang an Walts Seite gestanden hatte. Dazu paßte auch, daß er derjenige war, der Eisner und Wells als Kandidaten für die Spitzenposten bei Disney nominierte. Es war, wie Walker glaubte, eine Wahl, die sogar Walt gutgeheißen hätte.

Kapitel 2

Eines Tages wird mein Prinz kommen

Der dreizehnköpfige Aufsichtsrat der Walt Disney Productions – zwölf Männer und eine Frau – trat im Sommer 1984 fünfmal zu Sondersitzungen zusammen. Jede dieser Sitzungen war aus Anlaß einer Krisensituation einberufen worden. Die sechste und abschließende Sondersitzung des Jahres begann am Samstag, dem 22. September, um 11.07 Uhr.[1] Sie markierte den Beginn einer neuen Ära in der Geschichte der Gesellschaft.

Wie bei jeder der vorangegangenen Sitzungen nahmen die Aufsichtsräte auf ihren grünen Stühlen in dem holzverkleideten Konferenzraum im zweiten Stock des Animation Building Platz. Der Raum hatte sich, wie so vieles in der Gesellschaft, seit Walts Tod kaum verändert. Ein leicht verblaßtes Schwarzweißfoto eines ernst dreinschauenden Walt und seines Bruders Roy blickte von der gebleichten Holzwand.

Im Animation Building hatte es den größten Teil des Sommers über nur so von Krisenmanagern gewimmelt – von Anwälten, Investmentbankern und besorgten Disney-Aufsichtsräten –, die die Gesellschaft vor der drohenden Übernahme verteidigten. Walt hatte das Haus, das im Zentrum des Studiogeländes an der Kreuzung der Mickey Avenue und des Dopey Drive liegt, als Brennpunkt des Studios geplant, das er 1939 in Burbank errichtete. 26 Jahre lang hatte er dort, nicht weit von den Trickfilmzeichnern entfernt, in einem Eckbüro im dritten Stock residiert. Die Zeichner waren 1984 in ein anderes Gebäude umgezogen, da die alten Arbeitsräume nicht mehr ausreichten, so daß nur noch die Verwaltung zurückgeblieben war.

An diesem warmen, sonnigen Tag spät im September war die Stimmung besser als seit Monaten. Man war bereit, die Macht über die Gesellschaft in neue Hände zu legen und hoffte, sie damit ein für allemal dem Zugriff der Raider zu entziehen.

Ray Watson eröffnete die Sitzung. Nur neun der 13 Disney-Aufsichtsräte waren persönlich anwesend. Drei weitere waren telefonisch zugeschaltet. Watson, der Bauunternehmer aus Kalifornien, der die Verteidigung der belagerten Gesellschaft geleitet hatte, begann mit einer Darstellung der Verwundbarkeit von Disney. Irwin Jacobs hielt immer noch fast acht Prozent der Disney-Aktien. Aber was wichtiger war, er stand kurz davor, seine Position aufzustocken, wodurch die Wahrscheinlichkeit einer feindseligen Übernahme noch größer geworden wäre.

Nur jemand, der die Unterstützung beider Familienzweige, der von Walt und der von Roy Disney besaß, könne die Gesellschaft zusammenhalten, erklärte Watson dem Aufsichtsrat. Er selbst hatte ursprünglich Dennis Stanfill, den früheren Aufsichtsratsvorsitzenden von Twentieth Century Fox, favorisiert. Aber nachdem er mit Michael Eisner und Frank Wells gesprochen hatte, war er auf den Kurs von Roy Disney und dessen Anwalt Stanley Gold eingeschwenkt und hatte deren Kandidaten unterstützt. Die anderen Aufsichtsräte waren ihm einer nach dem anderen gefolgt und hatten sich gleichfalls für das Duo Eisner/Wells ausgesprochen.

»Es ist an der Zeit, das nächste Kapitel in der Geschichte der Gesellschaft einzuleiten«, ließ sich Card Walker aus dem Lautsprecher in der Mitte des sechs Meter langen Konferenztischs vernehmen. Walker hatte Wells, als er ihn am vergangenen Abend in Arizona aufgesucht hatte, versprochen, ihn und Eisner für die Chefsessel bei Disney vorzuschlagen. Um 11.40 Uhr war es soweit: Die beiden Manager waren an die Spitze eines der legendärsten und gefährdetsten Hollywood-Studios gewählt worden.

Eisner und Wells hatten seit den frühen Morgenstunden in Eisners Haus in Bel Air auf die Entscheidung des Aufsichtsrats gewartet. Stanley Gold, Roy Disneys Anwalt, war derjenige, der sie ihnen am Telefon mitteilte. »Gratuliere«, sagte er aufgeregt. »Jetzt geht es an die Arbeit.«[2]

Michael Eisner war in vieler Hinsicht das genaue Gegenteil von Walt Disney. Anders als Walt, dessen Vater finanziell stets zu kämpfen hatte, war Eisner in wohlhabenden Verhältnissen geboren und aufgewachsen. Er hatte den größten Teil seiner jungen Jahre in einem großzügigen Apartment in der New Yorker Park Avenue verbracht. Sein Großvater hatte die American Safety Razor Company gegründet und später das Familienvermögen gesichert, indem er sie an Philip Morris verkaufte. Der andere Großvater war ein Freund von Teddy Roosevelt gewesen und hatte sein Vermögen mit einer Textilfabrik gemacht, in der Pfadfinderuniformen und Fallschirme für die Armee hergestellt wurden.

Lester Eisner, Michaels Vater, hatte in Harvard Jura studiert und das Familienvermögen durch Investitionen in New Yorker Immobilien vergrößert. Außerdem hatte er als aktiver Republikaner in der Eisenhower-Administration einen Spitzenposten im Bereich des Wohnungsbaus innegehabt.

Sein Sohn Michael wurde frühzeitig zur Selbstdisziplin erzogen. Er und seine Schwester mußten jeden Tag erst zwei Stunden lesen, bevor sie eine Stunde fernsehen durften. Unterhaltung war für die Eisners gleichbedeutend mit dem Broadway. Angefangen mit *Oklahoma* an Michaels zweitem Geburtstag, war ein besonderer Anlaß stets mit einem Theaterbesuch verbunden gewesen.

Vor allem aber war man bei den Eisners auf gesellschaftliche Formen bedacht. Beim häuslichen Abendessen wurde streng auf die Etikette geachtet, was für Michael bedeutete, daß er mit Jackett und Krawatte am Tisch erscheinen mußte. Außerdem wurde er schon früh zur Tanzstunde geschickt, wo die Jungen blaue Blazer und die Mädchen zu ihren Partykleidern weiße Handschuhe trugen. Groß und ungelenk, wie er war, mochte Michael die Tanzstunden nicht sehr.

Gleichzeitig wurde ihm, trotz all des Wohlstands, in dem er aufwuchs, der Wert des Geldes beigebracht. Das Auto der Familie wurde zwar von einem Chauffeur gefahren, aber es war kein Cadillac, sondern ein Kombi. »Mein Großvater fuhr immer über die Willis Avenue Bridge, um den Brückenzoll zu sparen«, erzählte Eisner einmal einem Reporter. »Mein Vater glaubte zwar, daß ich mir dessen bewußt sein sollte, was ich besaß, aber gleichzeitig war eine der Lektionen, die ich zu lernen hatte, daß man niemals das Kapital angreift.«[3]

Das war Jahre, bevor es Eisner in die Unterhaltungsindustrie verschlug. An der Lawrenceville School, einer kostspieligen Internatsschule in New Jersey, war »Mike the eyes« (»Mike die Spürnase«), wie er genannt wurde, ein guter Schüler. Im Sport dagegen konnte er keine Meriten sammeln, obwohl er es – mit mäßigem Erfolg – in der Tennis- und Basketballmannschaft der Schule versuchte.

Als Schauspieler konnte er etwas mehr Erfolg verbuchen, wenn auch nur vorübergehend. Er war Mitglied des Periwig-Theaterklubs und wurde in seinem letzten Schuljahr für eine der Hauptrollen in *Die Caine war ihr Schicksal* auserkoren. Doch er erkrankte zwei Wochen vor der Aufführung an spinaler Meningitis und war bis zur Premiere noch nicht wieder auf den Beinen. Er erholte sich zwar von der Krankheit, erhielt aber nie wieder eine Rolle.

Nach der Schule schrieb er sich an der Denison University, einem kleinen, humanistischen College in Granville (Ohio), für das Grundstudium der Medizin ein. Seine Lehrer erinnern sich an ihn als einen durchschnittlichen Studenten, der lieber ausufernde philosophische Diskussionen führte, als sein Lernpensum zu büffeln. In seinem ersten Jahr wurde er, zweifellos durch eine hübsche Kommilitonin, die im Hauptfach Theaterwissenschaft belegt hatte, erneut vom Theaterfieber angesteckt. Seine medizinischen Studien waren bald vergessen, und er wechselte ins Theaterfach.

Eisner, im Grunde ein schüchterner Mensch, hatte allerdings genug vom Schauspielen und verlegte sich statt dessen aufs Schreiben. Eins seiner Stücke mit dem Titel *To Stop a River* entstand, um besagte Kommilitonin zu beeindrucken. Es hatte die lockere Moral einer Frau aus Columbus zum Thema und wurde von der Theatergruppe der Schule aufgeführt. Die Kritik fiel recht gemischt aus.

Nach Abschluß des Collegestudiums verbrachte Eisner zwei Monate in Europa und verfaßte weitere Theaterstücke, deren handschriftliche Manuskripte die Sekretärin seines Vaters nach seiner Rückkehr nach New York abtippte. Aber nur ein Agent – der wenig später verstarb – war bereit, sie überhaupt zu lesen.

Für Eisner war es Zeit, sich eine Arbeit zu suchen. Den ersten Job im Showbusineß, als Portier bei NBC, hatte er 1963 durch Familienbeziehungen bekommen. Jetzt, nach seinem Studienabschluß, wurde er auf einen Posten befördert, wo er darüber Buch zu führen hatte, wie oft die einzelnen Werbespots über den Sender gingen. An den Wochenenden arbeitete er für den Radiosender der NBC, wo er die Verkehrsberichte redigierte. Dann wechselte er zu CBS, wo er dafür verantwortlich war, daß in den Kindersendungen, in der *Ed Sullivan Show* und in *Jeopardy* die Werbespots an den richtigen Stellen eingeblendet wurden.

Sein großer Durchbruch im Showgeschäft kam 1966, als ein junger Fernsehmanager namens Barry Diller einen der über 200 Lebensläufe las, die Eisner verschickt hatte. Diller war damals 24 Jahre alt und Abteilungsdirektor bei der aufstrebenden ABC. Ein Jahrzehnt zuvor von dem früheren Paramount-Anwalt Leonard Goldenson gegründet, war ABC der weit abgeschlagene Dritte der »großen Drei« der Fernsehbranche. Bei nur zwei Dutzend angeschlossenen Sendern erreichte ABC weniger als 50 Prozent des Landes.

Da ABC wenig zu verlieren hatte, konnten Diller und Eisner mit innovativen Ideen in die Programmgestaltung eingreifen. Zusammen schufen sie solche neuen Sendeformen wie den »Film der Woche« und die Miniserien. Dabei stellte sich heraus, daß Eisner für diese Arbeit besonders geeignet war, weil ihm sogar die einfachsten Formen populärer Unterhaltung – die Situationskomödien und Zeichentrickfilme – von Herzen gefielen. Das war ein Pluspunkt für Eisner. Als er 1969 für das Samstagvormittagsprogramm verantwortlich wurde, brauchte er nicht lange zu überlegen, was bei den Kindern wohl ankommen mochte. Er brauchte nur zu sehen, was ihm selbst gefiel.

Damals wurden am Samstagvormittag überwiegend Zeichentrickfilme mit Tierfiguren wie Mighty Mouse und Atom Ant gezeigt. Eisner aber wollte etwas Neues ausprobieren. Er hatte von einer Gesangsgruppe namens Jackson Five gehört und flog nach Las Vegas, um sie zu hören. Wenig später nahm er sie für ABC unter Vertrag. Die Zeichentrickserie der Jackson Five kam an, ebenso eine ähnliche Serie über die singenden Osmond Brothers. Innerhalb von drei Jahren hatte ABC das Samstagvormittagsprogramm mit den höchsten Einschaltquoten, und nach fünf Jahren wurde Eisner Verantwortlicher für das Programm zur Hauptsendezeit. Dort führte er Serien wie *Happy Days* und *Welcome Back, Kotter* ein, die von den Kritikern als allzu comicartig verrissen wurden. Eisner hatte für sie tatsächlich viele der Erzähltechniken übernommen, die er von den Samstagvormittagsserien her kannte; es waren geradlinige Geschichten mit ausgeprägten Charakteren und Konfliktsituationen.

Als ABC den Spitzenplatz unter den Fernsehanstalten erobert hatte, verließ Eisner den Sender, um sich Barry Diller bei Paramount Pictures anzuschließen. (Diller hatte ABC 1974 verlassen, und Eisner folgte ihm zwei Jahre später.) Mit ihrer Arbeit bei Paramount erwarben sich Diller und Eisner den Ruf, die kreativsten Manager Hollywoods zu sein. Während der acht gemeinsamen Jahre bei Paramount brachte das Studio mit Filmen wie *Jäger des verlorenen Schatzes* und *Saturday Night Fever* eine beispiellose Erfolgsserie zustande. 1978, zwei Jahre nach Eisners Wechsel zu Paramount, war das Studio durch Kassenschlager wie *Grease* und *Der Himmel soll warten* mit einem Anteil von fast einem Viertel des Gesamteinspielergebnisses an die Spitze der »großen Sieben« unter den Filmgesellschaften katapultiert worden. Paramount fiel sechs Jahre lang in der Rangordnung der Marktanteile nie hinter den zweiten Platz zurück.[4]

Das Diller-Team brachte aber nicht nur Filmhits hervor. Es revoltierte auch gegen die Arbeitsteilung, die damals in Hollywood üblich war. In den 70er Jahren waren die anderen Studios kaum noch mehr als Banken, die Projekte finanzierten, die von mächtigen Agenten an sie herangetragen wurden – fest verschnürte Paketangebote, komplett mit Regisseur, Stars und Drehbuch, die sofort realisiert werden konnten. Paramount jedoch weigerte sich, die von den Agenten geforderten Summen zu zahlen. Diller verlangte statt dessen von seinen Mitarbeitern, jeden Film, wie früher in Hollywood üblich, Stück für Stück selbst zu realisieren.

Während sich die anderen Studios um die großen Namen unter den Schauspielern und Regisseuren rissen, glaubte man bei Paramount, man brauche für einen erfolgreichen Film nur die richtige Geschichte. Die Geschichten konnten auf geradezu peinliche Weise dünn und simpel sein – Underdogs, die ihren Weg machen, wie in *Die Bären sind los* oder *Flashdance* oder ein Einzelgänger, der sich durchsetzt, wie in *Beverly Hills Cop*. Aber die Filme, die diese Geschichten erzählten, zogen die Zuschauer an, und zwar in rauhen Mengen.

Es ist seither darüber gestritten worden, wem der Erfolg, den Paramount in jenen Jahren hatte, zu verdanken war. Das Studio war zweifellos von der Persönlichkeit Barry Dillers geprägt, eines hitzigen, aufbrausenden Managers, der noch aus der Zeit von Samuel Goldwyn zu stammen schien. Höfliche Konferenzen, hatte Goldwyn gemeint, führten nur zu höflichen Filmen, die niemand sehen wollte. Ganz in dieser Tradition stehend, schuf Diller bei Paramount eine Atmosphäre höchster Anspannung. Bei Besprechungen durfte es erregt und lautstark zugehen, und wer einen Film machen wollte, mußte das Projekt mit einer Leidenschaft vertreten, die Diller und Eisner davon überzeugte, daß es die Millionen wert war, die es kosten würde.

Auch Superstars waren vor den knallharten Methoden von Diller & Co. keineswegs sicher. Einer, der es zu seinem Leidwesen erfahren mußte, war der Regisseur John Avildsen. Norman Wexler, ein brillanter, aber manchmal auch recht exzentrischer Autor, hatte ein Drehbuch abgeliefert, das die Paramount-Manager als rundum gelungen betrachteten. Sie gaben es Avildsen, der sich sofort daranmachte, es umzuschreiben. Aber es spielte keine Rolle, daß er soeben für die Regie von *Rocky* für den Oscar nominiert worden war. Diller und Eisner fanden, daß seine Neufassung das Drehbuch verwässerte, und der Starregisseur wurde ohne Umschweife gefeuert. Danach holte man das ursprüngliche Drehbuch wieder hervor und betraute John Badham mit der Regie, der aus dem Film – *Saturday Night Fever* – einen der größten Kinoerfolge des Jahres 1977 machte.

Paramount geriet auf diese Weise als einziges Studio Hollywoods in den Ruf, erst grünes Licht für einen Film zu geben und einen dann daran zu hindern, ihn zu drehen. Die Haltung, auf die damit angespielt wurde, ging auf Charlie Bluhdorn zurück, den in Österreich geborenen Self-made-Millionär, dessen Unternehmenskonglomerat Gulf + Western Industries Paramount Ende der 60er Jahre vor einem Raiderangriff gerettet hatte. Bluhdorn konnte, wenn sein Temperament mit ihm durchging, reichlich grob werden, besonders bei unnötigen Ausgaben oder Bilanzverlusten. Seine Maxime lautete: Kein Film ist so teuer, daß Paramount ihn drehen muß. Sowohl Diller als auch Eisner merkten sich diese Lektion gut.

Michael Eisner hat die Angst, Geld zu verschwenden, ihm von Bluhdorn und Diller eingehämmert, nie abstreifen können. Nachdem er Generaldirektor von Paramount geworden war, drängte er darauf, daß sein Studio härter verhandelte als jedes andere in Hollywood. Als er, zum Beispiel, in der Anfangszeit seiner Paramount-Jahre während eines Abendessens mit einem Freund von dem Drehbuch für *Die unglaubliche Reise in einem verrückten Flugzeug* erfuhr, entschuldigte er sich und verließ den Tisch, um den Produktionschef Don Simpson darauf anzusetzen. Bevor er die Rechte an der Komödie kaufte, sollte jedoch sichergestellt sein, daß der Film nicht mehr als 3 Millionen Dollar kosten würde. Als dann der Regisseur später Änderungen vornehmen wollte, die das Budget des Films erhöht hätten, drohte Eisner damit, das Projekt einzustellen. »Wir hatten uns schon an alle anderen Studios in der Stadt gewandt«, erinnerte sich Jerry Zucker, der Regisseur des Films, in einem Interview vom 10. April 1990. »Er wußte, daß er uns an der Angel hatte.« Der Film kostete schließlich 3,5 Millionen Dollar und brachte dem Studio über 40 Millionen ein.

Diller, der sich für solch ambitionierte Filme wie *Reds* einsetzte, war für seinen elitären Geschmack bekannt. Eisner dagegen besaß den nötigen Alltagsverstand, der ihn befähigte, die richtigen Saiten anzuschlagen, um die Zuschauer zu erreichen. Trotzdem erwiesen sich nicht alle seine Projekte als Treffer. So lehnte er die Drehbücher für die Erfolgsfilme *Schütze Benjamin* und *Der große Frust* ab, während er die dürftige *Weiße Bestie* annahm, die Geschichte der mißlungenen Umerziehung eines rassistischen Killerhundes, der zuerst nur Schwarze und am Ende nur Weiße anfällt. Aber in einer Branche, in der die Zahl der Fehlschläge stets größer ist als die der

Treffer, konnten sich Diller und Eisner mit ihrer Erfolgsbilanz mehr als nur sehen lassen.

Eisner war es auch, der Diller 1981 trotz des für damalige Verhältnisse stolzen Budgets von 17,5 Millionen Dollar überredete, *Jäger des verlorenen Schatzes* zu drehen. Die anderen Hollywood-Studios hatten den Film abgelehnt, da sie nicht bereit waren, seinen beiden Schöpfern, George Lucas und Steven Spielberg, den enormen Prozentsatz am Gewinn zuzusichern, den sie verlangten. Eisner sah in dem Film eine auf die Kinoleinwand projizierte Abenteuerepisode, wie sie Samstag vormittags im Fernsehen lief, und griff zu. Der Film spielte an den Kinokassen annähernd 300 Millionen Dollar ein und warf für das Studio einen Nettogewinn von 115 Millionen Dollar ab.

Daneben fand Eisner, der sich in den Klassikern auskannte, Mittel und Wege, traditionelle Geschichten den Erfordernissen der modernen Unterhaltungsindustrie anzupassen. So setzte er sich für *Footloose* ein – eine Geschichte, die in einer Stadt spielt, in der das Tanzen verboten ist –, weil sie ihn an zwei Werke von Nathaniel Hawthorne erinnerte: den klassischen Roman *Der scharlachrote Buchstabe* und eine weniger bekannte Kurzgeschichte mit dem Titel *Der Maibaum von Merrymount.* »Meine Frau hat mich für verrückt gehalten«, erklärte Eisner später einem Reporter. »Sie hat mir gesagt, daß ich mich lächerlich machen würde, wenn ich jemals über eine Verbindung zu Hawthorne sprechen würde.«[5] *Footloose* war nur ein mäßiger Erfolg beschieden, aber Eisners Ruf als Mann voller Ideen litt kaum darunter. Paramount-Mitarbeiter erzählten noch jahrelang, wie ihm die Idee für den Kassenknüller *Beverly Hills Cop* gekommen war, als er wegen überhöhter Geschwindigkeit von einem Polizisten aus Beverly Hills angehalten wurde. (Es gibt noch einige andere Paramount-Mitarbeiter, die die Grundidee für den Film gehabt haben wollen, darunter auch sein Produzent Don Simpson.) Die Idee für die Fernsehserie *Happy Days* kam Eisner während eines einstündigen Zwischenaufenthalts auf einem Flughafen.

Obwohl sie in der Lage waren, gemeinsam einen Filmhit nach dem anderen zu produzieren, gab es keine unterschiedlicheren

Menschen als Barry Diller und Michael Eisner. Der kleine, glatzköpfige Diller war Junggeselle, zog sich gern modisch an und amüsierte sich mit schicken Freunden wie dem Schauspieler Warren Beatty und dem Designer Calvin Klein in der Hollywood-Szene. Eisner dagegen war groß und ungelenk und kümmerte sich wenig um sein Äußeres oder das Glitzerleben Hollywoods. Er war verheiratet, hatte drei kleine Söhne und machte lieber früh Feierabend, um mit einem seiner Sprößlinge an einem Treffen der Indian Guides teilzunehmen.

Diller und Eisner lagen sich oft in den Haaren. Aber sogar sein Boß bewunderte Eisners Härte. Die meisterzählte Geschichte über die rauhen Sitten bei Paramount betrifft Lawrence Gordon, der *Nur 48 Stunden* für das Studio produziert hatte. Als Eisner erfuhr, daß Gordon mit zwei anderen Studios über seinen nächsten Film gesprochen hatte, ließ er an dessen Büro bei Paramount Schlösser anbringen. Es spielte keine Rolle, daß er eng mit Gordon befreundet war. Was zählte, war, daß Gordon einen Vertrag mit Paramount und darüber hinaus aufgrund ihrer Freundschaft eine moralische Verpflichtung hatte. Nach Eisners Ansicht folgte daraus, daß sein Studio das Recht hatte, jedes neue Projekt, an dem Gordon arbeitete, zuerst zu Gesicht zu bekommen. Gordon reichte schließlich eine Klage gegen Paramount ein, die am Ende aber außergerichtlich beigelegt wurde.

Viele in Hollywood wollten nicht mit dem Diller-Eisner-Team zusammenarbeiten. Gleichzeitig jedoch stiegen Paramounts Gewinne während der acht Jahre, in denen die beiden Männer die Geschicke des Studios leiteten, um das Siebenfache, und es erreichte nicht nur in der Produktion von Filmhits eine Spitzenposition, sondern auch, mit Programmen wie *Cheers* oder *Family Ties*, im Fernsehbereich, im Senderanschluß und bei den Heimvideos.

Es war zweifellos die Eisnersche Mixtur aus kreativer Inspiration und strenger Begrenzung der eingesetzten finanziellen Mittel, die die Zustimmung des unter dem Schock der Raiderangriffe stehenden Disney-Aufsichtsrats fand. Dazu kam seine Erfolgsbilanz bei ABC und Paramount, zweier einstmals kränkelnder Unternehmen, die so bemerkenswert auf das Tonikum angesprochen hatten, das ihnen von Diller und Eisner verschrieben worden war. »Ich bin immer im Keller dazugestoßen«, sagte Eisner während seines Vorstellungsgesprächs für den Disney-Job zu Ray Watson. »Ich mag das. Man kann dann nicht weiter abrutschen.«[6]

Wenn der Disney-Aufsichtsrat Michael Eisner die Erfindungsgabe zutraute, die die Walt Disney Productions brauchte, dann erwartete er von Frank Wells die geschäftliche Geschicklichkeit, die nötig war, um die Gesellschaft zu kurieren. Der Aufsichtsrat erneuerte damit, auch wenn es vermutlich unbewußt geschah, in anderer Gestalt das ursprüngliche Team aus Walt und Roy Disney. Eisner mit seiner erwiesenen Fähigkeit, den Massengeschmack zu treffen, würde als Aushängeschild mit seinen Ideen den »Disney-Zauber« wiederaufleben lassen, während Wells, so wie es Roy Disney drei Jahrzehnte vorher getan hatte, die Mittel beschaffen würde, die gebraucht wurden, um die Ideen in die Tat umzusetzen.

Im Gegensatz zu Eisner war Wells nicht von Reichtum umgeben gewesen, sondern in der Arbeitnehmertradition harter Arbeit und unerschütterlicher Hingabe an den Beruf aufgewachsen. Ein Sohn eines Marineoffiziers, war er als Jugendlicher mit seiner Familie von Coronado (Kalifornien) nach Arlington (Virginia) und dann wieder nach Kalifornien gezogen. Um sein Taschengeld aufzubessern, arbeitete er als Zeitungszusteller, Lebensmittelauslieferer und Bademeister an Swimmingpools. Vom Willen zum Erfolg angetrieben, hatte er in nur zwei Jahren die achtzehn Boy-Scout-Leistungsabzeichen gesammelt, die man brauchte, um Life Scout zu werden, und erreichte diesen Rang damit ein ganzes Jahr früher als üblich.

Er war zwar kein besonders talentierter Sportler, spielte aber in der Coronado High School sowohl Football als auch Basketball und erhielt als Mitglied der Basketballmannschaft, die 1949 die Meisterschaft in ihrer Liga gewann, eine »Letter« (Anfangsbuchstabe einer Schule, der als Auszeichnung für besondere sportliche Leistungen auf der Kleidung getragen werden darf). Auf dem Pomona College, einer kleinen humanistischen Schule knapp fünfzig Kilometer außerhalb von Los Angeles, gehörte er im Basketball jedoch nur zur dritten Garnitur. Da er die Aussicht auf einen Abschluß ohne »Letter« aber für inakzeptabel hielt, trickste er, um die Auszeichnung zu erhalten: Er wurde Torwart in der Wasserballmannschaft der Schule, die sich nur mit den Mannschaften anderer örtlicher Colleges auseinanderzusetzen hatte.

Als Student dagegen, mit dem Hauptfach Politologie, tat sich Wells durch ausgezeichnete Leistungen hervor. Er wurde in die Studentenverbindung Phi Beta Kappa aufgenommen und erhielt den Renta Gurley Archibald Scholarship Award für den höchsten Notendurchschnitt im Abschlußjahr. Daneben gehörte Wells, den es chronisch zu Klubs und anderen Gruppen hinzog, dem studentischen Fachbereichsrat an und hatte den Vorsitz im Rechtskomitee inne, das über mutmaßliche Betrügereien zu Gericht saß. Und als die Qualität der Essensversorgung des Colleges zur Diskussion stand, schloß er sich dem Mensakomitee an.

Nach dem Abschluß ging er ans Brasenose College in Oxford, wo er als Rhodes-Stipendiat Jura studierte. Anschließend, nach zweijähriger Dienstzeit bei der Armee, schrieb er sich an der Stanford Law School ein, wo er die Rechtszeitschrift herausgab und sein Studium mit Auszeichnung abschloß.

1960 begann Wells' Aufstieg in der Unterhaltungsbranche. Er zog nach Los Angeles und arbeitete bei Gang Tyre & Brown, einer kleinen, aber hochangesehenen Anwaltskanzlei, die Größen wie Bob Hope und George Burns vertrat. Bereits sein erster Fall war bemerkenswert: Er hatte eine Klage einzureichen, die James Garner helfen sollte, aus seinem Vertrag mit Warner Brothers herauszukommen.

Wells gewann den Fall, ging später aber trotzdem zu Warner Brothers, wo er 1969 als Abteilungsdirektor für die Westküstenaktivitäten des Konzerns zuständig wurde. Dieser Posten brachte eine Fülle neuer Aufgaben mit sich. Zur Oberaufsicht über viele der wirtschaftlichen Abläufe innerhalb des Studios kamen auch die Vertragsverhandlungen, zum Beispiel über den Ankauf von Drehbüchern und den Filmvertrieb, unter seine Verantwortung.

1973 wurde Wells Generaldirektor von Warner und übernahm die geschäftliche Seite des Gesamtunternehmens. Einer seiner ersten Deals war nach monatelangem Feilschen mit dem Produzenten Alexander Salkind der Vertragsabschluß über den Film *Superman*. Später handelte er unter anderem den Vertriebsvertrag aus, der den Oscar-Gewinner von 1981 – *Die Stunde des Siegers* – zu Warner Brothers brachte.

Trotzdem verließ Wells 1982 Warner, was in Hollywood allgemein Verwunderung auslöste und seinen Ruf als Exzentriker befestigte. Er wollte sich einen Lebenstraum erfüllen, den er hegte, seit er als Rhodes-Stipendiat den Kilimandscharo bestiegen hatte, und begab sich gemeinsam mit dem Skihersteller Dick Bass aus Utah (nicht verwandt mit Sid Bass) auf eine Reise um die Welt, um die höchsten Berge auf allen sieben Kontinenten zu bezwingen. Bass erreichte das gesteckte Ziel, und auch Wells erkletterte, trotz eines lebensgefährlichen Sturzes, bis auf den Mount Everest alle Berge, die er in Angriff nahm. Am Mount Everest zwang ihn ein schwerer Sturm nur einen Tag vor Erreichen des Gipfels zur Umkehr.

Diese Bergsteigertour gehört zu den Extravaganzen, die das Bild des zugeknöpften Managers, das Wells für gewöhnlich von sich vermittelt, durchbrechen. Sein Arbeitstag bei Warner, um ein anderes Beispiel zu nennen, begann um sechs Uhr morgens, wenn eine seiner beiden Sekretärinnen in seinem Haus in Beverly Hills eintraf und als erstes die überall verstreuten Briefe einsammelte – eine Folge der Angewohnheit ihres Chefs, abends ganze Taschen voller Korrespondenz mit nach Hause zu nehmen. Später, bei Disney, legte er eine Tauchausrüstung an, um bei der Einweihung der »Living Seas« (»Lebendige Meere«) das Band unter Wasser durchzuschneiden. Ein andermal überraschte er eine Jahresversammlung von zweitausend Disney-Mitarbeitern, die sich auf dem Gelände in Burbank vor einer riesigen Bühne zusammengefunden hatten, indem er nach einem als Tinker Bell verkleideten Stuntgirl an einem 60 Meter langen Draht auf die Bühne herabrutschte.

Nach Stanley Golds telefonischer Gratulation an dem Samstag, an dem sie an die Spitze von Disney berufen worden waren, stiegen Michael Eisner und Frank Wells in Wells' grauen Mercedes 450 SL und fuhren die dreizehn Kilometer von Eisners Haus zum unweit des Studios gelegenen Lakeside Country Club. Zur Feier des Tages wollten sie in aller Eile ein Mittagessen mit Gold und den meisten der Disney-Aufsichtsräte arrangieren; der ausscheidende Aufsichtsratsvorsitzende Ray Watson sollte als Gastgeber fungieren.

Ihr erster offizieller Arbeitstag hätte der Montag sein sollen. Aber Wells und Eisner waren bereits am Samstagnachmittag im Disney-Studio an der Arbeit. Joe Flom, der geschäftsführende Partner der Anwaltskanzlei Skadden, Arps, der die Gesellschaft während der Übernahmeschlacht beraten hatte, setzte sie über die Lage in bezug auf Irwin Jacobs ins Bild. Der Finanzier aus Minneapolis, erklärte Flom den neuen Disney-Chefs, würde möglicherweise bald weitere Aktien erwerben, um die Position von nahezu acht Prozent, die er bereits hielt, aufzustocken. Ein Übernahmeversuch von seiten Jacobs' wäre immer noch sehr wahrscheinlich.

Da das Geschäftsjahr in einer Woche zu Ende gehen würde, wollten sich die beiden neuen Disney-Manager unverzüglich in die Bilanz der Gesellschaft einarbeiten. Sie trafen sich deshalb nach der Besprechung mit Flom sofort mit einem weiteren außenstehenden Anwalt von Disney, Joe Shapiro, einem Partner der Los-Angeles-Filiale von Donovan, Leisure, Newton & Irvine. Shapiro war in der Spätphase der Übernahmeschlacht von Disney als Berater hinzugezogen worden. Eisner und Wells erhielten von ihm einen kurzen Überblick über die Zahlen, die voraussichtlich im Geschäftsbericht der Gesellschaft genannt werden würden, und Dutzende von Geschäftspapieren, die sie mit nach Hause nahmen.

Am Sonntagvormittag, einen Tag nach ihrer Berufung, kamen die beiden neuen Disney-Manager in Eisners großem weißem Haus erneut zusammen und arbeiteten sich durch den Berg von Geschäftspapieren, die Shapiro ihnen gegeben hatte. Anschließend fuhren sie am Nachmittag mit ihren Familien nach Burbank, um das Studiogelände zu besichtigen. Eisner war in Begleitung seiner Frau Jane und seiner drei Söhne, und Wells brachte seine Frau Luanne mit.

Das Studio war um diese Zeit menschenleer. Einem Disney-Manager begegneten die beiden Familien trotzdem, Erwin Okun, dem Abteilungsdirektor für Öffentlichkeitsarbeit. Okun, inzwischen ergraut, war geschäftsführender Redakteur bei *Newsday* und Pressesprecher bei IBM gewesen, bevor er 1981 zu Disney kam. Während der Übernahmeschlacht war er einer der engsten Verbündeten von Ron Miller gewesen. Er hatte sogar noch, als der Aufsichtsrat Millers Schicksal praktisch schon besiegelt hatte, mit ihm zusammen an einer fünfseitigen Verteidigung seiner Aktivitäten gearbeitet.

An diesem Sonntagnachmittag nun schrieb Okun an seinem eigenen Resümee. Er war überzeugt, daß das neue Management mit eisernem Besen auskehren und insbesondere die Verbündeten von Miller vor die Tür setzen würde. Aber Eisner und Wells hatten keine Säuberung im Sinn, jedenfalls noch nicht. Was Okun betraf, so behielt er nicht nur seine Stellung, sondern wurde drei Jahre später sogar vom Vice President (Abteilungsdirektor) zum Senior Vice President befördert.

Es war ein friedlicher Spaziergang, den die beiden neuen Spitzenmanager durch das einem Campus ähnliche Disney-Gelände machten. Und es war für mehrere Monate das letzte Mal, daß sie Zeit für sich selbst und ihre Familien fanden.

Kapitel 3

NEUANFANG IM »MAGISCHEN KÖNIGREICH«

Der Hauptsitz der Bass Brothers Enterprises in Fort Worth, ein an der Main Street aufragender schwarzer Hochhausturm aus Stahl und Glas, ist ein imposantes Gebäude, und die Bass-Bürosuite im 32. Stockwerk zeugt von Macht und Reichtum. An den Wänden hängen Gemälde von Jasper Johns und Frank Stella, und viele der fast zwei Dutzend Büros, in denen Manager der Spitzenklasse residieren, jeder mindestens eine Million Dollar im Jahr wert, sind mit dicken Orientteppichen und antiken Schreibtischen ausgestattet.

Michael Eisner wollte ein Treffen mit Sid Bass, dem größten Aktionär von Disney. Er hatte ihn am Montag, dem 24. September, zwei Tage, nachdem er und Frank Wells vom Aufsichtsrat gewählt worden waren, vormittags angerufen. Oberflächlich betrachtet, war es ein Höflichkeitsbesuch. Eisner und Wells wollten Sid Bass und seinem Team für die Unterstützung danken. Eisner war klar, daß er ohne sie nie an die Spitze von Disney gelangt wäre. Aber die neuen Disney-Chefs wußten auch, daß Bass und seine Gruppe, trotz all ihrer texanischen Liebenswürdigkeit, Ergebnisse sehen wollten. Der erste Schritt sollte eine schlüssige Präsentation sein, die hauptsächlich darauf angelegt war, Bass davon zu überzeugen, daß er es mit Leuten zu tun hatte, die konkrete Vorstellungen über die zukünftige Entwicklung der Walt Disney Productions haben.

Eisner flog dienstags gemeinsam mit Wells und Mike Bagnall, Disneys Finanzchef, von Burbank nach Fort Worth. Bagnall war seit 23 Jahren bei der Gesellschaft und hatte sich vom kleinen Buchhalter nach oben gearbeitet. Während des vergangenen Jahres hatte er die meiste Zeit mit Ray Watson und Roy Disney an der Abwehr des Angriffs auf Disney gearbeitet. Erst gegen Ende der Schlacht konnte er in größerem Ausmaß auf die Unterstützung durch Disneys Investmentbank, Morgan Stanley & Co., zurückgreifen.

Die drei Disney-Manager brauchten weniger als zehn Minuten vom Worthington Hotel zum Sitz der Bass Brothers. Als sie im 32. Stock ankamen, wurde die kleine Abordnung an Sid Bass' Büro vorbei zu einem beengten Konferenzraum geführt, in dem die Bass-Brüder, von dem kleinen Kreis ihrer engsten Vertrauten umgeben, häufig ihre Schlachtpläne entwarfen. An den Wänden waren weiße, beschichtete Tafeln angebracht, auf denen, oft in wirrem Durcheinander, die mit grünem Stift geschriebenen Spuren irgendeiner Strategiesitzung zu sehen waren.

An diesem Tag jedoch waren die Tafeln vor der Ankunft der Disney-Abordnung abgewischt worden. Irwin Jacobs, der kleine, stämmige Sohn eines russisch-jüdischen Einwanderers, der immer noch ein großes Aktienpaket von Disney hielt, saß bereits an dem ovalen Konferenztisch. Sid Bass war der Ansicht gewesen, daß »Irv der Liquidator« an dem Treffen teilnehmen sollte und hatte ihm, gewissermaßen als Taxi für den Hin- und Rückflug, seine private Gulfstream nach Minneapolis geschickt. Diese Geste war weniger der Höflichkeit geschuldet als vielmehr eine notwendige Gefälligkeit. Jacobs war besorgt gewesen, daß er, wenn die Sitzung zu lange dauerte, den Beginn des Rash Hashanah, des jüdischen Neujahrsfestes, versäumen würde.

»Irv der Liquidator« war weiterhin ein Problem für die Walt Disney Productions. Der Raider hielt knapp acht Prozent der Unternehmensaktien, und, was noch wichtiger war, er hatte angedeutet, daß er mehr wollte: In der vergangenen Woche hatte er den Bundesbehörden gegenüber erklärt, daß er ein Angebot für das ganze Unternehmen unterbreiten wolle.[1] Eisner und Wells hatten am 22. September, dem Tag ihrer Wahl durch den Disney-Aufsichtsrat, von Jacobs' bevorstehendem Angebot erfahren. Joseph Flom, der Partner von Skadden, Arps, der während der versuchten Übernahme Berater von Disney gewesen war, hatte es den beiden neuen Chefs der Gesellschaft nachdrücklich eingeschärft: Vorsicht vor Irwin Jacobs.

Jetzt, vier Tage später, standen sie dem Raider aus Minneapolis persönlich gegenüber. Er erhob sich von seinem Stuhl und streckte den neuen Disney-Managern die Hand entgegen. »Ich freue mich schon darauf zu hören, was Sie zu sagen haben«, meinte er, indem er mit einem Grinsen auf dem Gesicht zu den beiden größeren Männern aufblickte. »Wird bestimmt interessant.«[2]

Sid Bass machte die Disney-Manager mit den anderen Sitzungsteilnehmern bekannt, die nach und nach den Konferenzraum betraten. Als erste kamen sein jüngerer Bruder Lee und sein langjähriger Topstratege, Richard Rainwater, ein Mann mit olivfarbener Haut und dunklen Locken, der bei Bass für die Vermögenswerte zuständig war, die nicht zum Ölgeschäft gehörten. Von dem riesigen Landbesitz bei Orlando fasziniert, hatte er sich im Frühsommer eingehend mit den finanziellen Daten von Disney beschäftigt und danach, mehr als jeder andere im inneren Kreis um Bass, darauf gedrängt, das Aktienpaket von Disney zu erwerben. Allein schon die Entwicklungsmöglichkeiten des Landbesitzes in Florida seien atemberaubend, hatte er, wie Sid Bass erzählt, seinem Boß erklärt. Und wenn daraus nichts werde, hatte er hinzugefügt, »können wir immer noch verkaufen«.

Nach Rainwater erschien Al Checchi im Konferenzraum, ein großer, schlanker Mann mit durchdringendem Blick und großspurigem Auftreten. Obwohl er erst zwei Jahre bei Bass war, gehörte er schon zum inneren Kreis. Als er noch bei der Marriott Corporation, einer großen Hotelkette, arbeitete, hatte er versucht, die Bass-Brüder zur Finanzierung von Marriott Hotels zu überreden, und war Rainwater durch seine Überzeugungskraft und Kontaktfreudigkeit aufgefallen. Der 36jährige Checchi war im Juni der Verhandlungsführer gewesen, der den Arvida-Deal mit Disney über die Bühne gebracht hatte.

Der letzte, der im Konferenzzimmer eintraf, der 48jährige Aufsichtsratsvorsitzende von Arvida, Chuck Cobb, ein weiterer Bass-Neuling, gehörte nicht zum inneren Kreis. Er war bei Penn Central, der Muttergesellschaft von Arvida, seit 1972 für das Bauunternehmen verantwortlich gewesen. 1983 hatte er einen von Penn Central geplanten Verkauf vereitelt und statt dessen seinen eigenen Deal durchgesetzt, indem er Richard Rainwater den Kauf von Arvida schmackhaft machte. Als Arvida später an Disney veräußert wurde, hatten Bass und Rainwater Cobb in den Disney-Aufsichtsrat geschickt, um dort die Interessen der Bass-Brüder zu vertreten.

Sid Bass hatte Frank Wells noch nicht persönlich kennengelernt. Sein Spitzenmann jedoch, Richard Rainwater, hatte sich einen Monat zuvor mit ihm getroffen. Rainwater war von Wells' Ernsthaftigkeit und seiner beeindruckenden Erfolgsbilanz sehr angetan gewesen. Eisner dagegen, so fürchtete er, war zu sehr von Hollywood geprägt und nicht fest genug in den wirtschaftlichen Grundlagen verwurzelt. Sid Bass hatte Eisner denn auch nur widerstrebend als Kandidaten für den Chefsessel bei Disney unterstützt.

Bass kannte Eisner noch weniger als Wells. Alles, was er über den neuen Aufsichtsratsvorsitzenden von Disney wußte, stammte aus einem kürzlich in der Zeitschrift *New York* erschienenen Artikel, in dem unter der Überschrift »Hollywood's Hottest Stars« das Managerteam von Paramount als das gewiefteste, fähigste und härteste der ganzen Branche dargestellt wurde. Der Autor, Tony Schwartz, hatte den Aufsichtsratsvorsitzenden Barry Diller als geschickt und glashart gelobt und Eisner das Verdienst angerechnet, Filme wie *Jäger des verlorenen Schatzes, Flashdance* und *Footloose* für das Studio ausgesucht zu haben, allesamt beachtliche Hits.

Auf den Fotos zu Schwartz' Artikel war Diller als Begleiter von Debra Winger bei einem gesellschaftlichen Ereignis und Eisner zusammen mit seiner Frau Jane und seinen drei Söhnen in ihrem Haus in Bel Air zu sehen. »Er schien ein Familienmensch zu sein, ein Managertyp mit Verantwortungsgefühl«, erinnerte sich Bass in einem Interview vom 30. Mai 1990. »Ich dachte, wenn ich jemanden an die Spitze der Gesellschaft zu rufen hätte, würde ich jemanden wie ihn auswählen.«

Eisner hatte vorher schon, sowohl bei ABC als auch bei Paramount, Fünf-Jahres-Pläne vorgelegt, aber nur wenig Zeit gehabt, um die Präsentation für die Bass-Gruppe vorzubereiten. Bagnall hatte ihn zwar auf dem Flug über die finanzielle Situation von Disney ins Bild gesetzt; eine eigene Einschätzung der Gesellschaft und ihrer Aktiva würden Eisner und das neue Managerteam, das er zusammenzustellen gedachte, jedoch erst einige Wochen später abgeben können.

Eisner begann seine Präsentation mit dem Hinweis, daß er bereits bei Paramount mit einer ähnlichen Situation konfrontiert gewesen war. Der Jahresgewinn war dort innerhalb eines Jahrzehnts von 30 Millionen Dollar zu der Zeit, als Diller und Eisner angefangen hatten, auf 120 Millionen Dollar gestiegen. »Wir glauben, daß wir das bei Disney wiederholen können«, erklärte Eisner.

Disney, fuhr er fort, sei in vieler Hinsicht ein Unternehmen, das alle Voraussetzungen habe, um zu expandieren. Der Videomarkt, den noch vor fünf Jahren kaum jemand in Hollywood wirklich beachtet hätte, sei zu einem bedeutenden Industriezweig geworden, der den Hollywood-Studios jährlich rund 2 Milliarden Dollar einbringe. Andere Filmgesellschaften machten jedes Jahr Millionen, indem sie leichtgewichtige Action-, Horror- und andere B-Filme herausbrachten. Disney dagegen, mit seinem Reichtum an Trickfilmklassikern und Mickymaus-Filmen, habe gerade erst begonnen, die eigenen Möglichkeiten zu nutzen.

Fast so schnell wie der Videomarkt, erläuterte der neue Disney-Aufsichtsratsvorsitzende den Texanern, wachse der Verkauf von Fernsehsendungen. Die überall im Land wie Pilze aus dem Boden schießenden unabhängigen Fernsehsender hätten einen Angebotskampf um alte Situationskomödien und Spielfilme entfesselt. Die ehemaligen Manager hätten jedoch, in dem kurzsichtigen Versuch, den vor einem Jahr gegründeten Disney Channel zu fördern, die Disney-Klassiker vom Markt ferngehalten und tatenlos zugeschaut, wie dieser explodierte. »Allein dort sind mehrere hundert Millionen Dollar zu machen«, sagte Eisner.

Dann skizzierte er mit einem grünen Filzstift auf den weißen Wandtafeln, wie er sich die Rückkehr Disneys ins Fernsehgeschäft im einzelnen vorstellte, insbesondere ins Samstagvormittagsprogramm, das von wenigen Studios bedient wurde, die sich mit ihren Zeichentrickfilmen allerdings eine goldene Nase verdienten. Das meiste von dem, was Eisner vortrug, war für das Bass-Team keineswegs neu. Außerdem war Eisner als Hitmacher bekannt, und was das Bass-Team mehr als alles andere hören wollte, war seine Antwort auf die Frage, wie die Gesellschaft in ein Studio wie Paramount Pictures verwandelt werden konnte. Besonders Richard

Rainwater, der im Verlauf des vergangenen Jahres einige Hollywood-Produzenten, darunter George Lucas, kennengelernt hatte, war an diesem Punkt interessiert. »Sie haben vor, George Lucas, Steven Spielberg und andere große Tiere unter Vertrag zu nehmen, oder?« erkundigte er sich.

Eisner hatte bei der Produktion der *Jäger des verlorenen Schatzes*, des Films, der ihn endgültig als einen von Hollywoods Goldjungen ausgewiesen hatte, schon mit Lucas und Spielberg zusammengearbeitet, und ihm war klar, daß sowohl von Lucas als auch von Spielberg in Zukunft weitere Hits zu erwarten waren. Aber er warnte die Bass-Gruppe, daß keiner der beiden billig kommen würde. Im heutigen Hollywood verlangten – und bekämen – Filmemacher vom Kaliber eines George Lucas, zusätzlich zu einer Gage von fünf Millionen Dollar oder mehr, 15 Prozent des Einspielgewinns.

»Der Trick in diesem Geschäft ist es, den nächsten Steven Spielberg oder George Lucas zu finden«, betonte Eisner. Bei Paramount und ABC hätten Diller und er Leute entdeckt wie Garry Marshall, der *Happy Days* gedreht hatte, und James Brooks, von dem *Taxi* stammte. Bei Disney, sagte Eisner, wolle er in gleicher Weise potentielle Superstars finden und unter Vertrag nehmen, bevor sie Superstargagen fordern könnten.

Sid Bass war beeindruckt. »Die Leute haben Köpfchen«, sagte er nach dem Treffen zu seinen Mitarbeitern. »Der IQ ist etwas, das man nicht verstecken kann.«

Das Bass-Team hatte sich ebenfalls Gedanken über die Zukunft von Disney gemacht. Weder Eisner noch Wells kannten sich sonderlich gut in der Landerschließung oder der Führung von Vergnügungsparks und Hotels aus. Die Texaner dagegen hatten durch den An- und Verkauf von Immobilien ein Vermögen verdient und konnten deren Wert und die in ihnen steckenden Möglichkeiten einschätzen.

Dabei stach zum einen der ungemein wertvolle Grundbesitz ins Auge, über den Disney in Florida verfügte, und zum anderen die erstaunliche Tatsache, daß das bisherige Management der Gesellschaft aus ihren Vergnügungsparks und Hotels keine größeren Gewinne geschlagen hatte. »Die Preise, die die Gesellschaft in den

Vergnügungsparks nimmt, sind absurd«, erklärte Sid Bass den neuen Disney-Bossen. Die 17 Dollar für eine Tageskarte für einen der beiden Parks – das EPCOT Center oder das Magic Kingdom – seien geradezu lächerlich, fuhr er fort, besonders, wenn man sie mit den 1000 Dollar oder mehr vergleiche, die eine Durchschnittsfamilie für die Fahrt nach Orlando und einen mehrtägigen Hotelaufenthalt ausgebe. »Zum Teufel, es kostet schon 17 Dollar oder mehr, sich ein Tennisspiel anzusehen, und hier geht es um einen ganzen Tag voller Unterhaltung«, rief Bass aus. »Ein Skiausflug würde die Familie wahrscheinlich das Doppelte kosten.«

Auch auf dem Hotelsektor hatte sich Disney nach Meinung der Bass-Gruppe falsch verhalten. In der Frühphase der Übernahmeschlacht, als Ray Watson die ersten Verhandlungen mit Arvida führte, war Al Checchi nach Orlando geflogen, um die Disney-Hotels zu inspizieren. Marriott, erinnerte Checchi die Sitzungsteilnehmer, hatte Anfang der 70er Jahre einen Vorvertrag über den Bau eines Hotels in Orlando abgeschlossen. Aber dann hätte die Ölkrise bei Walker die Befürchtung hervorgerufen, der Tourismus würde aufgrund der steigenden Benzinpreise abflauen, und den Deal storniert.

Checchi hatte als Chef von Arvida an der Finanzierung des Baus mehrerer Dutzend Marriott-Hotels mitgewirkt, und ihm war rasch das riesige schlummernde Potential aufgefallen, das Disney im Hotelgeschäft besaß – und vom damaligen Management buchstäblich ignoriert wurde. Disney hatte seit 1973 auf eigenem Grund und Boden kein einziges Hotel mehr errichtet. Und während Disney die Zeit vertrödelte, hielt Checchi den Anwesenden vor Augen, habe Orlando geboomt. Die Zahl der Hotels außerhalb des Landbesitzes von Disney sei von zwei Dutzend im Jahr 1980 auf über zweihundertfünfzig gestiegen. Dennoch würden es die Besucher vorziehen, innerhalb des Disney-Geländes zu übernachten, fügte Checchi hinzu. Während die Disney-Hotels den größten Teil des Jahres über nahezu ausgebucht seien, hätten die Hotels in den nahegelegenen Counties Orange und Osceola nur eine Belegungsrate von weniger als siebzig Prozent aufzuweisen. Diese Zahlen wurden vom Orlando / Orange County Convention and Visitors Bureau bestätigt.

»Die Preise, die die Gesellschaft in ihren Hotels berechnet, sind lachhaft«, ergänzte Sid Bass. Ein Hyatt-Hotel außerhalb der Disney-Grenzen, das zudem keine direkte Bahnverbindung zu den Parks anbieten könne, nehme mindestens zehn Dollar mehr pro Nacht als ein vergleichbares Disney-Hotel.

Eine Erhöhung der Eintritts- und Hotelpreise wäre von sofortigem Nutzen für die Gesellschaft. Eine Anhebung des Eintrittspreises um nur einen Dollar würde ihr rund 31 Millionen Dollar im Jahr einbringen. Das wäre genug, um die Produktionskosten zweier Spielfilme zu bestreiten.

Eisner und Wells stimmten Bass zwar zu. Die Preise mußten steigen. Aber sie wußten auch, daß eine drastische Anhebung der Preise augenblicklich zu Verstimmungen führen würde. Ältere Disney-Mitarbeiter wie der Vergnügungsparkchef Dick Nunis waren an eine Unternehmenspolitik gewöhnt, die der Zufriedenheit der Kunden Vorrang einräumte, so daß man stets vor krassen Preiserhöhungen zurückgeschreckt war.

Und wenn die Disney-Mitarbeiter nicht protestierten, würde es aller Voraussicht nach die Presse tun. Die mit Sicherheit folgende negative Berichterstattung würde Eisner und Wells als Opportunisten hinstellen, die nichts Eiligeres zu tun hätten, als auf dem Image des freundlichen »Onkel Walt« herumzutrampeln. »Sie hatten Angst vor einem entrüsteten Aufschrei in den Zeitungen und befürchteten Tumulte vor den Eingängen«, erinnerte sich Sid Bass in dem schon genannten Interview.

Das Treffen bei den Bass Brothers dauerte fast drei Stunden und endete mit einem Imbiß aus Sandwiches und Kaffee. Sid Bass hatte das Gefühl, daß das neue Disney-Team auf dem richtigen Weg war. Besonders Eisners Plan, das Filmstudio wiederzubeleben, indem man erfolgversprechende Streifen produzierte, ohne ein Vermögen auszugeben, hatte bei ihm Anklang gefunden. »Ich bin von den Leuten beeindruckt«, sagte er nach der Sitzung außerhalb des Konferenzraumes zu Rainwater. »Man trifft nicht oft auf ein so offenes Management, das bereit ist, auf diese Weise mit Aktionären zu reden.«

Rainwater pflichtete ihm bei, und die beiden Männer kamen

überein, Eisner und Wells die Zeit zu geben, die sie brauchten, um ihre Pläne zu verwirklichen. »Sie können fünf Jahre lang mit uns rechnen«, sagte Bass den beiden neuen Disney-Chefs, bevor sie zum Flugplatz fuhren. »Wir sind bereit, fünf Jahre bei der Stange zu bleiben, bevor wir irgend etwas von dem verkaufen, was wir halten.«

Gegen Ende des Treffens mit Eisner und Wells in Fort Worth war Sid Bass mit Irwin Jacobs den Flur hinunter zu seinem Büro gegangen, wo er eine halbe Stunde unter vier Augen mit ihm sprach. »Die beiden wissen, was sie wollen«, stellte Bass fest und wiederholte dann, was er Rainwater über die Offenheit von Eisner und Wells gesagt hatte. »Und sie sind begabt«, fügte er hinzu. Er für seinen Teil sei bereit, ihnen fünf Jahre Zeit zu geben, um ihre Vorstellungen in die Tat umzusetzen. »Nach fünf Jahren braucht niemand mehr eine Kristallkugel.«

Bass hatte auch einen Vorschlag für den Finanzier aus Minneapolis. Sie sollten gemeinsam auf dem offenen Markt weitere Disney-Aktien erwerben. »Kein Streit und Kampf mehr«, sagte er. Jacobs erwiderte, daß er noch nicht wisse, was er tun werde, und versprach Bass, ihn anzurufen, nachdem er sich mit den Partnern besprochen hätte, mit denen er die Disney-Ankäufe getätigt hatte.

Bass beschloß jedoch, nicht zu warten, und rief einige Tage später bei dem Junk-bond-Guru Michael Milken in Beverly Hills an. Milken hatte für den Arbitrageur Ivan Boesky in der Hitze der Übernahmeschlacht 1,52 Millionen Disney-Aktien erworben. Boesky hatte sich einen großen Teil des Geldes, das er für den Deal brauchte, geliehen und wollte jetzt, da Disney kein Übernahmeziel mehr war und der Aktienkurs fiel, seine Position loswerden. Die Bass-Gruppe kaufte sie ihm für 60 Dollar pro Aktie, 3,25 Dollar über dem damaligen Handelswert, en bloc ab.

Kaum hatte der Dow-Jones-Fernschreiber die Nachricht von der Boesky-Transaktion ausgespuckt, klingelte Bass' Telefon. Jacobs ereiferte sich darüber, daß Bass gehandelt hatte, ohne ihn vorher zu konsultieren. Er verlangte die Hälfte des Aktienpakets für sich. Aber Bass sagte nein. »Ich habe mein eigenes Geld eingesetzt, und jetzt, post facto, bekommen Sie keine fünfzig Prozent mehr von mir«, erklärte er.

Bass hatte das Vorhaben, Jacobs als Partner zu gewinnen, aufgegeben. Er hatte erfahren, daß Jacobs das Disney-Management bedrängte, einen seiner Vertrauten als Buchprüfer einzustellen. »Er wollte so etwas wie der Stachel im Fleisch des Managements sein«, kommentierte Bass. »Er war nicht so gentlemanlike, wie er hätte sein sollen.«

Jacobs versuchte danach, einen neuerlichen Angriff gegen Disney zu starten. Er bot Bass für dessen Position 65 Dollar pro Aktie an, fünf Dollar mehr, als Bass gerade erst an Boesky gezahlt hatte, und rund 8 Dollar mehr, als auf dem offenen Markt zu erreichen gewesen wären.[3] Aber Bass lehnte ab. »Ich will die Position halten«, beschied er Jacobs. »Ich glaube, es ist eine gute Investition.« Dann bot er Jacobs seinerseits 60 Dollar pro Aktie für dessen 7,7-Prozent-Position in Disney an und erhöhte das Angebot kurz darauf auf 61 Dollar.

Wenige Stunden später nahm »Irv der Liquidator« das Angebot, das einen Gesamtwert von 181,1 Millionen Dollar darstellte, an. »Wir sind höchst erfreut, daß derart hilfreiche Investoren einen solch großen Anteil an der Gesellschaft halten«, ließen Eisner und Wells in einer nach der Boesky-Transaktion herausgegebenen Erklärung verlautbaren.[4] Mitte Oktober gehörten der Bass-Gruppe knapp 24,8 Prozent von Disney.

Zwei Tage nach dem Treffen in Fort Worth fuhren Michael und Jane Eisner mit Frank und Luanne Wells nach Orlando. Später stieß noch Jeffrey Katzenberg mit seiner Frau Marilyn zu ihnen. Eisner und Katzenberg hatten bei Paramount eng zusammengearbeitet, und Katzenberg hatte eine Woche vorher, nur Stunden nach Eisners Wahl durch den Aufsichtsrat, zugesagt, als Chef des Filmstudios zu Disney zu kommen.

In Orlando wurden die sechs Reisenden von Dick Nunis empfangen, dem stämmigen, großspurig auftretenden Chef von Disneys Vergnügungsparks. Nunis hatte selbst mit dem Spitzenjob bei Disney geliebäugelt und Ray Watson während der letzten kritischen

Tage, bevor Eisner und Wells angeheuert wurden, seine Dienste angeboten. Als Mitglied des Aufsichtsrats hatte er dann jedoch mit den anderen für das Eisner/Wells-Team gestimmt. Jetzt also spielte er den Reiseführer seiner neuen Bosse. »Wir haben Ihnen hier eine Menge zu zeigen«, sagte er, während er Eisners Hand quetschte.

Eisner und Wells wollten sich ein eigenes Bild von dem machen, was sie übernommen hatten. Zu jener Zeit steuerten die Parks und Hotels in Orlando fast zwei Drittel der 1,7 Milliarden Dollar bei, die Disney jährlich einnahm. Wichtiger war aber, daß die Erhöhung der Eintritts- und Hotelpreise, wie Bass gesagt hatte, den schnellsten Weg zur Steigerung des Gewinns darstellte.

Drei Tage lang spielten Eisner und seine Begleitung Touristen. Dick Nunis sorgte dafür, daß sie jeden Themenbereich besuchten, in jedem Restaurant aßen und noch den bescheidensten Souvenirstand begutachteten. Jeden Morgen um halb acht Uhr standen drei von Nunis geschickte Autos für die Touristengruppe bereit, und der Tag endete jedesmal erst kurz vor Mitternacht.

Eisner und seine Frau Jane stahlen sich jedoch einmal davon, um das Hyatt-Hotel aufzusuchen, das Sid Bass und Al Checchi bei dem Treffen in Fort Worth erwähnt hatten. Eisner wollte herausfinden, ob sich das Hyatt mit einem Disney-Hotel messen konnte. Das Ehepaar nahm sich unter dem Mädchennamen von Eisners Frau – Breckenridge – ein Zimmer und war zwanzig Minuten später, den Schlüssel auf dem Bett zurücklassend, wieder aus dem Hotel verschwunden. »Sie hatten recht«, sagte Eisner zu Sid Bass, als er am Abend mit ihm telefonierte. »Sie verlangen unverschämt viel mehr als wir.«[5]

Die ersten Tage, die Eisner und Wells auf ihren neuen Posten verbrachten, waren von hektischer Aktivität erfüllt. Ihnen war bald klar, daß es Monate und nicht Tage dauern würde, das Gewirr der Disneyschen Pläne und Probleme zu ordnen. Nicht lange nach ihrem Einstieg in die Gesellschaft setzten sie regelmäßige Sitzungen ihres Mitarbeiterstabs an, um ihn auf Trab zu bringen. Der Chef der Abteilung für Konsumprodukte, Bo Boyd, der mit einigen seiner internationalen Verkäufer zu einem Tennisturnier nach Florida gereist war, flog umgehend nach Burbank zurück. Jack Lindquist, der Marketingchef der Vergnügungsparks, flog aus England ein, wo ein Buchungsbüro für Reisen nach Orlando eröffnet werden sollte. Und Carl Bongirno und Marty Sklar, die die Ideenfabrik in dem Lagerhaus in Glendale leiteten, kamen zum Mittagessen herüber.

Eisner war nach New York geflogen, um einen Vertrag abzuschließen, der dem Disney Channel die halbe Million Haushalte erschließen sollte, die Cablevision in Anspruch nahmen.[6] Der Deal würde, so hoffte man, im Verlauf der nächsten zehn Jahre 75 Millionen Dollar einbringen. Er war von Jim Jimirro, dem von Ron Miller eingesetzten Chef des Disney Channel, ausgehandelt worden. Jimirro hatte Eisner auf dem sechsstündigen Rückflug nach Kalifornien Aufbau und Arbeit des Kabelfernsehsenders erläutert.

Nachdem er sich in Walt Disneys altem Eckbüro im dritten Stock des Animation Building eingerichtet hatte, begann Eisner, Telefonanrufe zu beantworten und einen Berg von Mitteilungsbillets abzutragen, die von Lucille Martin, der Sekretärin, die Walt in seinen letzten Lebensjahren mit ihrer Freundlichkeit umgeben hatte und immer noch das Vorzimmer des Aufsichtsratsvorsitzenden hütete, notiert worden waren. Einer der ersten, deren Anruf Eisner erwiderte, war Sam Cohn, der stellvertretende Aufsichtsratsvorsitzende von International Creative Management in New York. Cohn vertrat Paul Mazursky, den einstigen Komiker aus Greenwich Village, der bei Filmen wie *Bob & Caroline & Ted & Alice* Regie geführt und für *Harry und Tonto* das Drehbuch geschrieben hatte. Cohn hatte ein auf einem französischen Theaterstück basierendes Mazursky-Drehbuch anzubieten, das von Universal Pictures abgelehnt worden war. Am nächsten Tag hielt Eisner das Drehbuch in der Hand, nach dem *Zoff in Beverly Hills* gedreht werden sollte.

Zu denen, die der neue Disney-Aufsichtsratsvorsitzende anrief, gehörte auch George Lucas. Eisner wollte dem Schöpfer des *Kriegs der Sterne* für seine Unterstützung während der Übernahmeschlacht danken. Außerdem hatte er Rainwater bei dem Treffen in Fort Worth versprochen, sich nach seiner Rückkehr nach Burbank so bald wie möglich mit Lucas in Verbindung zu setzen. Er bat ihn, sich zu überlegen, ob er nicht auf der Grundlage von *Krieg der Sterne* oder *Indiana Jones* eine Erlebnisfahrt gestalten wolle. Lucas war von dem Gedanken fasziniert. Er war in Modesto (Kalifornien) aufgewachsen und hatte 1955 bei der Eröffnung von Disneyland in der Schlange der ersten Besucher gestanden. Eine Woche nach Eisners Anruf fuhr Lucas nach Glendale und sah sich zusammen mit Marty Sklar, dem Chef der Ideenfabrik, die von den Disney-Ingenieuren geplanten Erlebnisfahrten für die Vergnügungsparks der Gesellschaft an.

Frank Wells hatte ebenfalls Telefonate zu erwidern. Ein Anruf stammte von Roland Betts, einem New Yorker Anwalt, der schon einmal versucht hatte, mit Wells ins Geschäft zu kommen. Er hatte als Vertreter des Regisseurs Richard Attenborough bei Warner Brothers angefragt, ob das Studio bereit sei, einen Teil der Produktionskosten von *Gandhi* zu übernehmen, ohne eine Zusage zu erzielen. Der Film wurde danach (1982) zwar mit dem Oscar ausgezeichnet, brachte den von außen kommenden Investoren aber kaum Geld ein. Inzwischen war Betts Chef von Silver Screen Partners, einer Limited partnership, die 83 Millionen Dollar aufgebracht hatte, um Filme für den Pay-TV-Sender Home Box Office zu produzieren, die sich allesamt als Flops erwiesen hatten. Angesichts der beabsichtigten Ausweitung der Filmproduktion bei Disney hatte sich Betts nun überlegt, ob das Studio möglicherweise an einem ähnlichen Deal interessiert war.

Ein anderer Anrufer war Bill Haber, einer der wichtigsten Partner der mächtigen Creative Artists Agency. Er wollte sich erkundigen, ob Disney auf ein Filmprojekt der ehemaligen *Benson*-Autorin Susan Harris und ihres Mannes, Paul Junger Witt, des Produzenten von *Brian's Song,* anspringen würde. Außerdem, erzählte der Agent Eisner, suchten die beiden ein Studio, das bereit sei, eine Fernsehserie zu produzieren, deren Ausstrahlung NBC bereits zugesagt hatte. Die von Harris geschriebene Serie handle von vier älteren Frauen, die in Miami zusammen wohnten.

Eisner und Wells hatten also keinerlei Probleme, Projekte anzuziehen. Disney stellte gewissermaßen jungfräuliches Territorium dar, ein Studio mit neuer Führung und vielen Löchern, die gestopft werden mußten. Aber Michael Eisner wußte auch, daß er und Frank Wells Hilfe brauchten. Sie hatten beide den Eindruck, daß das vorhandene höhere Management der Gesellschaft, das sowieso nie allzuviel für Zahlen übrig gehabt hatte, sich zu lange hatte »Disney-sieren« lassen. Die wichtigsten Telefonate, die Eisner zu erledigen hatte, darin waren sich die neuen Disney-Manager einig, waren diejenigen, mit denen ein neues Team rekrutiert werden sollte, das in der Lage war, ihre Pläne umzusetzen.

Kapitel 4

TEAM DISNEY

Disneys jährliche Aktionärsversammlung im Februar ist stets ein aufwendiges Ereignis. Eine glitzernde Parade von Disney-Figuren zieht zu beschwingter Musik durch die Gänge zwischen den Sitzreihen. Micky, in schwarzem Smokingjackett und roten Hosen, umarmt Kinder aus dem Publikum und posiert mit ganzen Familien, die gekommen sind, um zu hören, wie sich ihre Gesellschaft macht. Minnie ist dort, ebenso wie Donald und Goofy und manchmal auch Schneewittchen und die sieben Zwerge. Die Aktionärsversammlungen finden traditionell abwechselnd in Anaheim und Orlando statt. Sie erfordern einen großen Saal, der Platz für die fünftausend oder mehr Besitzer von Disney-Aktien bietet, die mit dem Auto, dem Flugzeug oder ihrem Caravan anreisen. Um die Disney-Eigentümer anzuregen, ein paar Tage in den Vergnügungsparks zu verbringen, werden die Versammlungen häufig entweder an einem Dienstag oder an einem Donnerstag abgehalten, und viele der Aktionäre tun genau das, was man von ihnen erwartet: Sie kaufen Mickymausohren und besuchen Erlebnisfahrten wie den Weltraumberg oder die verrückten Teetassen.

Die erste Aktionärsversammlung der Ära Eisner-Wells im zwanzig Jahre alten Anaheim Convention Center, gegenüber von Disneyland auf der anderen Seite der Katella Avenue, war keine Ausnahme von dieser Regel. An die achttausend Aktionäre waren herbeigeströmt, um das neue Managementteam kennenzulernen. Sie jubelten, als Eisner verkündete, daß George Lucas Erlebnisfahrten für die Gesellschaft entwerfen und Disney bald Zeichentrickfilme für das Samstagvormittagsprogramm von CBS und NBC produzieren werde.

Eisner und Wells war klar, daß die Aktionäre wußten, wie schwierig das vergangene Jahr für die Gesellschaft gewesen war, und um ihre Stimmung zu heben, hatte Erwin Okun, Disneys PR-Direktor, für die Eröffnung der Versammlung einen dreiminütigen Film herstellen lassen. Aus alten Disney-Trickfilmen zusammengeschnitten, zeigte die 84er »Ouvertüre« den New Yorker Raider Saul Steinberg als Grizzlybären, der mit gefletschten Zähnen Mickymaus nachjagte, und Irwin Jacobs aus Minneapolis als wütende Bulldogge, die nach Plutos Fersen schnappte. Eisner und Wells traten als Kavallerieoffiziere auf, die als Retter der Gesellschaft in die Geschehnisse eingriffen.

Sie hatten allerdings vom Moment ihres Amtsantritts an gewußt, daß sie Hilfe brauchten, wenn sie Disney vom Rand des Abgrunds zurückreißen wollten, an den die Gesellschaft von ihren Vorgängern geführt worden war, und so versammelten sie in den nächsten Monaten ein Team höchst befähigter, erfolgreicher Manager um sich, wie es noch kein Hollywood-Studio besessen hatte. Die Gruppe hieß bald nur noch das »Team Disney«.

Um die besten Köpfe aus Hollywood und der Finanzwelt anzuziehen, mußte der Disney-Aufsichtsrat jedoch die jahrelang befolgte Unternehmenspolitik aufgeben, die Manager mit niedrigen Festgehältern und knausrigen Bonuszahlungen abzuspeisen. Diese Sparpolitik war ein Überbleibsel aus Walts Ära. Die Disney-Brüder hatten es, wie viele andere Besitzer von Familienunternehmen auch, abgelehnt, Leistungen angemessen zu bezahlen. Mitte der 80er Jahre allerdings schossen die Hollywood-Gagen in die Höhe. Ein Regisseur vom Kaliber eines Steven Spielberg kam spielend auf 5 Millionen Dollar pro Film, und die Kassenmagneten unter den Schauspielern erhielten für gewöhnlich 1 Million Dollar oder mehr.

Das gleiche galt für die Spitzenmanager. Barry Diller und Michael Eisner hatten, einschließlich der Bonuszahlungen, 1983 bei Paramount jeder über 2 Millionen Dollar verdient, während der Marketingchef Frank Mancuso immerhin noch 800 000 Dollar erhielt. Dillers Vertrag hatte ihm zwei Prozent der Gewinne zugesichert, die Paramount erzielte, und Eisner konnte einen Gewinnanteil von einem Prozent einstreichen. Als Diller zu Fox wechselte, stieg sein Einkommen auf 3 Millionen Dollar, mit einem Bonus von 25 Prozent des Wertanstiegs, den die Fox-Aktien während seiner Amtszeit verzeichnen würden.

Disneys Vergütungssystem nahm sich dagegen mehr als bescheiden aus. Selbst nach der Erneuerung seines Vertrages Anfang 1984 erhöhte sich das Einkommen des Disney-Geschäftsführers Ron Miller nur von 390 566 auf 500 000 Dollar im Jahr; eine Bonuszahlung war nicht vorgesehen, und das zugebilligte Aktienbezugsrecht war kaum der Rede wert. Disneys gesamte Vergütungsstruktur war auf einem so niedrigen Niveau angesiedelt, daß es der Einkommensberater Graef S. (»Bud«) Crystal nicht für tunlich hielt, Disney in seiner Aufstellung der von der Industrie gezahlten Einkommen aufzuführen. Als Grund gab er an, daß die Disney-Gehälter den Durchschnitt gedrückt hätten, so daß es anderen Managern schwerer gefallen wäre, höhere Summen zu verlangen.[1]

»Diese Leute waren berühmt dafür, daß sie armselige Gehälter zahlten«, sagte Stanley Gold in einem Interview vom 8. Juni 1990. »Es war daher unmöglich, kompetente Leute vor und hinter die Kamera zu bekommen. Dort arbeitete nur, wer keinen anderen Ausweg mehr hatte.«

Die Gehaltsfrage wurde erstmals aufgeworfen, als Gold Eisner und Wells als das Managementteam anwarb, das er dem Disney-Aufsichtsrat vorschlagen wollte. Gold war lange genug als Anwalt für die Unterhaltungsindustrie tätig gewesen, um zu wissen, daß man saftige Gehälter würde zahlen müssen, wenn man fähige Leute für die Gesellschaft gewinnen wollte. Ihm war auch klar, daß die Vergütung einen Anteil am zusätzlichen Gewinn enthalten mußte, den die beiden erzielen würden. Solche Zusagen waren in Hollywood, von dem sich Disney so lange Zeit abgeschottet hatte, bereits die Regel.

Der schließlich ausgehandelte Vertrag nahm klarere Konturen an, als Eisner und Wells am 22. September um sechs Uhr morgens, wenige Stunden vor der Aufsichtsratssitzung, auf der sie auf ihre Posten berufen wurden, zu Golds Haus fuhren. Wells steuerte den Wagen, während Eisner auf dem Beifahrersitz Zahlen auf einen Notizblock schrieb. Keiner der beiden war auf ein fürstliches Grundgehalt aus. Wells hatte einmal sogar als Gegenleistung für einen großzügigen Aktienbezugsplan ein symbolisches Jahresgehalt von einem Dollar vorgeschlagen.

Eisner und Wells waren zuversichtlich, daß sich die Disney-Aktie, deren Kurs im Gefolge der Übernahmeschlacht abgesackt war, wieder erholen würde, wenn die Pläne, über die sie diskutiert hatten, Früchte trugen. »Wir glauben, wir können das Schicksal der Gesellschaft herumreißen, und wir sind bereit, ein Risiko einzugehen«, hatte Wells während einer Besprechung mit Ray Watson gesagt. »Wir werden ein niedriges Grundgehalt verlangen. Dafür wollen wir aber wie Investoren behandelt werden. Wenn wir die Gesellschaft hochbringen, ist es unser Vorteil.«[2]

Der Vertrag, der schließlich unterzeichnet wurde, basierte auf Eisners Notizen. Er hatte bei Paramount ein festes Gehalt von 750000 Dollar bekommen und wollte bei Disney genausoviel erhalten. Barry Diller hatte als Paramounts Topmanager einen Bonus von zwei Prozent der Einnahmesteigerungen des Studios einstecken können, und das war für Eisner das Maß: Auch er wollte zwei Prozent des Zuwachses haben, den er bei Disney bewirkte. Darüber hinaus forderte er 500000 Aktienoptionen, weil das, wie er sich in einem Interview vom 24. August 1990 erinnerte, »eine hübsche runde Zahl« war.

Einige Wochen später segnete der Disney-Aufsichtsrat die Vereinbarungen ab. Die festen Gehälter – 750000 Dollar für Eisner und 400000 Dollar für Wells – waren, verglichen mit denen anderer Studiomogule, bescheiden. Eisner erhielt daneben einen Bonus von 750000 Dollar als Ausgleich für »Vorteile, die er durch Aufgabe seiner früheren Anstellung verlor«, während Wells 250000 Dollar ausbezahlt wurden, »um ihn teilweise für Verpflichtungen zu entschädigen, die ihm aus der Beendigung seiner vorigen Anstellung entstehen«.

Die Verträge sicherten Eisner und Wells, neben den relativ niedrigen Grundgehältern, erhebliche Zusatzeinkünfte zu, jedenfalls der Möglichkeit nach. Sie sollten beide einen Prozentsatz vom Anstieg des Nettoertrags der Gesellschaft erhalten, sobald er über das hinausging, was unter Ron Miller und Card Walker erzielt worden war. Während der vorangegangenen fünf Jahre war das Reineinkommen von Disney jährlich um durchschnittlich knapp neun Prozent gestiegen. Eisner sollte nun, nach seinem Vertrag, 2 Prozent von allem bekommen, was über die 9-Prozent-Marke – die bei einem Zuwachs von rund 100 Millionen Dollar erreicht werden würde – hinausging, während Wells ein Prozent zustand.[3]

Die Vereinbarung über die Aktienoptionen, die die beiden neuen Disney-Chefs erhielten, gehörte zu den lukrativsten, die jemals von einem US-Unternehmen abgeschlossen wurde. Die entsprechenden Vertragsklauseln sahen vor, daß Eisner 500 000 und Wells 450 000 Optionen erhielten. Zusätzlich erreichten die beiden ein besonderes Zugeständnis: Die meisten Unternehmen richten sich beim Optionspreis nach dem Aktienkurs, der zum Ausgabezeitpunkt galt; Disney jedoch legte den Preis auf 55,60 Dollar pro Aktie fest, den durchschnittlichen Kurswert der letzten fünfzig Tage, was die Optionen für Eisner und Wells noch wertvoller machte. (Die Zahl der Optionen wurde im Dezember, als der Aufsichtsrat den Verträgen zustimmte, auf 510 000 bzw. 460 000 angehoben, um die Erhöhung des Optionspreises auf 57,44 Dollar pro Aktie auszugleichen.)[4]

Um die Art von Managern anzuziehen, die die Gesellschaft brauchte, so erklärten Eisner und Wells dem Aufsichtsrat, müsse er sich insgesamt spendabler als in früheren Zeiten zeigen, und er gab dieser Forderung, wenn auch widerstrebend, nach. Im November wurde eine völlige Neufassung des bislang allzu mageren Bonus- und Optionssystems der Gesellschaft beschlossen. Ein Komitee der von außen kommenden Aufsichtsräte wurde ermächtigt, bis zu 1,7 Millionen Aktien zu verteilen, mehr als das Doppelte der 800 000, die die Gesellschaft 1981 bewilligt hatte. Arvida hatte ein eigenes Prämienprogramm im Wert von 5 Millionen Dollar, das noch aus der Zeit stammte, als das Unternehmen noch nicht Disney angegliedert war. Der Aufsichtsrat legte außerdem ein Darlehensprogramm fest, das es den Mitarbeitern ermöglichen sollte, ihre Kaufoptionen zu realisieren.[5]

Sich selbst stattete er mit dem Recht aus, Disney-Manager je nach ihrer Leistung mit beträchtlichen Bonuszahlungen zu belohnen. Im ersten Jahr stellte der Aufsichtsrat 3,5 Millionen Dollar bereit, die während des nächsten Jahres als Bonus ausgezahlt werden sollten. (In den ersten drei Jahren betrug der insgesamt ausbezahlte Betrag fast 18 Millionen Dollar.) Die Disney-Aktionäre stimmten dem neuen System der Leistungsanreize auf ihrer Hauptversammlung im Februar zu.

Dieser Schritt bedeutete eine radikale Abkehr von der bisherigen Unternehmenspolitik der Walt Disney Productions. Eisner und Wells konnten jetzt Manager anwerben, indem sie ihnen, neben den zusätzlichen Optionen, Gehälter anboten, bei denen Walt Disney vor Schreck zusammengefahren wäre. Die Notwendigkeit dieser Maßnahme war nirgendwo dringlicher als in der Filmproduktion. Im vorangegangenen Jahr hatte Disney solche Flops wie *Trenchcoat* und *Running Brave* herausgebracht. Es stimmte, daß *Splash* 1984 zu einem Hit wurde, aber das Studio hatte in diesem Jahr nur noch einen zweiten neuen Film produziert – *Country* –, der weniger als 10 Millionen Dollar einspielte, was für die Gesellschaft unter dem Strich einen erheblichen Verlust bedeutete.

Michael Eisner sah sich nicht zum erstenmal einer solchen Situation gegenüber. ABC war ein niedergehendes Unternehmen gewesen, als er eingestellt wurde, und bei Paramount Pictures war es nicht anders gewesen. Die Wende zum Besseren kam in beiden Unternehmen durch eine Kombination aus harter Arbeit und innovativen Ideen. Eisner besaß ein unerschöpfliches Reservoir an Ideen; um diese Ideen aber in die Kassenschlager umzusetzen, die Disney dringend benötigte, war die Schaffung einer Unternehmensethik erforderlich, deren Arbeitsmoral ans Manische grenzte.

Der härteste Arbeiter, den Michael Eisner jemals kennengelernt hatte, war Jeffrey Katzenberg. Mit 31 Jahren Produktionschef von Paramount, war Katzenberg vermutlich der leistungsfähigste Studiomanager Hollywoods. Jeder, der Eisner besser kannte, wußte, daß Katzenberg so etwas wie sein Alter ego war. Eisner konnte das Verdienst in Anspruch nehmen, die Ideen für *Footloose* und *Beverly Hills Cop* geliefert zu haben, aber Katzenberg war derjenige gewesen, der die unzähligen kleinen Versatzstücke zusammenfügte, so daß aus den Ideen fertige Spielfilme wurden.

In Hollywood-Kreisen als der »goldene Apportierer« bekannt, war der 1,70 Meter große Katzenberg ein rastloser Arbeiter mit einer untrüglichen Nase für Agenten oder Regisseure mit vielversprechenden Drehbüchern. Er steckte morgens um sieben bereits mitten in der Arbeit und arbeitete für gewöhnlich auch an den Wochenenden und in der Urlaubszeit. Ebenso berühmt wie sein Arbeitseifer waren seine Telefonate, von denen er bis zu hundertfünfzig Stück am Tag führte, wobei jedes einzelne nicht länger als zwei Minuten dauerte.

Katzenberg und Eisner stammten aus ähnlichen Verhältnissen. Beide waren sie, nur ein paar Blocks voneinander entfernt, an der Park Avenue aufgewachsen. Aber im Gegensatz zu Eisner, den es in die Theateraufführungen am Broadway gezogen hatte und der gerne Klassiker las, hatte sich Katzenberg für die Politik begeistert. Der Sohn eines Börsenmaklers (sein Spitzname war übrigens »Squirt« = »Wichtigtuer«) hatte sich mit 15 Jahren dem Wahlkampfteam John Lindsays bei dessen Bewerbung um den Bürgermeisterposten angeschlossen. Katzenberg arbeitete unermüdlich für Lindsay; er war oft bis zwei Uhr nachts auf den Beinen und köderte andere Schüler zur Mitarbeit, indem er sie mit kostenloser Pizza und Erfrischungsgetränken bestach.

Nachdem er die exklusive New Yorker Vorbereitungsschule Fieldstone abgeschlossen hatte, studierte er zwei Semester an der New York University, bevor er einen Ganztagsjob in Lindsays Stab annahm. Lindsay machte ihn mit dem Hollywood-Produzenten David Picker bekannt, der ihn später Barry Diller vorstellte, was dazu führte, daß Diller ihn 1975 als seinen Assistenten zu Paramount holte. »Aber er war so aggressiv und unmöglich, er machte so viel Wind, daß ich ihn nicht behalten konnte«, erinnerte sich Diller.[6] Er schob ihn in Paramounts Marketingabteilung ab, »um zu sehen, ob er sich unter den rauhbeinigen Leuten dort behaupten konnte«.

Katzenberg hatte Erfolg und stieg rasch auf. Zwei Jahre später versetzte Eisner ihn zum dahinsiechenden Paramount Television Network, einem kurzlebigen Versuch, ein viertes Fernsehnetz zu etablieren. Als der Sender 1978 geschlossen wurde, kam Katzenberg zu Eisner und erhielt die schwierige Aufgabe, die Produktion des ersten *Star Trek*-Films zu überwachen. Obwohl das Budget des Films überzogen wurde, wurde Katzenberg bald zu einem eifrigen Verfechter des Paramount-Credos der harten Verhandlungen und noch härteren Arbeit.

Es dauerte nicht lange, bis diverse Geschichten über den Workaholic Jeffrey Katzenberg kursierten. So hatte er zum Beispiel in der ersten Arbeitswoche den Takt der Verkehrsampeln auf seinem Weg zum Studio vermessen, so daß er die Fahrt in weniger als zwanzig Minuten schaffen konnte. Bei Paramount, bekanntermaßen Hollywoods geizigstes Studio, lernte er auch die Kunst der scharfen Kalkulation der Produktionskosten. Während *Zeit der Zärtlichkeit* gedreht wurde, ging er derartig rabiat mit Jim Brooks, dem Regisseur des Films, um, daß dieser bei Eisner anrief und sich beschwerte. Aber niemand bestritt die Resultate, die Katzenberg erzielte – nicht einmal Brooks, der Katzenberg später das Verdienst anrechnete, die nach Dutzenden zählenden Telefongespräche geführt zu haben, die nötig gewesen waren, um den Schauspieler John Lithgow für den Film zu gewinnen.

1984 war Katzenberg zu Eisners engstem Freund und Vertrauten bei Paramount geworden, und als erkennbar wurde, daß der Chef von Gulf + Western, Marty Davis, Eisner bei der Nachfolge von Diller übergehen würde, beschlossen Katzenberg und Eisner, gemeinsam zu einem anderen Unternehmen zu wechseln. Davis hatte Katzenberg zwar Eisners früheren Posten als Generaldirektor von Paramount unter dem neuen Aufsichtsratsvorsitzenden Frank Mancuso angetragen, aber Katzenberg hatte nie die Absicht gehabt, das Angebot anzunehmen, auch wenn er um mehr Bedenkzeit bat. Der Grund für diese Hinhaltetaktik war einzig und allein die Sorge, daß Davis einen ihm zustehenden Bonus von 500 000 Dollar als Pfand zurückhalten könnte.

Die Disney-Verlautbarung vom 30. September, mit der bekanntgegeben wurde, daß Katzenberg von der Gesellschaft angeworben worden war, stellte dennoch keine Überraschung dar. Eisner und Katzenberg hatten schon seit mehreren Wochen darüber diskutiert, wie sie das kränkelnde Disney-Studio wieder auf Vordermann bringen könnten. An einem Samstag Anfang September hatten die beiden zusammen mit Jane Eisner am Swimmingpool der Eisners gesessen und die Grundzüge eines Plans für eine dramatische Steigerung der Neuproduktionen des Studios skizziert. Sie sprachen daneben auch über die Notwendigkeit, viele der älteren Disney-Filme schnellstens auf Videokassette herauszubringen. Dieses Vorhaben war für ihre Gesamtstrategie von herausragender Bedeutung. »Es ist die größte Gelegenheit, die es in der Stadt gibt«, betonte Katzenberg. Außerdem, so hatte er hinzugefügt, würden die Mickymaus-Filme allein auf dem sich ausweitenden Fernsehmarkt vermutlich Millionen einbringen.

Wenige Tage nach Katzenbergs Arbeitsantritt bei Disney hatte sich das dritte Stockwerk des Animation Building fast wieder in das kleine Studio aus Walts Zeiten zurückverwandelt. Eisner hatte Katzenberg ein Büro nicht weit von seinem eigenen gegeben und zwei Sekretärinnen in sein Vorzimmer gesetzt.

Katzenbergs Büro barst von diesem Moment an förmlich vor Aktivität. »Es war unmöglich, mit ihm allein zu sprechen«, erinnerte sich Stan Kinsey in einem Interview vom 4. April 1990, der zu jener Zeit Finanzchef des Studios gewesen war. »Während man mit ihm zu reden versuchte, nahm er entweder gerade ein Telefongespräch an oder sagte seiner Sekretärin, sie solle eins vermitteln. Und vor dem Büro warteten ständig zwei oder drei Leute darauf, zu ihm vorgelassen zu werden.«

Die Telefonate waren Schnellfeuerkanonaden. »Ich rufe nur an, um Ihnen zu sagen, daß wir Sie nicht vergessen haben«, sprudelte es etwa aus Katzenberg heraus, bevor er das Gespräch kurz darauf mit dem Rat »Sie sollten Disney im Kopf behalten« beendete und sich dem nächsten Anruf zuwandte.

Mit Katzenberg als Mitarbeiter konnte Eisner darangehen, das Studio wieder zum Leben zu erwecken. Zusätzlich zur Ankurbelung der Filmproduktion wollte Eisner auch in die Fernsehnetze zurückkehren. Als Walt Disneyland errichtet hatte, war eine Fernsehsendung am Sonntagabend das beste Mittel gewesen, um das Publikum in den Vergnügungspark zu locken. Eisner, Wells und Katzenberg luden deshalb den Aufsichtsratsvorsitzenden von ABC, Leonard Goldenson, zum Mittagessen zu sich ein. Goldenson erschien in Begleitung seines Generaldirektors, Fred Pierce, und seines Programmchefs, Tony Thomopolous.

Goldenson und Pierce hatten Eisner einst angeboten, eine eigene ABC-Filmgesellschaft zu gründen. Jetzt boten sie Disney den umkämpften Sendeplatz um sieben Uhr abends an. ABC, schlug Goldenson den Disney-Managern vor, würde für dreizehn einstündige und zehn zweistündige Filme 20 Millionen Dollar lockermachen. Eisner nahm das Angebot an. Disney übernahm am Ende rund 5 Millionen Dollar der Kosten selbst, aber das war in der Fernsehbranche nichts Außergewöhnliches. (Die Studios zahlen häufig einen Teil der Produktionskosten von Fernsehsendungen, in der Hoffnung, später mit der Vermarktung an andere Sender Gewinne zu erzielen.)

Die Arbeitsmoral im Disney-Studio hatte eine Auffrischung dringend nötig. Die vierzehnhundert Mitarbeiter hatten sich allzu sehr an die langsame Gangart der Jahre unter Walker und Miller gewöhnt. Ron Miller hatte sich oft mitten am Tag freigenommen, um Karten zu spielen, und war regelmäßig um 15 Uhr aus dem Büro verschwunden, um sich auf den Golfplatz zu begeben. Und seine Untergebenen waren seinem Vorbild gefolgt. Auf dem Disney-Gelände herrschte die Atmosphäre eines Elfenbeinturmes, derjenigen eines Universitätscampus nicht unähnlich.

Eisner und Katzenberg brachten nun die Arbeitsethik von Paramount zu Disney. Sowohl Eisners senffarbener Mercedes als auch Katzenbergs weißer Porsche trafen jeden Morgen Punkt sieben Uhr auf dem Disney-Gelände ein, und die meisten Arbeitstage wurden bis in die Nacht hinein ausgedehnt, wenigstens bis zu Katzenbergs Drehbuchbesprechung um 22 Uhr, bei der Anwesenheit Pflicht war. »Wenn du am Samstag nicht kommen willst, brauchst du auch am Sonntag nicht zu kommen«, wurde so etwas wie das Disney-Motto. Stan Kinsey erinnerte sich, wie schockiert er war, als Katzenberg ihn am Tag vor Thanksgiving bat, am nächsten Tag in seinem Büro vorbeizuschauen. »Aber das ist Thanksgiving«, protestierte Kinsey. »Wieso?« erwiderte Katzenberg. »Haben Sie sich irgend etwas vorgenommen?«

Diese Art von Zeitplan erschütterte die Belegschaft. Die Botschaft, die auf diese Weise ausgesandt wurde, war klar: Wer nicht bereit war, ebenso hart zu arbeiten wie die neuen Manager, würde sich bald nach einem neuen Job umsehen müssen. Richard Berger, der ehemalige Fox-Manager, den Ron Miller Mitte 1983 angeworben hatte, war einer der ersten, der ging. Stan Kinsey folgte ihm einige Monate später, nachdem Katzenberg seinen Verantwortungsbereich erheblich eingeschränkt hatte.

Anfang 1985 hatten Eisner und Katzenberg über vierhundert Leute gefeuert. Es war ein harter Schlag für all jene, die an die paternalistische Fürsorge »Onkel« Walts und seines freundlichen Unternehmens gewöhnt waren. Die Zahl der Beschäftigten hatte sich in der Vergangenheit sogar noch erhöht, während der Ausstoß des Studios auf eine Handvoll Filme im Jahr schrumpfte. Eisner und Katzenberg fanden, daß die Gesellschaft einen Überhang an Beschäftigten hatte, der in die Hunderte ging – Maler, Zimmermänner und andere Handwerker und Techniker, die nur selten am Drehort gebraucht wurden. Die meisten wurden entlassen, einschließlich einer zwölfköpfigen Gruppe von Standbildfotografen, die noch aus der Zeit stammte, als Walt Disney jedes wichtige Ereignis im Studio für die Nachwelt festgehalten wissen wollte.

Gleichzeitig begannen Eisner und Katzenberg Leute ihres Geschmacks einzustellen. Die meisten von ihnen kamen von Paramount Pictures. Drei Wochen nach Katzenberg wechselte die Paramount-Anwältin Helene Hahn als Chefin der Rechtsabteilung der Filmproduktion zu Disney. Ihr folgten bald darauf der frühere Chef des Pay-TV bei Paramount, Bill Mechanic, und einer der besten von Katzenbergs ehemaligen Produktionsassistenten, Ricardo Mestres, ein Harvard-Abgänger. Wenig später heuerte Katzenberg David Hoberman an, einen ehemaligen Filmagenten, der sich aus der Postabteilung der Agentur William Morris hochgearbeitet hatte. Dabei war er unter anderem für den Fernsehpionier Norman Lear tätig gewesen.

Einer der größten Fänge war Richard Frank. Frank stammte aus New York und war Direktor von Chris Crafts Fernsehsender KCOP-TV in Los Angeles gewesen, als er 1975 Michael Eisner kennenlernte. Er hatte Paramount damals eine finanzielle Beteiligung an der Produktion von Fernsehsendungen vorgeschlagen, die von beiden Sendern ausgestrahlt werden sollten. Eisner ging jedoch nicht auf das Angebot ein, sondern überredete Frank, zu Paramounts glücklosem Fernsehprojekt zu wechseln. Als dieses endgültig fehlgeschlagen war, kam Frank in die Fernsehproduktion des Studios, wo er mit Sendungen wie *Entertainment Tonight* und *Solid Gold Paramounts* eine erfolgreiche Vertriebsabteilung aufbaute.

Eisner und Katzenberg erwarteten von Frank, daß er die todgeweihte Fernsehabteilung von Disney zu neuem Leben erweckte. Aber als Eisner kurz nach seinem Eintritt bei Disney Frank anrief, erfuhr er, daß Frank laut Vertrag noch fünf Jahre bei Paramount bleiben mußte. Gulf + Western-Chef Marty Davis, der wegen des Verlusts von Katzenberg und anderer Spitzenmanager von Paramount ans Eisner-Team sowieso schon vor Wut schäumte, lehnte es zuerst standhaft ab, Frank ziehen zu lassen. Ein halbes Jahr später gab er jedoch nach, und Frank konnte im März seine Arbeit bei Disney aufnehmen. Ungefähr zur gleichen Zeit wurde auch einer von Franks wichtigsten Assistenten, Bob Jacquemin, der den Verkauf der Paramount-Programme an die Fernsehsender geleitet hatte, für Disney gewonnen. Jacquemin bekam die Aufgabe, das große Archiv alter Filme und Fernsehsendungen zu verkaufen.

Im Frühjahr 1985 hatte das Team Disney deutliche Konturen angenommen. Fast dreißig Paramount-Manager waren ihren alten Bossen zu Disney gefolgt.

Nicht jeder Unternehmensbereich brauchte eine Frischzellenkur. Die Vergnügungsparks hatten auch während Disneys glücklosester Zeit kaum etwas von ihrem Glanz verloren und boten immer noch den Service, den Walt gefordert hatte. Die Disney University, die Walt gegründet hatte, um neuen Arbeitskräften den für Disney typischen Schliff zu geben, bildete weiterhin eifrige junge Leute für die Vergnügungsparks aus.

»In vielerlei Hinsicht war es Walts Schatten, der die Gesellschaft zusammenhielt«, erklärte Sid Bass in dem Interview vom 30. Mai

1990. »Es war mir unbegreiflich, wie ein Unternehmen, das an der Spitze von einem derartigen Mismanagement geprägt war, auf der mittleren Ebene so fantastische Manager haben konnte. Die Leute in den Parks erinnerten sich offenbar stets daran, wie Walt es gemacht hatte.«

Richard Nunis, der noch vor Ende der Bauarbeiten im Jahr 1955 seine Arbeit in Disneyland aufgenommen hatte, war derjenige, der Walts Erbe hütete. Er hatte an der University of Southern California mit Ron Miller zusammen Football gespielt und war von Walt eingestellt worden, um die Disney University mit aufzubauen. Dort hatte er die sechshundert »Cast members« ausgebildet, die die Besuchermengen umsorgten, die am Eröffnungstag ins Disneyland strömten. Als der Park eröffnet war, überwachte Nunis das Funktionieren von Dumbo dem fliegenden Elefanten, Cinerellas goldenem Karussell und anderer Erlebnisfahrten im Fantasyland. 1967 übernahm er die Leitung von Disneyland und 1971 die des gesamten Unternehmensbereichs der Vergnügungsparks.

Eisner und Wells wußten bereits, wie mehr Geld aus den Vergnügungsparks herauszuholen war. Wie bei dem Treffen mit der Bass-Gruppe in Fort Worth besprochen, war eine Erhöhung der Eintrittspreise unvermeidlich, und sie würde rasch erfolgen müssen. Was die Leitung der Parks betraf, verließen sich die beiden neuen Disney-Chefs darauf, daß Nunis sie weiterhin gemäß der Erwartungen führte, die die Besucher in sie setzten.

Anders als die Vergnügungsparks brauchte die Finanzabteilung dringend Hilfe. Die Übernahmeschlacht von 1984 hatte ihre Schwächen gnadenlos bloßgelegt. Ihre strategische Planungsgruppe bestand aus einer einzigen Person, und der Finanzchef, Michael Bagnall, war ein Ex-Buchhalter, der vor über 20 Jahren von Price Waterhouse & Co. zu Disney gekommen war und die ersten Sprossen der Karriereleiter, wie die meisten der Disney-Mitarbeiter aus jener Zeit, in Disneyland erklommen hatte. Sowohl Stanley Gold als auch Sid Bass hatten sich bei Eisner und Wells bitter darüber beklagt, daß Disney während der Übernahmeschlacht von der eigenen Finanzabteilung nur unvollkommen unterstützt und beraten worden war. Michael Bagnall lehnte, nebenbei gesagt, ein Interview für dieses Buch ab.

Im Dezember war Al Checchi, der Bass-Manager, der den Verkauf von Arvida an Disney ausgehandelt hatte, zu Eisner und Wells gestoßen. Den Anstoß zu Checchis Wechsel hatte Richard Rainwater, Bass' rechte Hand, bei einem Treffen gegeben, das kurz vor Thanksgiving in Eisners Büro stattfand und eigentlich ein Höflichkeitsbesuch sein sollte. Rainwater und Checchi waren zu einem zweitägigen Kurzurlaub nach Südkalifornien gekommen, um Tennis zu spielen und Strandläufe zu unternehmen.

Rainwater und Checchi hatten im Zuge der Ankäufe von Sid Bass ebenfalls Disney-Aktien erworben. Sie besaßen zusammen rund 1,5 Prozent der Gesellschaft. »Michael«, sagte Rainwater während des Treffens bei Disney zu Eisner, »vielleicht sollten Sie Checchi für eine gewisse Zeit hierherholen. Er kennt sich in der Finanzierung aus und weiß, wie man die Dinge in Gang setzt.«[7]

Sid Bass hatte schon vorher bei Eisner angerufen, um Checchi den Weg zu ebnen. Checchi und seine Frau, die aus Kalifornien stammte, hatten das Leben in Fort Worth satt und wollten nach Los Angeles umziehen. Checchi würde jedoch nur als Helfer von Eisner an die Westküste kommen, hatte Bass betont, und nicht, um das Ganze zu übernehmen.

Eisner kannte Checchi nur flüchtig von der Sitzung in Fort Worth. Checchi hatte nach dem Studium an der Harvard Business School, das er mit Auszeichnung abschloß, an der Ausarbeitung komplexer Finanzierungspläne sowohl für Marriott Hotels als auch für Sid Bass' Unternehmensaufkäufe mitgewirkt. Eisner erkannte sofort, daß er für Disney von unschätzbarem Wert sein konnte, besonders hinsichtlich der Erschließung der 11000 Hektar Land, die der Gesellschaft in Florida gehörten.

Außerdem hielten Sid Bass und seine Gruppe fast ein Viertel der Disney-Aktien. Eisner hatte also kaum eine Wahl. »Im stillen hat Michael wahrscheinlich gedacht: ›Ach du heilige Scheiße!‹«, erzählte Checchi in einem Interview vom 14. April 1990. »Aber ich habe ihm gesagt: ›Michael, es ist nicht das, wonach es aussieht. Es ist keine Falle.‹« Eisner mag seinen neuen Mitarbeiter mit Argwohn betrachtet haben, aber er fand sich mit der Situation ab. Eisner und Checchi kamen zwar aus verschiedenen Welten, aber sie wußten beide, wie man einen Deal zusammenzimmert. Sie freundeten sich rasch miteinander an, und Eisner half Checchi dabei, sich in Kalifornien einzurichten; er sorgte sogar dafür, daß Checchis Kinder in dieselbe Privatschule aufgenommen wurden, die auch seine Söhne besuchten.

Checchi bezog ein Büro im zweiten Stock des Animation Building, bearbeitete allerdings nur einige wenige Deals. Einer davon, der am Ende jedoch nicht zustande kam, sah vor, daß Disney und Marriott in Orlando gemeinsam 20 000 Hotelzimmer und ein riesiges Konferenzzentrum errichteten. Die monatelangen Verhandlungen zwischen Disney und Marriott waren, auch wenn sie schließlich scheiterten, dennoch von Wert. Michael Eisner fand während der Gespräche mit Marriott seinen neuen Finanzchef, Gary Wilson.

Wilson war zwölf Jahre lang Finanzchef der Marriott Corporation gewesen. Der ehemalige Footballspieler, der 1960 mit der Mannschaft der Duke University um die Cotton Bowl gekämpft hatte, stand als federführender Architekt hinter der steilen Erfolgskurve der Marriott Corporation. Er war ein Pionier in der Nutzung von Limited partnerships als Finanzierungsinstrument für Hotelprojekte, das heißt darin, Hotelanteile an Investoren zu verkaufen, während die lukrativen Managementverträge bei Marriott blieben. Durch diese Kombination gelang Marriott der Sprung zu einem Unternehmen, das 1984 Einnahmen in Höhe von 3 Milliarden Dollar verbuchen konnte, das Fünffache dessen, was ein Jahrzehnt vorher erzielt worden war.

Anfangs hatte Eisner der Idee, Wilson einzustellen, allerdings ablehnend gegenübergestanden, da ihn dessen enorme finanzielle Forderungen abschreckten. Er hatte statt dessen einen New Yorker »Kopfjäger« beauftragt, für Disney einen Finanzmanager der Spitzenklasse zu suchen. Aber nachdem ein Abteilungsdirektor der Citibank Eisners Angebot abgelehnt hatte und ein Investmentbanker von der Wall Street beim Vorstellungsgespräch während eines Abendessens im Bel Air Hotel durchgefallen war, sprach Eisner zwar noch mit John Dahsburg, einem von Wilsons Assistenten, wandte sich danach aber schließlich doch an Wilson selbst.

Checchi hatte sich von Anfang an für Wilson eingesetzt. Er hatte mit ihm seit Mitte der 60er Jahre zusammengearbeitet, als sein Onkel, ein Finanzberater aus Washington (D.C.), Wilson direkt von der Wharton School der University of Pennsylvania weg eingestellt hatte. Von Wilson hatte Checchi alles gelernt, was er über die Finanzierung von Hotels wußte. Und sowohl Wilson als auch Checchi kannten Disney. Sie hatten schon 1979 versucht, Bill Marriott zu überreden, den wankenden Unterhaltungskonzern zu kaufen.

Als sich Saul Steinberg während der Übernahmeschlacht von 1984 nach Partnern umsah, die Teile von Disney kaufen würden, war Wilson, der sich brennend für die Disney-Hotels in Orlando interessierte, nach New York geflogen und hatte Steinberg bei einem Treffen in den Büroräumen der Reliance Holdings 200 Millionen Dollar angeboten. Bill Marriott nahm das Angebot nach reiflicher Überlegung jedoch wieder zurück.

Michael Eisner wußte nicht, wie er mit Gary Wilson auskommen würde. Wilson war großgewachsen und herrisch, neigte zur Arroganz und strich mit Vorliebe seine eigenen Leistungen heraus. Seine Kleidung, einschließlich der in der Brusttasche seines Jacketts steckenden Seidentücher, war in Eisners Augen allzu geckenhaft. Aber der Disney-Aufsichtsratsvorsitzende bewunderte den Erfolg, und Wilson hatte Erfolg. »Der Kopfjäger sagte immer wieder: ›Sie wollen jemanden wie Gary Wilson‹«, erinnerte sich Eisner. »Und am Ende kamen wir zu dem Schluß: ›Warum also nicht Gary Wilson selbst?‹«[8]

Wilson kam nicht billig. Der Vertrag, den er aushandelte, sollte ihn, insbesondere aufgrund des riesigen Aktienpakets, das ihm zugesagt wurde, im Lauf der Zeit zum bestbezahlten Finanzchef der Wirtschaftsgeschichte machen. Bis 1987 bewilligte ihm der Disney-Aufsichtsrat, zusätzlich zu einem Grundgehalt von 500 000 Dollar und Bonuszahlungen von drei Millionen Dollar, Optionen für 550 000 Aktien. Das Aktienpaket allein sollte schließlich einen Wert von 60 Millionen Dollar darstellen. Zum Vergleich: Mike Bagnall, der im Juni 1985 gezwungen wurde, vorzeitig in den Ruhestand zu treten, hatte in seinem letzten Jahr nicht mehr als 233 126 Dollar an Gehalt und Bonuszahlungen bekommen.[9]

Der Wechsel zu Disney bedeutete für Gary Wilson allerdings mehr als nur Geld. Er wußte, daß er bei Marriott nie zum Generaldirektor aufsteigen konnte. Bill Marriott hatte diesen Posten einem seiner Söhne vorbehalten, oder zumindest jemandem, der wie er Mormone war. Die Aussicht bei Disney war dagegen weit vielversprechender. Frank Wells war 53 Jahre alt und hatte seinen engsten Vertrauten bereits angekündigt, daß er sich in fünf Jahren zur Ruhe setzen wolle. Er wollte noch einmal den Mount Everest in Angriff nehmen, dessen Besteigung er vor einigen Jahren hatte abbrechen müssen. Für Gary Wilson könnte Wells' Ausscheiden den Aufstieg zur Nummer zwei bei Disney bedeuten.

Mit Gary Wilson hatte Disney jemanden für sich gewonnen, der auf dem Gebiet der Finanzen ebenso kreativ war wie Eisner und Katzenberg bei der Realisierung von Filmprojekten. Disney hatte jetzt einen Finanzchef, der die massiven Expansionspläne verwirklichen konnte, die Eisner und Wells für Hotels und Themenparks in Orlando, Europa und anderswo vorschwebten. Außerdem war Wilson insofern von Nutzen für Disney, als er zu einem Magneten für andere Finanzexperten von Marriott wurde, die es auf unverbrauchtere Weiden zog.

Das Team Disney war beisammen. Aber neben dem Zustrom neuer Leute brachten Eisner und Wells der Walt Disney Productions auch einen neuen Führungsstil. Bei Paramount hatte Eisner festgestellt, daß die besten Ergebnisse beim Abklopfen von Drehbuchideen und auch bei der Entwicklung von Ideen für neue Geschäftsprojekte durch gruppendynamische Prozesse zu erzielen waren, und so rief er bald nach seinem Einstieg bei Disney sechs der kreativsten Kräfte des Studios zu einer sonntäglichen Sitzung in sein Haus.

Aufgabe dieser Sitzung war es, Einfälle für eine Zeichentrickserie für den Samstagvormittag zu entwickeln, einen Geschäftsbereich, den Disney unerklärlicherweise vernachlässigt hatte, während sich andere Studios, die über weniger begabte Zeichner verfügten, dicke Gelder damit verdienten. Eisner wollte die Sitzung erst schließen, wenn seine Mitarbeiter Konzepte geliefert hatten, die er den Managern der Fernsehnetze verkaufen konnte. »Ich stand ziemlich unter Druck. Mir ging die Zeit aus, und ich wollte unbedingt ins Fernsehgeschäft«, sagte Eisner in einem Interview vom 12. März 1990.

Es wurde eine aufreibende Erfahrung für alle Beteiligten. »Sie brauchen nur eine Gruppe verschiedenster Leute in einem Zimmer zusammenzubringen, sie nicht herauszulassen, ihnen nichts zu essen und nur ein wenig Wasser zu trinken zu geben«, erklärte Eisner. »Dann fallen irgendwann die Hemmungen, sie versuchen sich nicht mehr gegenseitig zu beeindrucken, und sie versuchen nicht mehr, Sie zu beeindrucken. Am Ende kommen dabei ein paar wirklich gute Ideen heraus.«

Ein Ergebnis der sonntäglichen Sitzung war die Idee für *The Wuzzles,* die Geschichte einer auf keiner Karte zu findenden Insel, die von merkwürdigen Kreaturen wie einem Wesen, das halb Elefant und halb Känguruh ist, bewohnt wird. Disney verkaufte die *Wuzzles* später an CBS. Eisners eigener Beitrag zu der Sitzung waren *The Adventures of the Gummi Bears,* ein Märchen über im Mittelalter lebende sagenhafte Bären, das Disney bei NBC unterbringen konnte. Die Idee stammte allerdings nicht aus der Sitzung selbst. Sie war Eisner eingekommen, als sein Sohn einmal Gummibärchen von ihm gekauft haben wollte.

Diese Sitzungsform, die das Team Disney von Paramount mitgebracht hatte, war ein solcher Erfolg, daß die Zusammenkünfte bald zu einer festen Einrichtung wurden, die sogar einen eigenen Namen erhielt – »Gong-Show«. Die Gong-Shows waren häufig eine Art Befehlsausgabe, bei der Eisner, Wells oder Katzenberg einer Gruppe von Mitarbeitern die Aufgabe stellten, zu bestimmten Problemen Lösungen zu entwickeln. Jeder Sitzungsteilnehmer hatte etwas zum Thema beizutragen, und Ideen, die verworfen wurden, trug man mit einem lauten »Gong« zu Grabe.

»Sie konnten Entscheidungen schneller treffen als jeder sonst, den ich kenne«, erinnerte sich Stan Kinsey. »Sie wußten, was sie wollten, und zack, zack, zack.« Die Gong-Shows waren für viele der

Disney-Manager, denen selten derartig Dampf gemacht worden war, ein unternehmerischer Kulturschock. »Wer es nicht erlebt hat, könnte meinen, daß die Typen nicht allzu sensibel für die Gefühle anderer sind«, erklärte Kinsey mir am 4. April 1990. »Aber wenn man ein Gespür für die Dinge hat, lernt man schnell, es nicht persönlich zu nehmen.«

Die Wandlung des Führungsstils zeigte sich nirgends deutlicher als in Disneys Filmproduktion. An das harte Arbeitsklima bei Paramount gewöhnt, machten es die neuen Disney-Manager zum ungeschriebenen Gesetz, daß jeder früh zur Arbeit zu erscheinen und erst spät mit ihr aufzuhören hatte, wovon auch die Wochenenden nur selten ausgenommen waren.

Zwischen den Neuankömmlingen und den Alteingesessenen entstand rasch mehr als nur Animosität. Ideen, die von alten Mitarbeitern kamen, wurden für gewöhnlich vom Tisch gewischt, und Steve Becks, ein Finanzanalytiker, der noch von den ausscheidenden Managern angestellt worden war, erinnerte sich, daß die neuen Disney-Manager, als wollten sie ihre Verachtung für die überlieferte Ordnung bei Disney auch äußerlich zeigen, es ablehnten, irgend etwas zu tragen, worauf »die Maus« zu sehen war.[10] »Sie waren rücksichtslos«, konstatierte der ehemalige Studiochef Richard Berger, der Disney kurz nach Katzenbergs Eintritt in die Gesellschaft verlassen hatte. »Sie sagten einfach: ›Wir wollen nichts davon hören. Es ist unsere Gesellschaft, und wir werden es so machen, wie wir es wollen‹«[11]

Kapitel 5

LORD MICKY WIRD REICHER

Seit fast zwanzig Jahren wurden die Touristen, die Disneyland besuchten, von einem riesigen Transparent begrüßt, auf dem der zweiunddreißig Hektar große Vergnügungspark als »Der glücklichste Ort auf der Erde« bezeichnet wurde. Am 26. September 1984 war der Park in Anaheim jedoch alles andere als ein glücklicher Ort. Annähernd achtzehnhundert aufgebrachte Disney-»Mitwirkende«, von denen viele Antimanagementplaketten trugen, waren vor den Toren des »Magischen Königreichs« aufmarschiert.

Der Disney-Streik dauerte einundzwanzig angespannte Tage lang an. Das alte Management hatte aufgrund der Nachwirkungen der kostspieligen Übernahmeschlacht und der Einbußen durch die rückläufigen Besucherzahlen bekanntgegeben, daß die Löhne für zwei Jahre eingefroren und die zusätzlichen Leistungen gekürzt werden müßten. Die Angestellten, von denen viele weniger als den Höchstlohn von 9,70 Dollar pro Stunde verdienten, forderten dagegen eine fünfprozentige Lohnerhöhung.

Michael Eisner und Frank Wells, die den Streik gewissermaßen geerbt hatten, ermächtigten Dick Nunis, eine unnachgiebige Haltung einzunehmen. Drei Tage später begann Disney, neue Kartenverkäufer, neues Bedienungspersonal der Erlebnisfahrten und neue Straßenkehrer einzustellen. Am 15. Oktober kehrten die streikenden Angestellten zu ihrer Arbeit zurück.

Die Vergnügungsparks aus dem Tief zu manövrieren, war jedoch schwieriger, als den Streik zu brechen. Die Besucherzahlen der Parks waren in drei der vergangenen vier Jahre zurückgegangen – ein Trend, der Ende 1982 nur vorübergehend von der Eröffnung des EPCOT Center in Florida unterbrochen worden war.[1] In Disneyland war das geringste Publikumsinteresse seit zehn Jahren zu verzeichnen. Die Gesellschaft verdiente zwar 1984 an ihren Vergnügungsparks immer noch 192,6 Millionen Dollar, aber die Erosion hatte unübersehbar eingesetzt. Die Rentabilität, die einst um die 25 Prozent gependelt hatte, war auf 18 Prozent gesunken.[2]

Der Aufschwung bei Disney würde, wie Eisner und Wells glaubten, in den Vergnügungsparks beginnen müssen. Die Einnahmen aus den drei Parks der Gesellschaft – Disneyland in Kalifornien, das »Magische Königreich« und das EPCOT Center in Florida – machten zusammen mit den Managementzahlen des Parks in Tokio zwei Drittel von Disneys Gesamteinnahmen aus. Mindestens genauso wichtig war, daß das, was die Parkbesucher für Eintrittskarten, Getränke und Souvenirs ausgaben, eine verläßliche Quelle von Bargeld darstellte, das die Gesellschaft zur Finanzierung von Hotels, neuen Parks und anderer Projekte einsetzen konnte, die Eisner und Wells im Sinn hatten.

Sid Bass und seine Gruppe, die einflußreichen Disney-Großaktionäre aus Fort Worth, hatten bereits unmißverständlich Ron Millers und Card Walkers Management der Parks kritisiert. Sogar als die Einnahmen der Gesellschaft sanken, hatten sich ihre Manager, aus Angst vor weiterem Besucherrückgang, halsstarrig geweigert, die Eintrittspreise der Parks zu erhöhen. In Orlando waren die Preise zuletzt 1982 aufgestockt worden, und in Disneyland waren sie in den vergangenen zwei Jahren um nur einen Dollar angehoben worden.[3]

Sid Bass, Richard Rainwater und Al Checchi hatten die Notwendigkeit einer Preiserhöhung nachdrücklich klargemacht, aber die Entscheidung darüber, wie hoch sie ausfallen und wann sie vorgenommen werden sollte, lag bei Frank Wells. Eisner und Jeffrey Katzenberg hielten sich meistens in Burbank auf und arbeiteten daran, das Disney-Studio auf der Asche von *Tron* und anderen Pleiten neu aufzubauen.

Ende 1984 forderte Frank Wells von Dick Nunis einen ausführlichen Bericht über die Vergnügungsparks der Gesellschaft. Das Disney-Management hatte seit Jahren in großem Umfang Publikumsbefragungen durchführen lassen und die Besucher beim Verlassen der Parks gebeten, ihre Zufriedenheit auf einer Skala von eins bis zehn zu bewerten. Während der Ära Ron Millers hatte der so ermittelte Wert, wie die Wells-Gruppe erfuhr, stets zwischen acht und neun gelegen. Wenn er absank, dann selten um mehr als wenige Prozentpunkte vom Höchstwert. Es war sogar vorgekommen, daß er nach den unregelmäßig durchgeführten Preiserhöhungen angestiegen war.

Die Ergebnisse des Berichts waren sehr aufschlußreich für Eisner und Wells. Die Besucher waren mit der Qualität und der Sauberkeit der Parks und der Höflichkeit der Disney-Mitarbeiter außerordentlich zufrieden. Sogar der »Gegenwert für das ausgegebene Geld« wurde selten geringer als mit acht bewertet. Es gab offensichtlich einen Spielraum für Preiserhöhungen.

Nunis und seine Mitarbeiter hatten seit Jahren darauf gedrängt, die Preise anzuheben. Die durchgeführten Preiserhöhungen hatten, was auch die Bass-Gruppe bemängelt hatte, nicht einmal mit der Inflation Schritt gehalten. Inflationsbereinigt waren die Preise während des zurückliegenden Jahrzehnts nur um ein Prozent gestiegen, während sich in allen anderen Bereichen die Preise nahezu verdoppelt hatten. Dennoch befürchteten Nunis und sein Stab, daß ein zu starker Anstieg der Preise mit höchster Wahrscheinlichkeit zu einem weiteren Absinken der Besucherzahlen führen würde.

Wells zog aus dem Bericht den Schluß, daß nur ein geringer Anstieg erfolgen sollte, und Nunis stimmte ihm zu. In ihren Augen hatte diese Vorgehensweise den Vorteil, daß man herausfinden konnte, welche Wirkung laufende Preissteigerungen auf den Besucherzustrom hatten.

Der Bass-Mitarbeiter Al Checchi, der seit fast zwei Monaten in einem Büro im zweiten Stock des Animation Building residierte, protestierte vehement. In Orlando, zum Beispiel, hätte die Gesellschaft durchaus die Möglichkeit, eine drastische Preissteigerung durchzuführen. »Himmel, es gibt da unten keine Konkurrenz«, sagte Checchi eines Tages zu Eisner, als sie in Eisners kleinem gelbem Cabrio nach Hause fuhren.[4]

Sea World, argumentierte Checchi, hätte ebenso wie Busch Gardens und solche kuriosen Vergnügungsparks wie Broadwalk und Baseball stets in Disneys Schatten gestanden. Die Walt Disney

World sei es, die die Touristen aus New York, Chicago und von überall her anlocke. Im übrigen würden die anderen mit Sicherheit nachziehen, wenn Disney seine Preise erhöhte.

Der Tourismus, fuhr Checchi fort, habe in Florida seit Jahren zugenommen und würde in Zukunft weiterhin anwachsen, zumal sich die Wirtschaft gefangen habe und der Benzinpreis niedrig geblieben sei. Checchi setzte sich für einen Preisanstieg von 5 Dollar ein, was ein gewaltiger Sprung nach oben gewesen wäre: von damals 18 auf dann 23 Dollar für eine Tageskarte.

Schließlich traf Eisner die Entscheidung. Der Disney-Aufsichtsratsvorsitzende befürchtete, daß der rasante Preisanstieg, den Checchi forderte, überall im Land negative Schlagzeilen nach sich ziehen würde. Sein Instinkt sprach gegen eine Erhöhung um 5 Dollar. Die Lokalzeitungen in Orlando und Anaheim, vermutete Eisner, würden eine solche Preissteigerung mit Sicherheit groß herausbringen, was unvermeidlich entsprechende Fernsehberichte und Artikel in landesweit erscheinenden Zeitungen zur Folge hätte – kurz, eine Publizität, die dem Geschäft nicht guttun konnte.

Andererseits konnte Eisner die Haltung der Bass-Gruppe verstehen. Die Zahlen waren schlagend. Jeder Dollar, um den die Eintrittspreise erhöht wurden, würde die Einnahmen von Disney um jährlich 31 Millionen Dollar steigern, wenn die Besucherzahlen konstant blieben.[5] Und selbst bei einem Rückgang der Besucherzahlen um fünf Prozent – dem höchsten Wert, den der Nunis-Bericht veranschlagte – bedeutete jede Anhebung des Eintrittspreises um einen Dollar immer noch zusätzliche jährliche Einnahmen von 26 Millionen Dollar.

Eines Tages auf der Heimfahrt fällte Eisner seine Entscheidung. Er griff zum Telefon und rief Frank Wells an. Es sei an der Zeit, sagte der Disney-Aufsichtsratsvorsitzende zu Wells, mit einer kräftigen Anhebung der Preise zu beginnen. Er wolle die Eintrittspreise sowohl in Anaheim als auch in Orlando innerhalb der nächsten zwei Jahre um fünf Dollar erhöhen. Um die negative Presse so weit wie möglich auszuschalten, sollten die Preise jedoch stufenweise angehoben werden. Der Preis für eine Tageskarte der Walt Disney World, zum Beispiel, sollte während der nächsten Sommersaison zunächst um 1,50 Dollar und kurz vor Thanksgiving noch einmal um 1,50 Dollar steigen. Am Ende sollte die von Checchi geforderte Steigerungsrate von 5 Dollar erreicht sein, aber erst nach fünfzehn Monaten in Orlando und nach zwei Jahren in Disneyland.

Jack Lindquist, ein kleiner, weißhaariger, quirliger Mann, war 1955 als Mitarbeiter der Marketingabteilung von Disneyland zu Disney gekommen. Bis spät in die Nacht hinein arbeitend, hatte er Walt Disney und Card Walker zugehört, wenn sie Ideen für die Vermarktung der Vergnügungsparks entwickelten. Er war 1959 an der Organisation der Tour der Footballmannschaften der University of Washington und der University of Wisconsin beteiligt gewesen, der ersten Anwärter für die Rose Bowl, die das »Magische Königreich« besuchten. Die Rose-Bowl-Tour wurde zu einem jährlich wiederkehrenden Ereignis, und jedes Jahr folgten Reporter voller Vergnügen den Mannschaften, um ihren Lesern hinterher über jede einzelne Erlebnisfahrt genauestens Bericht zu erstatten.

Während Lindquists Zeit hatte sich Disneyland durch Einladungen für Präsidenten und Könige und die Veranstaltung von Shows mit Autoveteranen und Festwagen aus fünfundzwanzig Ländern ganze Meilen kostenloser Schlagzeilen gesichert. Um die Aufmerksamkeit des Fernsehens auf den zehnten Jahrestag des Parks zu lenken, hatte Walt die Ausstellung »Große Augenblicke mit Mr. Lincoln« von der 1964er Weltausstellung nach Disneyland geholt. Das Publikum war höchst beeindruckt gewesen von den Klängen und Bewegungen, mit denen der 16. Präsident der Vereinigten Staaten scheinbar wieder auferstand. Darüber hinaus war ABC ständig zugegen, wenn besondere Feierlichkeiten – am 4. Juli oder zu anderen Gelegenheiten – zu übertragen waren.

Bezahlte Werbung konnte sich die Walt Disney Productions sparen. Fast die gesamten neunundzwanzig Jahre lang, die Jack Lindquist zu Beginn der neuen Ära bei Disney war, hatten Walt Disney und nach ihm Card Walker gepredigt, es wäre dumm, Geld für etwas auszugeben, das man kostenlos bekommen könne. Ein extremes Beispiel war das EPCOT Center: Obwohl Disney insgesamt 1,2 Milliarden Dollar in den Park investiert hatte, wurden nur magere 630 000 Dollar für Werbezwecke ausgegeben, und zwar ausschließlich für die Veröffentlichung des Eröffnungsprogramms in den örtlichen Zeitungen.[6]

Jack Lindquist, inzwischen zum geschäftsführenden Abteilungsdirektor für Marketing aufgestiegen, befand sich in London, als Eisner und Wells in die Gesellschaft einstiegen, und im Gegensatz zu anderen Disney-Managern, die sofort nach Burbank pilgerten, um ihre neuen Bosse kennenzulernen, blieb er bei seiner Arbeit, nachdem er von Eisner und Wells ein Telegramm erhalten hatte, in dem sie ihm ihren Amtsantritt mitteilten. Er lernte sie erst zwei Monate später in der Ersten Klasse eines Flugzeugs der Delta Air Lines Inc. kennen, das auf dem Flug von Burbank nach Orlando war. Eisner und Wells hatten bei der Durchsicht alter Rundschreiben entdeckt, daß Lindquist Ron Miller und Ray Watson vorgeschlagen hatte, zum ersten Mal in der Unternehmensgeschichte eine massive bezahlte Fernsehwerbung anzukurbeln.

Der Vorschlag beruhte auf einem Testlauf in drei Städten, von Lindquist und Dick Nunis 1984 insgeheim durchgeführt. Unter Einsatz von 150 000 Dollar aus dem Promotionetat von Disneyland hatten die beiden Disney-Manager in örtlichen Fernsehsendern in Chicago und Houston Werbespots geschaltet und in Kansas City traditionelle Zeitungsanzeigen veröffentlicht. Das Ziel des Versuchs war es gewesen, herauszufinden, um wieviel wirksamer Fernsehwerbung gegenüber Zeitungsanzeigen war. Das Ergebnis fiel überzeugend aus. Für jede in der Fernsehwerbung eingesetzte Million konnte man mit 154 000 zusätzlichen Besuchern in den Vergnügungsparks rechnen. Mit anderen Worten, es kostete 6,50 Dollar, einen Besucher, der 18 Dollar für die Eintrittskarte und weitere 15–20 Dollar für Essen und Souvenirs ausgeben würde, in die Parks zu locken. Eine Werbekampagne mit einem Einsatz von 10 Millionen Dollar würde nach dieser Rechnung 55,4 Millionen Dollar an Einnahmen erbringen. Und die Preiserhöhungen, die Eisner und Wells planten, bedeuteten, daß der voraussichtliche Einnahmezuwachs noch weit höher anzusetzen war.

Lindquist hatte Miller und Watson einen Plan unterbreitet, der Ausgaben von 19 Millionen Dollar für Fernsehwerbung für die

Parks in Orlando und von weiteren 18 Millionen Dollar für die Feier zum 30. Jahrestag von Disneyland, einschließlich der Verlosung von vierhundert Autos von General Motors, vorsah. Zu jener Zeit wurden in Disneyland weniger als 9,9 Millionen Besucher pro Jahr gezählt, und der Besucherstrom schrumpfte weiter, nun schon im vierten Jahr in Folge.[7]

Eisner und Wells hatten ihren Beschluß für die Preiserhöhung gefaßt. Sie wußten allerdings, daß die Preisaufschläge, die sie vorhatten, dämpfend auf den Publikumszuspruch wirken konnten, insbesondere dann, wenn es erneut zu einer Rezession kam, wie sie das Land zu Beginn der 80er Jahre erlebt hatte. Eisner verhandelte zwar mit ABC über die Ausstrahlung des *Disney Sunday Movie,* aber die erste Folge würde erst Anfang 1986 gesendet werden. In der Zwischenzeit würde NBC zum 30. Jahrestag von Disneyland eine zweistündige Geburtstagssendung bringen.

Trotzdem war es, wenn der gewünschte Anstieg der Besucherzahlen in den Vergnügungsparks erzielt werden sollte, nach Ansicht von Eisner und Wells unabdingbar, in großem Stil in die Fernsehwerbung einzusteigen. Werbeausgaben gehörten für die neuen Disney-Chefs einfach zum Geschäft. Und sie hofften, daß es keinen großen Unterschied machte, ob man die Leute nun in Themenparks oder ins Kino locken wollte. Wenn ein paar Millionen aus einem normalen Spielfilm einen Hit machen konnten, dann konnten sie sicherlich auch das Interesse an den bekanntesten Vergnügungsparks von Amerika neu entfachen.

Einige Tage nach der Besprechung auf dem Flug nach Orlando stimmten Eisner und Wells dem Plan zu, den Lindquist ihren Vorgängern vorgelegt hatte. Disney würde im Februar und März in den einundfünfzig größten Fernsehsendern im Mittelwesten und in den Nordatlantikstaaten Werbespots ausstrahlen lassen, um den Zuschauern die Walt Disney World nahezubringen. Daneben sollte eine kostenlose Telefonverbindung für die Hotelbuchung eingerichtet werden, und auf der Geburtstagsfeier von Disneyland würden Autos von GM verlost werden. »Sie haben uns gefragt: ›Reicht das, oder brauchen Sie noch mehr?‹« erinnerte sich Nunis, immer noch ungläubig. »Nun, *das* war eine Veränderung.«[8]

George Lucas kannte Disneyland gut. Auf der High-School hatte er sich für Rennwagen begeistert, mußte dieses Hobby aber aufgeben, nachdem bei einem Unfall seine Lunge verletzt worden war.[9] Als er sich von der Verletzung erholt hatte, schickten seine Eltern ihn für eine Woche nach Anaheim, wo er auch einen Tag in Disneyland verbrachte. Der Park faszinierte ihn, und er besuchte ihn danach häufig. Nachdem er sich an der Cinema School der University of Southern California eingeschrieben hatte, war er an den Wochenenden und im Sommer regelmäßig in Disneyland.

Nach dem Abschluß seines Studiums wurde Lucas zum Protegé von Francis Ford Coppola, dem er 1968 bei *Der goldene Regenbogen* und ein Jahr später bei *Liebe niemals einen Fremden* als Regieassistent zur Seite stand. Danach war er einer der vielen Kameraleute, die den gefeierten Rolling-Stones-Film *Gimme Shelter* drehten. Sein großer Durchbruch kam, als ihm Universal Pictures 1973 700 000 Dollar für *American Graffiti* zur Verfügung stellte, einem autobiographischen Film über amerikanische Jugendliche der 60er Jahre. Der Film war ein Hit, aber zum internationalen Star wurde Lucas erst durch seinen zweiten Film, *Krieg der Sterne*. Für das damals enorme Budget von 11 Millionen Dollar produziert, wurde der Film aus dem Jahr 1977 zum zweiterfolgreichsten Film aller Zeiten, der Twentieth Century Fox über 193 Millionen Dollar einbrachte.[10]

Lucas und sein zehn Mann starkes Team hatten zunächst in einem kleinen angemieteten Lagerhaus in Van Nuys (Kalifornien) gearbeitet, wo viele der Trickaufnahmen für *Krieg der Sterne* entwickelt wurden. Als sich der Film als Kassenmagnet erwies, zog Lucas mit seiner Firma ins Marin County in Nordkalifornien um und richtete auf einem 1000 Hektar großen Gelände die Skywalker Ranch ein. Die fünf Gebäude seiner Filmgesellschaft Lucasfilm wirkten jetzt wie ein richtiges kleines Studio.

1984 war die »Industrial Light and Magic« genannte Abteilung von Lucasfilm eins der führenden Trickstudios der Unterhaltungsindustrie geworden. Dort war Elliots Fahrradflug in *E. T. – Der Außerirdische* entstanden, das über die Arbeitsplatte kriechende Steak in *Poltergeist* gefilmt und das Raumschiff Enterprise in *Star Trek II – Der Zorn des Khan* in Bewegung gesetzt worden.

Lucas hatte zu dieser Zeit auch begonnen, seine Tätigkeiten über das Gebiet der Filmproduktion hinaus auszudehnen. Seine Firma hatte THX entwickelt, ein leistungsstarkes Tonsystem für Kinos. Außerdem arbeitete man an einer Maschine, die Actionfilme mit Flugsimulatoren koppeln sollte, um den Kunden von Einkaufszentren die Illusion zu vermitteln, sie würden Ski laufen oder surfen.

In Disneys WED-Ideenfabrik tüftelte man an einer ähnlichen Technologie. Charles R. Bright, WED-Abteilungsdirektor für Konzeptentwicklung, hatte sich in dieser Sache an eine britische Firma gewandt, Rediffusion Simulation Ltd., wo man einen großen Flugsimulator mit einem Film kombiniert hatte, der vorbeisausende Wolken und Berge zeigte. Die 13 Tonnen schweren Simulatoren wurden zur Ausbildung von Jumbo-Jet-Piloten der British Airways verwendet; sie konnten auf und ab bewegt und in einem Winkel bis zu 35 Grad angekippt werden, selbst wenn sich mehrere Dutzend Menschen in dem Gerät befanden. Wer sich im Innern aufhielt, bekam das Gefühl vermittelt, er würde tatsächlich fliegen.[11]

Disney hatte die Technologie von Rediffusion erworben, aber nie ein Konzept entwickeln können, wie sie konkret eingesetzt werden konnte. Man hatte erwogen, ein Gebäude für vier Simulatoren zu errichten, von denen jeder rund 500000 Dollar kostete. In ihnen hätten die Besucher das Gefühl des Skifahrens, des Surfens oder des freien Falls erleben können. Ron Miller hatte sogar wie George Lucas daran gedacht, die Simulatoren in Einkaufszentren überall im Land aufzustellen. Einige Disney-Mitarbeiter hatten vorgeschlagen, die Simulatoren mit einem Filmvorführgerät zu koppeln. Sie könnten auf diese Weise als Werbeträger für Produktionen wie *Das schwarze Loch,* Disneys Science-fiction-Film von 1979, dienen.

Miller hatte Lucas 1982 auf sein Weingut im Napa Valley eingeladen und ihm bei einem Glas seines Silverado Chardonnay vorgeschlagen, sich zusammenzutun, um eine Simulatorerlebnisfahrt zu entwickeln. Lucas, der damals gerade in Scheidung lebte, hatte mit Bedauern abgelehnt. Zwei Jahre später jedoch, als Michael Eisner ihn anrief, war er bereit, sich die Sache zu überlegen.

Eisner hatte der Bass-Gruppe schon auf der Sitzung vom September 1984 in Fort Worth gesagt, er beabsichtige, die Rechte an

George Lucas' *Krieg der Sterne* für die Disney-Parks zu erwerben. Eisners Vorstellungen über die Nutzung der Rechte waren recht vage, aber er wußte, daß Lucas mit seiner Fähigkeit, die Videogeneration zu faszinieren, das richtige Heilmittel für die alt und müde gewordenen Themenparks finden würde.

Wie Disneys Kinohits waren auch die Erlebnisfahrten in den Disney-Parks bei den amerikanischen Teenagern nicht sehr beliebt. Die Kinder suchten in immer jüngerem Alter den Nervenkitzel, den ihnen Vergnügungsparks mit waghalsigen Achterbahnen boten. Nur wenige Kilometer von Disneyland entfernt reizte der Themenpark Magic Mountain mit einer halsbrecherischen Sensation namens »Die schwarze Viper«. »Die Kinder wachsen schneller heran«, meinte Frank Wells in einem Interview vom 25. Juni 1990 dazu. »Was in den 60er und 70er Jahren Acht- und Neunjährige angezogen hätte, wurde jetzt von den Sechsjährigen verlangt. Und die Neunjährigen waren jetzt dort zu finden, wo früher die zwölfjährigen gewesen waren.«

Die Ausarbeitung von Erlebnisfahrten für Themenparks war für Michael Eisner zwar ein neues Gebiet, aber er fand sich bald zurecht. Kreativität war Kreativität, wie er den Disney-Mitarbeitern immer wieder sagte. Leute, die darin geübt waren, Ideen für populäre Kinofilme zu liefern, sollten auch in der Lage sein, sich entsprechende Erlebnisfahrten auszudenken. Wie zum Beweis dieser Behauptung hatte Eisner, als er kurz nach seinem Einstieg bei Disney die Walt Disney World besuchte, angeordnet, Boote auf einem See fahren zu lassen, auf dem bis dahin nur Enten geschwommen waren, und schon am nächsten Tag war der See voller Boot fahrender Touristen.

Von George Lucas erwartete Eisner allerdings einschlägigere Ideen. Zwei Wochen, nachdem Eisner ihn im September 1984 kontaktet hatte, besichtigte Lucas in Begleitung von Marty Sklar Disneys Ideenfabrik in Glendale. Eisner und Wells hatten die Besichtigungstour nur wenige Tage zuvor, an einem Sonntag, damit Eisner seinen 15jährigen Sohn Breck mitnehmen konnte, hinter sich gebracht. Eisners Sohn war besonders von der Idee einer Floßfahrt mit einem über 800 Meter verteilten Gefälle von 5 Stockwerken begeistert gewesen. (Die Erlebnisfahrt wurde vier Jahre später unter dem Namen »Splash Mountain« in Disneyland eingeweiht.)

Sklar zeigte seinen Gästen bei beiden Gelegenheiten alles, woran die Ideenfabrik arbeitete, unter anderem auch den Flugsimulator, der sofort das besondere Interesse von Lucas erregte. Lucas würde Disney jedoch teuer kommen. Er war einer der gewieftesten Geschäftsleute Hollywoods und hatte sich, zum Beispiel, die Rechte an allen seinen Filmfiguren vorbehalten. Um ihn zu verpflichten, würde Disney gewisse Zugeständnisse machen müssen. Zunächst einmal bestand Lucas darauf, einen Anteil am Verkaufserlös von T-Shirts, Spielzeug und anderen auf seiner Erlebnisfahrt beruhenden Produkten zu erhalten. Die ILM-Trickabteilung seiner Produktionsfirma Lucasfilm sollte darüber hinaus 6 Millionen Dollar für die Herstellung des Films bekommen, der für die Erlebnisfahrt gedreht werden würde.

Lucas erarbeitete zusammen mit Tom Fitzgerald, dem Showproduzenten von Disneys Ideenfabrik, eine Grundgeschichte für das, was später als »Star Tours« (»Reise zu den Sternen«) verwirklicht werden sollte: Aufhänger für die Erlebnisfahrt war ein intergalaktischer Reiseveranstalter (mit Namen »Star Tours«), der die Touristen in einem Raumschiff kreuz und quer durch den Weltraum kutschierte.[12] Lucas verlieh dem einen Hauch von Gefahr und Komik, indem er als Piloten einen völlig inkompetenten und durchgedrehten Androiden namens Rex vorsah, der das Raumschiff durch einen Weltraumkampf und andere mißliche Abenteuer steuern sollte.

Die Erlebnisfahrt zu planen war, wie sich herausstellte, wesentlich einfacher gewesen, als sie zu bauen, und sie kostete denn auch weit mehr als ursprünglich veranschlagt. Disney hatte das Budget auf 30 Millionen Dollar festgesetzt, einschließlich eines Spielraums von 3 Millionen Dollar für mögliche Kostensteigerungen. Als Eröffnungsdatum war der November 1986 vorgesehen. Aber die Synchronisierung der Bewegungen des Flugsimulators mit den Bildern des zugehörigen Films erwies sich von Anfang an als problematisch. Darüber hinaus war die Erneuerung der Fassade des zwanzig Jahre alten Gebäudes in Disneyland, in dem das Projekt realisiert werden sollte, nicht im Budget enthalten, und als das Dach angehoben wurde, um Platz für die Bewegungen des Simulators zu schaffen, stellten die Arbeiter fest, daß die bauliche Struktur des gesamten Gebäudes erneuert werden mußte.[13] Und weitere 100 000 Dollar kamen hinzu, als Lucas beschloß, seine »Star Tours« mit einer anderen Musik zu unterlegen.

Die ersten Probeläufe zeigten dann, daß die Fahrt leicht zu Flugangst führen konnte. Man experimentierte daraufhin mit einem Mitarbeiter der Ideenfabrik, der für Flugangst besonders anfällig war, als Testperson, mit verschiedenen Fahrzeiten. Die Fahrt wurde dabei von ursprünglich 20 auf gut 3 Minuten gekürzt, anschließend jedoch wieder auf 4 Minuten verlängert, da Eisner befürchtete, daß sich die Besucher betrogen fühlen würden, wenn sie zu kurz dauerte. Zur Beruhigung der »Raumfahrer« wurde außerdem das wahnwitzige Verhalten des Piloten moderater gestaltet. Rex verwandelte sich vom Irrwitzigen zu einem Piloten, der einfach nur nervös und unerfahren war.

Die Veränderungen verzögerten die Eröffnung von »Star Tours« um über drei Monate. Die Erlebnisfahrt wurde erst im Januar 1987 eingeweiht, war also während der Thanksgiving- und Weihnachtssaison von 1986, traditionell eine der publikumsträchtigsten Jahreszeiten in Disneyland, nicht im Angebot.

Um die Lücke zu schließen, verlangte Eisner von der Ideenfabrik, sich auf die Schnelle etwas anderes einfallen zu lassen. Das Ergebnis war Videopolis, eine Freiluftarena mit Tanzfläche und 2000 Sitzplätzen. Die Disney-Arbeiter stampften das Projekt auf einer Freifläche nicht weit von der Erlebnisfahrt »It's a Small World« binnen vier Monaten aus dem Boden. In Videopolis traten bald Bands wie die Jets und die Miami Sound Machine auf.

Kurz nach Beginn der Planungsarbeit für »Star Tours« wurde George Lucas gebeten, sich gleichzeitig mit einem anderen Projekt für Disneyland zu beschäftigen. Der Musikmanager David Geffen hatte Jeffrey Katzenberg angerufen, um ihm ein Angebot zu unterbreiten. Geffen war nicht nur einer der engsten Freunde von Katzenberg, sondern auch seit 1980 Finanzberater von Michael Jackson.

Jackson war ein treuer Fan von Disneyland und kam oft zwei- oder dreimal im Monat in den Park. Während er sein weitläufiges Anwesen in Encino (Kalifornien) sonst häufig nur verkleidet verließ, besuchte er Disneyland meistens unverkleidet. Die unvermeidliche Folge war, daß sich die anderen Parkbesucher in Massen um ihn drängten und die Sicherheitskräfte in schiere Verzweiflung versetzten.

Geffen und Jackson wollten einen Film für Disney drehen. Aber Eisner und Katzenberg hatten ihre eigenen Ideen. Michael Jackson hatte damals gerade seinen LP-Hit *Thriller* herausgebracht und war ein Idol jener Jugendlichen, die für Disneyland nur Verachtung übrig hatten. Es war kaum abzuschätzen, sagte sich Eisner, wie viele von ihnen der schillernde Superstar nach Disneyland locken würde.

Kurz vor Weihnachten führte Katzenberg den Rocksänger zu einer einstündigen Besichtigung in Disneys Ideenfabrik. Einige Jahre vorher war dort eins der gelungensten Kamerasysteme der Welt für dreidimensionale Filme entwickelt worden, ein 65-Millimeter-System, das von Disney und Kodak bei der Produktion mehrerer Actionfilme für die Vergnügungsparks eingesetzt worden war. Katzenberg und Marty Sklar wollten, daß Jackson die Hauptrolle in einem Rockvideo übernahm, das mit dieser Technologie gedreht werden sollte. Jackson gefiel die Idee, bestand aber darauf, daß die technische Seite des Films entweder von George Lucas oder von Steven Spielberg betreut wurde.

Rick Rothschild, ein Designer der Ideenfabrik, arbeitete als Chef eines kleinen Stabes drei verschiedene Szenarien aus, die Jackson und Lucas zur Begutachtung vorgelegt wurden. Sie entschieden sich beide für dieselbe Geschichte, in der Jackson einen Raumfahrer namens Captain EO spielen sollte, der eine buntscheckige Crew von Ausgeflippten befehligte. Captain EO hatte die märchenhafte Mission, einem weit entfernten Planeten Musik und Tanz zu bringen und den Zauber der bösen Königin des Planeten zu brechen.

Jackson schrieb die Musik, und Lucas sorgte dafür, daß sein alter Mentor Francis Ford Coppola an dem Film mitarbeitete, und engagierte Anjelica Houston für die Rolle der bösen Königin. Außerdem wurde Rusty Lemorande, der 1983 *Yentl* produziert hatte, als Mitarbeiter gewonnen.

Aber wie bei »Star Tours« kam es auch bei diesem Projekt ständig zu neuen Verzögerungen. Lucasfilm entwickelte diverse Spezialeffekte, so daß der 17minütige Film, zusammen mit den bereits bei Disney hergestellten Trickaufnahmen, mehr als 150 Spezialeffekte enthielt. Hinter der Leinwand wurden Lasergeräte installiert, die über die Köpfe der Zuschauer hinweg feuerten, um die Kampfszenen anschaulicher zu gestalten, und Rauchkanonen sollten bei der Landung von Jacksons »Raumschiff« Qualmwolken in den Saal blasen. Die Spezialeffekte mit der Filmhandlung zu koordinieren, war eine höchst komplizierte und häufig frustrierende Aufgabe für die Disney-Techniker. Die Folge davon war, daß das anfänglich veranschlagte Budget von 11 Millionen Dollar um 6 Millionen überschritten wurde.[14]

Die Kosten von »Captain EO« beliefen sich am Ende mit 17 Millionen Dollar in etwa auf die Summe, die Walt Disney 1955 für die Errichtung von Disneyland gereicht hatte. Ein spitzfindiger Reporter des *Orange County Register* kam zu dem Schluß, daß »Captain EO« zum teuersten Film aller Zeiten geworden war. Er verglich die Produktionskosten von einer Million Dollar pro Minute mit den 222 222 Dollar, die der Megaflop *Heaven's Gate* verschlungen hatte, und den »armseligen 102 880 Dollar für *Kleopatra*«. Danach fügte er jedoch hinzu: »Andererseits läßt sich wohl kaum eine direkte Linie von Liz Taylors Natternbiß zum Space Mountain und zu Mr. Toad's Wild Ride ziehen.«[15]

Das erste von seiner Gesellschaft erbaute und betriebene Hotel, das Contemporary Resort, war von Walt Disney selbst als Hotel der Zukunft geplant worden. Das imposante A-förmige Hotel umschließt einen riesigen offenen Raum, Grand Canyon Concourse genannt, und die Gäste in den 393 Zimmern, die an dieser Riesenhalle liegen, können von den Zugängen zu ihren Zimmer aus beobachten, wie die Eisenbahn der Walt Disney World auf der einen Seite in die Lobby des Hotels einfährt und sie auf der anderen Seite wieder verläßt.

Im März 1985 bat Eisner Ray Watson, Fachleute verschiedenster Bereiche ins Contemporary Resort einzuladen, um die Zukunft der Walt Disney World zu diskutieren. Die zwei Tage dauernde Veranstaltung erhielt rasch den Spitznamen »Futurologenkonferenz«. Unter den Rednern waren Jim Rouse, ein Bauunternehmer, der Siedlungen in Columbia (Maryland) und Reston (Virginia) errichtet hatte, und der landesweit anerkannte Futurologe John Naisbitt, der Autor von *Megatrends*.

Als Ergebnis der Konferenz ergaben sich die ungefähren Umrisse einer Hotelstrategie für Disney. Nach einigem Hin und Her entschloß sich Disney, während der nächsten fünf Jahre jeweils etwa 1000 Hotelzimmer zu bauen. Damit würde sich die Zahl der von der Gesellschaft angebotenen Hotelzimmer innerhalb von fünf Jahren mehr als verdoppeln.[16]

Aber schon vor der Futurologenkonferenz hatten sich Eisner und Wells um Hotelneubauten bemüht. Al Checchi, der innerhalb der Gesellschaft mit den neuen Disney-Managern zusammenarbeitete, hatte dabei die gleiche Rolle gespielt wie vorher in Fort Worth, indem er Eisner und Wells drängte, so bald wie möglich mit dem Bau neuer Hotels zu beginnen. Hotels, das wußte Checchi aus seiner Zeit bei Marriott, konnten unglaublich lukrativ sein. Die Gewinnspannen für Zimmer und Restaurants pegelten sich nicht selten um die 60-Prozent-Marke herum ein, waren also dreimal so hoch wie die an sich schon beeindruckenden Ergebnisse der Disneyschen Themenparks.[17]

Wichtiger aber war, daß Gäste, die einmal ein Disneysches Hotelzimmer bezogen hatten, buchstäblich »gefangen« waren. Nur wenige vermochten an den Disney-Souvenirs in den Geschenkartikelläden vorüberzugehen, und bei kostenlosen Fahrten per Eisenbahn oder Bus in die Vergnügungsparks waren noch weniger Besucher geneigt, den Komfort, den Disney ihnen bot, auszuschlagen und in konkurrierende Parks außerhalb des Disney-Geländes abzuwandern.

Michael Eisner und Frank Wells hatten wenig Erfahrung im Hotelgewerbe. Deshalb begannen sie bald nach der Futurologenkonferenz, sich intensiv in dieses Geschäft einzuarbeiten. Ende

Februar hatten sie Jan Pritzker angerufen, den Aufsichtsratsvorsitzenden von Hyatt Hotels, der sich in Hawaii von einer Bypass-Operation erholte. Zu ernsthaften Gesprächen kam es dann im März mit Marriott, als Checchi Eisner und Wells mit J. W. (»Bill«) Marriott jr., dem Aufsichtsratsvorsitzenden der Marriott Corporation, zusammenbrachte.

Checchi kannte sich im Marriott-Hauptsitz in Bethesda (Maryland) gut aus. Immerhin hatte er dort als Mitarbeiter von Gary Wilson, dem Finanzchef von Marriott, gelernt, wie man Hotels finanzierte und baute. Und jetzt, da Eisner und Wells nach Mitteln und Wegen suchten, Disneys Hotelsektor zu erweitern, wollte er Wilson und das Marriott-Team zu Disneys Partnern machen. Der Deal, an dem Checchi monatelang arbeitete, hatte gewaltige Ausmaße. Disney sollte das Land zur Verfügung stellen, und die Hotelkette mit ihrer erprobten Fähigkeit zur Finanzierung von Hotelbauten sollte den größten Teil der Baukosten beisteuern. Insgesamt sollte Marriott mehr als ein Dutzend Hotels mit zusammen fast 20 000 Zimmern und ein rund 23 000 Quadratmeter großes Konferenzzentrum errichten. Marriott würde danach eine Managementvergütung für die Führung der Hotels erhalten, während die Investoren einen großen Teil der Gewinne abschöpften. Disney würde, neben einer Lizenzgebühr, durch den Verkauf der eigenen Produkte verdienen und darüber hinaus ein großes Potential an Parkbesuchern gewinnen.

Für Marriott wäre dieser Deal ungeheuer einträglich gewesen. Interne Berechnungen des Hotelunternehmens hatten ergeben, daß 1000 neu gebaute Hotelzimmer Einnahmen in Höhe von 100 Millionen Dollar und einen Gewinn von bis zu 60 Millionen Dollar bedeuteten. Disneys Partner zu werden, brachte atemberaubende Vorteile mit sich. Die Disney-Hotels innerhalb der Vergnügungsparks erreichten eine durchschnittliche Belegungsrate von 98 Prozent und waren in der Hauptsaison fast immer ausgebucht.[18] Das Hotelgewerbe insgesamt konnte damals landesweit nur eine Belegungsrate von 45 Prozent aufweisen, während sie in den nicht zu Disney gehörenden Hotels in Orlando durchschnittlich 68 Prozent betrug.[19]

Das Gerücht, daß Disney und Marriott über ein Zusammengehen verhandelten, löste bei Tishman Realty & Construction in New York eine sofortige Reaktion aus. Tishman hatte den größten Teil des EPCOT Center gebaut und erst wenige Monate zuvor mit Ray Watson einen Vertrag über den Bau zweier weiterer Hotels in Orlando abgeschlossen. Darüber hinaus hatte sich Tishman durch denselben Vertrag die Exklusivrechte für den Hotelbau auf dem Disney-Gelände gesichert. Als eine Reihe besorgter Briefe an Frank Wells die Verhandlungen mit Marriott nicht stoppen konnte, reichte Tishman in Orlando eine Klage ein, in der eine Entschädigung von 1,5 Milliarden Dollar gefordert wurde.[20]

Aber der Marriott-Deal war schon vor der Tishman-Klage zerbröckelt. Disney gehörte mit Arvida ein Bauunternehmen, das bereits Hotels gebaut hatte, und Disney selbst besaß aus der Führung der drei Hotels der Gesellschaft reichhaltige Erfahrungen im Hotelgewerbe. Schwerer jedoch wog, daß Eisner Marriott keine Gewinne einstreichen lassen wollte, die genausogut in die Disney-Bilanz einfließen konnten. Bevor sich Disney von dem Geschäft zurückzog, hatte Eisner von Marriott die Zustimmung zum Bau eines 70 Millionen Dollar teuren Pavillons im EPCOT Center verlangt. »Als sie so schnell einwilligten, wußte ich, daß es ein großer Deal für sie sein mußte«, erläuterte Eisner in einem Interview vom 24. August 1990.

Disney schloß die Verhandlungen mit Marriott nie ab. Die Anwälte der Gesellschaft befürchteten, daß ein langwieriger Rechtsstreit mit Tishman die Hotelbaupläne von Disney stoppen oder zumindest hinauszögern würde. Noch wichtiger war es jedoch, daß Eisner und Wells nach den monatelangen Verhandlungen mit Marriott zuversichtlich waren, genügend zu wissen, um die Hotelpläne selbst verwirklichen zu können.

Danach einigte man sich mit Tishman. Das Bauunternehmen würde die beiden Hotels vertragsgemäß errichten, verlor aber seine Stellung als Disneys exklusives Hotelunternehmen. Eisner bestand außerdem darauf, daß Disney betreffs der Details der zu errichtenden Hotels das letzte Wort vorbehalten war, und nahm Tishman damit auch die Planungshoheit aus der Hand.

Mit den Plänen ausgestattet, die das Marriott-Team gemeinsam mit Disney ausgearbeitet hatte, beschlossen Eisner und Wells, ins

Baugeschäft einzusteigen. Vorher mußten sie allerdings die Pläne aufgeben, die Arvida-Chef Chuck Cobb und Ray Watson für einen Teil des Landes in Florida entwickelt hatten.

Sie hatten in den letzten Monaten vor Watsons Rücktritt vom Posten des Aufsichtsratsvorsitzenden begonnen, an einem umfassenden Plan für den Landbesitz bei Orlando zu arbeiten. Im Rückgriff auf das Zukunftskonzept, das Walt Disney kurz vor seinem Tod vorschwebte, schloß Cobbs neuer Plan 10 000 Eigentumswohnungen oder Apartmenteinheiten ein und wies Platz für bis zu zehn Industrieparks aus. (Ironischerweise spielte Eisner etwa zur gleichen Zeit mit dem Gedanken, einen Themenpark namens American Workplace [amerikanischer Arbeitsplatz] zu errichten, dessen Hauptattraktionen miniaturisierte Industrieanlagen sein sollten. Eisner beauftragte die Harvard Business School sogar damit, die Idee eingehender zu untersuchen.)

Chuck Cobb rief mit seiner aufreizenden Art und der Herablassung, die er den neuen Disney-Managern gegenüber an den Tag legte, zunehmend Verärgerung hervor, und Eisner und Wells nahmen seinen Plan nie ernst, zumal er ihrer Ansicht nach recht kostspielig war. Außerdem hätte sich Disney damit auf das Gebiet des privaten Wohnungsbaus vorgewagt, von dem weder Eisner noch Wells etwas verstanden.

Sie beschlossen deshalb, sich auf die Stärken von Disney zu verlassen. Der Kern der Strategie wurde beibehalten, die Eigentumswohnungen und Industrieparks jedoch fielen dem Rotstift zum Opfer. Statt dessen sollten in der Nähe des EPCOT Center neue Hotels entstehen. Damit, so rechneten die Disney-Planer, würden die Besucher leichter zum EPCOT Center kommen und gleichzeitig davon abgehalten, das Disney-Gelände zu verlassen.

Mitte 1985 trieb die Gesellschaft den lange blockierten Plan für ein 900-Zimmer-Hotel voran, das »Grand Floridian« genannt wurde. Das im viktorianischen Stil erbaute Hotel war Gasthäusern der Jahrhundertwende nachempfunden, in denen John D. Rockefeller und Teddy Roosevelt abgestiegen sein mochten. Der dafür bereitgestellte Etat betrug 120 Millionen Dollar. Daneben sollte ein 2100-Zimmer-Hotel der mittleren Preisklasse errichtet werden, dessen

Zimmer zum großen Teil in »Dörfern« lagen, deren Vorbilder auf den Karibikinseln Martinique, Barbados und Trinidad zu finden waren.

Tishman begann unterdessen mit dem Bau der beiden bei seiner Firma in Auftrag gegebenen Hotels, des »Dolphin« mit 1509 Zimmern und des »Swan« mit 758 Zimmern. Die besondere Attraktion der Hotels war ihre Lage an einem See gegenüber dem EPCOT Center, so daß die Gäste mit Wassertaxis zum Park fahren konnten. In der Vereinbarung mit Tishman hatte sich Disney das Recht vorbehalten, den Architekten für das 375 Millionen Dollar schwere Projekt selbst auszuwählen. Eisner entschied sich für Michael Graves, einen postmodernen Architekten aus Princeton (New Jersey), der für seine exotischen Entwürfe bekannt war, und er wurde seinem Ruf gerecht. Graves entwarf ein pyramidenförmiges Hotel mit 27 Stockwerken, auf dem als Wahrzeichen ein fast 17 Meter hoher, comicartiger Delphin thront, und ein 12stöckiges Hotel mit zwei türkisfarbenen Schwänen auf dem Dach.

Zu den unbekannten Pioniertaten von Walt Disney gehört die Nutzung von Sponsorenverträgen. Als er verzweifelt versuchte, das Geld für den Bau von Disneyland zusammenzubringen, war er für jede Idee dankbar gewesen, die ihm zusätzliche Mittel zur Verwirklichung seines Traumes verschaffte. Der größte Sponsor von Disneyland war ABC mit einem Beitrag von 500000 Dollar, für die der Sender ein Drittel des Vergnügungsparks erhalten hatte. Außerdem hatte ABC ein Darlehen von 4,5 Millionen Dollar gestellt, das es Walt ermöglichte, den 17 Millionen Dollar teuren Park fertigzustellen.

Weiteres Geld brachten Verträge mit Coca-Cola und Kodak ein, die die Exklusivrechte für den Ausschank von Erfrischungsgetränken beziehungsweise den Verkauf von Filmen in Disneyland erhielten. Ein potentieller Sponsor mußte jedoch nicht unbedingt einen bekannten Namen oder ein erlesenes Renommee haben, um mit Walt ins Geschäft zu kommen. So eröffnete Hollywood-Maxwell Co. an der Main Street in Disneyland ein Miederwarengeschäft, und ein Stück weiter verkaufte die Apple Valley Building Co. in einem angemieteten Laden Immobilien.[21]

Als Michael Eisner und Frank Wells zu Disney kamen, nahm die Gesellschaft aus Sponsorenverträgen fast 100 Millionen Dollar im Jahr ein. Den größten Anteil hatte das EPCOT Center, wo Konzerne wie AT&T, Exxon und General Motors mit eigenen Pavillons vertreten waren.[22] Sie hatten sich, einschließlich sämtlicher Baukosten und der Betriebskosten für zehn Jahre, mit jeweils 75 Millionen Dollar engagiert.

Eisner und Wells waren allerdings der Meinung, daß aus den Sponsorenverträgen, die auf gewisse Ideen der neuen Disney-Chefs nicht zugeschnitten waren, noch mehr herausgeholt werden konnte. Die Aufgabe, ein paar Extra-Dollars aus den Sponsoren herauszuquetschen, fiel Frank Wells zu, der als gelernter Anwalt bestens für die erforderliche Neuverhandlung der Verträge gewappnet war. Kodak unterschrieb als eines der ersten Unternehmen einen neuen Vertrag, der vorsah, daß Kodak einen Teil der Kosten für die Produktion von »Captain EO« und den Einbau der für die Spezialeffekte nötigen Anlagen in die bestehenden Kinos sowohl in Disneyland als auch in der Walt Disney World zu tragen hatte. Mit dem Autokonzern General Motors, der Sponsor der »World of Motion« (»Welt der Bewegung«) im EPCOT Center und Lieferant des »offiziellen Autos« der Walt Disney World war, wurde ein gemeinsames Werbekonzept vereinbart.

Zwei Jahre nach Eisners und Wells' Eintritt in die Gesellschaft nahm Disney 193 Millionen Dollar aus diesen Beteiligungsverträgen ein.[23] Ein Teil der zusätzlichen Einnahmen kam von neuen Sponsoren wie der Metropolitan Life Insurance Company, die einwilligte, nahezu 90 Millionen Dollar für einen der Gesundheit gewidmeten Pavillon im EPCOT Center bereitzustellen. Mars, ein Süßwarenhersteller aus New Jersey, wurde als Sponsor für die »Star Tours« gewonnen.

In einigen Fällen wechselte Disney einfach die Vertragspartner. So wurde 1987 die Eastern Airlines als offizielle Fluggesellschaft der Walt Disney World verabschiedet. Der Vertrag mit Eastern lief damals aus, und die Fluggesellschaft, die in finanziellen Schwierigkeiten steckte, war nicht in der Lage, die kräftig erhöhten Zahlungsforderungen von Disney zu erfüllen. Wells schloß statt dessen einen

Zehnjahresvertrag mit der Delta Air Lines ab, die bereit war, als Gegenleistung für die Ausweisung als »offizielle Fluggesellschaft« im Verlauf der Vertragsdauer 40 Millionen Dollar zu zahlen.[24] Delta sagte außerdem zu, sich an zukünftigen Projekten wie der Einführung von 70-mm-Filmen im Magic Kingdom zu beteiligen. Später wurde Delta anstelle von PSA auch die offizielle Fluggesellschaft von Disneyland, was Disney weitere zwei Millionen jährlich einbrachte.

Im Januar 1987 hatte sich Disneyland stark verändert. Disney hatte Rockgruppen wie The Jets und Paul Revere and the Raiders ins Videopolis geholt, und für eine Sylvesterparty, an der bis in den Morgen hinein über zweitausend Jugendliche teilnahmen, waren mehr als 500 Videomonitore installiert worden.

Auch die »Captain EO Show« zog die Besucher in Strömen an. Sie war im September mit allem Pomp einer Hollywood-Premiere eröffnet worden. Jack Nicholson war ebenso unter den Gästen gewesen wie Jane Fonda, Debra Winger und Whoopi Goldberg. George Lucas und Francis Ford Coppola hatten mit Eisner zusammen das neue Magic Eye Theater eingeweiht. Michael Jackson war zwar nirgendwo zu sehen gewesen, aber einige Disney-Mitarbeiter mutmaßten später, daß er sich, als kleine alte Dame verkleidet, unter das Publikum gemischt hatte.

Am 6. Januar 1987 wurde auch die Erlebnisfahrt der »Star Tours« eröffnet. Eisner schnitt dabei, von George Lucas assistiert, das rote Band mit einem Laserstrahl durch, der von Disneys Ideenfabrik speziell für dieses Ereignis entwickelt worden war. Mickymaus stand in einem silbernen Raumanzug neben den Robotern R2-D2 und C-3PO aus dem *Krieg der Sterne.* Am späten Vormittag hatten sich bereits lange Schlangen von Disneyland-Besuchern gebildet, die bis zu einer Stunde warteten, um das Weltraumabenteuer zu erleben.

Mit Ausnahme der 1,2 Milliarden Dollar, die die Gesellschaft 1982 für die Errichtung des EPCOT Center investierte, hatte Disney niemals zuvor mehr Geld für die Vergnügungsparks ausgegeben als unter Michael Eisner und Frank Wells. 1987, als sowohl »Star

Tours« als auch »Captain EO« in Betrieb waren, gab die Gesellschaft mehr als 280 Millionen Dollar für die Instandhaltung und Erweiterung der Themenparks aus, fast das Doppelte der 1984 aufgewandten Mittel.[25] In diesem Jahr wurde der Grundstein für die bis dahin teuerste Erlebnisfahrt gelegt, »Splash Mountain«, eine auf dem Disney-Film *Onkel Remus' Wunderland* aus dem Jahr 1946 basierende riesige Floßfahrt. Der »Splash Mountain« sollte bis zu seiner Fertigstellung 80 Millionen Dollar verschlingen.

Glücklicherweise wuchsen die Besucherzahlen stetig an, obwohl die Eintrittspreise in den ersten beiden Jahren der Ära Eisner-Wells in der Walt Disney World fünfmal und in Disneyland dreimal erhöht wurden. 1987 mußten eine vierköpfige Familie für einen Tag im Magic Kingdom in Orlando 91 Dollar bezahlen; zwei Jahre vorher waren es noch 62 Dollar gewesen – angesichts einer Inflationsrate von weniger als vier Prozent eine enorme Steigerung. Trotzdem stiegen die Besucherzahlen in allen drei Disney-Parks an. 1987 gingen 36 Millionen Menschen durch Disneys Drehkreuze, 5 Millionen mehr als 1984.

Gleichzeitig schien sich auch die allgemeine Entwicklung nach den Wünschen der neuen Disney-Manager zu richten. Als Eisner und Wells bei Disney anfingen, erholte sich die Wirtschaft gerade von einer Rezession und trat in eine beeindruckende Wachstumsphase ein. Die einsetzende Schwächung des Dollars wirkte sich, nach mehreren Jahren, in denen ein starker Dollar die ausländischen Touristen abgeschreckt hatte, ebenfalls im Sinne des neuen Managements aus. Aber aus welchen Gründen auch immer, Disneys Bilanz erstrahlte in hellstem Licht. Die Gewinne aus den Vergnügungsparks stiegen fast auf das Dreifache, von 196 Millionen Dollar im Jahr 1983 auf 548 Millionen Dollar 1987. Die Rendite, die auf 18 Prozent gesunken war, als Eisner und Wells auf ihre Posten berufen wurden, lag jetzt bei ansehnlichen 30 Prozent.[26]

Wichtiger jedoch war, daß sich der Cash-flow der Gesellschaft – das für neue Projekte zur Verfügung stehende Geld – mehr als verdreifacht hatte. Mit über 1,1 Milliarden Dollar, die jedes Jahr in die Kassen flossen, konnte Disney sowohl neue Hotels und Erlebnisfahrten bauen als auch in Orlando einen dritten Themenpark errichten – The Disney MGM Studios Theme Park –, und das alles, ohne neue Schulden aufzunehmen.[27] Bis 1987 waren die Ausgaben für Werbung auf über 30 Millionen Dollar angewachsen. Card Walkers Konservatismus und die frühere Abneigung, Geld für Werbezwecke auszugeben, waren vergessen. In den Werbespots winkte Mickymaus für gewöhnlich einladend von der Kuppelhalle des EPCOT Center herab oder spazierte fröhlich die Main Street in Disneyland hinunter.

Die bemerkenswerteste Werbung für Disney war allerdings ein Produkt des Zufalls. Am Abend vor der Eröffnung der »Star Tours« trafen sich Michael Eisner und seine Frau Jane mit Jeana Yeager und Dick Rutan sowie den Astronauten Gordon Cooper und Donald Slayton zum Abendessen. Yeager und Rutan hatten einen Monat zuvor Schlagzeilen gemacht, als sie in ihrer zerbrechlich wirkenden Voyager mit einer einzigen Tankfüllung um die Erde flogen.

Während des Essens fragte Jane Eisner Rutan, was er als nächstes vorhabe. »Nun, als nächstes gehen wir nach Disneyland«, antwortete Rutan. Es klang wie eine Textzeile für einen TV-Werbespot, und Jane Eisner wiederholte ihrem Mann rasch, was Rutan gesagt hatte. Eisner rief bald darauf Jack Lindquist an, den Marketingchef von Disneyland. »Er sagte mir, ich sollte eine Möglichkeit finden, den Satz in irgendeiner Werbung unterzubringen«, erinnerte sich Lindquist in einem Gespräch vom 4. Juni 1990.

Zwei Wochen später fand im Rose Bowl in Pasadena (Kalifornien) das Spiel um den Super Bowl statt. Der Meister der National Football Conference, die New York Giants, holte sich mühelos den Sieg gegen die Denver Broncos. Als das Spiel abgepfiffen wurde, sprang Phil Simms, der Quarterback der Giants, in die Luft und rannte mit hochgereckter Faust zur Seitenlinie, verließ das Spielfeld aber nicht, sondern blieb stehen und wartete ab, bis ein Kamerateam herbeigeeilt war. »Phil Simms«, sagte der Reporter, »Sie haben soeben den Super Bowl gewonnen. Was werden Sie als nächstes tun?«

Der blonde Quarterback der Giants wandte sich von dem Siegestrubel ab, drehte sich zur Kamera um und rief: »Ich werde nach Disneyland gehen!«

Kapitel 6

ZOFF IN BURBANK

In Hollywood herrschte 1984 ein enormes Durcheinander. Kassenschlager wie *Beverly Hills Cop* und *Gremlins – Kleine Monster* hatten der Filmindustrie zwar zu einem Rekordeinspielergebnis von 4 Milliarden Dollar verholfen, gleichzeitig aber befanden sich sechs der sieben großen Studios in Aufruhr. Der Ölmagnat Marvin Davis aus Denver hatte drei Jahre zuvor Twentieth Century Fox erworben und mit umfangreichen personellen Veränderungen begonnen. Auch bei Universal Pictures und MGM / UA Communications waren Umbesetzungen im Gange, und bei Columbia Pictures hatte vor kurzem ein neues Management die Arbeit aufgenommen. Paramount Pictures verlor etwa zur gleichen Zeit, als *Beverly Hills Cop* in die Kinos kam, das Team, das Filme wie *Jäger des verlorenen Schatzes, Grease* und *Saturday Night Fever* geschaffen hatte.

Die Situation bei Disney auf der anderen Seite der Hollywood Hills in Burbank sah nicht viel besser aus. Das Studio, das Walt aufgebaut hatte, war kaum noch als solches anzusprechen. Ron Miller und sein Studiochef Richard Berger hatten zwar den Erfolgsfilm *Splash* produziert. Aber *Splash* war die Ausnahme gewesen, nicht die Regel. Das Projekt war Disneys Produktionschef Tom Wilhite 1983 erst vorgeschlagen worden, als alle anderen großen Studios es abgelehnt hatten. Für die Produktivität von Disneys Filmproduktion kennzeichnender war die Tatsache, daß 1984 nur noch ein weiterer Film gedreht wurde, *Country,* der kurz nach Eisners Eintritt in die Gesellschaft an den Kinokassen durchfiel. Die nachfolgenden Filme, die das neue Team von seinen Vorgängern geerbt hatte, – eine bunte Mischung aus Streifen wie *Baby – Das Geheimnis einer verlorenen Legende, Natty Gann* und *My Science Project* – erwiesen sich gleichfalls als Flops.

Die Walt Disney Productions, die Michael Eisner und Jeffrey Katzenberg vorfanden, war eine Filmwerkstatt, die nicht mehr als drei oder vier Filme im Jahr produzieren konnte, also kein Industrieunternehmen. Zu den Steven Spielbergs und Ivan Reitmans der Branche hatte das Studio kaum Verbindungen, und noch weniger zu Leuten wie John Hughes und John Avildsen. Publikumslieblinge wie Eddie Murphy und Sylvester Stallone waren auf dem Dopey Drive nicht anzutreffen.

Die Einnahmen der Disneyschen Filmproduktion waren trotz der in die Höhe geschossenen Eintrittspreise der Kinos seit fast einem Jahrzehnt stetig gesunken. 1982 hatte die Gesellschaft mit ihren Filmen nur 19,6 Millionen Dollar erwirtschaftet, und das zum größten Teil durch die Wiederaufführung von Filmen, die Walt Jahrzehnte zuvor gedreht hatte. Im Vergleich dazu hatten Disney-Filme 1976 noch annähernd 54 Millionen Dollar an Gewinnen eingespielt. Das schlimmste Jahr war 1983 gewesen, als die Abschreibungen für solche kümmerlichen Filme wie *Something Wicked This Way Comes* und *Trenchcoat* Disney einen Verlust von 5 Millionen Dollar bescherten. Die Filmproduktion hatte einen Gesamtverlust von 33,4 Millionen Dollar zu verzeichnen, von denen jedoch 28,3 Millionen Dollar als Startkosten des Disney Channel ausgewiesen wurden.

Mit Michael Eisner und Jeffrey Katzenberg hatte Disney jetzt zwei Leute an Bord, die wußten, wie man an den Kinokassen Erfolge erzielt. Ihre Erfolgsbilanz bei Paramount war der beste Beleg dafür. Der Wechsel zu Disney eröffnete ihnen darüber hinaus die Chance, aus dem Schatten von Barry Diller hervorzutreten.

Die Beziehung zwischen Eisner und Diller hatte sich gerade zu jener Zeit getrübt, als sich die Lage bei Paramount zu entspannen begann. Eisner, sagten Insider, hätte das Gefühl gehabt, daß ihn Diller stets nur mit billigen Lobsprüchen abspeiste. Und als dann unter Marty Davis alles auseinanderzufallen begann, fühlte sich Eisner von Diller im Stich gelassen.

Als Diller zu Fox ging, hatten weder Eisner noch Katzenberg das Angebot angenommen, mit ihm zu kommen. Diller hatte mit seiner distanzierten, hochfahrenden Art viele seiner Mitarbeiter bei

Paramount vor den Kopf gestoßen, und sie folgten nicht ihm, sondern gingen einer nach dem anderen zu Disney, um sich Eisner und Katzenberg anzuschließen. Eisner konnte, wenn es darauf ankam, genauso hart und unnachgiebig sein wie Diller, war sonst aber weitaus umgänglicher und zeigte sich als mitfühlender Mann, der gern von seiner Familie sprach.

Eisner und Katzenberg konnten und mußten beim Neuaufbau des Disney-Studios ganz von vorn anfangen. Ein wichtiger Sieg ging allerdings auf das Konto von Ron Miller und Richard Berger, die Card Walker die Zustimmung zur Gründung von Touchstone Pictures abgerungen hatten. Aber die neue Produktionsfirma hatte nur entstehen können, weil sich der neue Aufsichtsratsvorsitzende, Ray Watson, als Verfechter der Veränderung dafür eingesetzt hatte. Unter dem neuen Etikett konnten endlich jene für Disney-Verhältnisse gewagten Filme gedreht werden, die das moderne Kinopublikum anzogen, ohne daß Disneys Ruf als Garant für saubere, familienbekömmliche Unterhaltung geschädigt wurde.

Die Gründung von Touchstone Pictures allein war jedoch noch nicht die Lösung des Problems. Mit Card Walker an der Spitze entschied immer noch der Aufsichtsrat darüber, welche Filme die Gesellschaft drehen durfte, und die Richtlinien, an die er sich hielt, waren eindeutig. Der Aufsichtsrat würde es nie zulassen, daß Disney derartig von Sex und Gewalt strotzende Filme produzierte wie Columbia Pictures oder Twentieth Century Fox. So durfte Ron Miller zwar *Splash* drehen, mußte aber sämtliche Nacktszenen herausschneiden.

Eisner und Katzenberg dagegen waren mit gänzlich neuartigen Vollmachten nach Burbank gekommen. Die siebenmonatige Belagerung durch Wall-Street-Raider hatte Disneys Aufsichtsrat für die einschneidenden Veränderungen empfänglich gemacht, die schon lange überfällig gewesen waren. So sahen die beiden neuen Disney-Manager in Touchstone Pictures eine Geburtsstätte für Filme, nach denen sich Paramount die Finger geleckt hätte.

Eisner und Katzenberg waren zudem, im Gegensatz zu Ron Miller, auch in der Lage, die Spitzenkräfte, die diese Filme machen konnten, für Disney zu gewinnen. Eisner war so versessen darauf, die besten Produzenten von Hollywood zu engagieren, daß er sogar die Einebnung eines großen Teils der aus der Vergangenheit übriggebliebenen Kulissen plante. Wäre dies verwirklicht worden, hätten ihm zum Beispiel die alte Flubber-Straße und die spanische Mission aus der *Zorro*-Serie weichen müssen. An ihrer Stelle hatte Eisner den Bau von Bungalows und die Anlage von Seen geplant, als Anreiz für die besseren Filmemacher der Branche, ihre Arbeitsstätte nach Burbank zu verlegen.

Die Bungalows kamen nie über das Planungsstadium hinaus. Statt dessen ließ Eisner das Animation Building für 500 000 Dollar renovieren, die Fußböden mit beigefarbenen Teppichen belegen, die armeegrünen Wände weiß anstreichen und teure David-Hockney-Drucke in die Managersuiten hängen.

Auch anderswo war Aufbauarbeit vonnöten. Disneys Verleihabteilung war voll funktionsfähig, da sie sich aufgrund der über viele Jahre hinweg erfolgreichen Praxis, Disney-Klassiker neu herauszubringen, ihr Verkaufsgeschick bewahrt und ihre Kontakte aufrechterhalten hatte. Anders sah es in der Marketingabteilung aus; auch gab es nur wenige neue Drehbücher oder Projekte, die Eisners und Katzenbergs Ansprüchen genügten. »Der Vorratsschrank war ziemlich leer«, erinnerte sich Eisner in einem Interview vom 24. August 1990.

Zwei Wochen nach ihrem Start bei Disney verbrachten Michael Eisner, Jeffrey Katzenberg und Frank Wells mehrere Tage damit, Drehbücher und kurz vor der Fertigstellung stehende Filme zu sichten. Von den Drehbüchern wurden mehrere Dutzend vollständig verworfen. Eines davon mit dem Titel *The Poison Oracle* stammte von dem Oscar-Gewinner Peter Stone und beruhte auf Peter Dickensens Roman über einen jungen Wissenschaftler, der in die Suche nach dem Mörder eines Sultans verstrickt wird. Das Trio der neuen Disney-Manager war aber trotz dieser beeindruckenden Referenzen nicht davon überzeugt, daß das Drehbuch es wert war, realisiert zu werden.

Außerdem sahen sich Eisner, Wells und Katzenberg im Vorführraum im dritten Stock des Animation Building stundenlang ganz oder fast fertiggestellte Filme an. Es war der erste Schwung von Filmen, die Richard Berger für Touchstone produziert hatte, allesamt ehrgeizige Projekte, die im Ergebnis jedoch schwach ausgefallen waren. *Country* hatte das Studio 13,8 Millionen Dollar gekostet, besaß aber trotz der Stars Sam Shepard und Jessica Lange kaum Aussicht auf kommerziellen Erfolg, und *Oz – Eine fantastische Welt*, für 23 Millionen Dollar gedreht, war zwar mit High-Tech-Tricks regelrecht vollgestopft, stellte aber eher eine Parodie dar als eine moderne Fassung des MGM-Klassikers *Das zauberhafte Land* aus dem Jahr 1939. Berger hatte gegen Ende der Produktion versucht, das Projekt durch Hinzuziehung von George Lucas zu retten, aber der Film blieb ein Desaster.

Die neuen Disney-Manager schätzten, daß das Studio mit den fünf startbereiten Filmen insgesamt 112 Millionen Dollar verlieren würde. Alles in allem mußte Disney im letzten Quartal von 1984 166 Millionen Dollar abschreiben. Darin eingeschlossen waren 20 Millionen Dollar an Anwalts- und anderen Kosten, die während der Übernahmeschlacht entstanden waren, sowie mehr als 4 Millionen Dollar Abfindung für Ron Miller und Ray Watson. Außerdem schlugen sich in den Abschreibungen die Kosten nieder, die der Stop mehrerer Projekte in den Vergnügungsparks verursachte, unter anderem der Pavillons, die gemeinsam mit der israelischen und der spanischen Regierung errichtet werden sollten.

Die Arbeit des abgelösten Managements abzuschreiben, ist in den meisten Branchen üblich. Eisner und Wells konnten die erwarteten Verluste auf diese Weise ihren Vorgängern Ron Miller und Card Walker anlasten und selbst mit reiner Weste in den Ring treten, so daß man sie in Zukunft einzig und allein aufgrund ihrer eigenen Leistungen beurteilen würde.

Die Abschreibungen waren so erheblich, daß Disneys Unternehmensertrag für das Jahr 1984 nahezu halbiert wurde, was die Securities and Exchange Commission, die amerikanische Wertpapier- und Börsenaufsichtsbehörde, auf den Plan rief. Nachdem Disney Mitte November die Abschreibungen gemeldet hatte, dauerte es nicht lange, bis die SEC mehrere Dutzend interne Firmenpapiere anforderte. Die Behörde stellte die Untersuchung jedoch einige Wochen später, nachdem sie die Papiere geprüft und Mike Bagnall ihr in Washington einen Blitzbesuch abgestattet hatte, wieder ein.

Zu dieser Zeit hatte das Team Disney bereits begonnen, das Studio in Burbank umzukrempeln. Der Ton wurde von Jeffrey Katzenberg und seiner Arbeitssucht angegeben. Die Mitarbeiter hatten um sieben Uhr früh an ihrem Arbeitsplatz zu sein und bis spät in den Abend hinein dort zu bleiben. Für die um zehn Uhr abends stattfindenden Drehbuchbesprechungen bestand Anwesenheitspflicht; die Marketingsitzungen wurden Sonntagvormittags abgehalten, und es wurde erwartet, daß die Mitglieder des Teams am Montag über das halbe Dutzend oder mehr Drehbücher berichteten, die sie am Wochenende gelesen hatten. »Es herrschte eine Krisenmentalität«, sagte der frühere Produktionschef Richard Berger, der noch einige Monate bei Disney blieb, nachdem das neue Team dort angefangen hatte. »Sie waren höllisch darauf versessen, die Dinge in Bewegung zu bringen.«[1]

Spaßvögel aus der Branche sprachen von Disney bald als »Paramount im Valley«, und der Diller-Einfluß war unverkennbar. Wie bei Paramount wurde auch bei Disney die Story eines Films über die Anziehungskraft hochkarätiger Schauspieler gestellt. Nach Ansicht der Manager konnte auch ein Star, ganz gleich, wie hoch er gehandelt wurde, ein schwaches Drehbuch nicht retten. Eine fesselnde Geschichte dagegen konnte kaum ohne Wirkung bleiben.

Diller hatte erwogen, einen eigenen Stab von Autoren bei Paramount aufzubauen, anstatt die enormen Summen zu zahlen, die für ein gutes Drehbuch hinzublättern waren. Eisner und Katzenberg setzten diesen Gedanken bei Disney in die Tat um und stellten drei Dutzend Autoren ein, denen sie 75000 Dollar im Jahr dafür zahlten, daß sie alte Drehbücher umschrieben oder neue Ideen in griffige Geschichten verpackten. Die beiden Manager griffen damit auf eine Praxis zurück, die in den 40er Jahren in Hollywood üblich gewesen war, als Samuel Goldwyn und Jack Warner Talente gewissermaßen auf Vorrat unter Vertrag nahmen. Nur waren es diesmal keine etablierten Stars, die Disney anheuerte, sondern vielversprechende junge Autoren und Produzenten, die die Schwelle zum großen Erfolg noch nicht überschritten hatten.

So kam eine ganze Reihe von Autoren zu Disney, die zwar an Kassenschlagern mitgearbeitet hatten, aber nie in vorderster Reihe. Daniel Petrie, zum Beispiel, war am Drehbuch von *Beverly Hills Cop* beteiligt gewesen. Tony Ganz und Deborah Blum hatten an Ron Howards Film *Unternehmen Donnerschlag* mitgewirkt. David Bombyk war Koproduzent von *Witness* gewesen, und Lauren Shuler, die einen Dreijahresvertrag erhielt, hatte bei Paramount für John Hughes an *Pretty in Pink* mitgearbeitet.

Einer der größten Coups des neuen Teams bei Disney war die Verpflichtung von Interscope Communications. An der Spitze der Firma stand Ted Field, einer der Erben des Marshall-Field-Kaufhausvermögens. Field hatte mit *Die Rache der Eierköpfe,* einen Film, den er für Fox gedreht hatte, einen bescheidenen Erfolg auf seinem Konto. Zusammen mit dem früheren Fox-Produzenten Robert Cort war Field bereit, die oftmals saftigen Kosten für den Ankauf und die Bearbeitung von Filmideen und Drehbüchern zu übernehmen. Die Vereinbarung sicherte Disney das Recht zu, nur jene Interscope-Drehbücher zu realisieren, die der Gesellschaft zusagten. Als Gegenleistung sollte Interscope einen großzügig bemessenen Prozentsatz des Gewinns erhalten.

Eisner und Katzenberg wußten, daß ganz Hollywood das erste Disney-Produkt der Eisner-Ära mit kritischen Augen unter die Lupe nehmen würde. Es mußte ein Erfolg werden. Alles andere hätte nur jene Leute bestätigt, die das Verdienst am Erfolg von Paramount zum größten Teil Barry Diller angerechnet hatten. Außerdem mußte der erste Film, den Disney unter der neuen Führung herausbrachte, der gesamten Branche signalisieren, daß das Team Disney es geschafft hatte, die Lethargie zu überwinden, unter der die Gesellschaft seit mehr als zwei Jahrzehnten gelitten hatte.

Kaum war er auf dem San Francisco International Airport aus dem Flugzeug gestiegen, rief Jeffrey Katzenberg in Burbank an. Der neue Chef der Walt Disney Studios hatte auf dem einstündigen Flug das Drehbuch zu *Jerry Saved from Drowning* (Jerry, vor dem Ertrinken gerettet) zu Ende gelesen. Es war die Neufassung eines französischen Films von 1932, in dem Jean Renoir die Geschichte eines

Clochards erzählt hatte, der in die Seine springt und von einem gutsituierten Bürger vor dem Ertrinken gerettet wird. Das Drehbuch hatte Ecken und Kanten, aber es hatte Katzenberg gefallen. »Der Film hat einiges für sich«, sagte er knapp, und Michael Eisner am anderen Ende der Leitung stimmte ihm zu. »Das ist der, den wir suchen«, stellte der neue Disney-Aufsichtsratsvorsitzende fest.

Sam Cohn, der Vizepräsident von International Creative Management, hatte Eisner das Drehbuch für *Jerry Saved from Drowning* gleich in dessen erster Woche bei Disney per Federal Express aus New York zugeschickt. Cohn vertrat Paul Mazursky, der selbst als Komiker in Greenwich Village aufgetreten und in Hollywood Kleindarsteller gewesen war, bevor er für Danny Kaye und die in den 60er Jahren ausgestrahlte Fernsehserie *The Monkees* Drehbücher verfaßte. Seit den späten 60er Jahren hatte sich Mazursky zu einem der meistbewunderten Regisseure von Hollywood entwickelt und Filme wie *Bob & Caroline & Ted & Alice* und *Harry und Tonto* gedreht.

Eisner gehörte seit 1978 zu Mazurskys Bewunderern, als dieser für seinen Film *Eine entheiratete Frau* für den Oscar nominiert wurde. Aber es war ihm nie gelungen, bei Paramount ein gemeinsames Projekt mit Mazursky zu starten. Daß er jetzt bei Disney die Gelegenheit dazu bekam, hatte er dem neuen Studiochef von Universal, Frank Price, zu verdanken, der sich gegen den Film entschieden hatte.

Mazursky hatte *Jerry Saved from Drowning* zusammen mit Leon Capetanos geschrieben, mit dem er bereits das Drehbuch für *Moskau in New York* verfaßt hatte. Das Autorenduo hatte den Ort der Handlung von Paris nach Beverly Hills verlegt und die Geschichte so umgeschrieben, daß der Stadtstreicher Jerry Baskin nach seiner Rettung im Haus eines Kleiderbügelherstellers namens Dave Whiteman und seiner Frau Barb unterkommt.

Den Film zu drehen, war eine riskante Entscheidung. Um Mazurskys Filme war zwar häufig ein Kult entstanden, aber sie waren nie große Kassenerfolge gewesen. Außerdem widerstrebte Eisner und Katzenberg die Besetzung, die Mazursky vorschwebte. Der 55jährige Regisseur wollte die Rolle von Dave Whiteman selbst spielen und einen seiner besten Freunde, Jack Nicholson, als Stadtstreicher engagieren. Nicholsons Mitwirkung hätte den Film jedoch auf unannehmbare Weise verteuert, wie Eisner Cohn anfangs erklärte. Nicholson erhielt dann dennoch die Chance, die Rolle zu übernehmen, lehnte aber ab und entschied sich statt dessen dafür, in *Die Spur führt zurück,* der lange erwarteten Fortsetzung von *Chinatown,* sowohl zu spielen als auch Regie zu führen.

»Jack Nicholson wäre großartig in der Rolle gewesen«, meinte Michael Eisner in einem Interview vom 12. März 1990. »Aber wir waren damals nicht in der Lage, jemanden wie ihn unter Vertrag zu nehmen.«

Weder Katzenberg noch Eisner hielten Mazursky für einen so guten Schauspieler, daß man ihm eine Hauptrolle anvertrauen konnte. Einem anderen Besetzungsvorschlag von Mazursky stimmten sie allerdings von ganzem Herzen zu. Bette Midler, hatte Paul Mazursky ihnen erklärt, wäre die perfekte Schauspielerin für die Rolle der Barb Whiteman.

Bette Midler war für Michael Eisner keine Unbekannte. Der Disney-Aufsichtsratsvorsitzende erinnerte sich aus der Zeit, als sie in den New Yorker Klubs sang und durch ihre enorme Stimme und ihre überwältigende Persönlichkeit zum Underground-Star wurde, noch gut an »The Divine Miss M«, die »göttliche Miss M«. Später hatte Eisner sie für ABC-TV verpflichtet. Ende 1984 jedoch steckte Bette Midler in einer tiefen persönlichen Krise. Die aus Honolulu stammende heißblütige Sängerin und Schauspielerin war 1965 an den Broadway gegangen, hatte gleich für ihre erste, 1972 veröffentlichte Langspielplatte *(The Divine Miss M)* einen Grammy erhalten und war regelmäßiger Gast in *The Tonight Show* gewesen. Ihre Filmkarriere hatte ähnlich vielversprechend begonnen. Schon ihr erster Film, *The Rose*, brachte ihr 1978 eine Oscar-Nominierung ein. (Es war dann jedoch Sally Fields, die in jenem Jahr für ihre Leistung in *Norma Rae – Eine Frau steht ihren Mann* den Oscar zugesprochen bekam.)

1982 allerdings war Bette Midlers Karriere auf einem Tiefpunkt angelangt. Während der Dreharbeiten für den Film mit dem prophetischen Titel *Verhext* hatte sie sich sowohl mit dem Produzenten als auch mit dem Regisseur und ihrem Partner Ken Wahl ständig in den Haaren. »*Verhext* war die schlimmste Erfahrung meines Lebens«, sagte sie 1982 in einem Interview mit dem *Rolling Stone*. »Es hat mich in den Nervenzusammenbruch getrieben.«[2] Der Film war ein Flop, und Bette Midler hatte sich durch die in aller Öffentlichkeit geführten Auseinandersetzungen selbst ins Abseits gestellt.

Trotz dieser Probleme wollten Eisner und Katzenberg sie engagieren. Sie glaubten, daß sie im richtigen Film mit dem richtigen Drehbuch immer noch ein Star sein konnte, – und *Jerry Saved from Drowning* war möglicherweise genau das Richtige für sie. Bette Midler verlangte zu jener Zeit, zusätzlich zu einer geringen Gewinnbeteiligung, 750 000 Dollar für einen Film. Disney war, so sehr man sie wollte, jedoch nicht bereit, mehr als 600 000 Dollar zu zahlen. »Ihre Karriere ist die verdammte Klospülung hinuntergegangen«, erklärte Katzenberg ihrem Agenten.[3]

Bette Midler hatte keine Alternative, und so gab sie sich mit einer Gage von 600 000 Dollar und einer kleinen Gewinnbeteiligung zufrieden. »The Divine Miss M« hatte den »knickrigen Mr. K« kennengelernt. Eisner und Katzenberg waren entschlossen, bei Disney, wie vorher bei Paramount, Filme mit Budgets zu produzieren, die den Branchendurchschnitt unterschritten, der damals für einen großen Film bei rund 17 Millionen Dollar lag.[4] Um dieses Ziel zu erreichen, drückten Eisner und Katzenberg die Kosten für das Aufspüren und die Entwicklung von Drehbüchern und die steigenden Gagen der Starschauspieler und -regisseure. 1985 konnten sogar Schauspieler aus der zweiten Reihe 1 Million Dollar oder mehr für einen Film verlangen, und Schwergewichte unter den Regisseuren, wie etwa Steven Spielberg, bekamen für eine einzige Produktion sage und schreibe 5 Millionen Dollar.

Das Team Disney hatte gleich am Anfang beschlossen, keine exorbitanten Gagen zu zahlen und von Agenturen wie der Creative Artists Agency geschnürte Paketangebote zurückzuweisen. Getreu nach dem Paramount-Modell zahlte Disney Regieneulingen 50 000 Dollar pro Film, genau den Betrag, den die Directors Guild of America, der Verband der amerikanischen Regisseure, als »Tarif« festgelegt hatte. Das war auch die Gage gewesen, die Robert Redford von Paramount erhalten hatte, als er mit *Eine ganz normale Familie* sein Regiedebüt ablieferte, wie Michael Eisner jedem Aufsichtsrat erklärte, der es wagte, Einspruch zu erheben – und Disney dachte nicht daran, mehr zu zahlen.

Disneys Sparpolitik betraf auch die in der Gesellschaft arbeitenden Produzenten, die die Filmprojekte vom Drehbuch bis zum Endprodukt begleiteten. Während andere Studios ihnen 350 000 Dollar im Jahr zahlten, konnten sie bei Disney nur mit 250 000 Dollar nach Hause gehen. Darüber hinaus erwartete Disney von den angestellten Produzenten, daß sie zwei und nicht, wie in anderen Studios, nur einen Film im Jahr betreuten. »Jeffrey schreckt nicht davor zurück, zu sagen: ›Sie sollten für das Privileg, bei Disney zu arbeiten, weniger nehmen«‹, erinnerte sich der Produzent Dan Melnick.[5]

Für die Gagen der Stars, die vor die Kamera treten sollten, gab es zwar keine festen Limits. Aber als die Sängerin Madonna Anfang 1985 für die ihr angebotene Rolle in *Die unglaubliche Entführung der verrückten Mrs. Stone* 1 Million Dollar verlangte, war diese Summe für Disney völlig indiskutabel. Das Studio engagierte statt dessen Bette Midler und zahlte ihr wie bei ihrem ersten Film erneut 600 000 Dollar.

Jerry Saved from Drowning war für die Walt Disney Productions ein Präzedenzfall. Danach konnten Stars, deren Stern gesunken war, in Burbank stets eine neue Heimat finden, solange sie bereit waren, zu tun, was man ihnen sagte, und es billig zu tun. Bei Chasen's und an den anderen Treffpunkten der Branche wurde Disney, in Anspielung auf die von der früheren First Lady gegründete Klinik für Alkohol- und Medikamentensüchtige, bald die »Betty Ford Clinic« von Hollywood genannt.

Nach Bette Midler wurde Richard Dreyfuss für *Jerry Saved from Drowning* verpflichtet. Der 36jährige Dreyfuss paßte noch besser als seine Filmpartnerin ins Bild der »Betty Ford«-Anspielung. Auch er war, obwohl er bereits einen Oscar erhalten hatte, ins Schleudern geraten. Als Sohn eines Anwalts in Brooklyn geboren, war Dreyfuss im Alter von 9 Jahren mit seinen Eltern nach Los Angeles gekommen, wo er seine ersten schauspielerischen Erfahrungen in Laienproduktionen des Beverly Hills Jewish Center sammelte. Sein erstes professionelles Engagement war 1967 eine kleine Rolle in dem Film *Das Tal der Puppen*.

Bekannt wurde er 1973 durch die Rolle eines verunsicherten Collegeabgängers in dem Filmhit *American Graffiti*, und für den 1977 gedrehten Film *Der Untermieter* erhielt er als 29jähriger einen Oscar. Er spielte außerdem in zwei Filmen mit, die zu den größten Kassenschlagern aller Zeiten gehören: *Der weiße Hai* und *Unheimliche Begegnung der dritten Art*.[6]

1984 war Dreyfuss, der sich nicht aus seiner Kokainabhängigkeit lösen konnte, dennoch praktisch unbeschäftigt und arbeitete nur sporadisch. Zu den wenigen Rollen, die er ergattern konnte, gehörte die Hauptrolle in einem schlecht gemachten Film mit dem Titel *Ist das nicht mein Leben?,* in dem er den undankbaren Part eines gelähmten, ans Bett gefesselten Mannes spielte. 1982 setzte er dann seinen Mercedes in der Gegend des Benedict Canyon in Los Angeles an einen Baum und wurde wegen des Besitzes von Kokain und der Droge Percodan festgenommen. »Ich wurde drogenabhängig, ich wurde verhaftet, und ich war ein Versager«, sagte Dreyfuss fünf Jahre später der *Newsweek* gegenüber.[7]

Eisner kannte Dreyfuss aus seiner Zeit bei ABC, als der Fernsehsender einen Pilotfilm für eine Serie auf der Grundlage des 1972 gedrehten Filmhits *Catch 22* produzieren ließ. Dreyfuss, damals nach seinem Erfolg mit *American Graffiti* ein aufstrebender Schauspieler, spielte die Alan-Arkin-Rolle von Yossarian, des an der Grenze zum Wahnsinn fliegenden Piloten. »Wir wußten, daß er großartig war«, meinte Eisner in dem Interview vom 12. März 1990. »Es war nur so, daß damals niemand sonst wußte, daß wir es wußten.« Aber ob Dreyfuss nun großartig war oder nicht, seine Forderung von 1,2 Millionen Dollar lag weit über dem, was Disney zu zahlen bereit war, und der einstige Oscar-Gewinner unterzeichnete schließlich einen Vertrag über 600 000 Dollar.

Nick Nolte hatte keine traurige Geschichte zu erzählen. 44 Jahre alt, in Omaha geboren, war er seit seinem ersten Auftritt 1975 in *Wild Drivers* ein grundsolider Schauspieler, der später in solchen

Hits wie *Die Bullen von Dallas* (1979) und *Nur 48 Stunden* (1982) mitwirkte. So gut er war, hatte der blonde Schauspieler mit dem kantigen Gesicht doch noch nie eine Hauptrolle erhalten. Von der Art und Weise verletzt, wie man ihn in Hollywood behandelte, hatte er seinen ständigen Wohnsitz nach West-Virginia in die Heimatstadt seiner Frau verlegt. Eisner und Wells hatten bei der Produktion von *Nur 48 Stunden* bei Paramount bereits mit ihm zusammengearbeitet. Ihnen gefiel die Sorgfalt, mit der er seine Rollen einstudierte, und er war für nur wenig mehr als das, was Richard Dreyfuss bekam, zu haben. »Ihren Geiz zu überschätzen, war schlicht unmöglich«, sagte der ICM-Agent Sam Cohn, der sowohl Dreyfuss als auch Nolte vertrat.[8]

Im April 1985 waren mit Nolte als Stadtstreicher und Dreyfuss und Midler als Ehepaar Whiteman die Hauptrollen von *Jerry Saved from Drowning* besetzt. Nolte, ein methodisch vorgehender Schauspieler, bereitete sich auf seine Rolle vor, indem er viele Stunden in der Union Rescue Mission in Downtown Los Angeles verbrachte, und als die Dreharbeiten begannen, hörte er sogar auf, zu baden und sich die Zähne zu putzen. Bette Midler witzelte darüber, daß sie sich auf ihre Rolle vorbereitet habe, indem sie »kreuz und quer durch Beverly Hills ging und einkaufte, bis es mir zum Hals raushing«[9]. Die Kameras begannen am 20. Mai die ersten Filmmeter der Ära Eisner–Wells zu belichten. Disney hatte in Burbank einen vierhundertfünfundsechzig Quadratmeter großen Drehort, komplett mit Swimmingpool und gepflegtem Garten, aufgebaut, der als Hauptschauplatz des Films diente. Das Budget des Films belief sich, trotz der drei berühmten Stars, auf relativ bescheidene 14 Millionen Dollar.

Frank Wells bog in höchster Erregung mit seinem blauen Mercedes vom Sunset Boulevard in eine Nebenstraße ein, um das Autotelefon zu benutzen. Es war der 2. Mai 1985. Der Generaldirektor von Disney war gerade von seinem morgendlichen Lauf auf der Trainingsstrecke der University of California in Los Angeles gekommen, als er eine Neuigkeit im Radio hörte, die ihn in helle Aufregung versetzte. E. F. Hutton, eine der angesehensten Wertpapierfirmen der Wall Street, hatte sich massiver Scheckbetrügereien schuldig bekannt, in die viele der vierhundert Banken verwickelt waren, mit denen das Brokerhaus zusammenarbeitete.[10] Und es hatte in eine Strafzahlung von 10 Millionen Dollar eingewilligt.

Die Neuigkeit war ein Schlag ins Gesicht des Wertpapierhandels, traf Frank Wells jedoch weitaus tiefer. E. F. Hutton hatte gerade am Tag zuvor begonnen, die Anteile einer Limited partnership auszugeben, mit deren Hilfe 100 Millionen Dollar aufgebracht werden sollten, die Disney dringend benötigte, um sich wieder als eines der großen Studios zu etablieren.

»Haben wir ein Problem?« fragte Wells kurz angebunden, als sich Roland Betts gemeldet hatte. Betts, ein 38jähriger früherer Wall-Street-Anwalt, hatte die Partnership Silver Screen II für Disney ins Leben gerufen.

Betts, ein stämmiger Mann mit schwarzen Locken, der häufig lächelte und die schulterklopfende Art eines ehemaligen Sportlers an sich hatte, war ein höchst geschickter Verkäufer. Jetzt jedoch war er besorgt. Silver Screen, sein erster Versuch, den Investoren Anteile an einer Filmproduktion zu verkaufen, war alles andere als ein Erfolg gewesen. Die 83 Millionen Dollar, die er 1983 für Home Box Office aufgebracht hatte, waren zwar der größte Betrag gewesen, der jemals von einer Limited partnership angesammelt wurde, aber der Kabelkanal von Time Inc. hatte keine gute Hand bei der Auswahl der produzierten Filme und brachte solche Flops wie *Flashpoint* und *Die Himmelstürmer* heraus. Kaum einer der 150 000 Investoren von Betts sah jemals einen Gewinn.

Betts und sein Partner Tom Bernstein hatten sich, bald nachdem Eisner und Wells angeheuert worden waren, an die neuen Disney-Chefs gewandt. Wells hatte einem Reporter der *New York Times* gegenüber erklärt, daß er noch nicht genau wisse, auf welche Weise das neue Management seine Filme finanzieren werde. Eisners Erfolgsbilanz bei Paramount machte ihn nach Ansicht von Betts zu einem um vieles besseren Geschäftspartner als HBO. Außerdem waren die Silver-Screen-Leute überzeugt, daß die Bass-Gruppe im Hintergrund zusätzlichen Erfolgsdruck auf das neue Team bei Disney ausübte.

Betts hatte also, kurz nachdem Wells und Eisner ihre neue Arbeit aufgenommen hatten, bei Frank Wells angerufen. Die beiden ehemaligen Anwälte kannten sich von früheren Verhandlungen über Filmgeschäfte. Betts hatte 1981 versucht, von Wells finanzielle Hilfe für die Produktion des *Gandhi*-Films seines Klienten Richard Attenborough zu erhalten. Wells hatte gepaßt, und Columbia Pictures ergriffen die Gelegenheit. Der Film wurde 1982 zwar mit dem Oscar ausgezeichnet, aber da Columbia nur die Aufführungs- und Videorechte für die USA besaß, brachte er dem Studio nicht viel Profit ein. »Frank Wells hatte Köpfchen bewiesen«, meinte Betts in einem Gespräch vom 9. Mai 1990 dazu.

Nach der Vereinbarung mit Silver Screen sollten Betts' Investoren sämtliche Kosten für die Produktion von Disney-Filmen übernehmen, wofür sie als Gegenleistung kräftig an den Gewinnen beteiligt wurden. Es war ein Deal ganz nach dem Geschmack von Michael Eisner. Bei Paramount hatte sein Mentor Barry Diller intensiv um Investoren geworben, eine Finanzierungsvariante, die von den anderen großen Studios damals nur selten genutzt wurde. So hatte zum Beispiel eine Bankengruppe fünfundzwanzig Prozent der Produktionskosten von *Flashdance* übernommen und dafür ein Viertel des Gewinns einstreichen können.

Jemanden dazu zu bringen, sich auch am Risiko eines Geschäfts zu beteiligen, war eine Methode, die Charlie Bluhdorn sowohl Eisner als auch Diller stets eingehämmert hatte. Es war weniger schmerzlich, einen Gewinn zu teilen, als einen möglichen Verlust zu hundert Prozent selbst zu tragen, lautete die Lehre des Chefs von Gulf + Western. »Ich liebe es, nachts zu schlafen«, sagte Eisner in dem Interview vom 12. März 1990. »Wenn man seinen Leuten nicht beibringt, daß sie auch versagen können, sind sie nie bereit, ein Risiko einzugehen. Wenn sie dann versagen, gibt es allerdings keinen vernünftigen Grund, daß sie das ganze Schiff mit sich in die Tiefe ziehen müßten.«

Eisner, Wells und Katzenberg hatten jedoch noch einen anderen Anlaß, sich nach Partnern umzusehen, die einen möglichen Fehlschlag abfedern konnten. In den Verträgen aller drei Manager gab es eine Klausel, die ihnen, je nach der Profitabilität der Gesellschaft, erhebliche Provisionen zusicherte, und ein Flop in der Größenordnung von *Heaven's Gate* oder *Howard – Ein tierischer Held* hätte ein gewaltiges Loch in die Gewinne von Disney gerissen. Deshalb war die Reduzierung des Risikos nicht nur für Disney, sondern auch für die drei Manager finanziell überaus vorteilhaft.

Mitte Oktober flog Wells nach New York, um Betts in dessen Büro in der Madison Avenue aufzusuchen und die ersten Verhandlungen mit ihm zu führen. Sie verliefen von Anfang an wie eine Berg- und Talbahn. Betts, der immer noch an den Nachwirkungen des fehlgeschlagenen Deals mit HBO knabberte, verfolgte einen harten Kurs. »Wir wußten nicht, ob Eisner und Katzenberg der Grund für Paramounts Erfolge gewesen waren, oder ob Barry Diller das Verdienst daran zukam«, sagte er mir am 9. Mai 1990. »Das konnte man unmöglich wissen.«

Auf der anderen Seite schlugen auch Eisner und Wells eine härtere Gangart ein. Filme zu drehen, erlaubte es den Produktionsfirmen, erhebliche Steuervorteile in Anspruch zu nehmen, und Disney hatte nicht die Absicht, sie mit Betts' Partnern zu teilen. Darüber hinaus verlangte Betts von Disney, die Kosten von Flops zurückzuzahlen, was Eisner ablehnte. Wenn ein Film Silver Screen keine Gewinne einbrachte, war Disney nur bereit, den der Gesellschaft zustehenden Anteil an den Einnahmen weiterzuleiten.

Drei Monate nachdem Betts an Frank Wells herangetreten war, erreichte er eine Vereinbarung mit Disney, die vorsah, daß Disney die Drehbücher aufspüren und mindestens 5 Millionen Dollar für das Marketing und den Verleih beisteuern sollte. Betts' Investoren würden bis zu 20 Millionen Dollar pro Film zur Verfügung stellen und dafür bis zu fünfzig Prozent der Gewinne erhalten, die der jeweilige Film an den Kinokassen einspielte, sowie fünfundzwanzig Prozent der Gewinne aus der Videovermarktung. Die Einnahmen aus dem Verkauf an Fernsehnetze und deren angeschlossene Sender würden zum größten Teil bei Disney bleiben. Fiel ein Film durch, hatte Disney fünf Jahre Zeit, die Summe, die Silver Screen in ihn investiert hatte, zurückzuzahlen.[11]

Die Voraussetzung dafür, daß die Vereinbarung das von Disney benötigte Geld einbrachte, war allerdings, daß das riesige Brokernetz von E.F. Hutton die Silver-Screen-Anteile an Investoren verkaufte. »Wenn Hutton redet, hören die Leute zu«, lautete der berühmte Werbeslogan des Brokerhauses, und er traf zu, denn Hutton befand sich damals im Aufwind. Betts arrangierte im März 1985 einen Auftritt von Eisner, Wells und Katzenberg vor den vierhundert erfolgreichsten Hutton-Brokern, die sich im Sheraton Yankee Clipper Hotel in Fort Lauderdale (Florida) versammelt hatten. Das Fest, samt fürstlichem Essen und großzügigen Tombolapreisen, unter anderem Autos, war Huttons Belohnung für die Mitarbeiter, die das meiste Geld für das Brokerhaus gemacht hatten.

Um das Publikum einzustimmen, hatte Disney Dutzende von Tänzern aus Orlando einfliegen lassen, die auf der Bühne eine Glamourshow darboten, während sich Disney-Figuren unter die Menge mischten, für Fotos posierten und Prospekte verteilten, auf deren Einband die Mickymaus abgebildet war. Die Hauptattraktion war allerdings das neue Disney-Management. Als erster trat Eisner auf die Bühne des Ballsaals und amüsierte die Hutton-Broker in seiner gewinnenden Art mit Geschichten darüber, wie er bei Paramount die Erfolgsfilme *Jäger des verlorenen Schatzes* und *Beverly Hills Cop* zustande gebracht hatte. Danach sprach Wells über seine Zusammenarbeit mit Clint Eastwood und die Verhandlungen, durch die sich Warner Brothers *Die Stunde des Siegers* geangelt hatten.

Als Katzenberg die Bühne betrat, erhielt die Show jedoch einen Knick. Mit reizbaren, launischen Stars kam Katzenberg fabelhaft zurecht, aber als Redner vor einem großen Publikum hatte er nur wenig Erfahrung. Von kleinen Karteikarten ablesend, verbreitete er sich mit monotoner Stimme fast eine Stunde lang über die Filme, die Disney in Arbeit hatte, und beleuchtete langweilig bei jedem von ihnen buchstäblich jede einzelne Facette der Produktion.

»Die Broker wurden nervös und unruhig«, erinnerte sich Betts. »Ich dachte schon, wir hätten die ganze verdammte Sache verloren.«[12] Als sich Katzenberg hastig in sein Hotelzimmer zurückzog, um seine Nonstoptelefonate mit Produzenten und anderen Stars der Filmbranche wieder aufzunehmen, begannen Eisner und Wells das Publikum zu bearbeiten wie Politiker auf Stimmenfang. Sie gingen von Tisch zu Tisch, gratulierten den Brokern zu ihren Erfolgen und ermutigten sie, die Wertpapiere zu verkaufen. »Sie kommen aus Texas?« fragte Wells etwa einen der Broker. »Was glauben Sie, wieviel können Sie da unten absetzen, zwei Millionen?« Wells erinnerte sich gut daran: »Es war wie im Wahlkampf. Wir taten alles, um die Sache den Leuten nahezubringen.«[13]

Dazu war mehr erforderlich als freundliches Händeschütteln. Im Gegensatz zum früheren Management, das die Disney-Figuren vor allzu exzessivem öffentlichem Einsatz bewahrt hatte, scheuten sich Eisner und Wells nicht, Mickymaus und Donald Duck ins Rennen zu werfen. »Die Maus« war nicht nur auf dem Zeichnungsprospekt von Silver Screen abgedruckt worden, sie erschien auch in einem zehnminütigen Video, mit dem vor dem Hintergrund von Disneyland für die Partnership geworben wurde. Ein Verkäufer im Smoking trat, Arm in Arm mit Micky, Minnie und Donald, vor dem Dornröschenschloß auf, und Filmschnipsel aus Disney-Klassikern wie *Schneewittchen* und *Fantasia* lockerten den Werbespot auf, unter anderem auch der Kunstwortausruf von Mary Poppins: »Supercalifragalisticexpialidosious«, mit dem das Emissionsangebot beschrieben wurde. Ein ernst dreinblickender Michael Eisner pries in einem kurzen Statement die Qualität der Filme, die er zu produzieren gedachte, aber die Szene, die bei den Hutton-Brokern zweifellos am deutlichsten haftenblieb, war diejenige, in der Micky im offenen rückwärtigen Sitz eines alten Doppeldeckers durch die Luft flog und den Daumen nach oben streckte, was soviel sagen sollte wie: »Toll!«

Die Show, die Disney inszeniert hatte, zeigte Wirkung. Die Kombination der bekanntesten Filmgesellschaft in Amerika mit der angesehensten Wall-Street-Firma war anziehend genug, um bereits am ersten Zeichnungstag, dem 1. Mai 1985, 14 Millionen Dollar in die Kassen von Silver Screen zu bringen.

Wells war einen Tag lang ein glücklicher Mann – doch dann platzte die Bombe. Die Nachricht über die Scheckbetrügereien bei E.F. Hutton sorgte rasch dafür, daß das Brokerhaus aus den Reihen der Wall-Street-Größen herausfiel. Am 3. Mai war der Verkauf der Silver-Screen-Anteile praktisch zum Erliegen gekommen, und Betts und Bernstein befürchteten, Disney würde sich von dem Deal zurückziehen. Immerhin, erinnerte sich Bernstein am 9. Mai 1990, hatten sie »die Mickymaus auf dem Einband des Prospekts abgebildet, und dann haben wir es zugelassen, daß sie durch den Schmutz gezogen wurde«.

Wells versicherte dem Silver-Screen-Duo jedoch, daß Disney bei der Stange bleiben werde. Im Grunde hatte das Team Disney gar keine andere Wahl. Die Emission war das erste, was die Wall Street, nicht einmal ein Jahr, nachdem Eisner und Wells bei Disney angefangen hatten, von dem neuen Management zu sehen bekam. Wenn die Limited partnership vom Markt genommen worden wäre, hätte es nur bewiesen, was einige Analytiker von der Wall Street insgeheim ängstigte: daß die neuen Disney-Manager mit der sich verändernden Welt der Risikofinanzierung auch nicht besser zu Rande kamen als ihre Vorgänger.

Eisner und Wells gingen deshalb erneut auf »Wahlkampf« und besuchten, wann immer sie konnten, Sitzungen von Hutton-Mitarbeitern. Eisner richtete über eine Konferenzschaltung, durch die er mit annähernd 1000 Hutton-Filialen überall im Land verbunden war, aufmunternde Worte an die Broker und beantwortete fast eine Stunde lang ihre Fragen. Die Kampagne hatte Erfolg; der Verkauf der Emission kam bald wieder in Gang.

Doch die nächste Beinahekatastrophe ließ nicht lange auf sich warten. Am 29. Mai, knapp einen Monat nach Zeichnungsbeginn, erklärten die Behörden von Massachusetts alle in diesem Staat getätigten Verkäufe aufgrund fehlerhafter Registrierung für ungültig. Pennsylvania, North Carolina und Puerto Rico erließen kurz darauf ähnliche Verfügungen. Als der Verkauf in Massachusetts gestoppt wurde, war Tom Bernstein ironischerweise gerade dabei, vor vierhundert Brokern und ihren Familien, die sich im Westport Theater in St. Louis (Missouri) eingefunden hatten, die Emission anzupreisen. Die Disney-Figuren, die sich unter das Publikum mischten und mit den Kindern der Broker fotografieren ließen, verliehen dem Ganzen eine karnevalistische Atmosphäre.

Nach seiner Rückkehr nach New York erfuhr Bernstein, daß Silver Screen die gleichen Probleme auch in Maine, Michigan und

Arizona hatte. Die Emission war, wie sich herausstellte, von der Anwaltskanzlei, die Silver Screen damit beauftragt hatte, in insgesamt fünfzehn Staaten falsch angemeldet worden. Betts und Bernstein wandten sich daraufhin an eine andere Kanzlei, die die fehlerhaften Anmeldungen zurückzog und die Emission neu registrieren ließ.

Die Attraktivität des Angebots wurde durch all diese Mißgeschicke offenbar nicht beeinträchtigt. Das Interesse der Investoren war so groß, daß Betts und Bernstein beschlossen, den Wert der Emission von 100 auf 200 Millionen Dollar zu erhöhen. Als die Emission im September 1985, ein Jahr nach den ersten Gesprächen zwischen Roland Betts und Frank Wells, abgeschlossen wurde, hatte Silver Screen 193 Millionen Dollar eingenommen, und Disney wurden Ende September 58 Millionen Dollar überwiesen, die erste Rate von insgesamt 170 Millionen Dollar, die der Gesellschaft aus der Emission zuflossen. (Der Differenzbetrag von 23 Millionen Dollar war für diverse Provisionen und Anwaltsgebühren ausgegeben worden.)

Während Roland Betts und Tom Bernstein, von Mickymaus und Donald Duck unterstützt, überall im Kernland der USA karnevalsähnliche Verkaufsveranstaltungen durchführten, bauten Michael Eisner und Jeffrey Katzenberg ihr Studio auf. Angefangen mit der Besetzung der Rollen in *Down and Out in Beverly Hills (Zoff in Beverly Hills),* dem Film, der nach dem Drehbuch *Jerry Saved from Drowning* entstand, arbeiteten die beiden Disney-Manager weiter mit allen Mitteln daran, Hollywood-Talente unter Vertrag zu nehmen, die noch unerprobt, auf dem absteigenden Ast oder schon aus dem Rennen waren.

Sie verpflichteten Judge Reinhold, der in Paramounts Superhit *Beverly Hills Cop* eine Nebenrolle als aufschneiderischer junger Polizist gespielt hatte, für zwei Filme mit einer Gesamtgage von 250 000 Dollar. Die Altstars Burt Lancaster und Kirk Douglas wurden für *Archie und Harry – sie können's nicht lassen* engagiert, einen Film über zwei alt gewordene Bankräuber, die einen letzten großen Coup landen wollen. Die beiden Schauspieler wollten unbedingt zusammenarbeiten und waren bereit, für die von der Screen Actors

Guild, dem Verband der Filmschauspieler, festgelegte Mindestgage von 1200 Dollar wöchentlich zu arbeiten. Sie erhielten außerdem, mit der Obergrenze von 1 Million Dollar, einen prozentualen Anteil am Gewinn, aber dem Film war nur ein mäßiger Erfolg beschieden, und keiner von beiden kam auch nur annähernd an die Höchstmarke heran.

Daneben suchte sich Disney seine Stars unter den Schauspielern aus, die sich in Fernsehserien einen Namen gemacht hatten. Eisner und Katzenberg glaubten, daß die Anhängerschaft, die sich ein Fernsehstar erworben hatte, ihm mit ziemlicher Sicherheit auch ins Kino folgen würde. Diese Strategie war in Hollywood nicht neu, aber nur wenige Stars hatten den Wechsel von einem Medium zum anderen tatsächlich geschafft. Bill Cosby zum Beispiel, der auf dem Bildschirm enorme Starqualitäten besaß, war im Kino mit Pauken und Trompeten durchgerasselt.

Trotzdem waren Eisner und Katzenberg überzeugt, daß ein Name, den das Publikum vom kleineren Bildträger her kannte, auf der großen Leinwand einen Vorteil darstellte. Einer der ersten Stars, die sie anheuerten, war Shelley Long, ein ehemaliges Mitglied der Improvisationstruppe Second City aus Chicago. Shelley Long war gerade aus der beliebten Fernsehserie *Cheers* ausgestiegen, in der sie die Kellnerin Diane Chambers gespielt hatte, die mit ihrer Gelehrtheit überall aneckte. Auf der Kinoleinwand, wo sie in solch mittelmäßigen Filmen wie *Nightshift – Das Leichenhaus flippt völlig aus* und *Geschenkt ist noch zu teuer* zu sehen war, hatte sie bis dahin weniger erfolgreich agiert.

Nach Shelley Long wurden reihenweise weitere Fernsehstars aus von Paramount produzierten Serien eingekauft, so zum Beispiel Danny De Vito aus *Taxi*, Robin Williams aus *Mork & Mindy* und Ted Danson aus *Cheers*. Tom Selleck, der ebenfalls einen Vertrag mit Disney abschloß, hatte zwar als Thomas Magnum in einer von Universal produzierten Serie gespielt, war aber auch bei Paramount kein Unbekannter. Er war einst der Spitzenkandidat für die Rolle des Indiana Jones in der gleichnamigen Filmtrilogie von George Lucas gewesen, hatte aber abgewinkt, als CBS *Magnum* annahm.

Fernsehstars paßten gewissermaßen von Natur aus in die Art von

Filmen, die das Team Disney drehen wollte. Die in der Folgezeit entstehenden Disney-Filme waren im allgemeinen eher auf neunzig Minuten verlängerte Situationskomödien als traditionelle Spielfilme. Die zugrundeliegenden Geschichten waren simpel und erinnerten vage an *I Love Lucy* oder *Laverne and Shirley*. In *Zoff in Beverly Hills* verschlägt es einen Stadtstreicher unter die Reichen; in *Nichts als Ärger mit dem Typ* jagen zwei Frauen demselben Mann nach.

Eisner und Katzenberg waren wie schon bei Paramount so auch bei Disney peinlich darauf bedacht, die Produktionskosten so gering wie möglich zu halten. Das Studio weigerte sich grundsätzlich, Filme mit teuren Trickaufnahmen oder verschwenderischen Schlachtenszenen zu drehen, und Reisen zu entfernten Drehorten wurden auf ein Minimum reduziert. Wenn möglich, wurde in und um Los Angeles gedreht, und da viele der Szenen Innenaufnahmen waren, konnten sie in der Ruhe des Studiogeländes in Burbank gefilmt werden, wo äußere Störungen weitestgehend ausgeschaltet werden konnten.

»Sie wußten sehr genau, welche Filme sie machen wollten«, sagte mir Robert Cort am 1. Juni 1990. Cort hatte 1987 *Nichts als Ärger mit dem Typ* produziert, einen der ersten Filme, die unter Eisner und Katzenberg entstanden. Von Anfang an, erinnerte sich Cort, war ein stets besorgt dreinblickender Abgesandter von Katzenberg, Marty Katz, bei den Dreharbeiten anwesend, der Cort und den Regisseur Arthur Hill im Auge behielt. Wenn eine zusätzliche Szene nötig war, mußte man sich zuallererst an Katz wenden, und traten Schwierigkeiten auf, wurden sie augenblicklich Katzenberg gemeldet, der dann postwendend auf dem Set erschien, um dem Regisseur Dampf zu machen. Die Kosten für *Nichts als Ärger mit dem Typ* lagen am Ende um 100 000 Dollar unter dem veranschlagten Budget von 19 Millionen Dollar.

Trotz dieser vom Team Disney verfolgten Sparpolitik gab Disney 1985, mit Hilfe des von Silver Screen aufgebrachten Geldes, 84 Millionen Dollar für die Filmproduktion aus, mehr als das Doppelte der 31 Millionen Dollar, die im Jahr zuvor für Disney-Filme aufgewendet worden waren. Zu dem Deal mit Silver Screen gehörte auch ein Darlehen von 22 Millionen Dollar, mit dem ein Teil der Kosten von *Taran und der Zauberkessel, Oz – Eine fantastische Welt, Natty Gann* und *My Science Project* beglichen wurde, jener vier Filme, die Eisner von seinen Vorgängern geerbt hatte und von denen kaum zu erwarten war, daß sie zu Kassenschlagern avancieren würden. Nach den Bedingungen des Silver-Screen-Deals mußte das Darlehen erst in fünf Jahren zurückgezahlt werden, was Eisner und Katzenberg, wie sie hofften, mehr als genug Zeit ließ, ihre eigenen Kassenfüller herauszubringen.

Viele der frühen Eisner-Katzenberg-Filme, so auch *Zoff in Beverly Hills*, wurden nach Drehbüchern gedreht, die von anderen Studios in Auftrag gegeben und dann verworfen worden waren. In der Branche nennt man diese Drehbücher, auf die man bei der Suche nach Filmideen gern zurückgreift, »Wendestoffe«. Der Papierkorb der Filmindustrie hatte in der Vergangenheit immerhin solche Verkaufsknüller wie *E.T. – Der Außerirdische* hergegeben, den Columbia Pictures nicht hatte drehen wollen.

So durchforstete auch Katzenberg die Liste der Wendestoffe nach allem, was nach Gewinn aussah. Er fand dabei unter anderem das Drehbuch zur *Unglaublichen Entführung der verrückten Mrs. Stone*, das Columbia bestellt, dann aber nicht realisiert hatte. Eisner las es und gab es Jim Abrahams, David Zucker und Jerry Zucker, die in seiner Paramount-Zeit *Die unglaubliche Reise in einem verrückten Flugzeug* für ihn gedreht hatten. Das Trio war ein Jahrzehnt zuvor von Milwaukee nach Hollywood gekommen, um dort Komödien zu verfilmen. Der erste Versuch, *Kentucky Fried Movie*, war nur ein bescheidener Erfolg gewesen, aber schon der zweite, eben *Die unglaubliche Reise in einem verrückten Flugzeug*, wurde zu einer jener Aschenputtel-Geschichten, wie sie sich auch im modernen Hollywood noch zutragen. Danach allerdings hatten die drei Freunde mit *Top Secret* (1983) und einer kurzlebigen Fernsehserie mit dem Titel *Police Squad* (1982 / 84) zwei Flops hervorgebracht.

Sie unterzeichneten am 1. Mai 1985 einen Zweijahresvertrag mit Disney und machten sich schon eine Woche später an die Vorarbeiten für *Die unglaubliche Entführung der verrückten Mrs. Stone*. Bei einem geplanten Budget von 17 Millionen Dollar verpflichtete Disney Bette Midler für die weibliche Hauptrolle der Barbara Stone und Danny De Vito für die ihres Ekels von Ehemann. Judge Reinhold spielte den großsprecherischen HiFi-Verkäufer, der Bette Midler alias Mrs. Stone entführt. Die Frau des Verkäufers und seine Komplizin wurde von Helen Slater gespielt, die vorher in *Supergirl* zu sehen gewesen war.

Die Dreharbeiten begannen im Januar 1986 in dem schicken Restaurant L'Orangerie in Los Angeles. Zu diesem Zeitpunkt waren bei Disney über ein Dutzend Filme in den verschiedensten Produktionsstadien in Arbeit. Mark Medoff, der einen Tony für sein Theaterstück *Gottes vergessene Kinder* erhalten hatte, war unter Vertrag genommen worden, um sein erstes Drehbuch zu schreiben. In *Off Beat – Laßt die Bullen tanzen*, einem 12-Millionen-Dollar-Film, spielte Judge Reinhold einen gutmütigen Bibliothekar, der aus Gefälligkeit für einen Freund in die Rolle eines New Yorker Polizisten schlüpft und sich in eine »Kollegin« verliebt. Steve Tisch, der Produzent von *Lockere Geschäfte,* war für *Zwei mal Zwei* unter Vertrag genommen worden, einen Film, in dem Bette Midler und Lily Tomlin jeweils in einer Doppelrolle zwei Zwillingspaare spielen, die kurz nach der Geburt über Kreuz vertauscht worden waren. *Diner*-Regisseur Barry Levinson war zu Disney geholt worden, um *Tin Men* zu drehen, mit Danny De Vito und Richard Dreyfuss als einander bekämpfende Vertreter von Aluminiumfassaden aus Baltimore.

Bei Paramount hatten seine Kollegen den 50jährigen Frank Mancuso, den Marketingchef des Studios, »den Paten« genannt. In seiner ruhigen, diplomatischen Art hatte er es verstanden, aus allem, was Barry Diller und Michael Eisner in die Welt setzten, auch noch das letzte Quentchen Geld herauszupressen. So hatte er die Vermarktungskampagne von *Flashdance* durch ein für MTV produziertes Rockvideo und ein schwüles Poster von Jennifer Beals, der Hauptdarstellerin des Films, ergänzt. Und als die anderen Studios im Sommer 1982 nichts als Actionfilme herausbrachten, hatte er mit *Ein Offizier und Gentleman* gekontert, dem einzigen Liebesfilm der Saison, der prompt zu einem Riesenerfolg wurde.

Paramounts Marketingteam hatte während der Studiorevolte von 1984 loyal zu Frank Mancuso gehalten. Von den fast fünf Dutzend Paramount-Managern, die Eisner und Wells zu Disney gefolgt waren, kam kein einziger aus der hochgeschätzten Marketingabteilung, obwohl das Team Disney nichts unversucht gelassen hatte, deren Mitarbeiter abzuwerben.

Als Eisner und sein Team zu Disney kamen, mußte Disneys Marketing dringend erneuert werden. Die anderen Studios gaben zu jener Zeit pro Film im Durchschnitt 6 Millionen Dollar für Werbung und Vermarktung aus, Disney dagegen nur 3 Millionen. Walt hatte nie großes Gewicht auf Werbung gelegt, und Card Walker hatte Ron Miller und Richard Berger häufig daran erinnert. Die Disneysche Vorstellung von Publizität war ebenfalls auf der untersten Stufe angesiedelt. Als 1982 zum Beispiel die Premiere von *Tex* anstand, hatte Walker ein achtköpfiges Team mit einem dreiundzwanzigminütigen Filmausschnitt auf eine Rundreise durch vierundsiebzig Städte in drei Dutzend Bundesstaaten geschickt, um den Film auf diese Weise ohne weitere Kosten für Disney in den Lokalzeitungen zu lancieren. Disney hatte sogar eine Presseerklärung herausgegeben, um dieses Ereignis anzukündigen.[14] Der Film spielte trotzdem nicht einmal 6 Millionen Dollar ein.

Seit Mitte 1983 war Barrie Lorie, der zusammen mit Richard Berger von Fox gekommen war, für die Öffentlichkeitsarbeit und Werbung der Filmproduktion verantwortlich. Eisner und Katzenberg waren von ihm und seiner Arbeit nicht sonderlich beeindruckt, und er wechselte kurz nach ihrem Einstieg bei Disney zu MGM. Da Eisner und Katzenberg niemanden aus dem Paramount-Team anheuern konnten, entschieden sie sich für die zweitbeste Lösung: Sie vergaben die Werbung an die neue Unterhaltungsabteilung, die damals von Gordon Weaver und Stephen Rose in der Los-Angeles-Filiale von Young & Rubican aufgebaut wurde.

Weaver und Rose hatten Paramount kurz vor Eisner und Katzenberg verlassen, als man ihnen vorwarf, von den Firmen, die für Paramount die Werbekampagnen durchführten, illegal Leistungen empfangen zu haben.[15] Am 29. April 1990, nachdem sie die Werbeagentur verlassen hatten, wurden Weaver und Rose von einem Bundesgericht wegen falscher Steueranmeldungen angeklagt. Sie hatten es laut Anklage versäumt, die mutmaßlichen Schmiergeldzahlungen steuerlich zu veranlagen. Dazu gehörten die kostenlose Nutzung eines Sommerhauses durch Weaver und ein neuer Mercedes Benz für Rose.[16] Beide Männer stritten die ihnen zur Last gelegten Vergehen ab. Sie erklärten sich später, bei verringerter Anklage, schuldig und wurden zu Bewährungsstrafen verurteilt.

Eisner und Katzenberg wußten von den Vorwürfen. Aber Weaver und Rose waren Schlüsselpersonen des Marketingteams von Paramount gewesen, das in der Branche als das beste ganz Hollywoods bekannt war. Die beiden neuen Disney-Manager bewunderten besonders die Arbeit, die Weaver und Rose bei der Werbung für Filme wie *Jäger des verlorenen Schatzes* und *Krieg der Sterne* abgeliefert hatten. Sie beschlossen daher, sich nicht durch unbewiesene Vorwürfe davon abhalten zu lassen, die besten verfügbaren Marketingexperten für Disney einzuspannen.

Die Verbindung mit Weaver und Rose ermöglichte es den neuen Disney-Chefs, das Studio in den Hauptstrom des Filmgeschäfts zurückzusteuern, ohne von einem Tag auf den anderen die gesamte Marketingabteilung umkrempeln zu müssen. Aber Eisner und Katzenberg brauchten bei anwachsendem Produktionsvolumen jemanden innerhalb der Gesellschaft, der die tägliche Kleinarbeit der Vorbereitung und Durchführung der Werbekampagnen leitete, die für die Vermarktung von Filmen immer mehr an Bedeutung gewann.

So stellten sie Mitte Juni Robert Levin ein, der Senior Vice President der Chicagoer Werbeagentur Needham Harper gewesen war, wo er die Aufträge von Sears und Exxon bearbeitet hatte. Rich Frank, die Nummer zwei im Disney-Studio, kannte Levin aus ihrer gemeinsamen Zeit an der University of Illinois. Am deutlichsten hatte sich Levins berufliche Erfahrung jedoch in einer Kampagne gezeigt, mit der in den 60er Jahren ein Snack namens »Screaming Yellow Zonkers« propagiert worden war.

Die Premiere von *Zoff in Beverly Hills* war für den 31. Januar 1986 geplant. Der Disney-Aufsichtsrat hatte sich den Film, den ersten der Walt Disney Productions, der erst ab 16 Jahren (mit elterlicher Begleitung) freigegeben war, auf seiner Novembersitzung angesehen und mit gemischten Gefühlen aufgenommen. Die Aufsichtsräte, die an die sanften Disney-Märchen der vergangenen drei Jahrzehnte gewöhnt waren, mußten entsetzt feststellen, daß Bette Midler fluchte wie ein New Yorker Taxifahrer. Noch schockierender waren die Sexszenen zwischen dem Hausmädchen und dem Hausherrn David Whiteman einerseits und dem Stadtstreicher Jerry andererseits. Darüber hinaus hatte Jerry auch noch eine Affäre mit der Frau seines Wohltäters Dave. »Die Sexszenen mit dem Hausmädchen riefen eine Menge Stirnrunzeln hervor«, erinnerte sich Ray Watson, der ehemalige Aufsichtsratsvorsitzende, der nach seinem Rücktritt seinen Sitz in diesem Gremium behalten hatte.[17]

Trotzdem forderte niemand Eisner auf, die Szenen zu ändern. »Diese Gesellschaft steht im Ruf, Selbstzensur auszuüben«, erklärte Eisner dem Aufsichtsrat. »Mir gefällt die Sprache des Films auch nicht, aber wir müssen an die schöpferischen Leute denken.« Den Film zu säubern, fuhr der Aufsichtsratsvorsitzende fort, würde bedeuten, der kreativen Gemeinde von Hollywood das falsche Signal zu geben. Man würde sagen, Disney hätte sich, trotz aller forschen Sprüche, nicht im geringsten geändert, mit der Folge, daß der Gesellschaft jede Möglichkeit versperrt wäre, die schöpferischen Leute zu engagieren, die sie brauchte, wenn sie Erfolg haben wollte.

Das Team Disney war dennoch besorgt. Der fast fertiggestellte Film war bei einer Vorauführung vor einem Testpublikum in einem Kino in Los Angeles schlecht angekommen. Eisner und Katzenberg waren der Meinung, daß er zu lang war und die Abfolge der Szenen nur Verwirrung stiftete. Mazursky wurde angewiesen, die Szenen neu zusammenzuschneiden und den allzu weitschweifigen Film um über 20 Minuten zu kürzen. Bis Thanksgiving hatte Mazursky 23 Minuten herausgeschnitten, was das Tempo wesentlich erhöhte. Danach entsprach der Film weit mehr dem Geschmack der Disney-Manager.

Um nicht mit *Rocky IV, Mach's nochmal, Dad* und *Auf der Jagd nach dem Juwel vom Nil,* den voraussichtlichen Kinohits des Jahres 1985, konkurrieren zu müssen, beschloß das Team Disney, seine erste Produktion nicht in der üblicherweise lukrativen Weihnachtssaison in die Kinos zu bringen, sondern erst Ende Januar. Man hoffte, daß der Film sich zu einer Zeit, in der die anderen Studios ihre schwächeren Filme herausbrachten, deutlicher abheben würde.

Disneys Marketingteam hatte sich dafür entschieden, den Film als schicken Großstadtstreifen, auf die Zielgruppe der wohlhabenden Liberalen an beiden Küsten zugeschnitten, zu verkaufen. So wurden in sechsunddreißig Städten mit großem Aufwand Voraufführungen mit anschließender Silvesterparty veranstaltet, auf denen unter anderem Reisen nach Beverly Hills verlost wurden.

Jeffrey Katzenberg kehrte am Nachmittag vor einer dieser Partys, die im AMC Theater in Los Angeles, gegenüber dem imposanten Century Plaza, stattfand, von einem fünftägigen Urlaub aus Hawaii zurück. Als er das Kino betrat, stellte er fest, daß der Verleihchef Dick Cook hastig zusätzliche Eintrittskarten verteilte, da der Andrang größer war, als man erwartet hatte.

Als *Zoff in Beverly Hills* einen Monat später in achthundert Städten gleichzeitig angelaufen war, fielen die Kritiken gemischt aus. »Der Film ist schlampig konstruiert und gelegentlich etwas schwammig«, hieß es im *New York Magazine,* »aber auch lebendig und unwiderstehlich komisch.«[18] »Der Hokuspokus übertönt weitgehend die realistischen Szenen«, schrieb Joseph Gelmis in *Newsday.* »Es ist eher ein Gagfest als eine echte Komödie.«[19]

Beim Publikum kam der Film, den Kritikern zum Trotz, gut an. In der ersten Woche wurden Kinokarten im Wert von 5,7 Millionen Dollar verkauft; *Zoff in Beverly Hills* überflügelte damit die Erfolgsfilme *Die Farbe Lila* und *Jenseits von Afrika.* Und in der zweiten Woche, in der die Besucherzahlen für gewöhnlich sinken, spielte der Film sogar 6,2 Millionen Dollar ein. Die Einnahmen an den Kinokassen beliefen sich schließlich auf 62 Millionen Dollar, ein Ergebnis, das bei Disney nur von *Splash* übertroffen worden war. Dieser Rekord fiel dann ein halbes Jahr später, als *Die unglaubliche Entführung der verrückten Mrs. Stone* 71,6 Millionen Dollar einspielte.

Zu der Zeit, als *Zoff in Beverly Hills* in die Kinos kam, stand die Wall Street einmütig hinter Michael Eisner und dem Team Disney. Der Kurs der Disney-Aktie war im September 1984, als die Wahl von Eisner und Wells für die Spitzenpositionen bei Disney das Ende der Übernahmeschlacht ankündigte, auf weniger als 60 Dollar gefallen. Bis Anfang 1985 hatte er sich jedoch aufgrund der überraschend hohen Besucherzahlen in den Vergnügungsparks wieder erholt und lag, mit gelegentlichen Ausreißern nach oben, bei gut 80 Dollar. Die positive Reaktion auf die Silver-Screen-Emission hatte den Kurs weiter gestärkt. Und es hatte auch nicht geschadet, daß Eisner und Wells mehrmals nach New York geflogen waren, um den Wall-Street-Analytikern um den Bart zu streichen und ihnen zu erläutern, wie sie der Gesellschaft eine positive Bilanz zu bescheren gedachten.

Zoff in Beverly Hills war ein Symbol für die gelungene Wiedergeburt der Walt Disney Productions. Und als wollte man den Unterschied zwischen dem neuen und dem alten Management noch unterstreichen, beschlossen die Aktionäre am 6. Februar 1986, den Namen der Gesellschaft in The Walt Disney Company umzuändern. Einen Monat zuvor hatte der Aufsichtsrat eine Aktienteilung im Verhältnis von 1:4 abgesegnet. Am Tag der Namensänderung wurde Disney an der Börse mit 120 Dollar pro Aktie gehandelt.[20]

Kapitel 7

DER GRIFF NACH DEN STERNEN

Die Einwohner nennen das am Ufer des Lake Tahoe gelegene Incline »das Hollywood von Nevada«. Barbra Streisand besaß dort früher eine der Villen, die den Lake Shore Drive säumen und eine Enklave eingezäunter Anwesen mit Privatstrand bilden. Don Johnson war häufig auf den Tennisplätzen zu sehen, genauso wie Leonard Nimoy, der spitzohrige Vulkanier Mr. Spock aus der *Star Trek*-Serie.

1987 hatte der 56jährige Nimoy seine Raumfahrtuniform gegen den Regiestuhl eingetauscht. Er hatte bereits bei *Star Trek III – Auf der Suche nach Mr. Spock* und *Star Trek IV – Zurück in die Gegenwart* Regie geführt, beides riesige Hits von Paramount Pictures. Jetzt, im Spätsommer 1987, war Nimoy im Schneideraum seines großen Tudorhauses in Incline damit beschäftigt, die Endfassung von *Noch drei Männer, noch ein Baby* zusammenzuschneiden.

Der Film sollte am 12. Oktober das erste Mal öffentlich aufgeführt werden. Nimoy und Robert Cort, der Produzent des Films, hatten das kleine, nur hundertfünfundzwanzig Besuchern Platz bietende Incline Theater mit seinen abgetretenen roten Teppichen und der knisternden Tonanlage angemietet. Die beiden Filmemacher erhofften sich von dem Testlauf Antwort auf die Frage, ob der Film tatsächlich so gut war, wie sie glaubten, und spätestens nach einer halben Stunde war jeder Zweifel, den sie gehabt haben mochten, ausgeräumt. »Das Gelächter war so laut, daß man manche Textzeilen gar nicht mitbekam«, erinnerte sich Robert Cort am 1. Juni 1990 in einem Interview.

Am 25. November wußte Disney, daß das Studio seinen ersten Superhit gelandet hatte. *Noch drei Männer, noch ein Baby* war in elfhundert Kinos angelaufen und hatte schon am ersten Wochenende über 10 Millionen Dollar eingespielt. Es war der zweite Film in der Geschichte von Hollywood, der sowohl zu Thanksgiving, als auch zu Weihnachten und am Neujahrstag ganz oben auf der Liste der Publikumsmagneten stand. (Der erste Film, der dies geschafft hatte, war zwei Jahre vorher *Rocky IV* gewesen.) Im späten Frühjahr hatte sich *Noch drei Männer, noch ein Baby* erstaunliche sechs Monate in den Kinoprogrammen gehalten und annähernd 168 Millionen Dollar eingespielt. Bis zu diesem Zeitpunkt hatte es nur sechzehn Filme gegeben, die ein noch besseres Ergebnis erzielt hatten.[1]

Noch drei Männer, noch ein Baby markierte einen Wendepunkt in der Geschichte der Walt Disney Company. Das Studio hatte bis dahin eine bemerkenswerte Reihe profitabler Filme herausgebracht. *Zoff in Beverly Hills* waren Filme wie *Die unglaubliche Entführung der verrückten Mrs. Stone, Nichts als Ärger mit dem Typ* und *Die Nacht hat viele Augen* gefolgt. Von den fünfzehn Filmen, die vom Eisner-Team bislang produziert worden waren, hatte nur ein einziger – *Off Beat* – nicht den erhofften Gewinn eingebracht.

Sogar *Chaos im Camp,* eine anspruchslose Komödie mit dem aus Tennesse stammenden Werbestar James Varney in der Hauptrolle, die für wenig mehr als 5 Millionen Dollar gedreht worden war, hatte an den Kinokassen mehr als 23 Millionen Dollar eingespielt. Varney und sein fiktiver Freund »Vern« waren besonders in den Südstaaten ein Hit. Eisner hatte den Provinzstar entdeckt, als er 1986 das 500-Meilen-Rennen von Indianapolis besuchte und mit anhören mußte, wie Varney mehr Applaus bekam als die Mickymaus.

Bis 1987 war die Filmproduktion zu einem bedeutenden Faktor für die Bilanz der Gesellschaft geworden. In dem am 30. September 1987 endenden Geschäftsjahr beliefen sich die Filmeinnahmen auf 284 Millionen Dollar, fast das Fünffache dessen, was 1984 erzielt worden war.[2] Außerdem lief der Videoverkauf von *Zoff in Beverly Hills, Die unglaubliche Entführung der verrückten Mrs. Stone* und *Tin Men* auf Hochtouren. Das Studio hatte Einnahmen von insgesamt über 875 Millionen Dollar und einen Gewinn von 130 Millionen Dollar aufzuweisen. Hatte es im letzten Ron-Miller-Jahr noch weniger als 5 Prozent zum Gewinn der Gesamtgesellschaft beigesteuert, so waren es jetzt immerhin 16 Prozent.[3] (Die Walt Disney

Company kam 1987 – bei Einnahmen von fast 2,9 Milliarden Dollar – auf einen Gewinn von insgesamt 776,8 Millionen Dollar, 47 Prozent mehr als im vorangegangenen Jahr.)

Eines fehlte Disney allerdings noch, ein Superhit, der jene Schallmauer von 100 Millionen Dollar durchbrach, jenseits derer nach Hollywood-Maßstäben erst der richtige Erfolg beginnt. In einer Branche, in der man nur für einen ersten Platz belohnt wird, war Disney bisher allenfalls für einen zweiten oder dritten gut gewesen. Paramount hatte 1986, zum Vergleich, mit *Top Gun* und *Crocodile Dundee* gleich zwei solcher Superhits gelandet.

100 Millionen-Dollar-Filme wurden bei Paramount liebevoll »Zeltstangen« genannt, da der Gewinn solcher Superhits das Studiozelt aufrecht hielt und ein oder zwei Flops aufwog. Außerdem konnte man einer Zeltstange für gewöhnlich eine zweite aufpfropfen, da das Publikumsinteresse bereits geweckt war. Der Verkauf ins Ausland und der Vertrieb der Videokassetten war in den meisten Fällen ebenfalls rege, und manchmal konnte ein solcher Superhit sogar zur Grundlage einer Fernsehserie werden. Ein weiterer Vorteil lag darin, daß man für einen zukünftigen Film werben konnte, indem man vor der »Zeltstange«, für die das Publikum Schlange gestanden hatte, einen »Trailer« aus Ausschnitten des nächsten Films zeigte.

Michael Eisner wollte eine Zeltstange. Der Aufsichtsratsvorsitzende von Disney hatte auch schon einmal geglaubt, eine gefunden zu haben: *Die Farbe des Geldes,* eine Fortsetzung von *Haie der Großstadt* aus dem Jahr 1961, deren Handlung zwanzig Jahre nach den Ereignissen des Vorgängerfilms einsetzt. Der Film hatte Starbesetzung, wovor Disney normalerweise zurückschreckte. Regisseur des Films war Martin Scorsese, der 44jährige Sohn eines Kleiderbüglers aus Flushing (New York), der mit Filmen wie *Taxi Driver* und *Alice lebt hier nicht mehr* bekannt geworden war. Die Rolle des älter gewordenen Eddie Felson spielte wieder Paul Newman, und die Rolle des begabten Neulings, den Felson unter seine Fittiche nimmt, hatte Tom Cruise übernommen.

Die Farbe des Geldes war Disney Anfang 1985 von Eisners altem Freund Michael Ovitz, dem Chef der Creative Artists Agency, angeboten worden. Ovitz vertrat Newman und Scorsese sowie Walter Tevis, der sowohl das Drehbuch des Vorgängers – *Haie der Großstadt* – als auch das der Fortsetzung geschrieben hatte. Twentieth Century Fox, wo der Film von 1961 entstanden war, besaß zwar die Rechte an der Fortsetzung, aber Ovitz wollte Disney den Film zuschanzen und überredete Fox, das Projekt nicht selbst zu realisieren.

Das Budget von 14,5 Millionen Dollar war nach Hollywood-Maßstäben nicht allzu üppig, aber Disney hatte sich verpflichten müssen, hohe Gewinnanteile zu zahlen, so daß der Film dem Studio selbst schwerlich einen großen Profit einbringen konnte. Außerdem konnte Disney, da der Film im Paket angekauft worden war, das heißt Regisseur, Darsteller und Drehbuch im vorhinein gebilligt werden mußten, kaum Veränderungen am Drehbuch vornehmen.

Michael Eisner und Jeffrey Katzenberg hatten sich trotzdem für den Film entschieden, da sie hofften, Disney mit diesem Projekt endgültig in der Spitzenkategorie der Branche zu etablieren. Das Engagement von Paul Newman und Tom Cruise garantierte jede Menge Publizität – und die öffentliche Aufmerksamkeit war denn auch enorm. Das Duo, das von Disneys Promotionmaschine als alternder Herzensbrecher und dessen strahlender Nachfolger porträtiert wurde, fand sich auf der Titelseite der Zeitschrift *Life* wieder und wurde in der *Today Show* von NBC in einer fünfteiligen Sendereihe vorgestellt. *Newsweek* brachte eine Titelgeschichte, die allerdings nur in der internationalen Ausgabe auf der Titelseite erschien, während sie in der amerikanischen auf die Innenseiten verbannt wurde, um für einen Artikel von Henry Kissinger über das erste Gipfeltreffen zwischen Ronald Reagan und Michail Gorbatschow Platz zu machen.

Der Film bekam glänzende Kritiken. Der *USA Today*-Kritiker Mike Clark gab ihm die Spitzennote – vier Sterne – und schrieb, daß »kein anderer Film auch nur annähernd an die ersten 90 Minuten von *Die Farbe des Geldes* heranreicht«.[4] Vincent Canby nannte ihn in der *New York Times* einen »äußerst unterhaltsamen, originellen Film von eigener, lebendiger und sehr zeitgemäßer Prägung«,[5] während er von *Newsweek* schlicht als »fast ein Meisterwerk« bejubelt wurde.[6]

Disneys Marketingabteilung war ebenfalls nicht untätig geblieben und hatte vier verschiedene Werbespots für den Film gedreht – darunter einen mit Liebesszenen zwischen Tom Cruise und Elizabeth Mastrantonio, der in Fernsehseifenopern eingeblendet werden sollte, einen mit Tom Cruise für Spielshows und einen mit Newman und Cruise für die Hauptsendezeit des Fernsehens.

Die Grundstimmung des Scorsese-Films war jedoch zu trist und düster, um das große Publikum im erwünschten Maß anzusprechen. Mit einem Einspielergebnis von 52 Millionen Dollar war *Die Farbe des Geldes* zwar kaum als Flop zu bezeichnen, aber ein Superhit, wie ihn Eisner wollte, war er bei weitem nicht. Es sollte noch ein Jahr dauern, bis die Walt Disney Company ihre Zeltstange bekam.

Michael Eisner und Jeffrey Katzenberg hatten es meistens vermieden, sich auf ein Angebotspoker einzulassen. Diller hatte bei Paramount jedem eingehämmert, es gebe kein Drehbuch, das das Studio unter allen Umständen haben müßte, und Eisner und Katzenberg hatten sich stets an diesen Grundsatz gehalten. Aber Ende 1985 war in Burbank eine aus Paris kommende Ausnahme gesichtet worden, ein französischer Film mit dem Titel *Trois Hommes et un Couffin (Drei Männer und ein Baby),* der von drei Junggesellen erzählte, die sich plötzlich gezwungen sahen, sich um ein Baby zu kümmern. Als Eisner und Katzenberg von dem Film hörten, kannte ihn schon fast ganz Hollywood, und mindestens zwei andere Studios, Paramount und Universal, waren daran interessiert, ihn zu kaufen.

Robert Cort, der kraushaarige ehemalige Fox-Produzent, dessen Interscope Company vertraglich mit Disney verbunden war, drehte gerade *Immer Ärger mit dem Typ* ab, als er von dem Film hörte. Eine alte Freundin von ihm war gerade aus Paris zurückgekehrt, wo sie das französische Original gesehen hatte. Corts Frau, eine Hollywood-Agentin, deren Agentur den Komiker Bill Murray vertrat, hatte den Film, wie ihr Mann kurz darauf erfuhr, Frank Price, dem

155

Generaldirektor von Universal Pictures, vorgeschlagen, der Bill Murray als einen der drei Junggesellen verpflichten wollte.

Cort beschaffte sich schließlich im französischen Filmbüro in Los Angeles eine französischsprachige Kopie des Films, mit der er eines Samstagmorgens um 7.30 Uhr auf dem Studiogelände in Burbank erschien, um sie sich gemeinsam mit Jeffrey Katzenberg anzusehen. Da keiner von beiden Französisch sprach, ließ Katzenberg von Berlitz einen Dolmetscher herüberschicken.

Katzenberg wollte den Film einkaufen, war sich aber im klaren darüber, daß er nicht billig zu haben sein würde. »Es war eine regelrechte Gebotsschlacht«, erinnerte sich Cort im Gespräch. Die Rechte an ausländischen Filmen kosteten zu jener Zeit in der Regel weniger als 100 000 Dollar. Aber *Trois Hommes et un Couffin* unter der Regie von Coline Serreau stand bereits früh als einer der Kandidaten für den Oscar in der Kategorie des besten ausländischen Films fest, und es war jedem klar, daß sich der Preis durch die Angebote der verschiedenen Interessenten hochschaukeln würde.

Auf seiten Disneys übernahm Eisner selbst das Bieten. Der Disney-Aufsichtsratsvorsitzende hatte den Film wie Corts Freundin in Paris gesehen, und er war, trotz der berühmt-berüchtigten Disneyschen Grundregeln der Sparsamkeit und der eigenen Entwicklung von Filmstoffen, der Ansicht, daß er es diesmal mit einem Drehbuch zu tun hatte, das sich das Studio unbedingt sichern mußte. So stieg Disney auch nicht aus, als das Angebot auf 700 000 Dollar gestiegen war, eine Rekordsumme für die Rechte an einem ausländischen Film. Eisners letztes Angebot belief sich auf 750 000 Dollar und zusätzliche Gewinnbeteiligungen von 7,5 Prozent für den ausführenden Produzenten des Films, Jean-François Lepetit, und 3,5 Prozent für die 37jährige Drehbuchautorin und Regisseurin Coline Serreau, der außerdem zugesichert wurde, daß sie auch bei der Neuverfilmung Regie führen konnte. Die Zugeständnisse an Coline Serreau waren, wie sich herausstellte, das Zünglein an der Waage, das Disney den Zuschlag einbrachte.

Disney besaß jetzt zwar die Rechte an dem Film, hatte sich aber auch ein Problem eingehandelt. Coline Serreau erwies sich, so brillant ihr Werk auch war, als derart schwierig, daß der Disney-Stab nicht mit ihr zusammenarbeiten konnte. Sie bestand darauf, daß das französische Drehbuch unverändert übernommen wurde, und erlaubte keinerlei Überarbeitung, die nach Corts und Katzenbergs Ansicht unverzichtbar war, um den kulturellen Unterschied zwischen Europa und Amerika zu überbrücken und den Film für Amerikaner verständlicher zu machen. Außerdem wollte sie nicht zulassen, daß Disney ein Zwillingspaar für die Rolle des Babys einsetzte. Disney hätte damit die Möglichkeit gehabt, das eine Baby schlafen zu lassen, während das andere auf dem Set war, was eine kürzere Produktionszeit und weniger Verzögerungen bedeutet hätte – und eine Einsparung von mehreren hunderttausend Dollar.

Jeffrey Katzenberg hatte aggressiv verhandelt, um die Besetzungsliste zusammenzustellen. Ted Danson, einer der Stars aus *Cheers,* war für die Rolle von Jack Holden gewonnen worden, und *Magnum*-Star Tom Selleck hatte monatelang bearbeitet werden müssen, bevor er bereit war, den Architekten zu spielen. Als Cartoonist war der *Police Academy*- und *Cocoon*-Star Steve Guttenberg verpflichtet worden.

Diese Besetzung war typisch für Disney. Keiner der drei Schauspieler war jemals ein großer Leinwandstar gewesen, und keiner von ihnen konnte allzu hohe Gagenforderungen anmelden. Disney hatte das Budget auf 13 Millionen Dollar begrenzt. Ein Streit mit dem Regisseur würde die Dreharbeiten jedoch mit Sicherheit verzögern und die Produktionskosten in die Höhe schrauben.

Mit anderen Worten, Coline Serreau mußte gehen. »Es wäre zum Krieg gekommen, wenn die drei am Drehort erschienen wären und sie noch vorgefunden hätten«, meinte Robert Cort. Den Schauspielern war gesagt worden, daß das Drehbuch umgeschrieben werden würde, aber niemand konnte Coline Serreau dazu überreden, es den amerikanischen Verhältnissen anzupassen. »Sie hatte eine ... Übersetzung angefertigt, das war alles«, sagte Cort. Schließlich nahmen Katzenberg und Ricardo Mestres die Sache in die Hand, und nach einigen stürmischen Telefongesprächen zog sich Coline Serreau, angeblich aus Gesundheitsgründen, einen Monat vor Drehbeginn von dem Projekt zurück.

Nach ihrem Abgang wandte sich Disney hastig an Nimoy, den

das Management von Paramount her kannte. James Orr und Jim Cruickshank, zwei Kanadier, die *Archie und Harry* für Disney geschrieben hatten, wurden nach Toronto geflogen, wo der Film gedreht werden sollte, da die Produktionskosten in Kanada niedriger waren als in den Vereinigten Staaten. Die Dreharbeiten begannen, um den vorgesehenen Termin für den Kinostart in der Weihnachtssaison einzuhalten, bereits einen Monat, bevor das Drehbuch fertiggestellt war.

Am Ende hatten Orr und Cruickshank das Drehbuch fast völlig neu geschrieben. Sie hatten komische Bildeinfälle hinzugefügt, unter anderem die inzwischen berühmt gewordene Szene, in der das Baby auf die Couch pinkelt, während Tom Selleck es zu wickeln versucht; die von Ted Danson gespielte Figur war vom Steward zum Schauspieler geworden, und die Handlung war mit modernerer Musik unterlegt worden. »Good Night, Sweetheart«, das Schlaflied, das zum Erkennungszeichen des Films werden sollte, wurde erst in letzter Minute hinzugefügt.

Als sie den Rohschnitt sahen, wußten die Disney-Manager sofort, daß sie einen Hit produziert hatten. Besonders bei Frauen, glaubten sie, würde er gut ankommen, da er so etwas wie ihre »ultimative filmische Rache« darstellte.[7]

Bob Levin hatte ein umfangreiches Werbekonzept für *Noch drei Männer, noch ein Baby* ausgearbeitet. Für die Fotos, die in den gedruckten Anzeigen erscheinen sollten, war die preisgekrönte Fotografin Annie Leibowitz engagiert worden. Als das Baby Tom Selleck bei einem der Fototermine überraschend naß machte, hatte Annie Leibowitz, wie sich Levin erinnerte, die Geistesgegenwart zu sagen: »So bleiben. Ich fotografiere.« Das Foto, auf dem Tom Selleck mit nassem Hemd zu sehen ist, wurde zum Brennpunkt der ganzen Werbekampagne, und auch die Fernsehspots brachten diese Szene.

Disney hatte ursprünglich vorgehabt, den Film Anfang Dezember in die Kinos zu bringen. Aber die Weihnachtssaison war von Superhit-Anwärtern wie *Schmeiß' die Mama aus dem Zug!* und *Nachrichtenfieber* gewissermaßen versperrt. Bei Disney wußte man zwar, daß man einen soliden Erfolgsfilm hatte, aber es war immerhin möglich, daß ein Film über ein niedliches Baby, der keinen Sex und nur wenig Gewalt bot, neben all den aufdringlicheren Streifen unterging.

Schon einmal, 1977 bei Columbia, hatte Cort einen Film zu Thanksgiving anlaufen lassen, zu einer Zeit also, die nicht unbedingt Kinosaison war. Der Film war Steven Spielbergs *Unheimliche Begegnung der dritten Art* gewesen, einer der größten Kassenschlager der Kinogeschichte. Und jetzt beschlossen Jeffrey Katzenberg und der Verleihchef Dick Cook, *Noch drei Männer, noch ein Baby* ebenfalls zu Thanksgiving in die Kinos zu bringen, um dem Film eine gewisse Anlaufzeit zu geben und die Mund-zu-Mund-Propaganda für ihn arbeiten zu lassen.

Katzenberg hatte versprochen, am Montagmorgen in seinem Konferenzraum im dritten Stock des Animation Building auf dem Tisch zu tanzen, wenn *Noch drei Männer, noch ein Baby* am ersten Samstag nach Thanksgiving mehr als 4 Millionen Dollar einspielte, und als sich sein Stab am Montagmorgen wie üblich um sieben Uhr zur Frühsitzung versammelte, machte er sein Versprechen wahr.

Am 16. Januar hatte Disney seine Zeltstange – *Noch drei Männer, noch ein Baby* hatte die Schallmauer von 100 Millionen Dollar durchstoßen, und der Film hatte nur dreiundfünfzig Tage dafür gebraucht, wie Disney in einer Presseerklärung in die Welt hinausposaunte. Das Team Disney fügte als nicht allzu freundlichen Seitenhieb auf seine ehemaligen Brötchengeber hinzu, daß Paramounts *Crocodile Dundee* dafür zweiundzwanzig Tage länger benötigt hatte.

Disney begann sofort, die Vorteile einer Zeltstange zu nutzen. Vor jeder Aufführung von *Noch drei Männer, noch ein Baby* wurde ein Trailer gezeigt, der Amerika mit dem nächsten Disney-Film bekannt machte, einer unflätigen Komödie mit dem großmäuligen Komiker Robin Williams in der Hauptrolle. Zwei Monate später war *Good Morning, Vietnam* Disneys zweiter Superhit geworden. Es war einer der seltenen Fälle, in denen ein Studio es schaffte, zwei Superhits nacheinander zu produzieren. Der Film erzielte schließlich ein Einspielergebnis von mehr als 123 Millionen Dollar.

Jeffrey Katzenberg hatte zum ersten Mal von dem Drehbuch für *Good Morning, Vietnam* gehört, kurz bevor er Paramount verließ. Der Film war dem Studio von Larry Brezner vorgeschlagen worden, einem Hollywood-Agenten, dessen Firma unter anderen Billy Crystal, Martin Short und David Letterman vertrat. Das Exposé für *Good Morning, Vietnam* war irgendwann im Jahr 1983 auf Brezners Schreibtisch gelandet.

Der Autor, Ben Moses, ein Fernsehproduzent aus Chicago, war 1965 Discjockey (DJ) der Armee in Vietnam gewesen und hatte in dieser Zeit Adrian Cronauer kennengelernt, den ausgeflippten DJ, um den sich der Film rankt. Moses und Cronauer hatten schon Mitte der 70er Jahre darüber gesprochen, aus Cronauers Geschichte einen Film zu machen, aber Cronauer, der später Jura studierte, hatte das Projekt abgelehnt.[8] Anfang der 80er Jahre hatte Moses nun ein 60seitiges Exposé geschrieben und es Brezner gegeben, den er durch einen Freund kannte. Brezner gefiel das Exposé, aber es gelang ihm nicht, das Projekt bei Paramount unterzubringen. Doch einer seiner Klienten, Robin Williams, hatte davon gehört, und Brezner setzte sich schließlich mit Mitch Markowitz, einem Autor von *National Lampoon,* zusammen, um das Drehbuch für Williams und seine Verrücktheiten maßzuschneidern.

Als Katzenberg Mitte 1985 erfuhr, daß Brezner mit Paramount nicht handelseinig geworden war, wandte er sich an Brezner, und wenige Wochen später war der Vertrag, der den Film nach Burbank holte, unter Dach und Fach. (Martin Burke, ein Schriftsteller aus Hollywood, der ein Drehbuch auf der Grundlage seines 1980 erschienenen Buchs *The Laughing War* verfaßt hatte, reichte im November 1988 eine Klage gegen Disney ein, in der er der Gesellschaft Ideenklau vorwarf. Die Klage ist noch anhängig.)[9]

Das Team Disney kannte Robin Williams seit Jahren. Williams war als Sohn eines aus Detroit stammenden Autohändlers in Marin County in der Nähe von San Francisco aufgewachsen. Als er sich 1977 als Alleinunterhalter im Comedy Store, dem bekanntesten Nachtklub am Sunset Boulevard, versuchte, entdeckte ihn Garry Marshall, der Schöpfer von *Happy Days,* und gab ihm eine Gastrolle in seiner Fernsehserie, wo er als Außerirdischer namens Mork auftrat, der von dem fiktiven Planeten Ork stammte und auf der Erde gestrandet war. Danach unterbreiteten Eisner und Marshall ABC-TV die Idee, gewissermaßen als Ableger der ursprünglichen Serie unter dem Titel *Mork and Mindy* eine neue Serie zu starten, und ABC kaufte das Konzept ein. Die Serie war ein durchschlagender Erfolg. Sie lief vier Jahre lang und rangierte 1979 auf dem dritten Platz der Beliebtheitsskala.

Anfang der 80er Jahre hatte Williams jedoch die Gunst des amerikanischen Publikums verloren. Er hatte in sieben Filmen gespielt, unter anderem in dem recht erfolgreichen Streifen *Moskau in New York,* aber auch in solchen herben Flops wie *Die Überlebenskünstler* und *Club Paradise*. Schlimmer war es jedoch, daß er kokainabhängig geworden war. (Er wurde schließlich sogar als Zeuge bei der Verhandlung über den Tod seines Freundes John Belushi vernommen, da er noch eine Stunde vor dessen Tod mit ihm zusammengewesen war. Er wurde jedoch nicht weiter in den Fall verwickelt.) »Es gab eine Zeit, in der ich auf alles abfuhr außer auf Rollschuhe«, sagte er später in einem Interview mit der *Los Angeles Times*.[10]

Disney war im Aufmöbeln ehemaliger Stars nicht ungeübt. Das Studio hatte bereits die Karriereknicks von Bette Midler und Richard Dreyfuss geradegebügelt, und es hatte die Absicht, bei Robin Williams ebenso effektiv zu sein. Der Komiker hatte dem Rauschgift abgeschworen und sich in therapeutische Behandlung begeben. Außerdem hatte er seine übliche Gagenforderung von 2 Millionen Dollar zurückgeschraubt. Disney zahlte ihm 1 Million Dollar, plus zehn Prozent des Gewinns, den Disney mit dem Film machen würde.

Darüber hinaus umgab Katzenberg Williams mit den kreativen Leuten, die er brauchte, um zu Bestform aufzulaufen. Da *Good Morning, Vietnam* überwiegend von Männern bevölkert sein würde, engagierte Disney Barry Levinson, der sich mit Männerfilmen wie *American Diner* und *Tin Men* als Spezialist auf diesem Gebiet ausgewiesen hatte, als Regisseur. Levinson war außerdem als lockerer, spontaner Regisseur bekannt, der seinen Schauspielern Freiheit für Improvisationen ließ, und er entsprach diesem Ruf bei den Dreharbeiten voll und ganz, indem er die Kamera laufen ließ, während Williams seinen Momenteinfällen folgte. An manchen Stellen warf er sogar das Drehbuch beiseite und sah einfach zu, wie der Komiker seinem Affen Zucker gab.

Das Ergebnis war anders als alles, was Disney jemals herausgebracht hatte. »Es wird heiß und feucht«, antwortet sich Adrian Cronauer alias Robin Williams gleich in seiner ersten Sendung in Saigon auf die Frage, wie das Wetter am Abend werden wird. »Das ja toll, wenn du bei 'ner Frau bist, aber verdammte Scheiße, wenn du im Dschungel hängst.« Der Soundtrack aus alten A&M-Hits aus den 60er Jahren tat ein übriges, um die anvisierte Zielgruppe der Yuppies in die Kinos zu locken.

Trotzdem hatte Disney ein Marketingproblem. Robin Williams war eindeutig ein Star, aber seine Anhänger waren überwiegend junge Männer, und zwar insbesondere Collegeangehörige. »Für den Rest des Universums«, erinnerte sich Disneys Marketingchef Bob Levin, »war er einfach nur irgend so ein übergeschnappter, blöder Typ.«[11] Der Film versprach das zu werden, was man in der Branche einen »Spätstarter« nennt. In der Regel ist ein Film innerhalb der ersten zehn Tage nach dem Kinostart am erfolgreichsten. Da das Stammpublikum von Robin Williams jedoch derartig begrenzt war, hätte Disney bei einem flächendeckenden Kinostart befürchten müssen, daß der Film wieder aus den Spielplänen verschwand, bevor das Publikum auch nur erfahren hatte, daß es ihn gab.

Disney entschied sich deshalb dafür, den Film und seinen quecksilbrigen Star langsam ins Bewußtsein der Zuschauer zu heben. Der Film lief in der Weihnachtssaison an, aber zunächst nur in drei Städten – New York, Los Angeles und Chicago –, die allesamt über große Universitäten verfügten oder in deren Nähe lagen und darüber hinaus die Zentren der Medienlandschaft waren, von denen die Presse im ganzen Land lebte. Die PR-Abteilung von Disney bot Robin Williams außerdem jeder Talk-Show, die es gab, als Gast an. So trat er in jeder der drei Städte im Fernsehen auf und wurde von *Good Morning, America* und *Today* eingeladen. Der Durchbruch war aber vermutlich der Auftritt in der Show von Oprah Winfrey. »Plötzlich sahen sich eine Menge Frauen diesen Typen einmal näher an und fanden heraus, daß er doch ein ganz lustiger Knabe war«, sagte Bob Levin.

Daneben stellte Disney, ähnlich wie ein Jahr vorher für *Die Farbe des Geldes,* zwei verschiedene Werbespots her. Für das jüngere Publikum wurde ein Zusammenschnitt ausgestrahlt, der Robin Williams in einigen der gepfeffertsten Szenen zeigte, und für die Älteren hatte man Szenen aneinandergereiht, die die Arbeit herausstellten, die der Filmheld als Lehrer mit analphabetischen vietnamesischen Bauern leistete.

Am 15. Januar, als der Film schließlich in mehr als tausend Kinos überall im Land anlief, standen die Zuschauer Schlange. Das erste Wochenende wurde mit einem landesweiten Einspielergebnis von 12 Millionen Dollar das lukrativste in der Geschichte des Studios.

Jeffrey Katzenberg hatte seinen Mitarbeitern wiederum einen Tanz auf dem Tisch versprochen, wenn der Film hielt, was sich Disney von ihm versprach, und als die ersten Meldungen über den Run auf die Kinokassen eintrafen, erfüllte er sein Versprechen. Doch diesmal gab er noch eine Zugabe: Er warf sich der Länge nach auf den Tisch und rief lauthals aus: »Ich bin gestorben und in den Himmel gekommen!«

Der Erfolg von *Noch drei Männer, noch ein Baby* und *Good Morning, Vietnam* schloß den Übergang von der Ära Ron Millers zur Ära Eisner-Wells ab. 1987 war das Studio nicht mehr der kleine Handwerksbetrieb, den Eisner und Katzenberg übernommen hatten. Dreizehn Filme waren für das kommende Jahr in Arbeit, darunter *Cocktail,* der zweite Disney-Film des Jungstars Tom Cruise, und *Freundinnen* unter der Regie von Garry Marshall, Bette Midlers erster ernster Film bei Disney.

Disney war nicht länger Hollywoods Problemkind. Das Studio hatte seinen Anteil am Gesamteinspielergebnis von vier Prozent, dem Stand, auf den er sich während der letzten sieben Jahre der Miller-Ära eingepegelt hatte, auf satte vierzehn Prozent des Rekordergebnisses des Jahres 1987 erhöht, als insgesamt 4,3 Milliarden Dollar aus den Kinokassen nach Hollywood flossen.[12] Nur Paramount Pictures hatte einen noch größeren Anteil erzielt.

Im nächsten Jahr stieg Disney sogar noch höher. Durch den Zuschauerzustrom in die beiden Superhits des Jahres 1987, der auch im neuen Jahr noch anhielt, gelang es Disney, Paramount von der Spitze zu verdrängen und zum erstenmal in der Geschichte der Gesellschaft auf Platz eins der Hollywoodstudios vorzustoßen. Paramount rangierte 1988, nachdem das Studio zwei Jahre lang ganz oben gestanden hatte, auf dem zweiten Platz. Damit waren auch die letzten Zweifel, welchen Wert Michael Eisner und Jeffrey Katzenberg für Paramount Pictures gehabt hatten, vom Tisch.

Kapitel 8

Mr. Spielberg kommt nach Toonstadt

Gary Wolf trainierte für den Boston Marathon. Der bärtige Autor des Buchs *Who Censored Roger Rabbit* hatte gerade einen 15-Meilen-Lauf durch die Berge von Harvard (Massachusetts) hinter sich gebracht, als sein Telefon klingelte. Howard Green aus Disneys PR-Abteilung, ein langjähriger Freund von Wolf, hatte ihm eine überraschende Neuigkeit mitzuteilen. Wolfs Buch sollte, nachdem es fünf Jahre lang in irgendeinem Regal bei Disney Staub angesetzt hatte, verfilmt werden.

Wolf war das erste Mal 1980 mit Disney in Berührung gekommen, als Ron Miller, damals Produktionschef der Gesellschaft, die Druckfahnen seines Buchs in die Hände gefallen waren. Das Buch, das die Geschichte einer komplizierten Intrige im Stil eines Raymond Chandler mit derjenigen einer lebendig gewordenen Comicfigur verband, verkaufte sich nur mäßig, aber Miller suchte etwas, womit er Disneys so gut wie arbeitslose Trickfilmzeichner beschäftigen konnte, und so kaufte er, gegen den Einspruch von Card Walker und anderer, für 25 000 Dollar die Filmrechte an dem Buch ein. Roger Rabbit gehörte nach Millers Ansicht zu jener Art von Figuren, die sich im Disney-Stall für gewöhnlich prächtig entwickelten. »Es war die Art von Film«, sollte er später sagen, »die Disney besser machen konnte als jeder andere.«[1]

Seit Walt Disney, von Kansas City kommend, in Hollywood aus dem Zug gestiegen war, gab es dort niemanden, der mehr Geschick darin hatte, zeitlose Figuren zu schaffen. Von der Mickymaus, seiner ersten und einprägsamsten Figur, die er 1928 erdachte, bis zu seiner letzten Schöpfung aus dem Jahr 1961, der verrückten Wissenschaftlerente Ludwig von Drake, wurden Walts Figuren von einer Generation an die nächste weitergegeben.[2] Und mit ihrer Popularität wuchs auch die Gesellschaft, die Walt gegründet hatte. Zuerst in kurzen Zeichentrickepisoden, dann in abendfüllenden Filmen wurden Walts klassische Figuren – Micky, Minnie, Donald, Pluto, Goofy – zu den Aktiva, auf deren Grundlage die Gesellschaft prosperierte. Er schuf insgesamt über hundert Figuren, darunter so bekannte wie Cinderella (Aschenputtel), Schneewittchen und die sieben Zwerge, Bambi und Peter Pan.

Walts Figuren waren außerdem die Grundlage für Disneyland und der Kitt, der die Fernsehsendung am Sonntagabend zusammenhielt. Filme wie *Peter Pans heitere Abenteuer* und *Dornröschen und der Prinz* wurden alle paar Jahre von neuem in die Kinos gebracht und hatten bei jeder Wiederaufführung den gleichen Erfolg wie beim ersten Mal. Als Walt starb, nahm die Gesellschaft schon mehr als 11,4 Millionen Dollar durch den Verkauf von Puppen, Spielzeug und anderen auf seinen Schöpfungen basierenden Produkten ein.[3]

Nach Walts Tod verlor sich nicht nur der kreative Funke aus den Disney-Filmen, es entstanden auch keine neuen Trickfilmfiguren mehr. Der jüngste Zuwachs im Disney-Stall stammte nicht einmal aus dem eigenen Haus. Als Disney 1966 den Kurzfilm *Winnie Puuh ... und der Honigbaum* drehte, griff das Studio mit dem honiglüsternen Teddybären und seinen Freunden Tigger und Eeyore auf Figuren von A. A. Milne zurück, dem Ron Miller im vorangegangenen Jahr die Rechte an ihnen abgekauft hatte.

Als Michael Eisner und Frank Wells auf der Szene erschienen, war die Lizenzvergabe bereits zu einem bedeutenden Geschäftszweig geworden. Produkte, die auf allen möglichen Filmfiguren basierten, vom G.I. Joe bis zum Transformer, brachten jährlich mehr als 2 Milliarden Dollar ein. Disney hatte sich auf diesem Markt eine solide Nische erobert, aber was die Fantasie der amerikanischen Kinder am meisten ansprach, war Spielzeug, das auf Filmen wie *Krieg der Sterne* oder *E.T. – Der Außerirdische* beruhte. »Es gab nichts Wichtigeres für die Gesellschaft als die Schaffung einer neuen Figur«, sagte Michael Eisner im Interview vom 12. März 1990. »Diese Figuren sind so etwas wie die Pumpe, die den Rest des Körpers mit Nahrung versorgt.«

Eisner setzte die Suche nach einer neuen Figur ganz oben auf die Prioritätenliste und versammelte nur eine Woche, nachdem er seinen neuen Posten angetreten hatte, eine Reihe von Disney-Mitarbeitern in seinem Haus. Während der sonntäglichen Sitzung wurden die Ideen für die Wuzzles, ein Stamm von Tieren, die halb Elefant und halb Känguruh waren, und für die Gummibären, eine Bärenfamilie mit märchenhaften Kräften, geboren.

Beide Figurengruppen fanden ihren Weg in die Trickfilmsendungen, die am Samstagvormittag im Fernsehen liefen. *The Wuzzles* wurde von CBS und *The Adventures of the Gummi Bears* von NBC ausgestrahlt. Daneben begannen die Trickfilmzeichner von Disney mit der Arbeit an den *Duck Tales,* halbstündigen Trickfilmen, die die Gesellschaft den Fernsehnetzen 1987 anbieten wollte. In ihnen wurden, auch das ein Versuch, neue Figuren einzuführen, die Neffen von Scrooge McDuck wiederbelebt.

Im Fernsehen eingesetzte Figuren hielten sich allerdings selten länger als ein paar Jahre. Was man wirklich brauchte, um eine neue Figur zu einem festen Bestandteil des amerikanischen Bewußtseins zu machen, war ein Filmdurchbruch, mit all dem Aufsehen und der Sogwirkung, die ein großer Kinofilm nach sich ziehen kann. Michael Eisner und Jeffrey Katzenberg wollten einen Film drehen, der groß genug war, um die Massen anzuziehen, und phantasievoll genug, um ihnen eine neue Figur auf Dauer ins Gedächtnis einzuprägen.

Dieser Film, so glaubten sie, war *Roger Rabbit.* Eisner, Katzenberg und Frank Wells hatten, als sie die wenigen Projekte begutachteten, die unter Ron Miller und Richard Berger in Arbeit gewesen waren, eins von fast einem Dutzend Drehbüchern gelesen, die für den geplanten Roger-Rabbit-Film geschrieben worden waren. Berger, erfuhr das Trio, hatte sich sogar schon an Steven Spielberg gewandt und ihm den Film angeboten, sich aber wieder zurückgezogen, als der Schöpfer von *E.T.* seine Gagenforderung stellte.

Die Roger-Rabbit-Idee hatte zu diesem Zeitpunkt schon mehr Berge und Täler hinter sich als eine Erlebnisfahrt in Disneyland. Wolf hatte sein Kaninchen nach dem Vorbild von Trix geschaffen, einem Kaninchen, das in der Fernsehwerbung auftrat. Seine

Grundidee war es gewesen, die Comicfigur mit realen Detektiven zusammenzuspannen, die das Geheimnis lüften sollten, wer ihren Comic strip aus der Tageszeitung genommen hatte. Miller hatte das Projekt Mark Sturdivant anvertraut, einem jungen Produzenten von Disney, der Jeffrey Price und Peter Seaman beauftragte, das Drehbuch zu schreiben. Price und Seaman waren ehemalige Werbetexter, die gerade erst nach Hollywood gekommen waren, um ihre Fähigkeiten an Drehbüchern zu erproben.

Im Lauf der Zeit entstanden nicht weniger als elf Roger-Rabbit-Drehbücher, einschließlich einer peinlichen Geschichte, in der das Kaninchen einen Zug von Comicsoldaten anführt, der im Zweiten Weltkrieg gegen die Nazis in den Kampf zieht. Das Projekt wurde mehreren Spitzenregisseuren angeboten, darunter auch Robert Zemeckis, der jedoch lieber *Zurück in die Zukunft* drehte, und Joe Dante, der das Angebot kurz vor Beginn der Dreharbeiten von *Gremlins – Kleine Monster* erhielt. Wie Spielberg, so glaubte keiner der Regisseure, daß Disney mit seiner beschränkten Vorstellungskraft und seiner Buchhaltermentalität ein innovatives Projekt realisieren könnte, dessen Kosten zudem in den Sternen standen. »Sie hatten einfach nicht die Energie, um einen derart anspruchsvollen Film zustandezubringen«, sagte Zemeckis später.[4]

Die fortgeschrittenste Produktionsstufe des Roger-Rabbit-Films, die Ron Miller und Richard Berger erreichten, war eine kleine Fotografie im Jahresbericht von 1983, deren Bildunterschrift lautete: »Die Arbeit am Spiel- und Trickfilm *Roger Rabbit* wird fortgesetzt.«[5]

Anfang 1986 hatte das Team Disney Steven Spielberg ein neues Angebot gemacht. Disney war jetzt bereit, die Vermarktungsrechte an *Roger Rabbit* mit ihm zu teilen und seiner Filmgesellschaft Amblin Entertainment einen ansehnlichen Anteil am Gewinn zukommen zu lassen. Disney brauchte Spielberg und seine schöpferische Kraft, um das Projekt aus den Startlöchern zu hieven.

In der Anfangsphase betrachteten Disney und Spielberg das Projekt recht verschieden. Spielberg sah einen starken Schauspieler, jemanden wie Harrison Ford, in der Hauptrolle neben dem Zeichentrickkaninchen. Später änderte er jedoch seine Meinung und trat an den Komiker Bill Murray heran. Disney wollte dagegen, daß Roger Rabbit im Mittelpunkt stand und auf diese Weise zur zentralen Figur der Vermarktungskampagne werden würde. Roger Rabbit, betonten sie immer wieder, muß der Star des Films sein.

Als Richard Berger sich an Spielberg wandte, schätzte Disneys Filmproduktion die Kosten des Films auf mindestens 25 Millionen Dollar. Nachdem er mit Spielberg gesprochen hatte, war Berger jedoch klar, daß die Kosten weit höher liegen würden. Das wußten auch Eisner und Katzenberg. Aber sie wollten unbedingt eine neue Fantasiefigur haben und waren bereit, die nötigen Mittel aufzuwenden. Sie stellten zwar einen vorläufigen Budgetplan von 30 Millionen Dollar auf, waren sich aber bewußt, daß der Film leicht über 40 Millionen kosten konnte. Die Kombination von realen und gezeichneten Figuren war schon früher einmal eingesetzt worden, unter anderem episodisch in dem Disney-Film *Mary Poppins* von 1964. Aber diese Kombination auf einen ganzen Spielfilm auszudehnen, war ein Abenteuer in unbekanntem Gelände.

Falsches Spiel mit Roger Rabbit sollte der teuerste Film werden, den Disney jemals gedreht hatte. Die Kosten stiegen schon allein dadurch, daß Disney und Spielberg verschiedene Möglichkeiten ausprobierten, reale und gezeichnete Figuren so zu kombinieren, daß es aussah, als träten sie tatsächlich gleichzeitig auf. Als der Film abgedreht war, hatten sich die Produktionskosten auf 50,6 Millionen Dollar erhöht, und Disney gab danach noch einmal 32 Millionen Dollar für Werbung und Verleih aus. Um einen Teil der Ausgaben zu decken, hatte Disney Roland Betts überredet, die Höchstgrenze der von Silver Screen pro Film bereitgestellten Mittel von 20 auf 27,5 Millionen Dollar anzuheben, aber die Partnership Silver Screen III, deren Anteile Ende 1986 angeboten worden waren, weigerte sich, Spielbergs Gewinnanteil zu bezahlen. Darüber hinaus verlangte sie von Disney eine beschleunigte Rückzahlung der bereitgestellten Mittel.[6] Spielberg sagte über die Disney-Manager: »Sie haben uns durch schiere Hartnäckigkeit davon überzeugt, daß dort, wo ein Wille und ein großes Bankkonto ist, auch ein Weg zu finden ist.«

Die Dreharbeiten von *Falsches Spiel mit Roger Rabbit* begannen am 1. Dezember 1986 in Los Angeles im Viertel Chavez Ravine, einer tristen Gegend in der Nähe des Dodger Stadium. Andere Szenen wurden um den Griffith Park herum und in Downtown Los Angeles gedreht, wo in der Hope Street Geschäftsfassaden verkleidet und neu angestrichen wurden, damit die Geschäfte wie ihre Vorgänger aus den 40er Jahren aussahen.

Die Planungsarbeiten für den Film hatten neun Monate vorher begonnen, als Spielberg Robert Zemeckis, mit dem er schon bei *Zurück in die Zukunft* zusammengearbeitet hatte, ins Filmteam holte. Als Zeichner von Roger Rabbit wurde der 53jährige Richard Williams verpflichtet, ein in Kanada geborener, jetzt aber in London lebender Trickfilmzeichner, der als einer der besten der Welt galt. Williams hatte für seinen Trickfilm *A Christmas Carol* von 1971 den Oscar erhalten, die Zeichentrickeinlagen der *Rosa-Panther*-Filme und jede Menge Werbespots gezeichnet. Williams unterschrieb den Vertrag mit Disney, nachdem er sich im März 1986 mit Zemeckis im vornehmen Londoner St. James Club zu einem Drink getroffen hatte.

Roger Rabbit wurde schließlich eine Mischung mehrerer Vorbilder aus alten Disney-, Warner- und MGM-Trickfilmen. Der Mund, zum Beispiel, stammte von Thumper aus dem Disney-Film *Bambi*, und der Hals war Bugs Bunny entliehen, den der berühmte Cartoonist Tex Avery für Warner Brothers erfunden hatte. Die letztgültige Version von Roger zeichnete Williams während des Fluges von London nach New York auf einen Briefumschlag.

Das Engagement von Williams war das Ergebnis eines heiklen Kompromisses zwischen Disney und Steven Spielberg, der gerade seinen ersten eigenen Zeichentrickfilm – *Feivel, der Mauswanderer* – fertiggestellt hatte und befürchtete, Disneys Zeichner könnten über die Jahre eingerostet und nicht mehr in der Lage sein, die Zeichenarbeiten für *Roger Rabbit* selbst zu erledigen.

Bei den Trickfilmen, die am Samstagvormittag im Fernsehen liefen, wurden 6 der 24 Bilder, die pro Sekunde durch den Projektor liefen, von Hand gezeichnet. Zemeckis bestand jedoch darauf, daß bei seinem Film mindestens 12 Bilder pro Sekunde gezeichnet wurden, was die Qualität etwa auf die Ebene von Walts *Schneewittchen* heben würde. Es war allerdings auch ein enorm zeitaufwendiges Verfahren, das bedeutete, daß zwanzig Zeichner ungefähr eine Woche an jeder Filmminute arbeiten mußten.

Die Verhandlungen waren schwierig, aber nach mehreren Wochen einigten sich Disney und Spielberg auf einen Kompromiß, der eine gemeinsame Zeichnergruppe unter der Leitung von Amblin Entertainment vorsah. Spielberg bekam freie Hand bei der Ernennung des Chefs dieser Gruppe, war aber verpflichtet, für jeden von außen kommenden Zeichner, den er und Zemeckis einstellten, einen Disney-Zeichner in die Gruppe aufzunehmen. Williams stellte schließlich ein Team von 326 Zeichnern zusammen, das zur Hälfte aus Disney-Angestellten bestand, und richtete in einer restaurierten edwardianischen Fabrik im Norden Londons für die Dauer der Arbeit an *Roger Rabbit* ein Trickfilmstudio ein. Spielberg bereitete unterdessen seinen nächsten Film vor, *Das Reich der Sonne,* den er für Warner Brothers drehte. Die tagtägliche Kleinarbeit an *Roger Rabbit* überließ er weitgehend Zemeckis und dem 39jährigen Frank Marshall, Spielbergs langjährigem Mitarbeiter und Amblin-Partner.

Eine Arbeit von unschätzbarem Wert erledigte Spielberg allerdings selbst: den Ankauf der Rechte an all den Zeichentrickfiguren der 40er Jahre, die Disney neben Roger Rabbit in dem Film auftreten lassen wollte. Er bekam für jeweils 5000 Dollar die Rechte für den Einsatz solcher Figuren wie Porky Pig und Daffy Duck von Warner Brothers und Woody Woodpecker von Universal Studios. Sogar Droopy Dog von MGM/UA Communications wurde freigegeben, obwohl Mark Sturdivant, den Ron Miller vorher bei dem Studio hatte anfragen lassen, abschlägig beschieden worden war. Spielberg hatte mehr Erfolg beim Ankauf der Rechte, weil er für die angesprochenen Studios bereits enorme Kassenschlager produziert hatte, einschließlich solcher Megahits wie *Der weiße Hai* und *E.T.* für Universal und *Gremlins* für Warner Brothers. Die alten Beziehungen hinderten Warner jedoch nicht daran, Forderungen über die Art des Einsatzes der freigegebenen Figuren zu stellen. Für Warner war Bugs Bunny mindestens ebenso wertvoll und schützenswert wie Mickymaus für Disney; Bugs sollte daher nur gemeinsam mit Micky im Bild erscheinen und dieselbe Menge Text haben wie die Disney-Figur.

Spielberg hatte seine Idee aufgegeben, einen Superstar wie Harrison Ford für die reale Hauptrolle zu engagieren. Frank Marshall hatte gerade Bob Hoskins in *Mona Lisa* gesehen, eine Rolle, die Hoskins eine Oscar-Nominierung einbrachte. Der in England geborene Hoskins hatte bislang in Filmen wie *Rififi am Karfreitag* meistens billige Ganoven gespielt. Klein, korpulent und derangiert, war er der perfekte Eddie Valiant, der aus dem Gleis geratene Privatdetektiv, der Roger Rabbit bei der Aufklärung des Mordes an Marvin Acme hilft. Der Alleinunterhalter Charles Fleischer lieh Roger seine Stimme und erfand dessen einzigartige stotternde Redeweise. Christopher Lloyd, einer von Spielbergs Lieblingsschauspielern, der schon in *Zurück in die Zukunft* mitgewirkt hatte, spielte Richter Doom, den hinterhältigen Strafverfolger, der die »Toons«, die Trickfilmfiguren (aus den Cartoons), ausmerzen und ihre Stadt (Toonstadt) vom Erdboden tilgen will.

Die Herstellung des Films erwies sich als ein einziger Alptraum. Spielbergs Team hatte zugesagt, daß die Comicfiguren dreidimensional sein würden und zum Beispiel in der Szene, in der Roger in der Badewanne unter Wasser gedrückt wird, echtes Wasser verspritzt werden würde. Darüber hinaus sollten sie Schatten werfen wie wirkliche Menschen. All diese Dinge sollten den Szenen einen realistischen Anstrich geben, erforderten aber eine gewaltige Arbeitsanstrengung, wesentlich mehr, als für eindimensionale Figuren nötig gewesen wäre.

Die Dreharbeiten der Realszenen des Films dauerten fünf Monate. Die Komplexität des Werkes erforderte jedoch auch dafür Innovationen. So entwickelte Industrial Light und Magic von Lucasfilm zum Beispiel eine Vistavision-Großbildkamera, zum einen, um die Bildqualität zu verbessern, und zum anderen, um Bilder herzustellen, die groß genug waren, um sie zeichnerisch bearbeiten zu können.

Viele der Innenaufnahmen wurden auf 3 Meter hohen Podien gedreht, unter denen bis zu 15 Puppenspielern agierten, die mit

Roboterarmen und Drähten die Requisiten auf dem Set bewegten. Auf diese Weise schwebten Pistolen, Tabletts voller Gläser und sogar angezündete Zigarren durch die Luft, um später von Zeichentrickfiguren gehalten zu werden.

Der beeindruckendste Spezialeffekt war ein Gummitaxi namens Benny the Cab, das eine Volldrehung um die eigene Achse durchführen und eine Geschwindigkeit von mindestens 65 Kilometern pro Stunde erreichen mußte, um wie ein Porsche um die Ecken zu sausen. George Lucas' ILM-Studio benutzte schließlich einen allradgetriebenen Geländewagen von Honda, um das Gummitaxi zu bauen. Der Fahrersitz wurde so konstruiert, daß er fast einen Meter nach vorn rutschte, bevor der Rest des Autos ihm folgte, was den Eindruck eines zusammenschnappenden Gummibands hervorrief.[7]

Die Produktion des Films geriet fast vom ersten Tag an in Verzug, da immer wieder neue technische Probleme auftauchten, die die Arbeit aufhielten. Obwohl er seine Crew einen Monat lang sogar in Schichten eingeteilt hatte, so daß vierundzwanzig Stunden am Tag an dem Film gearbeitet werden konnte, hinkte Robert Zemeckis, als er die Dreharbeiten Mitte April abschloß, dem Zeitplan zwei Wochen hinterher, und Williams' Team fiel sogar drei Monate hinter ihn zurück. Zemeckis und Richard Williams hatten zwar schon in einer Probeszene von einer halben Minute Länge, in der Roger Rabbit einer Reihe von herabfallenden Requisiten ausweicht, reale und gezeichnete Aktionen zusammengebracht, aber das war offenbar nur ein Strohfeuer gewesen.

Im Februar 1988, nur fünf Monate vor dem am 24. Juni geplanten Start von *Roger Rabbit,* blieben die Arbeiten an dem Film immer noch Wochen hinter dem Zeitplan zurück. Die Disney-Manager sahen die Katastrophe unaufhaltsam auf sich zukommen, und ein entnervter Jeffrey Katzenberg flog mehrere Male nach London, um Williams die Leviten zu lesen.

Mit Spielbergs zähneknirschend gegebener Zustimmung übernahm Katzenberg noch im selben Monat schließlich selbst die Produktion des Films und bildete in Burbank eine zusätzliche Zeicheneinheit, um die Arbeiten zu beschleunigen. Die neunzig von anderen Projekten abgezogenen Disney-Zeichner dieser Einheit stellten eine zehnminütige Schlüsselszene des Films her, in der Eddi Valiant aus der wirklichen in die fiktive Welt von Toonstadt fährt. Eine andere, zwölf Minuten lange Szene, in der Valiant zu einem »Toon« werden und sich dann wieder in seine Normalgestalt zurückverwandeln sollte, indem er sich die Farbe einfach abwusch, wurde, um Zeit zu sparen, gänzlich weggelassen. »Tatsache ist, daß uns die Amblin-Leute förmlich zu Hilfe gerufen haben«, sagte Katzenberg wenig später. »Manchmal geschieht das mit zärtlicher Liebe, und manchmal mit einem Gummiknüppel.«[8]

Ende April lag der Film wieder im Zeitplan. Den Termin im Juni einzuhalten, war aufgrund der abgeschlossenen Lizenzverträge unabdingbar. Ein Jahr zuvor hatten Steven Spielberg und Paul Pressler, der Zuständige für Lizenzvergaben in Disneys Konsumproduktabteilung, auf einer Bühne in Burbank mehreren Dutzend Wirtschaftsmanagern Rohzeichnungen des Films vorgeführt, und Disney hatte bis Mitte 1988 insgesamt vierunddreißig Lizenzverträge für über fünfhundert Produkte auf der Basis von *Roger Rabbit* unterzeichnet.

Zu diesen Produkten gehörte traditionelles Spielzeug wie eine von Hasbro hergestellte, gut vierzig Zentimeter große, abwaschbare Roger-Puppe in einem roten Overall und eine sprechende Roger-Puppe für 22 Dollar, für die LJN Toys die Lizenz erhalten hatte. Daneben gab es Jessica-Rabbit-Spangen für 240 Dollar und lederne Bomberjacken, auf denen unter dem Schriftzug »Born to be Wild« ein Bild von Baby Herman aufgenäht war, für 294 Dollar. LJN hatte sogar ein auf dem Film basierendes, raffiniertes Computerspiel entwickelt. Das einzige, was sich Disney verbeten hatte, waren Produkte, die Baby Herman mit Zigarre zeigten, und solche, die Jessica Rabbits Kurven allzu sehr in den Vordergrund rückten.

Die meisten Produkte sollten zum Kinostart auf den Markt geworfen werden. Darauf abgestimmt waren auch zwei der größten gemeinsamen Werbekampagnen, die Disney jemals in Gang gesetzt hatte. McDonald hatte 15 Millionen Dollar für einen Fernsehspot und andere Werbeträger, unter anderem Plastiktassen, auf denen die Filmfiguren abgebildet waren, zur Verfügung gestellt. Und

Coca-Cola hatte sich eine zum Kinostart des Films anlaufende Fernsehwerbung für die Diät-Cola sogar 20 Millionen Dollar kosten lassen. In beiden Fällen hatte Disney an den Fernsehspots mitgearbeitet: Im ersten Fall waren Jessica und Roger Rabbit in einem Drive-in-Restaurant von McDonald zu sehen, und im zweiten wurde ein Auftritt von Jessica im »Klecks und Pinsel« gezeigt, dem Klub, in dem sie auch im Film auftritt.

Mehrere Wochen vor dem Kinostart von *Falsches Spiel mit Roger Rabbit* lief Disneys Promotionmaschine auf Hochtouren. Disney gab für die Werbekampagne über 30 Millionen Dollar aus, davon allein fast 15 Millionen Dollar innerhalb der ersten zehn Tage. Beide Zahlen waren Rekorde in der Unternehmensgeschichte. Sogar Katzenberg hatte sich, um ein noch größeres Medienecho zu erreichen, in die Pressearbeit eingeschaltet, indem er mit einer vierzig Minuten langen Version des Films und einer Gruppe von PR-Mitarbeitern nach New York geflogen war und die Redaktionen von *Newsweek* und *Time* aufgesucht hatte, um derjenigen der beiden Zeitschriften, die ihm eine Titelstory zusicherte, die Exklusivrechte an der Entstehungsgeschichte des Films anzubieten.

Newsweek griff zuerst zu und versprach Disney als Gegenleistung dafür, daß Michael Reese als einziger Reporter Zugang zu den Dreharbeiten und den Hauptdarstellern erhielt, zur Premiere des Films eine Titelgeschichte zu veröffentlichen. Allein diese Veröffentlichung war Millionen von Dollar wert. »In einer Ehe, die im Himmel geschlossen worden zu sein scheint«, hieß es in dem Artikel vollmundig, »bringt Disney Marketingverstand und die stolze Zeichentricktradition der Pionierzeiten von Walt Disney zusammen, und Amblin verleiht ihr das Spielberg-Flair der atemberaubenden Erzählweise, die solche herausragenden Filme wie *E.T.* und *Die unheimliche Begegnung der dritten Art* geschaffen hat.«[9]

Falsches Spiel mit Roger Rabbit bedrohte allerdings nie die Spitzenposition, die *E.T.* in der Liste der größten Kassenschlager aller Zeiten einnahm. Aber er spielte am ersten Tag immerhin 1,8 Millionen Dollar ein, das beste Ergebnis, das von Disney jemals erzielt worden war, und in der ersten Woche ließen die Kinobesucher weitere 17 Millionen Dollar an den Kassen. Zwei Wochen später waren die Einnahmen an den Kinokassen auf 54 Millionen Dollar angewachsen.[10]

Insgesamt spielte *Roger Rabbit* in den Vereinigten Staaten über 154 Millionen und im Ausland noch einmal 174 Millionen Dollar ein. Es war Disneys dritter Superhit innerhalb eines Jahres, und er katapultierte das Studio im Rennen um die Gunst der Kinogänger an die Spitze der großen Filmgesellschaften Hollywoods. Ende 1988 hatte Disney nahezu zwanzig Prozent des heimischen Marktes erobert.[11]

Mit seinem dünnen Schnurrbart, dem schmalen Gesicht und der tiefen Stimme ähnelte Roy Disney auf bemerkenswerte Weise seinem Onkel Walt. Was ihm trotz all der Jahre, die er in seiner Jugend in Walts Nähe verbracht hatte, fehlte, war die zeichnerische Begabung seines Onkels. Er hatte 1954 als Regieassistent der Dokumentarfilme *Die Wüste lebt* und *Wunder der Prärie* bei Disney angefangen, beides Filme, die in ihrer Sparte mit einem Oscar ausgezeichnet wurden.

Roy Disney hatte nie in der Zeichentrickabteilung gearbeitet. Aber er hatte zusammen mit Stanley Gold eine entscheidende Rolle im Vorfeld der Anstellung von Michael Eisner gespielt und bat den neuen Aufsichtsratsvorsitzenden kurz nach dessen Wahl um den Posten des Chefs der Zeichentrickabteilung. Michael Eisner beeilte sich, ihm diesen Wunsch zu erfüllen.

Zu dieser Zeit war die Abteilung von fast vierhundert Angestellten, die einst dort gearbeitet hatten, auf knapp zweihundert Mitarbeiter geschrumpft. Von Ron Miller und Card Walker vor den Kopf gestoßen, waren die besten Zeichner zu anderen Studios gegangen. Der Exodus hatte 1979 begonnen, als Don Bluth aus Protest gegen die Knausrigkeit des Studios, die seiner Meinung nach zu Lasten der Qualität der Trickfilme ging, zusammen mit sechzehn seiner Kollegen Disney verließ. Später schied ein weiterer junger Zeichner aus, Tim Burton, der anschließend als Regisseur des Erfolgsfilms *Beetlejuice* und des Superhits *Batman* eine steile Karriere machte.

Als Eisner und Wells bei Disney einstiegen, arbeiteten die Trickfilmzeichner seit fast einem Jahrzehnt an der Fertigstellung von

Taran und der Zauberkessel, dem ersten Disney-Film seit *Dornröschen und der Prinz* aus dem Jahr 1959, der im großen 70-mm-Format hergestellt wurde. Achtundsechzig Zeichner waren mit dem Projekt beschäftigt, das die Gesellschaft bereits knapp 40 Millionen Dollar gekostet hatte. Roy Disney hielt den Film zwar für zu düster und bedrohlich, um zu einem Erfolg zu werden, trieb aber in seiner neuen Funktion als Chef der Trickfilmabteilung die Abschlußarbeiten trotzdem voran. Im Vorspann des Films, der am 24. Juli 1985 in die Kinos kam, wurde allerdings noch Ron Miller als ausführender Produzent genannt. *Taran* erhielt überall gute Kritiken, fand aber beim Publikum nicht allzu viel Widerhall und spielte nur gut 21 Millionen Dollar ein.

Roy Disney war wie Michael Eisner und Jeffrey Katzenberg darauf aus, Zeichentrickfilme mit Hitqualitäten herauszubringen. *Taran und der Zauberkessel* gehörte kaum zu der Art von Filmen, mit denen sich die Gesellschaft ihr Ansehen erworben hatte. Der Wiederaufführungswert des Films war minimal, und die Aussichten für den Videoverkauf waren trübe. Er war ganz sicher kein Trickfilm von der Art, die es der Gesellschaft ermöglicht hätte, neue Figuren in Umlauf zu bringen, Spielzeuge zu verkaufen oder Erlebnisfahrten in den Vergnügungsparks zu inspirieren.

Kurz nachdem sie ihre Posten angetreten hatten, kursierte in Burbank das Gerücht, Eisner und Wells hätten vor, die Trickfilmabteilung ganz zu schließen. Die beiden neuen Disney-Chefs wollten, so glaubte man in der Gerüchteküche zu wissen, damit verhindern, daß das Studio in der Zukunft weitere Fiaskos wie *Taran und der Zauberkessel* erlebte.

In Wirklichkeit jedoch hatten Eisner und Wells keineswegs die Absicht, die Trickfilmabteilung aufzulösen. Die Frage, wie viele Zeichner das Studio brauchte, war damit allerdings noch nicht geklärt. Andere Studios beschäftigten zunehmend Zeichner in asiatischen Ländern, wo die Lohnkosten niedriger waren. Im übrigen waren die samstags vormittags und nachmittags ausgestrahlten Trickfilmreihen bei den Kindern außerordentlich beliebt.

Bald nachdem er ein Büro im dritten Stock des Animation Building bezogen hatte, bestellte Roy Disney viele der Zeichner zu sich, um sich über die laufenden Projekte zu informieren. Das frisch renovierte Büro, in dem er seine Untergebenen empfing, stellte seine Liebe zu Segelbooten aufdringlich zur Schau: Komplett mit Holztäfelung, nautischen Karten und sogar einem Kreiselkompaß eingerichtet, sah es wie das Innere einer seiner Schaluppen aus, und die Disney-Zeichner argwöhnten hinter seinem Rücken, der 54jährige Roy Disney sei nichts weiter als Walts »idiotischer Neffe«, jemand, der seinen Reichtum und seine Stellung geerbt hatte und keinerlei geschäftliche Fähigkeiten besaß.

Roy Disney wußte von dem Gerede seiner Untergebenen und beabsichtigte nun, fast ein Jahrzehnt, nachdem er aus der Gesellschaft ausgeschieden war, sie eines Besseren zu belehren. Sein erstes Projekt, erklärte er den Zeichnern, mußte etwas Besonderes sein. »Ich will diesen neuen Typen zeigen, daß ich zum Team gehöre«, sagte er. »Daß wir etwas beizusteuern haben.«[12]

Eine Woche nach Katzenbergs Einstieg bei Disney bat Roy Disney ihn und Eisner zu sich in sein Büro, um ihnen die ersten Skizzen und Szenenentwürfe für ein Filmprojekt mit dem Titel *Basil of Baker Street* zu zeigen. Die Grundidee, eine märchenhafte Geschichte über eine Mäusefamilie, die in der Nähe der Wohnung von Sherlock Holmes lebt, stammte von einigen Trickfilmzeichnern, die von den langsamen Fortschritten der Arbeit an *Taran und der Zauberkessel* frustriert waren und zur Besänftigung die Erlaubnis erhalten hatten, ein neues Projekt in Angriff zu nehmen. *Basil of Baker Street* war im übrigen der einzige Trickfilm, der weit genug gediehen war, um ihn produzieren zu können. Die Gesellschaft hatte Ende 1984, als das Team Disney das Heft in die Hand nahm, bereits 1,2 Millionen Dollar für das Projekt aufgewendet.

Anhand der auf einem der schmalen Flure des Animation Building aufgereihten Szenenentwürfe erklärte Roy Disney, unterstützt von John Musker und Ron Clements, zwei alten Disney-Zeichnern, die von dem *Taran*-Projekt abgesprungen waren, den beiden neuen Disney-Managern die Geschichte des geplanten Films. »Ich bin nicht sicher, ob Michael und Jeffrey überhaupt wußten, was sie sich ansahen«, erinnerte sich Roy Disney. »Aber sie sagten, daß wir weitermachen sollen.«

Basil of Baker Street kam später unter dem Titel *The Great Mouse Detective (Basil, der große Mäusedetektiv)* in die Kinos, konnte aber kaum als große Sensation bezeichnet werden. Im England des 19. Jahrhunderts spielend und ohne einen eingängigen Soundtrack, spielte der Film nur rund 25 Millionen Dollar ein. Aber während der zwölf Monate, die es brauchte, um ihn fertigzustellen, konnte sich Roy Disney mit seiner Forderung nach stärkerer Beachtung der Trickfilmabteilung durchsetzen. Michael Eisner gab ihr Anfang 1985 als Ziel vor, alle achtzehn Monate einen neuen Trickfilm herauszubringen, was im Vergleich zu den vier oder fünf Jahren, die die Abteilung bisher gebraucht hatte, um aus einer Drehbuchidee einen fertigen Film zu machen, dramatischen Zeitdruck bedeutete.

So sehr Eisner und Katzenberg das Geld und den Einfluß respektierten, die Roy Disney 1984 in die Übernahmeschlacht geworfen hatte, so wenig wußten sie über seine Fähigkeit, Erfolgsfilme an Land zu ziehen. Seine einzigen Filmerfahrungen stützten sich auf kurze Dokumentarfilme über in freier Wildbahn lebende Tiere. Jeffrey Katzenberg dagegen verstand es ausgezeichnet, zukünftige Erfolge zu erkennen. Durch seine vier Jahre alten Zwillinge kannte sich der neue Studiochef von Disney inzwischen auch recht gut in klassischen Trickfilmen, Kindergeschichten und den am Samstag Vormittag laufenden Trickfilmen aus. Er fing schließlich sogar an, »cels« alter Disney-Klassiker zu sammeln, die großen transparenten Blätter, auf denen die Trickfilme gezeichnet werden.

Da von Roy Disney nicht unbedingt zu erwarten war, daß er die richtigen Filme auswählte, übernahmen Eisner und Katzenberg diese Aufgabe. Eisner verlangte, daß die Zeichner von nun an Drehbücher zu schreiben hatten, und gab damit die aus Walts Zeiten überlieferte Gewohnheit auf, Szenenentwürfe als Anhalt für den Handlungsverlauf herzustellen. Die Drehbücher würden Geld und Zeit sparen und außerdem auch die Qualität der Geschichten verbessern, argumentierte er.

Ende 1985 rief Katzenberg Roy Disney und über ein Dutzend seiner Zeichner und Produzenten in einem Konferenzraum, nicht weit von seinem frisch renovierten Büro entfernt, zu einer von Disneys »Gong-Shows« zusammen.

Die »Gong-Shows« waren bereits zu einem alltäglichen Ereignis geworden. Sie boten die Gelegenheit, neue Ideen anzusprechen und zu diskutieren. Ideen, die keinen Anklang fanden, wurden entweder von Katzenberg selbst oder von einem seiner Assistenten durch ein lautes »Gong« verabschiedet, eine demoralisierende Zurückweisung, die Richard Berger und Stan Kinsey aus der Gesellschaft vertrieben hatte.

Den ersten Vorschlag dieser Sitzung wagte niemand durch ein »Gong« zu entwerten. Er war von Katzenberg selbst gekommen, der einen Film auf der Grundlage des Romans *Oliver Twist* von Charles Dickens zur Diskussion stellte, in dem als modernes Märchen die Geschichte eines Waisenjungen aus dem New York der Gegenwart erzählt werden sollte. Katzenberg hatte noch bei Paramount mit den Vorarbeiten für eine Musicalversion von *Oliver Twist* begonnen und sogar schon einige Musikproben in Auftrag gegeben. Aber das Projekt war nicht weiter verfolgt worden, nachdem Diller, Eisner und er Paramount verlassen hatten.

Die Disney-Zeichner sahen die Möglichkeiten, die in dem Stoff steckten. Anstelle eines Jungen wollten sie jedoch eine verwaiste Katze namens Oliver, die von einer Bande kleinkrimineller, aber freundlicher Hunde aufgenommen wird, in den Mittelpunkt der Handlung stellen. Der Film, der aus dieser Idee entstand, war *Oliver & Co.*, für den Katzenberg ein Budget von 18 Millionen Dollar bereitstellte. Im Gegensatz zu anderen jüngeren Trickfilmproduktionen von Disney, bei denen die müden Stimmen von Peggy Lee oder Buddy Hackett zu hören gewesen waren, stellte der neue Film Stars aus neuerer Zeit wie Billy Joel, Bette Midler und Cheech Marin in den Vordergrund. Für den Soundtrack wurden Sänger wie Joel, Huey Lewis und Ruth Pointer verpflichtet.

Ron Clements, der gerade *Basil, der große Mäusedetektiv* fertiggestellt hatte, schlug auf der »Gong-Show« vor, Hans Christian Andersens Märchen *Die kleine Meerjungfrau* zu verfilmen, die Geschichte einer Meerjungfrau, die zum Menschen werden will. »Es ging sofort eine Welle der Erregung durch den Raum«, erinnerte sich Roy Disney. »Es war ein Film, den Walt mit Sicherheit gedreht hätte.«[13]

Jeffrey Katzenberg unterschied sich in dieser Beziehung nicht von Walt: Auch er wollte den Film machen. Es war fast drei Jahrzehnte her, seit Disney *Dornröschen und der Prinz* gedreht hatte, den letzten Trickfilm des Studios, der auf der Grundlage eines bekannten Märchens entstanden war. Für Katzenberg wurde *Arielle – Die Meerjungfrau* mit der Zeit zu einer fixen Idee, von der er regelrecht besessen war. In den nächsten drei Jahren arbeiteten nicht weniger als 400 Künstler und Techniker an dem Film und stellten insgesamt 150 000 gezeichnete »cels« her, während das Budget des Projekts auf über 23 Millionen Dollar anwuchs. Als Komponisten verpflichtete Katzenberg die Broadway-Songschreiber Howard Ashman und Alan Menken, die gerade die Musik für *Der kleine Horrorladen* geschrieben hatten. Ihre Songs besaßen genau den Schwung und den Humor, die nach Katzenbergs Ansicht gut in den geplanten Film passen würden.

Um das nötige Leistungsvermögen für die neu angefachte Aktivität der Trickfilmabteilung zuzusichern, wiesen Eisner und Katzenberg Roy Disney an, zusätzliche Zeichner einzustellen, und setzten ein internes Ausbildungsprogramm in Gang. Mindestens genauso wichtig war die Investition von 12 Millionen Dollar für die hochentwickelte Computertechnik, die man brauchte, wenn man die vom Eisner-Team geforderte Anzahl von Trickfilmen produzieren wollte. Der Kauf der Computer, die bei der Vervielfältigung des Hintergrunds und anderer mehrfach benötigter Szenenbestandteile viel Zeit sparen, war schon 1982 von Stan Kinsey gefordert worden. Aber sowohl Card Walker als auch Ron Miller hatten sich damals dagegen ausgesprochen, weil sie die Technik für zu teuer hielten – eine Entscheidung, die das Team Disney jetzt rückgängig machte.

Während die Zeichner mit ihren neuen Maschinen und der erhöhten Arbeitslast beschäftigt waren, sah sich der eben erst eingestellte Marketingchef Bob Levin nach Möglichkeiten um, die neuen Figuren, die Eisner und Wells von den Trickfilmen erwarteten, zu vermarkten. Levin kam aus Chicago und hatte dort häufig mit den Marketingteams von McDonald's und Sears zusammengearbeitet. Es reizte Levin, die größte Kaufhauskette und den Betreiber der berühmtesten Fast-food-Restaurants für Disney zu gewinnen. Frank Wells war auf der Suche nach Sponsoren für »Splash Mountain«, die gigantische, 80 Millionen teure Wasserfahrt, die Disneys Ideenfabrik für Disneyland geplant hatte, sogar schon mit McDonald's im Gespräch. McDonald's war jedoch nicht bereit, das viele Geld aufzubringen, das das Projekt erfordert hätte. Levin dagegen konnte einen Vertrag aushandeln, in dem sich die Hamburger-Kette verpflichtete, mit kleinen Geschenken und Preisausschreiben für Disneys Trickfilme zu werben. Der erste Film, für den McDonald's warb, war *Oliver & Co.;* die Fast-food-Kette verteilte kleine Gummihunde, die vier der Hauptfiguren des Films nachgebildet waren. Insgesamt gab McDonald's mehr als 10 Millionen Dollar für solche Werbegeschenke aus.

Ende 1987 wurde Disney auch mit Sears handelseinig. Der Kaufhauskonzern unterschrieb einen Zehnjahresvertrag, mit dem er sich die Exklusivrechte an einigen Figuren der neuen Disneyschen Trickfilme sicherte. Der Deal umfaßte auch die Zusage von 75 Millionen Dollar für eine Erlebnisfahrt im Disney-MGM Studios Theme Park in Orlando. (Sears zog sich ein Jahr später allerdings wieder von dem Vertrag zurück, als der Konzern umfangreiche Sparmaßnahmen traf.)

Jeffrey Katzenberg liebte ein gutes, kräftiges Frühstück im pittoresken Bel Air Hotel. Anfang 1987 saß Disneys Studiochef jedoch eines Abends in einer schmuddligen roten Vinylnische im Hamburger Hamlet am Sunset Drive und schaute, während er getrocknete Zwiebeln kaute und an seiner unvermeidlichen Diät-Cola nippte, über den Tisch zu Warren Beatty hinüber, dem rätselhaftesten aller Hollywood-Stars.

Beatty war mit seinen 52 Jahren ein brillanter Regisseur und gutaussehender Hauptdarsteller, der für seine Arbeit hinter der Kamera achtmal und für die vor ihr dreimal für den Oscar nominiert worden war. Offenbar mit einer unerschöpflichen Libido ausgestattet, hatte Beatty daneben eine lange Reihe von Affären mit den schillerndsten Frauen von Hollywood hinter sich. Brigitte Bardot, Liv Ullman und Candice Bergen waren nur drei seiner vielen Eroberungen. An diesem Abend im Jahr 1987 allerdings hatte Beatty, während er im Hamburger Hamlet, einem beliebten nächtlichen Treffpunkt, in seinem Salat herumstocherte, keine Frau im Sinn, sondern einen zehn Jahre alten Traum.

Katzenberg war im Gegensatz zu Beatty, dessen nächtliche Aktivitäten allgemein bekannt waren, ein Morgenmensch. Einen Deal schloß man nach Katzenbergs Ansicht am besten frühmorgens beim Frühstück ab, und nicht zu einer Zeit, zu der der Rest von Hollywood ins Bett ging. Aber Beatty hatte das Lokal vorgeschlagen, und der Deal, um den es ging, war kein gewöhnliches Projekt. *Dick Tracy* war ein Film, von dem beide Männer seit Jahren besessen waren.

Die Filmidee konnte inzwischen bereits auf eine lange, verwikkelte Geschichte zurückblicken. Chester Goulds gegen das Verbrechen ankämpfender Comic-Held, der zum erstenmal am 5. Oktober 1931 auf den Seiten des *Detroit Mirror* in Erscheinung getreten war, gehörte seit langem zur Hollywood-Szene. Sowohl Republic Pictures als auch RKO Pictures hatten einen Filmhelden aus dem hakennasigen Polizeidetektiv gemacht, und Anfang der 50er Jahre hatte Ralph Byrd ihn in einer kurzlebigen Fernsehserie gespielt. Der Produzent Michael Laughlin hatte Mitte der 70er Jahre versucht, die Filmidee neu zu beleben, konnte aber kein Studio finden, das bereit gewesen wäre, sein Vorhaben zu unterstützen.

Als dann der Produzent Art Linson und der Regisseur Floyd Mutrux 1977 die Rechte an dem Stoff erwarben, sah es so aus, als würde der Dick-Tracy-Film tatsächlich gedreht werden. Linson und Mutrux waren Hollywood-Veteranen, die Filme wie *Hollywood Knights* und *Zwei in Blue Jeans* vorzuweisen hatten, und stießen bei Paramounts Generaldirektor Michael Eisner und seinem jungen Assistenten Jeffrey Katzenberg auf offene Ohren.

Katzenberg und Eisner, die damals noch bei Paramount waren, suchten nach einem Sommerfilm, der ähnlich wie die James-Bond-Serie von United Artists einen regelmäßig wiederkehrenden Geldregen garantieren würde. Sie hatten auch schon Barry Dillers Zustimmung zu dem Film eingeholt. Aber Diller bereitete das saftige Budget Kopfschmerzen, und er beauftragte Katzenberg deshalb, ein anderes Studio hinzuzuziehen, um die Kosten auf mehrere Schultern zu verteilen. Katzenberg wandte sich an Universal Studios, wo man einwilligte, den Projekt zu übernehmen, und das Drehbuch an John Landis weitergab. Landis, der unter anderem *Blues Brothers* und *Ich glaub', mich tritt ein Pferd* gedreht hatte, versuchte zunächst, Clint Eastwood für die Hautrolle zu gewinnen, hatte aber keinen Erfolg und legte das Drehbuch Warren Beatty vor.

Danach wurde die Geschichte des Projekts reichlich verworren. Landis gab den Film auf, um *Die Glücksritter* zu drehen, und nach ihm gaben sich die Regisseure die Klinke in die Hand, unter anderem Richard Benjamin, der *Ein Draufgänger in New York,* und Walter Hill, der *Nur 48 Stunden* gedreht hatte. Beatty war weiterhin interessiert, ging aber erst einmal zu Paramount, um *Reds* (1981) zu drehen, die Lebensgeschichte von John Reed, des einzigen Amerikaners, der an der Moskauer Kremlmauer beigesetzt wurde.

Nicht lange danach ging das Paramount-Team auseinander. Barry Diller wechselte zu Twentieth Century Fox, und Eisner und Katzenberg stiegen bei Disney ein. Universal erlebte unterdessen ebenfalls eine Managementkrise. Der Studiochef Ned Tannen, der für *Dick Tracy* grünes Licht gegeben hatte, ging zu Paramount. Beatty, der von der Entwicklung höchst enttäuscht war, erwarb schließlich für 1 Million Dollar selbst die Rechte an dem Stoff und versuchte ohne Erfolg, die Regisseure Bob Fosse und Martin Scorsese zu interessieren, bevor er sich entschloß, selbst die Regie zu übernehmen.

Mitte der 80er Jahre sank Beattys Stern. *Reds* war zwar für vier Oscars nominiert worden und hatte Beatty den Oscar für die beste Regie eingebracht, aber die Produktion des Films war ein Alptraum gewesen. Ursprünglich mit 23 Millionen Dollar veranschlagt, hatte er am Ende über 35 Millionen gekostet. Schlimmer war jedoch, daß er mehrere Millionen Dollar Verlust machte. Nach *Reds* gehörte Beatty, trotz solcher Filme wie *Shampoo* (1975) und *Der Himmel soll warten* (1978), die er vorher gedreht hatte, nicht mehr zu den heißen Eisen der Branche. Sein nächster Film – *Ishtar* – wurde ein Flop von geradezu gigantischem Ausmaß.

Die Schuld an diesem Desaster wurde zum größten Teil Elaine

May, der quecksilbrigen Autorin und Regisseurin des Films, angelastet. Aber Jeffrey Katzenberg war sich, während er sich im Hamburger Hamlet mit Beatty unterhielt, im klaren darüber, daß ein Beatty-Projekt stets erhebliche Probleme mit sich zu bringen pflegte. Beatty war für seine langwierigen Entscheidungen in Besetzungsfragen und seinen unerschütterlichen Perfektionismus bekannt, und seine Filme überzogen für gewöhnlich sowohl den Zeitplan als auch das Budget. Zu den Dreharbeiten an einem Beatty-Film gehörten in aller Regel endlose Überarbeitungen des Drehbuchs, Dutzende nachzudrehende Szenen und das pure Chaos auf dem Set. Darüber hinaus stand Beatty Vorschlägen des Studios, das seinen Film finanzierte, im allgemeinen nicht gerade wohlwollend gegenüber. Als Paramount *Reds* für die Ausstrahlung durch ABC kürzen wollte, ließ er durch seine Anwälte eine einstweilige Verfügung erwirken, die Paramount die nachträgliche Bearbeitung des Films verbot.

Dem Team Disney lag eine derartig unkalkulierbare Arbeitsweise überhaupt nicht. Die Filmbudgets waren unantastbar; von den Regisseuren wurde erwartet, sie nicht zu überschreiten. Noch wichtiger war, daß sich Disney als Finanzier vom Drehbuch bis hin zum letzten Schnitt bei jedem Arbeitsschritt das letzte Wort vorbehielt. So hatte Katzenberg, als *Falsches Spiel mit Roger Rabbit* allzu sehr in Verzug geriet, sogar dem hochgeschätzten Amblin-Team das Heft aus der Hand genommen.

Michael Eisner wußte allerdings, wie wertvoll Dick Tracy für Disney sein konnte, und er war es auch gewesen, der die ersten Gespräche mit Warren Beatty geführt hatte. *Dick Tracy* war nach Eisners Ansicht wie *Roger Rabbit* eine einmalige Gelegenheit, Lizenzgeschäfte abzuschließen. Die Massen von T-Shirts, Walkie-talkie-Armbanduhren und anderen Dick-Tracy-Produkten, die man lizensieren und verkaufen konnte, waren nur ein Teil der Geschichte. Dick Tracy war wie Roger Rabbit eine Figur, die Teenager und junge Erwachsene in die Vergnügungsparks locken konnte.

Aber bevor Disney darangehen konnte, die Vermarktung ins Auge zu fassen, mußte Katzenberg einen Deal aushandeln, der im Rahmen der Finanzgrundsätze der Gesellschaft blieb. Disney hatte für die Fertigstellung von *Falsches Spiel mit Roger Rabbit* 20 Millionen Dollar mehr als geplant ausgegeben, und der Studiochef zuckte schon bei dem Gedanken an eine neuerliche Kostenexplosion zusammen. Bei Paramount hatten Eisner und Katzenberg die Produktionskosten von *Dick Tracy* auf 18 Millionen Dollar geschätzt. Ein Jahrzehnt später war mit mindestens 30 Millionen Dollar zu rechnen.

Die Gesamtkosten würden natürlich höher liegen, wie Katzenberg sehr wohl wußte. Die Werbekosten waren, selbst bei mittelmäßigen Filmen, in den vorangegangenen Jahren gewaltig gestiegen und hatten 1988 einen Durchschnitt von 8,5 Millionen Dollar pro Film erreicht.[14] Doch das war nichts im Vergleich zu der Aufgabe, amerikanischen Jugendlichen, die noch nie etwas von dem hakennasigen Detektiv und seiner etwas altmodischen Walkie-talkie-Uhr gehört hatten, die 59 Jahre alte Comicfigur nahezubringen. Die Anzahl der Zeitungen, die die Dick-Tracy-Comics abdruckten, war im Gegensatz zu den Comicvorbildern von *Superman* und *Batman* seit den 50er Jahren stetig gesunken. Sie war bis 1988 im Vergleich zur Höchstmarke, die fünfunddreißig Jahre vorher erreicht worden war, auf ein Drittel geschrumpft.

Darüber hinaus war Warren Beatty nicht gerade ein Idol der Jugend, das die bis zu 20jährigen, die das Hauptpublikum der Filmindustrie darstellten, massenhaft in die Kinos zog. Um *Dick Tracy* zu einem Ereignis zu machen, das schon vor dem Kinostart in aller Munde war, mußten nach Katzenbergs Schätzung mindestens 20 Millionen Dollar in die PR-Arbeit gesteckt werden. Warner Brothers, wo man zu jener Zeit an einem ähnlichen Großfilm arbeitete – *Batman* –, hatte zusätzlich zu den mehr als 50 Millionen Dollar, die der Film selbst kostete, 35 Millionen Dollar für die Werbung veranschlagt, die das Publikum für die sagenhafte Comicfigur empfänglich machen sollte.

Disneys Studioanwältin, Helene Hahn, und der Superanwalt Bert Fields, der Warren Beatty vertrat, verhandelten fast das ganze nächste Jahr, bis der Deal endlich stand. »Wir gingen am Anfang beide von sehr unterschiedlichen Standpunkten aus«, sagte Fields über die *Dick Tracy*-Verhandlungen. »Es gab heftige Auseinandersetzungen und ... harte Positionskämpfe.«[15] Aber dann war der Vertrag spruchreif, und Wells, Katzenberg, Eisner und Hahn einerseits und Field und Beatty andererseits setzten in der Veranda von Wells' Haus in Beverly Hills ihre Unterschriften unter den Vertrag. Beatty würde eine Gage von insgesamt 9 Millionen Dollar bekommen – 5,5 Millionen für die Hauptrolle, 2,5 Millionen für die Regie, 500 000 für die Produktion und weitere 500 000 für das Umschreiben des Drehbuchs. Außerdem standen ihm fünfzehn Prozent des Gewinns zu, den Disney mit dem Film, den Lizenzverträgen und sonstigen Waren, die auf *Dick Tracy* beruhten, erzielen würde.

Im Gegenzug hatte auch Beatty wichtige Zugeständnisse gemacht. Um die Produktionskosten des Films unter Kontrolle zu halten, hatte Disney zugesagt, 25 Millionen Dollar zur Verfügung zu stellen, gleichzeitig aber durchgesetzt, daß alles, was darüber hinausging, von Beattys Einkünften abgezogen werden würde. Außerdem hatte das Studio von Beatty die Zusage erhalten, daß er sich mit Interviews und Auftritten in Talk-Shows an der PR-Kampagne beteiligen würde. Publizitätsscheu und nervös, wie er vor Fernsehkameras war, hatte Beatty es zum Beispiel im Fall von *Reds* abgelehnt, Pressekonferenzen zu geben, und Paramount hatte darin später einen Grund für den mageren Kinoerfolg des Films gesehen.

Disney verpflichtete sich, seinerseits schweres PR-Geschütz aufzufahren, und willigte darüber hinaus ein, fünf Prozent der Gewinne an Paramount und Universal weiterzugeben, da beide Studios immer noch einen Teil der Rechte an dem Film besaßen.

Die Dreharbeiten begannen am 2. Februar 1989 auf dem Gelände von Universal Studios. Beatty, dem das Drehbuch der *Top Gun*-Autoren Jim Cash und Jack Epps jr. nicht zusagte, hatte bereits seit Monaten das Buch umgearbeitet, und zog jetzt auch noch Bo Goldman, der *Melvin und Howard* geschrieben hatte, hinzu, um ihm den letzten Schliff zu geben. Er bekam schließlich das Drehbuch, das er wollte, verlor später jedoch ein Schiedsverfahren bei der Writers Guild of America, die ihm untersagte, sich im Vorspann des Films als Mitautor zu bezeichnen. Als Drehbuchautoren mußten statt dessen Cash und Epps genannt werden; Goldman durfte zwar erwähnt werden, aber nur als »Sonderberater«. Auch über die

Benennung der Produzenten mußte ein Rechtsstreit entscheiden, nachdem Linson und Mutrux den Status der ausführenden Produzenten und fünf Prozent vom Gewinn eingeklagt hatten, die ihnen nach ihrer Aussage versprochen worden waren, als das Dick-Tracy-Projekt, damals noch von Paramount, in Angriff genommen wurde.

Die Klage war noch anhängig, als Beatty den Stab und die Besetzung des Films zusammenstellte. Um dem Film den Anstrich eines bewegten Comic strips zu verleihen, engagierte er Vittorio Storaro, der für seine Kameraführung in *Reds* mit dem Oscar ausgezeichnet worden war. Die Kostüme schuf Milena Canonero, die für *Barry Lindon* und *Die Stunde des Siegers* jeweils einen Oscar erhalten hatte. Die aufwendigen Masken für Flachbirne, Weichlippe Manlis, Dörrpflaume und die anderen Gangster entwarfen John Caglione und Doug Drexler, die vorher unter anderem bei *Cotton Club, Zelig* und *Der Höllentrip* mitgearbeitet hatten. Für die Musik konnte Beatty den Broadway-Komponisten und fünfmaligen Tony-Gewinner Stephen Sondheim gewinnen.

Die Besetzung zusammenzustellen, dauerte etwas länger. Beatty hatte zunächst Gene Hackman, Faye Dunaway und Jack Nicholson als Schauspieler haben wollen, aber sie hatten andere Verpflichtungen zu erfüllen. Schließlich engagierte er zwei seiner Freunde aus der Branche: Dustin Hoffman, seinen Mitspieler aus *Ishtar,* und Al Pacino, die beide bereit waren, für den Grundtarif von 1440 Dollar pro Woche zu spielen. Eine Besetzungsentscheidung, die Verpflichtung von Sean Young für die Rolle von Tracys Freundin Tess Treuherz, erwies sich bald als Fehlgriff. Beatty und Young gerieten auf dem Set in Streit, und er ersetzte sie drei Wochen nach Drehbeginn durch Glenne Headley.

Superstar Madonna hatte das Drehbuch einige Monate vor Drehbeginn gelesen. Die vamphafte Rocksängerin, die mit ihren beiden letzten Filmen beim Publikum durchgefallen war, war keineswegs Beattys erste Wahl. Seine Wunschkandidatin für die Rolle von Heiserchen Mahoney, der kurvenreichen Nachtklubsängerin, der es nicht gelingt, Dick Tracy von seiner Tess Treuherz loszueisen, war vielmehr Melanie Griffith gewesen. Sie war damals jedoch schwanger und konnte das Angebot nicht annehmen. So erhielt Madonna ihre Chance, nachdem sie Beatty in dessen Haus in Coldwater Canyon angerufen und ihm gesagt hatte, daß sie bereit sei, für dieselbe Gage zu arbeiten wie Hoffman und Pacino.

Madonna, die nach ihren beiden Flops auf einen Filmhit versessen war, stellte sich außerdem voll in den Dienst der PR-Kampagne für den Film. Sie sorgte dafür, daß ihre neue Schallplatte genau zu dem Zeitpunkt auf den Markt kam, als *Dick Tracy* in den Kinos anlief; sie benannte sie sogar in Anspielung auf ihre Rolle (Breathless Mahoney; Breathless = atemlos, atemberaubend; in der deutschen Synchronisation: Heiserchen) in *I'm Breathless* um und ging anschließend auf ihre »Blond Ambition«-Tour, um den Film ins Gespräch zu bringen.

Disney befand sich zu dieser Zeit bereits mitten in der Werbekampagne für *Dick Tracy*. Daß Warren Beatty, sonst eher abweisend, diesmal für Interviews zur Verfügung stand, war dabei sicherlich ein Pluspunkt. Ein erster Schritt in der sorgfältig geplanten Kampagne war am Abend der Oscar-Verleihung, drei Monate vor dem Kinostart des Films, ein Auftritt bei Barbara Walters.

Als *Dick Tracy* schließlich überall im Land in die Kinos kam, wurde Beatty zu einer Art allgegenwärtigem Vertreter für den Film. Er erschien unter anderem in *20-20, David Latterman* und Arsenio Halls über viele angeschlossene Sender verbreiteter Talk-Show. In Larry Kings Kabelfernsehsendung beantwortete er sogar Telefonanrufe von Zuschauern.

»Es hat etwas Klägliches an sich«, schrieb Anna Quindlin, eine Kolumnistin der *New York Times*. »Warren Beatty hat so etwas bisher immer abgelehnt. Er wollte kein Marktschreier sein, und jetzt veranstaltet er ein wahres Getöse.«[16] Tatsächlich war Warren Beatty überall zu finden, wohin man auch blickte. Er gestattete einem Reporter des *Premiere Magazine* als erstem überhaupt, während der Dreharbeiten zu einem seiner Filme anwesend zu sein. Derselbe Reporter besuchte ihn später auch in einem Tonstudio auf dem alten MGM-Gelände in Culver City, während er die Musik mit den Bildern synchronisierte. Darüber hinaus gab Beatty Jack Mathews, einem Kritiker der *Los Angeles Times,* ein neunstündiges Interview, das unter anderem während eines Abendessens in seinem chinesischen Lieblingsrestaurant geführt wurde.[17]

Time und *Newsweek* konnten gleichfalls ausgedehnte Interviews mit dem Star führen, ebenso wie *Rolling Stone,* was für Beatty mit Sicherheit eine Premiere war. Kurz vor dem Kinostart stand er außerdem in einer Suite im Four Seasons Hotel in Beverly Hills, die Disney für ihn angemietet hatte, den Reportern der Lokalzeitungen stundenlang geduldig Rede und Antwort. »Ich tue nur, was Disney von mir verlangt«, erklärte er.[18]

Dick Tracy war, wie von den Disney-Managern befürchtet, erheblich teurer geworden als geplant. Als der Film am 15. Juni 1990 anlief, berichtete *Variety,* daß die Produktionskosten auf 46,5 Millionen Dollar hochgeschossen waren. Die umfangreichen Marketinganstrengungen von Disney und die Flut von Fernsehspots hatten weitere 54,7 Millionen Dollar verschlungen und die Gesamtkosten von Beattys Film auf atemberaubende 101 Millionen Dollar anwachsen lassen.[19] Da Disney nur etwa die Hälfte der Gewinne aus dem Kartenverkauf an den Kinokassen erhalten würde, war es höchst unwahrscheinlich, daß der Film in den Kinos überhaupt einen Gewinn einspielen würde. Man rechnete sogar damit, daß es bis zu fünf Jahren dauern würde, bis Disney durch den Verkauf von Videokassetten und den Verleih ans Kabelfernsehen die Kosten wieder eingenommen hatte.

Dick Tracy war mit einem Einspielergebnis von 104 Millionen Dollar nicht gerade eine Pleite, aber an der in Hollywood gehegten Erwartung gemessen, daß Disney ein Gegenstück zu *Batman* herausbringen würde, war es für viele doch ein enttäuschendes Ergebnis. *Dick Tracy* war ganz eindeutig kein *Batman*. Warner Brothers hatte, bei etwa gleichen Ausgaben, mit seinem Verbrechensbekämpfer an den Kinokassen mehr als das Doppelte dessen eingespielt, was Disney mit seiner Variante erzielen konnte.

Dick Tracy wurde auch nie zu der neuen, marktgängigen Figur für die Walt Disney Company, wie es Batman für Warner Brothers war. Die 85 Lizenzen, die die Disney-Abteilung für Konsumprodukte vergab, bedeuteten für die Gesellschaft zwar Einnahmen von

50 Millionen Dollar. Aber die Dick-Tracy-Produkte erreichten nie die enormen Verkaufsergebnisse der T-Shirts, Essensbehälter und anderen Massenartikel, die die Beliebtheit von Batman nutzten. *Dick Tracy* konnte es in dieser Beziehung nicht einmal mit der von Fox produzierten Fernsehserie *The Simpsons* und dem Warner-Film *Turtles* aufnehmen.

Aber *Dick Tracy* war nicht das einzige heiße Eisen, das die Walt Disney Company zu jener Zeit im Feuer hatte. Mit Eisner und Katzenberg an der Spitze brachte das Studio regelmäßig Erfolgsfilme heraus. Der erste unter dem neuen Management entstandene Trickfilm, *Oliver & Co.,* spielte zufriedenstellende 53 Millionen Dollar ein, damals der Rekord im Trickfilmbereich. Er wurde schon ein Jahr später, Ende 1989, durch *Arielle – Die Meerjungfrau* gebrochen. Dieser erste Disney-Klassiker seit fast dreißig Jahren spielte an den Kinokassen mehr als 84 Millionen Dollar ein, und die 9 Millionen Videokassetten, die von ihm verkauft wurden, stellten nach *E.T. – Der Außerirdische* das zweitbeste Ergebnis auf diesem Gebiet dar.

Aber *Arielle* war nur einer von mehreren Disney-Filmen mit Figuren, die auch außerhalb der Kinos genutzt werden konnten. Noch Monate nach Kinostart gaben insbesondere kleine Mädchen Millionen von Dollars für Produkte aus, die mit der Meerjungfrau Arielle zu tun hatten. Andere Disney-Figuren kamen nicht so gut an. Die *Oliver*-Produkte verkauften sich, trotz einer 7 Millionen teuren Werbekampagne von McDonald's, alles andere als gut, und den Roger-Rabbit-Produkten erging es überraschenderweise nicht viel besser.

Die Disney-Manager versuchten ihre neuen Figuren auch anderswo einzusetzen. Roger Rabbit wurde zu einem ständigen Bewohner von Disneyland, und Disneys Ideenfabrik wurde angewiesen, mit den Planungen für Erlebnisfahrten auf der Grundlage von *Dick Tracy, Roger Rabbit* und *Arielle – Die Meerjungfrau* sowohl in Anaheim als auch in Orlando zu beginnen. Außerdem wurden für je 2 Millionen Dollar zwei Roger-Rabbit-Kurzfilme hergestellt, die vor den großen Disney-Filmen gezeigt werden sollten, und es spricht viel dafür, daß die siebenminütigen Trickfilme mit dafür sorgten, daß *Liebling, ich habe die Kinder geschrumpft* 1989 zu einem riesigen Erfolg wurde.

Unterdessen arbeitete Disneys Trickfilmabteilung bereits an den nächsten Filmen. Nach der Fertigstellung von *Arielle – Die Meerjungfrau* begannen die Regisseure John Musker und Ron Clements mit der Arbeit an *Alladin*. Die Musik zu dem Film, dessen Kinostart für Ende 1992 geplant ist, sollten wieder Howard Ashman und Alan Menken schreiben, die bereits für *Arielle* die Songs verfaßt hatten.

Insgesamt war 1989 die Erfüllung von Disneys Plansoll von einem Trickfilm pro Jahr für die nächste Zeit gesichert. Ashman und Menken waren gerade dabei, sechs Songs für *Beauty and the Beast* zu schreiben, einen Film, der Ende 1991 herauskommen sollte. Daneben begannen die Vorarbeiten für *King of the Jungle,* ein Märchen über wilde Tiere in Afrika, das 1993 in den Kinos zu sehen sein wird, und Hendel Butoy und Mike Gabriel beendeten gerade mit *The Rescuers Down Under,* der Fortsetzung eines Films von 1977, ihre erste gemeinsame Arbeit. Der Kinostart war für November 1990 vorgesehen. Um die Lücke zwischen den großen Filmen zu schließen, gründete Disney zudem unter dem Namen Movietoons eine neue Produktionsabteilung, die in rascher Folge Trickfilme geringerer Qualität herstellen sollte und als erstes einen *DuckTales*-Film von Spielfilmlänge produzierte.

Außerdem arbeiteten Disneys Drehbuchautoren an einem zweiten Roger-Rabbit-Film. Unter dem Titel *Toon Platoon* sollte der Nachfolgefilm Roger als junges Kaninchen zeigen, das von menschlichen Eltern aufgezogen wird. Für die technische Seite wurde wiederum das Spielberg-Team unter Vertrag genommen. Premiere soll 1993 sein. Zu den Schauspielern, die diesmal mit Roger Rabbit »gemeinsam« vor die Kamera treten sollen, gehört unter anderem Tom Cruise.

Eine Fortsetzung von *Dick Tracy* ist nicht im Gespräch. Warren Beatty hat bisher nicht den Wunsch geäußert, einen zweiten Teil zu drehen, und angesichts der rasant angestiegenen Produktionskosten und des enttäuschenden Einspielergebnisses des »ersten Teils« dürfte auch in Zukunft niemand von der Walt Disney Company versucht sein, einen Vorstoß in diese Richtung zu unternehmen.

Kapitel 9

DIE SCHÄTZE AUS DEM SCHLOSSKELLER

Im Jahr 1881 schrieb ein italienischer Schullehrer namens Carlo Lorenzini unter dem Pseudonym Carlo Collodi ein humorvolles Märchen mit dem Titel *Pinocchio*. Fast sechzig Jahre später, 1940, brachte Walt Disney die Holzpuppe in seinem zweiten Zeichentrickfilm in die Kinos, eine enorme technische Leistung, die 2,6 Millionen Dollar kostete – damals eine atemberaubende Summe. Doch *Pinocchio* wurde in den Jahren danach zu einer geradezu unerschöpflichen Geldquelle. Der siebenundachtzig Minuten lange Film wurde in den nächsten vier Jahrzehnten fünfmal wiederaufgeführt und spielte insgesamt mehr als 50 Millionen Dollar ein, zu denen noch die vielen Millionen kamen, die mit Pinocchio-Produkten verdient wurden. Darüber hinaus erhielt der bekannteste Song des Films, »When You Wish Upon a Star«, einen Oscar, und »Pinocchio's Daring Journey« (»Die Reisen des Pinocchio«) war eine der ersten Erlebnisfahrten, die sich Walt für Disneyland ausdachte.

Als Michael Eisner und Frank Wells im September 1984 zu Disney stießen, war *Pinocchio* jedoch einer der vielen Walt-Disney-Schätze, die in einem gut klimatisierten Gebäude auf dem Gelände in Burbank Staub ansetzten. Walt Disney hatte es aus Furcht, eine allzu häufige Präsenz seiner Figuren könnte ihre Wirkung verringern, nicht gestattet, daß seine klassischen Zeichentrickfilme ständig aufgeführt wurden. Seine Besorgnis, die Figuren könnten sich abnutzen, war so groß, daß er eine Zeitlang zum Beispiel keinen Film zeigen lassen wollte, in dem Donald Duck auftrat, der in den 40er Jahren ungemein beliebt war.

Card Walker und Ron Miller hatten sich später treu an Walts Aufführungsplan gehalten. Auch sie hatten befürchtet, die Beliebtheit der Filme beim Kinopublikum könnte leiden, wenn sie zu oft zu sehen waren, und *Pinocchio, Dornröschen und der Prinz, Cinderella* und die zwei Dutzend anderen Disney-Klassiker daher nur selten zur Aufführung freigegeben. Selbst als sich neue Märkte auftaten, erschien kein einziger Disney-Klassiker im Fernsehen oder auf Videokassette. Sie waren, wie Ron Miller in einem Interview vom 26. April 1990 sagte, »ein Teil dieser Gesellschaft, den man nicht einfach verschleudern konnte«.

Miller hatte den Videomarkt, der seit Ende der 70er Jahre zu blühen begann, allerdings nicht völlig ignoriert. Um den neuen Markt zu erkunden, hatte er Jim Jimirro, der für den Verkauf von Disneys Kurz- und Naturfilmen im 16-mm-Format an die Schulen zuständig war, an die Spitze eines Komitees berufen, das die Möglichkeiten von »Nebenmärkten« wie dem Videogeschäft und dem Kabelfernsehen ausloten sollte. Das Komitee, dem unter anderem der Verleihchef Chuck Good und sein Stellvertreter Dick Cook angehörten, sprach Ende 1978 zwei Empfehlungen aus. Zu jener Zeit erfaßten die Kabelfernsehsender rund ein Drittel der Haushalte des Landes, und der Markt wuchs weiterhin rapide an. Um sich diesen Markt zu erschließen, schlug Jimirros Gruppe vor, einen eigenen, familienorientierten Kabelsender zu gründen, dessen Programm mit alten Disney-Trickfilmen bestritten werden sollte. Was den expandierenden Videomarkt betraf, riet das Komitee zu einem Probelauf, zunächst mit Kurzfilmen und danach auch mit langen Trickfilmen.

Da die Kosten des EPCOT Center damals bereits explodierten, legte Walker die Anregung, einen eigenen Kabelkanal ins Leben zu rufen, rasch zu den Akten. Hinsichtlich des Videomarktes hatte ihn Mike Bagnall, der Finanzchef der Gesellschaft, mit Zahlen versorgt. Der Videomarkt, so schätzte Bagnall, würde Anfang der 80er Jahre mit größter Wahrscheinlichkeit zu einem Milliardengeschäft geworden sein. Aber die Filme, die diesen Boom bewirken würden, prophezeite Bagnall, wären schießwütige Actionfilme und sonstige Erwachsenenkost. Kinder würden keine große Rolle spielen.

Walker gab Ron Miller trotzdem grünes Licht für einen Versuch auf dem Videomarkt. Im Oktober 1980 bot die Gesellschaft in siebenundachtzig Fotomat-Filmkiosken an der Westküste Videokassetten mit zehn Spielfilmen geringerer Qualität an.[1] Obwohl das Ergebnis nicht sehr ermutigend war, brachte Disney noch im selben Jahr mit *Mary Poppins* den ersten großen Film des Studios auf Videokassette heraus. Im nächsten Jahr folgten zwei der erfolglosesten langen Disney-Trickfilme, *Dumbo – Der fliegende Elefant* und *Alice im Wunderland*. Die Gesellschaft gab damit nicht allzuviel aus der Hand, immerhin hatte sie sich bereits gezwungen gesehen, beide Filme in der wöchentlichen Disney-Sendung am Sonntagabend zu zeigen, da bei der Fernsehproduktion der Gesellschaft die Programme knapp geworden waren.

Als Michael Eisner und Frank Wells ihre Posten antraten, war das Videoexperiment allerdings so gut wie eingeschlafen. In den vorangegangenen drei Jahren waren nur drei unbedeutendere lange Zeichentrickfilme und einige Kurzfilme mit Micky und Goofy auf Videokassette herausgebracht worden. Anstatt Disneys Filmarchiv in vollem Umfang zu öffnen, hatte Miller begonnen, weniger wichtige Trickfilme von anderen Produzenten einzukaufen, um sie auf Videokassette zu überspielen. Eines dieser Videos machte Amerika mit Lucky Luke bekannt, einem schlaksigen Cowboy, aus Frankreich importiert. Luke erwies sich für Disney jedoch alles andere als »lucky«. Eine andere, für Erwachsene gedachte Videokassette war dem Sänger und Komiker Steve Allen gewidmet.

Bei dem Treffen mit der Bass-Gruppe im September 1984 in Fort Worth hatten Michael Eisner und Frank Wells auf die Reichtümer im Archiv des Studios hingewiesen. Das Filmarchiv stellte nach einer Einschätzung der Analytiker von Saul Steinbergs Reliance Group, während der Übernahmeschlacht vorgenommen, einen potentiellen Marktwert von 400 Millionen Dollar dar. »Wenn das Filmarchiv aggressiver ausgewertet werden würde«, hatte der Bericht hinzugefügt, »könnte der Wert auch weit größer sein.«[2] Und Eisner hatte die Absicht, so aggressiv wie möglich vorzugehen, wie er Bass erklärte. »Das Filmarchiv ist zu lange unangetastet geblieben«, hatte er dem Finanzier gesagt. »Es ist Zeit, mit seiner Verwertung zu beginnen.«[3]

Die Teilnehmer des Treffens hatte die Berichte, die während der Übernahmeschlacht angefertigt worden waren, gelesen. Disneys

Archiv alter Spiel- und Zeichentrickfilme war eines der letzten in Hollywood, das noch nicht ausgeschlachtet worden war. Während andere Studios ihre Regale durchstöberten, um ihre alten Filme auf Videokassette herauszubringen, hielt Disney dreiundzwanzig der nach allgemeiner Ansicht bedeutendsten Trickfilme zurück, die jemals produziert worden waren. Daneben stapelten sich im Disney-Archiv die in der sonntäglichen Fernsehsendung ausgestrahlten Filme aus drei Jahrzehnten, eine Filmbibliothek von zweihundert ein- und zweistündigen Filmen, einschließlich der alten *Zorro, Davy Crockett*- und *Swamp Fox*-Serien. Das Disney-Studio hatte außerdem hundertdreiundzwanzig normale Spielfilme produziert, darunter so hochgeschätzte Streifen wie *Mary Poppins* und *20 000 Meilen unter dem Meer*. Und schließlich gab es noch fünfhundert kurze Trickfilme mit den zeitlosen Stars Micky, Pluto und Donald, die auf dem wachsenden Markt der Kindervideos verkauft werden konnten.

Bei Paramount hatte Eisner aus nächster Nähe beobachten können, wie der Videomarkt die Kassetten von *Saturday Night Fever,* der *Indiana Jones*-Filme und Dutzende anderer Kinoerfolge geradezu aufsaugte. Alles in allem hatten die Hollywood-Studios bereits annähernd 1,5 Milliarden Dollar aus dem Verkauf von Videokassetten eingenommen. Für Studios wie Warner Brothers oder Paramount bedeutete der neue Markt mögliche zusätzliche Einnahmen von 400 Millionen Dollar im Jahr.[4] Disney dagegen hatte 1983 weniger als 56 Millionen Dollar von diesem Markt abgeschöpft – zum überwiegenden Teil mit Filmen aus der Gemischtwarenliste der mehr oder weniger schwachen Neuproduktionen des Studios.[5]

Michael Eisner hatte drei Söhne im Teenageralter und wußte daher aus eigener Anschauung, daß der Babyboom, der Anfang der 80er Jahre eingesetzt hatte, einen expandierenden Markt für Disneys wertvolles Archiv alter Trickfilme geschaffen hatte, der in Zukunft noch weiter anwachsen würde. Hielt man dies mit dem allgemeinen Boom des Videomarkts zusammen, war die Entscheidung, sich an ihm zu beteiligen, für das neue Disney-Management geradezu zwangsläufig.

Außerdem gab es einen praktischen Grund, der für schnelles Handeln sprach. Der Verkauf der alten Disney-Filme auf Videokassette würde fast sofort einen Strom von Bargeld in die Kassen der Gesellschaft leiten. Bis die Filme, die das neue Management produzieren wollte, in die Kinos kämen, würden dagegen noch etwa achtzehn Monate vergehen. Und selbst dann konnten sich die neuen Disney-Chefs nicht sicher sein, daß ihre neuen Filme wie erhofft einschlugen. Das Filmarchiv dagegen versprach sofortigen sicheren Profit. Die Produktionskosten der Filme waren in den Bilanzen der Gesellschaft schon vor langer Zeit ausgeglichen worden.

Diese Filme auf Videokassette zu verbreiten und damit den Cash-flow der Gesellschaft zu erhöhen, würde aber nicht nur ihre Einnahmen heben, sondern auch die Analytiker von der Wall Street beeindrucken. Die Wall Street hatte die Disney-Aktie in all den Jahren, in denen Ron Miller und Card Walker die wertvollsten Aktiva der Gesellschaft unter Verschluß hielten, mit Geringschätzung betrachtet. Der Kurs war während der Übernahmeschlacht zwar zeitweise auf 68,50 Dollar gestiegen, jetzt jedoch wieder auf 53 Dollar gefallen. Ein Sprung des Disneyschen Aktienkurses würde die Aktionäre, die noch immer unter dem Kriegsschock der Übernahmeschlacht standen, sicherlich ein wenig beruhigen.

Auch Sid Bass wäre vermutlich nicht gerade unglücklich darüber. Und schließlich würde es nicht nur Michael Eisners und Frank Wells' Stellung stärken, sondern auch sie reicher machen. Die beiden Manager hielten immerhin Optionen für 970 000 Disney-Aktien und würden beide einen Anteil an der Gewinnsteigerung erhalten, die diejenige übertraf, die unter Ron Miller erreicht worden war.

Zwei Wochen nach der Rückkehr aus Fort Worth gab Eisner Bill Mechanic, einem der ersten Manager, den die neuen Disney-Manager von Paramount abgeworben hatten, den Auftrag, Disneys Filmarchiv zu katalogisieren. Mechanic wirkte mit seinen langen Haaren und dem buschigen Schnurrbart eher wie ein Regisseur und nicht wie jemand aus der Chefetage. Tatsächlich war er Eisner in der Hoffnung zu Disney gefolgt, dort Filme drehen zu können. Aber er hatte bei Paramount jahrelang im Bereich des Pay-TV gearbeitet und besaß Erfahrung in der Bewertung von Filmen auf den anvisierten »Nebenmärkten«.

Mechanic begann Mitte Oktober damit, die von Disney gehorteten Filme und Fernsehproduktionen zu sichten. Er arbeitete dabei mit Jim Jimirro zusammen, der in den letzten beiden Jahren für den Disney Channel und die Videovermarktung zuständig gewesen war.

Die meisten Filme, die sie katalogisierten und begutachteten, befanden sich, von ein paar Kratzern und einigen Rißstellen abgesehen, in gutem Zustand. Aber keiner war »gemastert« worden. (*Mastering* ist eine technische Nachbearbeitung der Filme, die nötig ist, um sie sauber auf Videokassetten überspielen zu können.) Die Zahl der alten Schätze, die Mechanic und Jimirro vorfanden, war beeindruckend. »Wir brauchen uns nur umzudrehen, und schon haben wir wieder 200 Millionen Dollar gefunden«, sagte Eisner zu dem Agenten Michael Ovitz, als sie einige Wochen später zusammen mit ihren Familien einen einwöchigen Skiurlaub in Colorado verlebten.

Einige Geschäfte konnten rasch abgeschlossen werden. Um dem Disney Channel einen Vorteil zu wahren, hatte Ron Miller es stets abgelehnt, die Rechte an neuen Disney-Filmen an andere Kabelfernsehsender zu verkaufen. Mechanics wichtigste Aufgabe bei Paramount war es gewesen, für die Filme des Studios die bestmöglichen Verträge mit diesen Sendern herauszuschlagen, und genau das tat er jetzt auch für Disney, indem er zuerst in aller Eile sieben neuere Disney-Filme an den Kabelfernsehsender Showtime losschlug. Der Deal, der unter anderem *Splash* und *Something Wicked This Way Comes* umfaßte, brachte Disney im ersten Jahr der Ära Eisner-Wells 12 Millionen Dollar ein. Außerdem veröffentlichte Disney nochmals bereits auf Videokassette erschienene Klassiker, einschließlich *Dumbo – Der fliegende Elefant* und *Mary Poppins*.

Alles in allem warf die Gesellschaft 1985 eine Million Videokassetten auf den Markt, was für Disney zu jener Zeit einen Rekord darstellte. Um für eine im nächsten Sommer vorgesehene Sonderreihe von sieben älteren Micky- und Donald-Filmen zu werben, setzte die Gesellschaft die größte Anzeigenkampagne in Gang, die sie jemals unternommen hatte. Bis Ende des Sommers steckte sie 2,5 Millionen Dollar in Werbung für ihre Videokassetten. Außerdem senkte sie die Preise für hundertfünfundzwanzig vorher erschienene Videokassetten, um den Kaufhäusern einen Anreiz zu geben, die Komödienklassiker, die sich in den Disney-Regalen stapelten, in ihr Angebot aufzunehmen.

Michael Eisner und seine Spitzenmanager diskutierten schon seit drei Monaten über das Schicksal von *Pinocchio,* und der Disney-Boß wurde langsam ungeduldig. Der Film war soeben, nur wenige Monate, nachdem Eisner und Wells zu Disney kamen, zum sechstenmal in die Kinos gebracht worden und hatte in der Weihnachtssaison 1984 beträchtliche 26,4 Millionen Dollar eingespielt. Von Disneys Zeichentrickfilmen hatten nur *Schneewittchen und die sieben Zwerge* und *Cinderella* ein besseres Ergebnis erzielt. Für Michael Eisner allerdings bewies dieser Kinoerfolg nur, wie wertvoll der Film auf dem Videomarkt war, der dazu tendierte, sich an der Zahl der verkauften Kinokarten zu orientieren.

Es wurde Zeit, sich zu entscheiden, ob *Pinocchio* auf Videokassette herausgebracht werden sollte oder nicht. Es war Mai 1985, fünf Monate nach dem sechsten Kinostart des Films. Für gewöhnlich wurde ein Film ein halbes Jahr nach der Kinoaufführung als Videokassette auf den Markt geworfen. Disney blieb also nicht mehr viel Zeit, den Vorteil zu nutzen, den die Gesellschaft sich mit der Werbekampagne für *Pinocchio* geschaffen hatte.

Ganz im Sinne der Gespräche mit der Bass-Gruppe drängten Eisner und Wells auf die Videoveröffentlichung von *Pinocchio*. Aber zu Eisners Führungsstil gehörte es, eine bedeutende Entscheidung, in diesem Fall der Bruch mit der bisherigen Geschäftspolitik auf dem Videomarkt, erst nach einer Mitarbeitersitzung zu treffen. Also rief er seine Topmanager zusammen, um die Frage mit ihnen zu besprechen.

Und so versammelte sich Disneys Brain-Trust in dem holzgetäfelten Konferenzraum im dritten Stock des Animation Building. Neben Eisner und Wells waren der Studiochef Jeffrey Katzenberg, der Finanzchef Mike Bagnall und Dick Cook, der Nachfolger

Chuck Goods auf dem Posten des Verleihchefs, anwesend. Eisner hatte außerdem auch Bill Mechanic und Stan Kinsey eingeladen, den Finanzchef der Filmproduktion und einen der wenigen, die aus der Zeit von Richard Berger übriggeblieben waren. Und schließlich gehörte zum erstenmal auch Richard Frank, der gerade erst als Katzenbergs Stellvertreter von Paramount zu Disney gewechselt war, zu der Runde.

Eisner hatte Mike Bagnall vorher gebeten, durch seinen Stab abschätzen zu lassen, wieviele *Pinocchio*-Kassetten die Gesellschaft zu verkaufen hoffen konnte. Er könne zwar nur eine Grobschätzung abgeben, erklärte Bagnall nun, aber unter günstigen Bedingungen könne eine *Pinocchio*-Videokassette innerhalb der nächsten zwei Jahre für Einnahmen in Höhe von 100 Millionen Dollar sorgen. Aber Bagnall, ein Überlebender aus der Card-Walker-Zeit, brachte auch gleich das Gegenargument zur Sprache. »Wir könnten das Huhn schlachten, das uns goldene Eier legt«, sagte er. »Wir könnten es für den Wiederaufführungsmarkt untauglich machen.«

Das war das Problem, an dem sich das Team Disney seit Wochen die Zähne ausbiß. »Es war ein Schritt ins Ungewisse«, erinnerte sich Rich Frank in einem Interview vom 17. Mai 1990. »Wir hatten mit den Wiederaufführungen ein gutes Geschäft in der Tasche, und die Frage war, ob sich dieses Geschäft in Luft auflöste, wenn wir anfingen, die klassischen Filme auf Videokassette zu veröffentlichen.«

Die Zahlen, die den Disney-Managern vorlagen, waren uneindeutig. Stan Kinsey schätzte, daß die nächsten vier Wiederaufführungen von *Pinocchio* ein Einspielergebnis von insgesamt über 125 Millionen Dollar haben würden, was für Disney einen Gewinn von 75 Millionen Dollar bedeutet hätte. Es würde allerdings achtundzwanzig Jahre dauern, bis die Gesellschaft die letzte Rate dieser Summe würde einstreichen können.

Der entschiedenste Befürworter der Videoveröffentlichung war Rich Frank. Der vormalige Fernsehdirektor, ein großgewachsener Mann mit einem sauber gestutzten Bart und einem scharfen New Yorker Akzent, geriet leicht in Erregung, zumal, wenn er, wie in dieser Frage, persönlich betroffen war. Wie die meisten der Spitzenmanager war auch er durch Aktienoptionen und einen Bonus am

Gedeih der Gesellschaft beteiligt. Seiner Ansicht nach lagen die Vorteile, die für eine Videoveröffentlichung von *Pinocchio* sprachen, so offen zutage, daß er nicht einsah, wieso man darüber überhaupt noch diskutieren sollte. »Der reale Nettowert dieses Geldes wird in den nächsten achtundzwanzig Jahren auf weniger als 25 Millionen Dollar schrumpfen«, verriß er Kinseys Prognose des Ertrages zukünftiger Wiederaufführungen. »Wenn wir aber im nächsten Monat mit dem Verkauf der Videos 100 Millionen Dollar hereinholen, dann sind das hier und heute 100 Millionen Dollar.«

Frank gehörte auch zu den entschiedenen Kritikern des saumseligen Führungsstils Card Walkers und Ron Millers. Seiner Meinung nach hatten die beiden dadurch, daß sie die wertvollsten Aktiva zurückhielten, die Gesellschaft an den Rand des Ruins gebracht. »Aktiva sind keine Aktiva, wenn man sie nicht einsetzt«, sagte Frank auf der Sitzung. »Worauf, zum Teufel, warten wir noch?«

Wells sprach sich wie Frank für schnelles Handeln aus. Katzenberg dagegen meldete Widerspruch an. Der Studiochef befürchtete, daß sich eine übermäßige Verbreitung der Disney-Klassiker eines Tages als Bumerang erweisen könnte. »Wenn wir sie jetzt herausbringen, ruinieren wir sie für die nächsten Generationen und nehmen der Gesellschaft die Verleiheinnahmen, auf denen sie aufgebaut wurde«, argumentierte er.

Katzenberg schlug vor, den Preis der Videokassetten so hoch anzusetzen, daß die Konsumenten sie lieber in Videotheken ausleihen, anstatt sie zu kaufen. Disney hatte bisher viele der Videokassetten für nur 19,95 Dollar angeboten, um den Verkauf anzukurbeln, und die Kassetten von *Tron* und *Dumbo – Der fliegende Elefant* waren im vorangegangenen Jahr aus demselben Grund für 39,95 Dollar gehandelt worden. Wenn Disney beabsichtigte, *Pinocchio* in Zukunft erneut in die Kinos zu bringen, sagte Katzenberg, müsse der Preis der Videokassette wesentlich höher angesetzt werden.

Der Streit zog sich wochenlang hin. Rich Frank blieb unerschütterlich auf seinem Standpunkt und untermauerte ihn noch mit dem Argument, daß die Videoveröffentlichung von *Pinocchio* den Verleih vermutlich sogar fördern werde, da die Disney-Figuren durch sie populärer werden würden als jemals zuvor. Außerdem, fügte er hinzu, könnte sich die ständige Präsenz des Namens Disney in den Haushalten als wirksame Werbung für zukünftige Zeichentrickfilme des Studios herausstellen. Und sie könnte eine größere Nachfrage nach Disney-Spielzeug und sonstigen Lizenzprodukten der Gesellschaft auslösen.

Spät im Frühjahr entschied Eisner schließlich, daß *Pinocchio* im Sommer, sechs Monate nach der letzten Wiederaufführung des Films, auf Videokassette erscheinen sollte. Der Preis wurde, wie von Katzenberg gefordert, auf stolze 79,95 Dollar festgesetzt, um den größtmöglichen Gewinn zu erzielen, ohne so viele Kassetten in private Hände zu bringen, daß die nächste Wiederaufführung von *Pinocchio* keine Besucher mehr anzog.

Die Preisentscheidung wirkte verheerend. Die Videokassette, die im Juli 1985 in den Handel kam, verkaufte sich in den ersten beiden Monaten nur 100 000mal und brachte Disney nur rund 5 Millionen Dollar ein. Die Gesellschaft blieb auf über 300 000 unverkauften Kopien sitzen, die einen Wert von 12 Millionen Dollar darstellten. Mechanic, im letzten Oktober zum Chef der Videoabteilung ernannt, reduzierte den Preis schließlich um 50 Dollar, um den Restbestand loszuwerden. Ein Jahr später waren die restlichen 300 000 Kassetten verkauft, und die Gesellschaft konnte 9 Millionen Dollar Gewinn aus ihrem *Pinocchio*-Experiment verbuchen.

Als am 14. Oktober 1986 der nächste Disney-Klassiker – *Dornröschen und der Prinz* – auf Videokassette erschien, hatte die Gesellschaft ihre Lektion gelernt: Der Preis des Films, der an den Kinokassen nicht gerade überwältigend abgeschnitten hatte, wurde auf erschwingliche 29,95 Dollar festgesetzt. Zusammen mit *Pinocchio*, *Dumbo – Der fliegende Elefant* und drei weiteren langen Filmen wurde *Dornröschen und der Prinz* auch in einem Sammlerset angeboten, für den die Gesellschaft einen 6 Millionen teuren Werbefeldzug, die »Bring Disney Home für Good«-Kampagne (»Hol dir Disney für immer ins Haus«), in Gang setzte. Jede der Kassetten wurde für 29,95 Dollar angeboten.

Die Kampagne war ein voller Erfolg. Insgesamt wurde die schwindelerregende Zahl von 5 Millionen Kassetten verkauft, darunter allein 1,2 Millionen Stück von *Dornröschen und der Prinz*. Als

Disney den Film am 31. März 1988 vom Markt nahm, stand er auf der Liste der meistverkauften Videos aller Zeiten nach *Beverly Hills Cop, Indiana Jones* und der *Tempel des Todes* und *Jäger des verlorenen Schatzes* an vierter Stelle. Die 21,6 Millionen Dollar, die Disney aus dem Verkauf der *Dornröschen*-Kassetten zuflossen, waren das Doppelte dessen, was der Film ein Jahr zuvor an den Kinokassen eingespielt hatte.

Die Einnahmen aus dem Videogeschäft trieben die Gesamteinnahmen der Gesellschaft enorm in die Höhe. Der Videoverkauf brachte allein 1986 138 Millionen Dollar ein, fast das Doppelte des Ergebnisses von 1984. 1987, als die ersten neuen Filme aus der Ära Eisner-Katzenberg auf Videokassette vertrieben wurden, stiegen die Einnahmen aus diesem Geschäftsbereich auf über 235 Millionen Dollar an.[6] In der Preisgestaltung fuhr Disney inzwischen zweigleisig. Zeichentrickfilme wurden verkaufsfördernd für 29,95 Dollar angeboten, während neue Filme 79,95 Dollar kosteten, da man annahm, daß die Konsumenten Filme wie *Zoff in Beverly Hills* eher ausliehen als kauften.

Es war zu dieser Zeit auch keine Frage mehr, ob Disney weitere Filmklassiker auf Videokassetten auf den Markt bringen sollte. 1986 besaßen bereits über fünfunddreißig Prozent aller amerikanischen Haushalte einen Videorecorder, und Monat für Monat kamen eine Million Haushalte hinzu. Im Oktober 1987, als *Susi und der Strolch* auf Videokassette erschien, gingen bei Disney, noch bevor die Auslieferung begonnen hatte, über zwei Millionen Bestellungen ein. Im darauffolgenden Jahr wurde *Cinderella* ins Videoprogramm aufgenommen, und 1989 *Bambi*.

Disney hatte unterdessen auch die Werbestrategie für die Videokassetten verfeinert und unterstützte jede der Neuveröffentlichungen durch eine aufwendige Werbekampagne. Evergreens wie *Susi und der Strolch* wurden nach einer allgemeinen Anordnung von Michael Eisner nach einem Jahr wieder vom Markt genommen, um zu verhindern, daß noch in den Geschäften vorhandene Videokassetten eine geplante Wiederaufführung der Filme in den Kinos beeinträchtigten. Für *Susi und der Strolch* hatte Disney einen massiven Werbefeldzug gestartet, der die Gesellschaft 20 Millionen Dollar kostete und neben zahllosen Anzeigen in der Presse und Werbespots im Fernsehen von Bill Mechanic arrangierte gemeinsame Aktionen mit McDonald's und der American Dairy Association umfaßte. Die Hamburger-Kette bot einen Rabatt von 3 Dollar für den Erwerb einer Videokassette an, und bei American Dairy konnten die Käufer 4,25 Dollar sparen, wenn sie außer der Kassette auch Milch kauften.[7]

Mit der *Cinderella*-Kassette erreichte Disney bei 7,5 Millionen verkauften Exemplaren die 100-Millionen-Dollar-Marke, die Mike Bagnall angepeilt hatte. *Bambi* ging sogar noch besser und brachte der Gesellschaft bei 10,5 Millionen verkauften Kassetten insgesamt 168 Millionen Dollar ein. Nur *E.T. – Der Außerirdische* hatte sich bis dahin besser verkauft.

1986 versammelte sich kurz vor Thanksgiving eine Gruppe von gutgelaunten Disney-Managern im Sheraton Premiere, einem Hotelhochhaus in Universal City. Die Gesellschaft hatte gerade bekanntgegeben, daß sie im vergangenen Geschäftsjahr einen Gewinn von 247 Millionen Dollar erwirtschaftet hatte, fast das Dreifache dessen, was im letzten Jahr unter Ron Miller erzielt worden war.[8] Das Videogeschäft und der Verkauf der alten Fernsehproduktionen und Disney-Filme an die einzelnen Fernsehsender weiteten sich ständig aus.

Die explosionsartige Entwicklung auf dem Gebiet der unabhängigen Fernsehsender hatte Anfang der 80er Jahre einen boomenden Markt für den Verleih geschaffen. Während die anderen Studios ihre alten Fernsehproduktionen aufpolierten, um diesen Markt zu befriedigen, hatte die Walt Disney Productions beschlossen, ihr Archiv alter Sendungen für sich selbst aufzuheben. Nach der Gründung des Disney Channel im April 1983 befürchtete die Gesellschaft, viele Haushalte würden sich die Episoden aus der *Wonderful World of Disney* lieber kostenlos in einem anderen Sender ansehen, als 10 Dollar im Monat für Disneys Kabelsender zu bezahlen.

Paramount dagegen hatte sich zum Marktführer auf dem neuen Markt des Fernsehverleihs entwickelt und verdiente bis 1984 fast 60 Millionen Dollar im Jahr durch Wiederholungen alter Sendungen, insbesondere der *Star Trek*-Serie. Das größte Verdienst an diesem Aufschwung hatte der in St. Louis (Missouri) geborene Bob Jacquemin, der 1978 zu Paramount gekommen war, nachdem er acht Jahre lang eine eigene Fernsehfirma betrieben hatte.

Er war großgewachsen, hatte eine große Nase und das umgängliche Verhalten eines Verkäufers. In seiner Zeit bei Paramount verkaufte er achtundvierzig Fernsehproduktionen, darunter *Cheers* und *Family Ties*. Außerdem hatte er mitgeholfen, zwei neue Sendungen aus der Taufe zu heben, *Solid Gold* im Jahr 1980 und *Entertainment Tonight* ein Jahr darauf. Jacquemin war mit Leib und Seele Verkäufer; wenn kleinere Sender nicht über die Ausrüstung verfügten, um zum Beispiel *Solid Gold* über den Paramount-Satelliten zu empfangen, handelte er mit den Herstellern solcher Anlagen umgehend einen Deal aus, der den Sendern die Anschaffung der benötigten Satellitenschüsseln ermöglichte.

Jacquemin war noch einige Monate vertraglich an Paramount gebunden, als Eisner ihm im Januar 1985 einen Job bei Disney anbot, und stieß Mitte 1985 zum Team Disney. Eisner hatte jedoch schon vorher eine Stellvertreterin für Jacquemin engagiert, Judie Eden vom Kabelfernsehsender der Times-Mirror Corp., die bis zum offiziellen Arbeitsantritt ihres Chefs die über zweihundert Fernsehproduktionen im Disney-Archiv bereits nahezu vollständig katalogisiert hatte. Außerdem hatte sich Jacquemin noch vor seinem faktischen Wechsel zu Disney an Nielsen gewandt, eine Firma, die Einschaltquoten ermittelte und jetzt ihre dreißig Jahre alten Bücher aus einem Lagerhaus in San Francisco ausgraben sollte. Die Einschaltquoten wurden gebraucht, um herauszufinden, wie gut die Sendungen bei ihrer Uraufführung angekommen waren, um damit Argumente für die Verkaufsverhandlungen mit den Fernsehsendern in der Hand zu haben.

Der Vertrieb der Fernsehproduktionen und der alten Disney-Filme an die Fernsehsender war wie der Videoverkauf eine Möglichkeit, die Gewinne der Gesellschaft auf schnellstem Weg zu erhöhen. Am 28. Oktober 1985, fast genau ein Jahr, nachdem Eisner und Wells ihre Posten angetreten hatten, wurde den Sendern unter dem Namen »Disney Magic One« das erste Fernsehpaket angeboten.

Jacquemin schickte seine neu eingestellten Verkäufer mit einem Paket aus fünfundzwanzig Kinofilmen und hundertachtundsiebzig Stunden aus der sonntäglichen Disney-Fernsehsendung zu den Besitzern der Fernsehsender hinaus. Zu den Filmen gehörten unter anderem *Dumbo – Der fliegende Elefant, Mary Poppins, 20 000 Meilen unter dem Meer* und *Splash*. Bis Ende 1985 waren die 25 Kinofilme an 147 der 165 Fernsehstationen und die Sonntagssendungen an 125 Sender verkauft.

Die ersten Einnahmen aus dem Fernsehpaket flossen Disney Ende 1986 zu. Als Jacquemin und achtzig andere Disney-Mitarbeiter im Sheraton Premiere zusammenkamen, fehlte der Gesellschaft nur noch eins: eine Direktsendung für ein Netz interessierter Fernsehstationen – eine Sendung also, die speziell für den direkten Verkauf an die Sender produziert wurde. Damals machten Unternehmen wie KingWorld mit Direktsendungen wie *Wheel of Fortune* (Glücksrad) und *The Oprah Winfrey Show* jedes Jahr Millionen. Solche für den direkten Vertrieb gedachten Sendungen waren besonders für Filmproduzenten wie Disney äußerst wertvoll. Sie konnten nicht nur, an den drei großen Fernsehnetzen vorbei, unmittelbar an die einzelnen Sender und ihre Werbeträger verkauft werden, sondern hatten auch den Vorteil, daß das Studio selbst (und nicht irgendwelche pingeligen Angestellten der Fernsehnetze) entscheiden konnte, wo und wann sie ausgestrahlt wurden.

Jacquemin arbeitete monatelang vergeblich daran, mit einer Direktsendung ins Geschäft zu kommen. Anfang 1985 hätte Disney beinahe einen Vertrag mit der Time-Life Corp. über die Produktion eines Nachrichtenmagazins wie *Entertainment Tonight* unterschrieben, das auf der Time-Zeitschrift *People* beruhen sollte. Disney und Time hatten sich darauf geeinigt, die Kosten von 50 Millionen Dollar gemeinsam zu tragen. Doch im August zog sich Henry Grunwald, der Chef des *Time*-Magazins, von dem Deal zurück, da er befürchtete, die Fernsehsendung würde der Zeitschrift die Leser abspenstig machen.

Ein Jahr darauf war eine andere Disney-Sendung zwar produziert worden, aber beim Publikum durchgefallen. *Today's Business,* eine Vormittagssendung, die anfangs von hundertdreiunddreißig

Sendern ausgestrahlt worden war, wurde eingestellt, nachdem Disney knapp 5 Millionen Dollar mit ihr verloren hatte. Die Moderatoren der Sendung waren Consuelo Mack und der *Business Week*-Herausgeber Bill Wolman gewesen.

Nun saß Bob Jacquemin also mehrere Tage im Ballsaal des Sheraton Premiere und hörte die Disney-Manager detailliert berichten, wie es ihren Abteilungen 1986 ergangen war. Dabei zeigte Gary Krisel, der Chef der Abteilung für Fernsehtrickfilme, den Managern einige Farbdias aus einer neuen Serie namens *DuckTales,* in der die drei Neffen von Donald Duck im Vordergrund stehen sollten. Krisel hatte bereits bei den drei großen Fernsehnetzen angeklopft und ihnen die Serie vorgestellt.

Jacquemin aber wollte die Serie für den Direktvertrieb. Bei den großen Netzen liefen bereits zwei Trickfilmserien aus dem Hause Disney, hielt er den versammelten Managern vor, während seine Vertriebsabteilung immer noch keine erfolgreiche Direktsendung gefunden hätte. Diese neue Serie könnte der gesuchte Volltreffer sein. Im übrigen, fuhr Jacquemin fort, richteten sich die derzeit am Nachmittag im Fernsehen gezeigten Trickfilmserien – *Thundercats, G. I. Joe* und andere – an die älteren Jungen. *DuckTales* könnte sich bei den Jüngeren, den Jungen und Mädchen im Alter bis zu 10 Jahren, eine sehr einträgliche Nische erobern.

Eine Woche später war die Serie von der Abteilung, die mit den großen Fernsehnetzen zusammenarbeitete, an den Direktvertrieb übergeben worden, und Anfang 1987 begannen Jacquemins Verkäufer Vorbestellungen für die *DuckTales* anzunehmen. Disneys Trickfilmabteilung war jedoch zu sehr mit der Herstellung langer Zeichentrickfilme beschäftigt, um die Serie produzieren zu können. Disney gab deshalb TMS, einem japanischen Studio, den Auftrag, die ersten fünfundsechzig halbstündigen Episoden zu zeichnen.

Die wöchentlich ausgestrahlte Serie wurde zum ersten großen Erfolg im Direktvertrieb. Als die erste der fünfundsechzig Folgen im September 1987 ausgestrahlt wurde, hatte Jacquemins Abteilung die Serie an hunderteinundzwanzig Fernsehstationen verkauft, die über dreiundachtzig Prozent der Fernsehhaushalte des

Landes erreichen. Wenige Monate später war *DuckTales* mit einem Marktanteil von fast 11 Prozent die beliebteste Kindersendung im Direktvertrieb.

1988 war das Gebiet der nachmittäglichen Trickfilmserien für Kinder das begehrteste Marktsegment der ganzen Branche. Warner Brothers und Fox unternahmen alles, um auf diesen Markt vorzustoßen, aber auch Disney ruhte sich nicht auf seinen Lorbeeren aus. Als klar wurde, daß die erste halbe Programmstunde aus der Disney-Produktion gut ankam, drängte Jacquemin bei Eisner darauf, dem Erfolg von *DuckTales* einen zweiten hinterherzuschicken. Wenn die Fernsehstationen die beliebteste Trickfilmserie haben wollten, meinte Jacquemin, konnten sie sicherlich auch überzeugt werden, von Disney einen zweiten Programmvorschlag für den Nachmittag anzunehmen.

Eisner stimmte ihm zu. Und so erhielt das japanische Studio TMS, noch bevor die erste Saison der *DuckTales* vorüber war, den Auftrag, fünfundsechzig Episoden einer zweiten Trickfilmserie zu zeichnen, die unter dem Titel *Chip 'n Dale's Rescue Rangers* zwei Chipmunks (amerikanische gestreifte Eichhörnchen) zeigte, die 1943 in einer Reihe kurzer Disney-Cartoons ihr Trickfilmdebüt gegeben hatten.

Der Vorstoß auf den Markt der Direktsendungen kostete zunächst aber einmal Geld. Ende 1986 gab Jacquemins Abteilung über 70 Millionen Dollar für Programme aus, die mindestens ein Jahr lang keine Einnahmen – geschweige denn Gewinne – einbringen würden. So hatte Disney zum Beispiel die Tribune Company überboten, um sich die Rechte an *Siskel & Ebert & the Movies* zu sichern. In der von der Tribune Company initiierten Sendung traten zwei Chicagoer Filmkritiker auf und gaben ihre Meinungen zu den neuesten Filmpremieren ab.

Disney hatte außerdem die Produktion von *Win, Lose or Draw*, einer von dem Schauspieler Burt Reynolds ersonnenen Spielsendung, übernommen und beschlossen, 30 Millionen Dollar in *Live with Regis & Kathie Lee* zu investieren, eine in New York stattfindende Talk-Show mit den Gastgebern Regis Philbin und Kathie Lee Gifford. Ein Jahr zuvor hatte KingWorld eine Show aus Chicago

Zwei Fans gratulieren »Onkel Walt« zur Eröffnung von Disneyland 1955

Michael Eisner und Freunde

Schneewittchen besucht die Wall Street

Hoher Besuch bei Disney: Ex-Präsident Ronald Reagan auf dem Festumzug zu Disneylands 35. Jahrestag

Donald, Pluto, Micky und Mike moderieren Disneys TV-Show

Dick Tracy, einer der größten Kinoknüller des Jahres 1990

Michael Eisner eröffnet Disneys »Studio Tour« in Orlando, Florida

Die *Golden Girls* beim Kaffeeklatsch

Michael Jackson als »Captain EO« mit Francis F. Coppola und George Lucas

Die »blonde Versuchung« Kim Basinger als Nachtklubsängerin und
Mafia-Geliebte, Disneys Filmhit von 1991

Noch drei Männer, noch ein Baby — Lampenfieber und die Folgen

»Baby Herman« mit Bob Hoskins als Eddie Valiant in *Falsches Spiel mit Roger Rabbit*

Perfekte Illusion: der »Toon« Roger Rabbit zusammen mit Menschen

Schneewittchen: ein Disney-Klassiker mit europäischer Quelle

»Feenstaub« — *Pinocchio*
Einer der erfolgreichsten Zeichentrickfilme aller Zeiten:
Arielle — Die Meerjungfrau

Pretty Woman mit Richard Gere und Julia Roberts spielte an die 400 Millionen Dollar ein

Liebe und Geschäft: in *Pretty Woman* gewinnt eine Prostituierte das Herz eines knallharten Geschäftsmannes

Die Starqualitäten von Tom Cruise halfen, *Cocktail* 1988 zum Hit zu machen

Euro Disneyland: Weltraumabenteuer mit »Starspeeder«-Fliegern

Euro Disneyland: Buffalo Bill ist der Größte in der »Wild West Show«
Euro Disneyland: Vorfeier in Marne-la-Vallée im Oktober 1991

Wunderland von Euro Disney: »Alice's Curious Labyrinth« in Fantasyland

mit der charismatischen Oprah Winfrey als Moderatorin ins Programm genommen, und Disney hoffte, das nötige Glück vorausgesetzt, Oprahs Erfolg wiederholen zu können.

In ihrem ersten Bericht an die Disney-Aktionäre stellten Michael Eisner und Frank Wells ihr eigenes Licht unter den Scheffel und lobten statt dessen die Leistungen von Ron Miller, Card Walker und der anderen Disney-Manager, die vor kurzem aus der Führung der Gesellschaft ausgeschieden waren. »Dieses weitsichtige Team«, schrieben die neuen Disney-Manager, »hat Disney durch die Ausrichtung auf ein beträchtliches Wachstum und die Ertragserhöhung der Investitionen sowie den entsprechenden Einsatz der Ressourcen auf den richtigen Weg gebracht.« Als Beispiel führten sie den Disney Channel an, den sie als ein Konzept bezeichneten, »das, wie wir glauben, geeignet ist, in den vor uns liegenden Jahren zu einer der wichtigsten Einnahmequellen« der Gesellschaft zu werden.[9]

Bis zum Beginn der Planungsarbeiten für den Disney Channel, der am 18. April 1983 auf Sender ging, hatten sich Walt Disneys Erben stets geweigert, die Grenzen der Vision des Unternehmensgründers zu überschreiten. Neuinvestitionen wurden für das EPCOT Center, das von Walt entworfen worden war, oder für die Art von Filmen aufgewandt, wie sie seit Jahrzehnten von der Gesellschaft produziert worden war.

Der Aufbau des neuen Kabelfernsehsenders war alles andere als einfach gewesen. Jim Jimirro hatte 1977 den Vorschlag gemacht, einen Kabelsender zu gründen, aber Walker hatte ihn damals abgelehnt, da die finanziellen Ressourcen der Gesellschaft für den Bau des EPCOT Center benötigt wurden. 1982 war dann ein geplantes Zusammengehen mit dem Satellitensender der Group W gescheitert, als Walker wutentbrannt aus einer Sitzung mit Group-W-Managern stürmte. Der Disney-Geschäftsführer hatte es, wie sich andere Teilnehmer der Sitzung erinnerten, abgelehnt, der Group W den Gewinnanteil einzuräumen, den sie verlangte, oder ihr irgendein Mitspracherecht in inhaltlichen Fragen zuzugestehen.

Auf sich allein gestellt, zahlte Disney 11 Millionen Dollar für zwei

Leitungen des Hughes-Communications-Satelliten Galaxy I und investierte weitere 20 Millionen Dollar in den Programmaufbau.[10] Fast die Hälfte des Programms kam aus Disneys Filmarchiv, von *Winnie-Puuh*-Trickfilmen für Kinder bis hin zu Filmen mit dem *Tollen Käfer* für junge Erwachsene. Der Disney Channel war für die Fernsehzuschauer die einzige Möglichkeit, *Cinderella* und einige der anderen Disney-Klassiker außerhalb des Kinos zu sehen. Der Kabelkanal brachte daneben aber auch Neuproduktionen, wie zum Beispiel *The New Leave It to Bear* und den Baseballfilm *Supercup*.

Der Disney Channel gewann innerhalb eines Jahres mehr als 532 000 Zuschauer. Gleichzeitig brachte er jedoch einen Verlust von 28 Millionen Dollar ein, der allerdings zum größten Teil durch die Aufbaukosten bedingt war.[11] Daneben hatte der neue Kabelkanal erhebliche Auswirkungen auf andere Geschäftsbereiche. Um den Disney Channel zu fördern, begannen Ron Miller und Card Walker den Rest von Disneys Filmproduktion und Fernsehgeschäften systematisch auszuhöhlen. Sie weigerten sich nicht nur, auch nur eine einzige der alten Fernsehproduktionen der Gesellschaft in den Verleih zu geben, sondern nahmen auch die Sonntagabendsendung aus dem CBS-Programm und stoppten sogar den Verkauf von Filmen an andere Kabelfernsehsender. »Die Idee war, dem Disney Channel so gute Startbedingungen wie möglich zu verschaffen«, erinnerte sich Ron Miller gesprächsweise am 26. April 1990. »Wir befürchteten, daß die Leute keine Disney-Sendungen kaufen würden, wenn sie sie woanders kostenlos sehen konnten.«

Als Eisner und Wells zu Disney kamen, war der Disney Channel allem Anschein nach über den Berg. Er hatte eine Million Zuschauer und brachte der Gesellschaft über 77 Millionen Dollar im Jahr ein.[12] Jim Jimirro setzte Eisner während eines sechsstündigen Fluges, der sie an Bord eines luxuriösen Linienflugzeugs der Regency Air von New York zurück an die Westküste brachte, über den Kabelsender ins Bild. Jimirro hatte mit dem riesigen Kabelprogrammanbieter Cablevision Systems Inc. eine Vereinbarung ausgehandelt, die Disney für das Recht, den 541 145 von Cable Systems versorgten Haushalten den Disney Channel anbieten zu dürfen, innerhalb der nächsten zehn Jahre mindestens 75 Millionen Dollar garantierte.[13] Eisner und Jimirro waren nach New York geflogen, um den Vertrag zu unterschreiben.

Auf dem Rückflug tat Jimirro, ein stämmiger Mann mit dunklen Haaren und einem gewinnenden Lächeln, sein Bestes, Eisner davon zu überzeugen, daß der Disney Channel an der Schwelle zum ganz großen Durchbruch stand. Der Sender erreiche inzwischen annähernd 1,3 Millionen Zuschauer, sagte Jimirro, und würde binnen eines Jahres auch profitabel arbeiten. Darüber hinaus stelle der Kabelsender eine einzigartige Plattform dar, auf der für andere Teile der Disney Company geworben werden könne – für die Vergnügungsparks, die Konsumprodukte und die demnächst herauskommenden Spielfilme.

Eisner war so beeindruckt von Jimirros Ausführungen, daß er Disneys Aufsichtsrat Ende 1984 empfahl, ihm einen Sonderbonus von 80 000 Dollar zu gewähren. Wenige Monate später betrachteten Eisner und Wells den langjährigen Disney-Mitarbeiter allerdings mit wachsender Enttäuschung, und im April 1985 suchten sie nach einem Nachfolger für ihn.

Eisner hatte bald nach seinem Arbeitsbeginn bei Disney mit John Cooke telefoniert, dem 42jährigen geschäftsführenden Abteilungsdirektor von Times-Mirror Cable Television. Die beiden kannten sich seit über fünf Jahren, noch aus der Zeit, als Paramount und Times-Mirror kurzzeitig erwogen hatten, einen gemeinsamen Kabelfernsehsender zu gründen. Jetzt, im April 1985, verhandelten Cooke und Frank Wells über den Vertrag, der den Times-Mirror-Manager zu Disney holen sollte, und als Jimirro im Juni 1985 – aufgrund »schwerwiegender Differenzen« mit Eisner und Wells[14] – überraschend seinen Posten aufgab, war der Weg für Cooke frei.

Der Disney Channel befand sich, wie Cooke bald merkte, in weit schlechterem Zustand, als die schwarzen Zahlen es vermuten ließen. Obwohl der Kabelsender inzwischen 1,8 Millionen Zuschauer hatte, verlor er jeden Monat fast genau so viele Kunden, wie er hinzugewann. Kurz gesagt, er litt unter dem, was die Branche einen »Strudel« nennt. Bei den meisten Fernsehstationen erfaßte dieser Strudel höchstens fünf Prozent der Zuschauer – Leute, die den jeweiligen Sender über hatten und ihre Subskription zurückzogen.

Der Disney Channel jedoch hatte eine Fluktuationsrate von sage und schreibe 80 Prozent. »Die meisten Leute ließen sich von dem Namen Disney anlocken, klinkten sich dann aber wieder aus«, sagte Cooke in einem Interview vom 2. Juni 1990.

Cookes erste Aufgabe war es, die Programmstruktur des Senders zu erneuern. Ron Miller und Jim Jimirro hatten für 1984 40 Millionen Dollar für Neuproduktionen eingeplant, von denen ganze 5 Millionen für den Ankauf von anderen Anbietern gedacht gewesen waren. Schwerer wog jedoch, daß überwiegend alte, verschlissene Sendungen eingekauft wurden, wie etwa eine Varietésendung mit Steve Allen und eine Talk-Show mit Dr. Joyce Brothers.

Eisner ermächtigte Cooke zu Anfang, das Ankaufsbudget auf jährlich 12 Millionen Dollar anzuheben. Es stieg jedoch weitaus rasanter an und belief sich drei Jahre später bereits auf über 50 Millionen Dollar. Die Sendungen, die Cooke einkaufte, hatten ein entschieden anderes Profil als die frühere Programmauswahl. So »entdeckte« Disney hundert »verschollene« Folgen von *Ozzie and Harriet,* die bei den Yuppies unter den Zuschauern enormen Erfolg hatten. Daneben waren im Disney Channel Garrison Keillors *A Prairie Home Companion,* Rockkonzerte und eine Neuauflage von *The Mickey Mouse Club* zu sehen, in dem sich im Gegensatz zu seinem piepsig-sauberen Vorgänger Rap-Sänger, Breakdancer und attraktive junge Frauen trafen.

Cooke führte außerdem ein wesentlich aggressiveres Marketingprogramm ein. Unter Jim Jimirro hatte der Disney Channel von den örtlichen Kabelbetreibern 4 Dollar für jeden angeschlossenen Haushalt in Rechnung gestellt und war damit einer der teuersten unter der Armee von Kabelsendern, die Mitte der 80er Jahre auf den Markt drängten. Cooke setzte den Großabnehmerpreis für die Kabelbetreiber drastisch herunter. Indem er ihnen sogar noch niedrigere Preise anbot, konnte er 1989 die Hotelketten von Stouffer, Hyatt und Marriott sowie über Spectradyne Inc., ein in Texas beheimatetes Kabelfernsehunternehmen, einige andere Hotelketten als Kunden gewinnen.

Der Disney Channel erneuerte sich gerade zu der Zeit, als das Kabelfernsehen unter den amerikanischen Zuschauern fester Fuß zu fassen begann, und die verbesserte Programmstruktur sorgte, zusammen mit den niedrigeren Preisen, dafür, daß sich immer mehr Zuschauer für ihn entschieden. Der größte monatliche Zustrom war Ende 1986 zu verzeichnen, als 138 000 neue Zuschauer zu Disney kamen. Ende 1987 wies der Disney Channel eine konstante jährliche Wachstumsrate von zwanzig Prozent auf und erreichte nahezu vier Millionen Haushalte.[15]

In Nachahmung der »strategischen Allianzen«, die Frank Wells mit den großen Sponsoren der Vergnügungsparks einging, startete auch Cooke eine erste gemeinsame Werbeaktion, und zwar mit dem Süßwarenhersteller Mars Candy, der 1989 auch zum Sponsor der »Star Tours« werden sollte. Mars sagte zu, auf der Verpackung seiner M&M-Schokoplätzchen für den Disney Channel zu werben. Daneben unterstützte auch der langjährige Disney-Sponsor Coca-Cola den Kabelsender mit mehreren Werbeaktionen.

Ende 1988 erreichte der Disney Channel auch Eisners Ziel, als Werbefläche für andere Unternehmensbereiche zu dienen. Die Kinder, die sich Winnie Puuh und Mickymaus ansahen, waren zugleich die Zielgruppe für Disney-Spielzeug. Im Disney-MGM Studios Theme Park gedrehte Aufnahmen für den *Mickey Mouse Club* brachten die 14jährigen dazu, ihren Eltern mit dem Wunsch nach einem Ausflug nach Orlando in den Ohren zu liegen. Und als *Falsches Spiel mit Roger Rabbit* über den Sender ausgestrahlt wurde, liefen dazu Spots über das EPCOT Center und Geburtstagsshows zu Ehren der Vergnügungsparks.

Zuletzt erfüllte der Disney Channel auch die Gewinnerwartung von Eisner und Wells. 1990 hatte er mehr als fünf Millionen Zuschauer und brachte über 20 Millionen Dollar in die Kassen der Gesellschaft.

1988 war nach Disneys Jahresbericht »ein Jahr, in dem Träume wahr wurden«. Für die Verfassung des Berichts und die Filmproduktion der Gesellschaft, die mit der blumigen Feststellung gemeint war, traf das sicherlich zu. Im Geschäftsjahr 1988 hatten die Einnahmen des Disney-Studios zum ersten Mal die Marke von einer Milliarde Dollar überschritten, was im Vergleich zum Vorjahr eine kräftige

Steigerung um dreißig Prozent bedeutete, das Dreifache dessen, was 1984 hereingekommen war. Die Filmproduktion befand sich mit Filmen wie *Falsches Spiel mit Roger Rabbit, Good Morning, Vietnam* und *Noch drei Männer, noch ein Baby,* die an den Kinokassen allesamt die Schallmauer von 100 Millionen Dollar durchbrochen hatten, eindeutig im Aufwind. Im Kleingedruckten des Jahresberichts versteckt war jedoch eine noch beeindruckendere Zahl zu finden: Obwohl die Einnahmen aus der Filmproduktion die meiste Publizität erhalten hatten, stammten sechzig Prozent der Studioeinnahmen aus dem Videoverkauf, dem Direktvertrieb an die Fernsehsender und dem Kabelfernsehen.

Die Videoabteilung, die 1985 unter den großen Hollywood-Studios auf Platz sechs gelegen hatte, rangierte inzwischen auf dem Spitzenplatz. Das war vor allem dem Erfolg der Videokassetten mit den Superhits *Noch drei Männer, noch ein Baby* und *Good Morning, Vietnam* zu verdanken, aber das Studio hatte daneben, bevor die Videokassette überhaupt auf dem Markt war, auch über 4,8 Millionen Bestellungen für *Cinderella* erhalten. *Pinocchio* war der große Verkaufsschlager in Japan, und neu zusammengestellte kurze Disney-Trickfilme beherrschten den 276 Millionen Dollar schweren Markt der Kindervideos in den Vereinigten Staaten.[16]

Der Direktvertrieb erbrachte drei Jahre, nachdem er in Gang gesetzt worden war, 185 Millionen Dollar.[17] Die *DuckTales* waren die beliebteste nachmittägliche Kindersendung. Bis Ende 1989 belieferte Disney 151 Fernsehstationen mit der neuen Serie *Chip 'n Dale's Rescue Rangers* und erreichte damit dreiundneunzig Prozent des Landes. Als beide Serien über die Sender gingen, sahen über 12 Millionen Kinder das für sie produzierte einstündige Programm. Sie kletterten auf Anhieb auf die Plätze eins und zwei der beliebtesten direktvertriebenen Fernsehproduktionen für Kinder.[18]

Mindestens genauso wichtig war, daß Disney 71 Millionen Dollar für die am Nachmittag gezeigten Werbespots einnehmen und damit einen erheblichen Teil der 185 Millionen Dollar für die Werbung für direktvertriebene Kindersendungen abdecken konnte.[19] Die Trickfilmserien liefen so gut, daß Disney plante, eine zweite volle Programmstunde zu bestreiten.

Mit den anderen direktvertriebenen Programmen hatte Disney auch mehr oder weniger Erfolg. *Siskel & Ebert* hatten weiterhin die hervorragenden Einschaltquoten wie zu der Zeit, als die Sendung noch von der Tribune Company ausgestrahlt wurde, und *Live with Regis & Kathie Lee* wies gute, wenn auch nicht spektakuläre Einschaltquoten vor. *Win, Lose or Draw* dagegen hatte zwar einen guten Start, verlor aber bald an Zuschauern, als andere Spielshows den Markt überschwemmten, und war nach zwei Jahren nirgendwo mehr zu sehen.

Der Disney Channel war ein voller Erfolg. Die Zuschauerzahlen stiegen und stiegen. Ende 1988 hatten sich über vier Millionen Haushalte bei Disney eingeschaltet, und die Gesellschaft plante, mit ihrem Kabelsender auch nach England und Irland zu gehen. Am wichtigsten war jedoch, daß er jährlich über 20 Millionen Dollar Gewinn einfuhr.

Der Erfolg, den Disney auf den sogenannten Nebenmärkten erzielte, beruhte zum großen Teil schlicht auf Glück. Der Videomarkt boomte, die Kinder kehrten zu den direktvertriebenen Programmen zurück, und mehr als die Hälfte des Landes hatte sich fürs Kabelfernsehen entschieden – dreimal soviel wie zwei Jahre zuvor. Aber es konnte auch kein Zweifel daran bestehen, daß das neue Disney-Management auf allen drei Märkten für neuen Schwung gesorgt hatte. Die Zeiten, in denen die Aktiva der Gesellschaft ungestört vor sich hin dösen durften, waren endgültig vorüber.

Kapitel 10

DAS LEERE NEST

Als Michael Eisner Mitte der 60er Jahre Trickfilme für ABC produzierte, hatte er sich Walt Disneys *Wonderful World of Color* angesehen. Die Sendung, die Walt ein Jahrzehnt vorher gestartet hatte, konnte sich zwar nicht mehr der enormen Einschaltquoten der ersten Jahre erfreuen, war aber Eisners einziger Zugang zu der Gesellschaft, die Walt Disney aufgebaut hatte. Der größte Teil des Landes befand sich in einer ähnlichen Situation, denn die Fernsehsendung am Sonntagabend war neben den Vergnügungsparks die augenfälligste öffentliche Visitenkarte der Gesellschaft.

Als Eisner und Wells zu Disney stießen, war die Sendung nicht mehr im Fernsehen. Die letzte Folge, ein lieblos zusammengestellter Potpourri aus alten Mickymaus- und Goofy-Trickfilmen, war am 23. September 1983 ausgestrahlt worden. Die Einführung durch den freundlichen Onkel Walt war schon seit langem durch eine körperlose Stimme ersetzt worden, die die Zuschauer mit der Herzlichkeit und Charakterfülle einer Geschirrspülmaschine begrüßte. Die Sendung, die im letzten Jahr unter dem neuen Titel *Walt Disney* gelaufen war, rangierte mit ihrer Einschaltquote am Ende, auf dem 73. Platz der Hitliste der Fernsehprogramme.

Nach Michael Eisners Ansicht war Ron Millers Entscheidung, der Sendung den Hahn abzudrehen, ein kolossaler Fehler gewesen. Da sie nicht bereit gewesen war, zusätzliche Investitionen für die Fernsehproduktion zu tätigen, hatte die Walt Disney Productions ihr populärstes Aushängeschild preisgegeben. Sie hatte zwar nur wenige Episoden für die Sendung neu produziert, und diejenigen, die sie hergestellt hatte, waren schlecht gemacht gewesen und hatten bei den Zuschauern kaum Resonanz gefunden. Aber die Sendung brachte den nach Millionen zählenden Haushalten, die sie trotzdem einstellten, jeden Sonntag eine visuelle Botschaft, die ihnen die Gesellschaft, ihre Vergnügungsparks und Konsumprodukte nahelegte. Der Vorspann der Sendung, in dem Tinker Bell vor dem Panorama des Disneyschen Landbesitzes in Orlando gezeigt wurde, »war wie ein allwöchentlich ausgestrahlter einminütiger Werbespot für uns«, sagte der Chef der Vergnügungsparks, Dick Nunis.[1]

Nunis hatte sich in einer besonders stürmischen Aufsichtsratssitzung heftig gegen Millers Beschluß, die Sendung aus dem Programm zu nehmen, ausgesprochen. Die Besucherzahlen der Vergnügungsparks ließen bereits nach, hielt Nunis den Aufsichtsräten vor. »Wenn man uns schon nicht im Fernsehen werben läßt, dann sollte man uns wenigstens die Sendung lassen«, beschwor er die Versammelten. Miller, der an nichts anderes denken konnte, als die Sendefrequenzen von allem leerzufegen, was mit dem Disney Channel rivalisieren könnte, ließ sich jedoch nicht umstimmen. »Mir war einfach nicht klar, was er eigentlich wollte«, erklärte Ron Miller später. »Ich meine, niemand hat sich das verdammte Ding überhaupt noch angeguckt.«[2]

Eisner wußte 1984 nicht viel über Vergnügungsparks, aber in der Fernsehproduktion kannte er sich aus. In seiner Zeit bei ABC und Paramount hatte er ein ungewöhnliches Talent bewiesen, den Geschmack der amerikanischen Zuschauer zu treffen. Während eines Zwischenstopps auf dem Newark Airport war ihm die Idee für die Erfolgsserie *Happy Days* gekommen. Der Pilotfilm, der 1971 als eine Folge von *Love American Style* ausgestrahlt wurde, hatte die Karriere des einstigen Kinderdarstellers Ron Howard aufgefrischt und George Lucas zu dem Kinohit *American Graffiti* inspiriert. Sieben Jahre später hatte Eisner ABC überredet, *Mork & Mindy,* einem Ableger von *Happy Days,* eine Chance zu geben. Die neue Serie, die aus einem Gastauftritt des aus San Francisco stammenden Komikers Robin Williams in *Happy Days* entstand, wurde gleichfalls zu einem überwältigenden Erfolg.

Hollywood erlebte 1984 einen Boom auf dem Markt der direktvertriebenen Fernsehproduktionen. Die explosionsartige Entwicklung der unabhängigen Fernsehstationen hatte, zusammen mit der fortdauernden Abwanderung der Zuschauer der drei großen Fernsehnetze zu den neuen Sendern, ein nahezu unerschöpfliches Absatzgebiet für alte Fernsehprogramme geschaffen, auf dem sich die einzelnen Sender gegenseitig überboten, um eine Erfolgssendung an Land zu ziehen. So konnte Universal Studios für jede der zweiundsiebzig Folgen von *Magnum* stolze 1,6 Millionen Dollar erzielen, und Twentieth Century Fox nahm durch die Wiederholungen von *M*A*S*H* jährlich über 50 Millionen Dollar ein. Insgesamt kassierten die Hollywood-Studios auf diesem Markt 400 Millionen Dollar im Jahr.[3]

Nur Disney hielt sich vornehm zurück und ignorierte sowohl den Direktvertriebsmarkt im allgemeinen als auch die Möglichkeiten des Verkaufs von Erstsendungen im besonderen. Um die Gesellschaft aus ihrer Trägheit aufzuscheuchen, hatte Ron Miller zwei alte Hollywood-Kämpen angeheuert, die die Fernsehabteilung auf Vordermann bringen sollten: Ed Self, einen früheren ABC-Manager, und Bill Braderman, der für die Quinn Martin Productions gearbeitet hatte. Sie vermochten jedoch nicht allzuviel zu bewegen, und ein Jahr später standen die Fernsehmanager nicht gerade Schlange, um mit Disney ins Geschäft zu kommen.

Braderman und Self paßten nicht in Michael Eisners Fernsehpläne für Disney. Eisner hatte viele Beziehungen zu Managern und Produzenten aus der Fernsehbranche und gedachte selbst die Rolle desjenigen zu spielen, der Disney wieder ins Geschäft brachte. »Das war mein Gebiet«, sagte er im Interview vom 12. März 1990. »Und ich hatte schon bei ABC und Paramount ganz von vorn angefangen. Es war also nichts Neues für mich.«

Die ersten beiden Wochen Eisners bei Disney waren mit Sitzungen und Glückwunschanrufen angefüllt. Zu den ersten Gratulanten gehörte Steven Bochco, der Schöpfer von *Hill Street Blues,* der nach einem Studio fahndete, das ihm die 300 000 Dollar bereitstellte, die er brauchte, um den Pilotfilm für seine neue Serie, *L.A. Law,* fertigzustellen. Bochco verlangte allerdings einen riesigen Anteil von jedem Vertriebsdeal, den Disney für die Serie später abschließen würde, eine Klausel, die eindeutig zu Lasten von Disney ging. Wenn die Serie zu einem halbwegs beachtlichen Erfolg wurde, müßte Disney einen großen Teil der Gewinne an Bochco weiterleiten. Wurde sie kein Erfolg, und das war angesichts der kümmerlichen Resultate der meisten Fernsehserien das wahrscheinlichere Szenario, hätte sich die Gesellschaft einen vermeidbaren Verlust eingehandelt.

Einem anderen Anrufer begegnete Eisner mit noch größerer Skepsis. Jerry Perrenchio, ein ehemaliger Agent, hatte 1974 zusammen mit dem Fernsehproduzenten Norman Lear eine eigene Produktionsfirma gegründet, Embassy Communications, die er Disney jetzt für 500 Millionen Dollar zum Kauf anbot. Embassy hatte einiges vorzuweisen; die Gesellschaft hielt immerhin die Vertriebsrechte für *All in the Family, Maude* und *The Jeffersons*. Perrenchios Preisvorstellung war nach Eisners Auffassung jedoch übertrieben.

»Meiner Meinung nach konnte ein Angebot von Norman Lear und Jerry Perrenchio nur überteuert sein«, meinte Eisner. Embassy wurde 1985 schließlich für 485 Millionen Dollar an Coca-Colas Columbia Pictures verkauft und erwies sich bald als munter sprudelnde Geldquelle. Die Gesellschaft produzierte 1986, mit Tony Danza in der Hauptrolle, die Serie *Who's the Boss,* einen der größten Fernseherfolge, die es jemals gegeben hatte. Der Vertrieb der Serie brachte Columbia 1989 über 100 Millionen Dollar ein.

Einen Deal schloß Eisner jedoch ab. Vertragspartner waren Paul Witt, Tony Thomas und Susan Harris, die an Erfolgen wie *Benson* und *Soap* beteiligt gewesen waren. Eisner kannte Witt und Thomas aus seiner Zeit bei ABC, als die beiden den mit dem Emmy ausgezeichneten Film *Brian's Song* produzierten. Die drei Fernsehmacher suchten nach einer Möglichkeit, ins Filmgeschäft einzusteigen, wie ihr Agent, Bill Haber, Eisner am Telefon erklärte.

Eisner war an einem Filmvertrag mit ihnen interessiert, aber was ihn besonders anzog, war die Zusage von NBC, eine neue Serie von Witt, Thomas und Harris auszustrahlen. Die Serie, *Golden Girls,* sollte von vier älteren Frauen erzählen, die in Miami zusammen ein Haus bewohnten. Wie im Fernsehgeschäft üblich, hatte sich NBC bereiterklärt, 200 000 der für die Produktion jeder Folge benötigten 320 000 Dollar zu übernehmen, und das Trio Witt, Thomas und Harris suchte jetzt nach einer »Defizitfinanzierung« für die

Serie, das heißt, nach einem Studio, das die Restsumme zur Verfügung stellte. Bei einer »Defizitfinanzierung« verdienen die Produzenten und die Studios erst an der Serie, wenn sie erfolgreich genug ist, um sie an andere Fernsehstationen verkaufen zu können, nachdem sie drei Jahre in einem der großen Fernsehnetze gelaufen ist.

Zu Beginn des Frühjahrs schloß Disney mit Witt, Thomas und Harris den ersten größeren Deal auf dem Gebiet der Fernsehproduktion ab. Der Dreijahresvertrag sicherte Disney die Option für jedes Spielfilm- oder Fernsehprojekt des Trios, enthielt aber auch ein großes Zugeständnis. Das Studio würde so gut wie keine Eingriffsmöglichkeit in die inhaltlichen Belange der Projekte haben, die das Trio produzieren sollte. »Wir hatten etwas, wonach Disney verzweifelt suchte, nämlich den Pilotfilm zu einer Fernsehserie«, sagte Witt in einem Interview vom 2. April 1990. »Sie wollten einen ersten Schritt tun, mit dem sie von den Filmen und Vergnügungsparks wegkamen, und standen vor dem Problem, wie sie eine Serie ins Fernsehprogramm bringen konnten.«

Disney zahlte für *Golden Girls* einen deftigen Preis. Die Gesellschaft würde die gesamten 120 000 Dollar pro Woche aufbringen, die NBC nicht bereitstellte. Darüber hinaus würden Witt, Thomas und Harris, neben ihren üblichen Produzentengagen, über ein Drittel der erzielten Gewinne erhalten, falls die Serie lange genug über den Sender ging, um hinterher an andere Fernsehstationen verkauft werden zu können. Außerdem erhielten auch die vier Stars der Serie jeweils einen prozentualen Anteil am Gewinn. Weitere zehn Prozent der Einnahmen bekam Habers Agentur, die Creative Artists Agency. Disney verblieb danach nicht mehr als ein Drittel dessen, was die Serie einspielte, ganz gleich, wie erfolgreich sie wurde.

Im Disney-Aufsichtsrat kratzte man sich bedenklich den Kopf, wie sich Aufsichtsrat Dick Nunis erinnerte. Aber Eisner war felsenfest davon überzeugt, daß die Serie ankommen würde. »Er sagte uns: Jeder hat eine Großmutter, erzählte Nunis. Jeder wird sie sich ansehen.«[4] Schließlich hoben sich genug Arme, und der Aufsichtsrat segnete den Deal ab. Eisner hatte, ein halbes Jahr nach seinem

Einstieg bei Disney, seine erste Fernsehserie in einem der drei großen Fernsehnetze.

Leonard Goldenson hatte Michael Eisner, auf Vorschlag von Barry Diller, seinen ersten Job gegeben. Der 76jährige ehemalige Paramount-Anwalt hatte ABC-TV 1951 gegründet und seinen Sender, um mit den größeren und mächtigeren Fernsehnetzen konkurrieren zu können, jungen, aggressiven Programmgestaltern geöffnet, die anders dachten als ihre etablierten Kollegen bei NBC und CBS. Diese Unternehmenspolitik hatte so aufstrebende Talente wie Leonard Goldberg, Barry Diller und Michael Eisner angelockt. Sie hatte außerdem solchen auf jugendliche Zuschauer zugeschnittenen Sendungen wie *Happy Days* und *Laverne & Shirley* den Weg geebnet – Sendungen, die das aus den Anfangsschwierigkeiten herausgewachsene Fernsehnetz bis Mitte der 70er Jahre zu einer echten Medienmacht werden ließen.

Leonard Goldenson machte auch nach Eisners und Dillers Wechsel zu Paramount Pictures weiterhin Geschäfte mit seinen einstigen Protegés, und als Eisner 1984 von Paramount hinausgedrängt wurde, bot Goldenson ihm und Jeffrey Katzenberg 300 Millionen Dollar, um mit ABC zusammen eine eigene Filmgesellschaft aufzubauen. Der Deal kam zwar nicht zustande, aber drei Monate, nachdem Eisner bei Disney angefangen hatte, waren er und Goldenson wieder miteinander im Geschäft. ABC würde wie zu Walts Zeiten drei Jahrzehnte zuvor eine einstündige Disney-Sendung ins Programm aufnehmen.

Kurz nach dem Neujahrstag 1985 lud Eisner Goldenson und seine Programmverantwortlichen Fred Pierce und Tony Thomopoulos nach Burbank ein. Die drei Gäste trafen sich in dem kleinen Managerspeisezimmer Disneys mit Eisner und Katzenberg zum Mittagessen. »Wir wollten etwas tun, um die neue Geschäftsführung dort zu unterstützen«, erklärte Goldenson in einem Interview vom 24. August 1990. »Wir hatten immerhin eine lange gemeinsame Geschichte.«

Die ABC-Sendung, die am Sonntagabend lief, *Ripley's Believe It or Not,* dümpelte auf den untersten Plätzen der Hitliste der Einschaltquoten dahin, und die anderen Sendungen, mit denen es ABC auf dem Programmplatz um 19 Uhr probiert hatte, *Code Red* und *Those Amazing Animals,* waren ähnlich erfolglos gewesen. Das 19-Uhr-Programm wurde seit Jahren von der CBS-Sendung *60 Minutes* beherrscht, deren Zuschauer allerdings langsam in die Jahre kamen. ABC wollte eine Sendung haben, die jüngere Zuschauer und deren Eltern anlockte.

Sein Fernsehnetz, sagte Goldenson, sei bereit, Disney den Programmplatz am Sonntagabend um 19 Uhr zu überlassen. ABC würde für jede Programmstunde, die das Studio produzierte, 750 000 Dollar zahlen, wenn Disney die restlichen Kosten von mindestens 150 000 Dollar übernahm. Alles in allem erklärte sich ABC bereit, für die dreizehn einstündigen und die zehn zweistündigen Filme, die Disney herstellen sollte, über 20 Millionen Dollar zu zahlen. Die Kosten für Disney würden sich auf insgesamt rund 5 Millionen Dollar belaufen, die Disney durch den späteren Direktvertrieb an andere Fernsehsender leicht wieder hereinholen konnte. Und wenn sich der eine oder andere Film nicht absetzen ließ, überlegte Eisner, konnte er immer noch im Disney Channel wiederholt werden. »Das war die Wiedergeburt des Disneyschen Fernsehvertriebs«, sagte Rich Frank in einem Gespräch vom 17. Mai 1990. »Und das war uns eine gewisse Investition wert.«

Es dauerte fast vier Monate, bis Disney und ABC die Einzelheiten des Vertrages ausgearbeitet hatten. Eisner wollte mehr Geld, als ABC zu zahlen bereit war, und er wollte mehr zweistündige Filme drehen, als das Fernsehnetz abnehmen wollte. ABC verlangte auf der anderen Seite mehr inhaltliche Mitsprachemöglichkeiten, als die Disney-Manager dem Fernsehnetz zugestehen wollten.

Der Vertrag wurde im Frühsommer unterzeichnet. Rich Frank, der gerade von Paramount zu Disney übergelaufen war, gab ihm den letzten Schliff, und als er endlich unterschriftsbereit war, begab Frank sich zusammen mit Eisner in Fred Pierces Büro in Century City, um ihn zu unterzeichnen. Der Anlaß war nicht mehr als eine formelle Routineangelegenheit, und Pierce, der Probleme mit dem Rücken hatte, lenkte das Gespräch bald auf die Streckübungen, die ihm sein Arzt empfohlen hatte.

Eisner verspürte zu jener Zeit ebenfalls Stiche im Rücken, und: »Urplötzlich war Fred auf dem Boden, um uns die Übungen zu zeigen, und Michael legte sich daneben und machte ihm alles nach, wie sein Spiegelbild«, erinnerte sich Rich Frank. »Und dann ging plötzlich die Tür auf, und eine Sekretärin kam herein. Sie sah die beiden auf dem Fußboden ihre Streckübungen machen und mich und Tony Thomopoulos als Zuschauer in den Sesseln sitzen. Ich weiß nicht, welche Geschichte sie hinterher darüber erzählt hat.«

Damit war der Spaß aber auch schon zu Ende. ABC hatte die Sendung für die kommende Saison, die im September 1985 anfing, eingeplant. Durch die langwierigen Verhandlungen war es jedoch fraglich, ob dieser Termin eingehalten werden konnte. Erschwerend kam hinzu, daß Disney gerade erst dabei war, die Leute einzustellen, die man brauchte, um die kaum noch vorhandene Fernsehabteilung aufzupäppeln, und mit den wenigen Autoren und Produzenten, die bereits verpflichtet worden waren, und ohne ein einziges fertiges Drehbuch war Disney nicht in der Lage, bis zum September zu liefern. ABC willigte schließlich ein, den Sendetermin für die erste Disney-Produktion auf den Januar 1986 zu verschieben.

Eine der großen Fragen, die sich stellten, war die nach dem Moderator der neuen Sendereihe. Die Originalsendung hatte bis zu seinem Tod im Jahr 1966 Walt Disney selbst moderiert. Seine beruhigende Stimme und sein augenzwinkerndes Lächeln waren für die Gesellschaft von unschätzbarem Wert gewesen. Wenn Walt neben Donald Duck zu sehen war oder den neuesten Disney-Trickfilm ankündigte, war es jedesmal auch eine unterschwellige Werbung für die Vergnügungsparks, die Konsumprodukte und die nächsten Disney-Filme gewesen.

Nachdem der Vertrag unter Dach und Fach war, begannen Jeffrey Katzenberg und Rich Frank eine lange Liste von Hollywood-Schauspielern als mögliche Moderatoren der Sendung ins Auge zu fassen, unter anderem Lloyd Bridges und Peter Graves. »Es gab massenweise Schauspieler«, erinnerte sich Frank. »Die Schlüsselfrage war jedoch, wem von ihnen würden die amerikanischen Fernsehzuschauer Vertrauen schenken.« Katzenberg befürchtete darüber hinaus, daß ein Schauspieler versucht sein würde, mehr zu tun, als einfach nur seinen Text zu sprechen, und möglicherweise auch nicht die Herzlichkeit und Glaubwürdigkeit ausstrahlte, die für die Sendung von grundlegender Bedeutung waren.

Eisners Wunschkandidat war Walter Cronkite, der damals zu den glaubwürdigsten öffentlichen Personen des Landes gehörte. Aber Cronkite war, wie Disney erfuhr, für die nächsten fünf Jahre nicht greifbar. Der frühere CBS-Nachrichtensprecher hatte gerade erst für eine Reihe von Nachrichtenfeatures einen langfristigen Vertrag mit CBS abgeschlossen.

Am Ende, so erzählte Rich Frank, haben »wir alle gesagt: ›Warum nicht Michael? Was spricht gegen Michael?‹ Ich meine, er ist sympathisch und kommt mit seiner liebenswürdigen, fast kindlichen Art gut an.« Zuerst wies Eisner die Idee weit von sich. Anders als Walt, der die meiste Zeit damit verbracht hatte, sich neue Geschichten für seine Trickfilme auszudenken, fühlte sich Eisner vor einem großen Publikum nicht allzu wohl in der Haut. »Ich bin kein Typ, der gern vor der Kamera steht«, erklärte er Katzenberg und Frank. »Ich bin kein Schauspieler, und ich bin nicht Walt.« Katzenberg hatte auch seine Einwände. Eisner hatte damals rund fünfzehn Pfund Übergewicht. Außerdem befürchtete der Studiochef, daß die heisere Stimme des Disney-Aufsichtsratsvorsitzenden nicht fürs Fernsehen geeignet war.

Aber schließlich blieb keine Alternative, und Eisner willigte ein, als Moderator der Sendung aufzutreten. »Es war eine strategische Entscheidung«, erläuterte Eisner gesprächshalber am 12. März 1990. »Wir konnten den Leuten zumindest zeigen, daß die Gesellschaft wieder einen Steuermann hatte.« Aber bevor Katzenberg den Disney-Aufsichtsratsvorsitzenden vor die Kameras treten lassen wollte, mußte sich Eisner bereiterklären, eine Schlankheitskur zu machen. Außerdem wurde ein Sprachlehrer für ihn angeheuert, und Jane Eisner erhielt den Auftrag, ein paar neue Anzüge für ihren Mann einzukaufen.

Am 2. Februar 1986 schließlich kehrte Disney nach fast drei Jahren auf den Programmplatz am Sonntagabend zurück. Ein abgespeckter, in einem eleganten dunkelblauen Anzug steckender Michael Eisner sagte *Help Wanted: Kids* an, einen zweistündigen

Film mit Cindy Williams aus *Laverne & Shirley* und ihrem Ehemann Bill Hudson in den Hauptrollen. »Guten Abend, ich bin Michael Eisner«, eröffnete der zwischen Mickymaus und Goofy stehende Disney-Aufsichtsratsvorsitzende die Sendung. Als sie zu Ende war, hatten fast zehn Millionen Haushalte sie gesehen, beinah doppelt soviel, wie die letzte Sendung zwei Jahre zuvor angezogen hatte.

Von den Hunderten von Produzenten und Regisseuren, die im Lauf der Zeit den Weg ins Disney-Studio in Burbank fanden, wurde keiner herzlicher empfangen als Mel Brooks. Der 62jährige ehemalige Alleinunterhalter, der als Melvin Kaminsky in New York geboren worden war, konnte mit Fug und Recht als lebende Legende bezeichnet werden, auch wenn sein Ruhm inzwischen verblaßt war. Er hatte 1974 mit *Frankenstein Junior* und *Is' was, Sheriff?* in einem einzigen Jahr zwei Superhits herausgebracht, und *Get Smart,* seine parodistische Agenten-Fernsehserie der Jahre 1965–67, galt inzwischen als Fernsehklassiker. Seine neueren Produktionen waren allerdings weniger erfolgreich gewesen.

Ende 1988 erschien Mel Brooks eines Tages in Begleitung von Alan Schwartz, der seit 23 Jahren sein Anwalt war und den Posten des Generaldirektors von Brooksfilms, der Filmgesellschaft des Komikers, bekleidete, zum Mittagessen auf dem Studiogelände in Burbank. Sie wurden im Managerspeiseraum von Michael Eisner, Jeffrey Katzenberg und Rich Frank willkommen geheißen, und danach setzte man sich zu einem altmodischen Hollywood-Geschäftsessen zu Tisch.

Michael Eisner hatte Brooks und Schwartz in der Hoffnung eingeladen, sie für die Produktion eines Films für Disney interessieren zu können. Brooks hatte gerade für MGM die *Krieg der Sterne*-Parodie *Mel Brooks' »Spaceballs«* abgedreht, die zu einem mittleren Erfolg wurde. Brooks, ein kleiner zerzauster Mann mit widerspenstigen Haaren und einem ständigen Lächeln auf dem Gesicht, wollte wieder etwas fürs Fernsehen drehen. Er hatte 1975, bevor Eisner von ABC zu Paramount wechselte, schon einmal mit dem jetzigen Disney-Boß zusammengearbeitet. Aber die Serie, die Brooks damals gedreht hatte, *When Things Were Rotten,* eine Robin-Hood-Satire, war ein Flop gewesen und wurde drei Monate nach Sendebeginn von ABC wieder aus dem Programm genommen.[5]

Disney hatte früher im Jahr 1988 den Film *Zwei mal Zwei* fertiggestellt, in dem Bette Midler und Lily Tomlin jeweils in einer Doppelrolle zwei Zwillingspaare spielen, die kurz nach der Geburt über Kreuz vertauscht wurden, und 1 Million Dollar für eine Nachbildung des Inneren des New Yorker Plaza Hotels ausgegeben. Nach Drehschluß hatte Katzenberg aufgrund der enormen Kosten angeordnet, den Hotelnachbau für eine mögliche weitere Nutzung instandzuhalten. Als Brooks nun über das Studiogelände geführt wurde und das Hotel entdeckte, skizzierte er aus dem Stand eine komische Serie über einen unfähigen Hotelmanager, die in den vorhandenen Kulissen aufgenommen werden konnte.

Die Serie bekam den Titel *Nutt House,* und nachdem NBC zugesagt hatte, sie in der nächsten Saison, ab September 1989 auszustrahlen, gab Disney Mel Brooks grünes Licht für die Dreharbeiten. Brooks griff bei der Besetzung der Hauptrollen auf zwei nicht mehr allzu hell strahlende Stars zurück, mit denen er schon zusammengearbeitet hatte: Harvey Korman und Cloris Leachman. NBC sendete die erste Folge der Serie am 8. September 1989, strich sie aber fünf Wochen später bereits wieder aus dem Programm.

Zu der Zeit, als *Nutt House* eingestellt wurde, lag klar zutage, daß Disneys Fernsehnetzabteilung einen besonderen Schwachpunkt der Gesellschaft darstellte. Fünf der sieben Serien, die Disney für die drei großen Fernsehnetze produziert hatte, waren Flops gewesen. Nur die 1985 gestartete Serie *Golden Girls* war ein spektakulärer Erfolg geworden und hatte sich nach dem ersten Jahr unter den fünfzehn beliebtesten Sendungen plaziert. 1988 kam mit *Empty Nest,* einer Situationskomödie über einen verwitweten Kinderarzt mit zwei Töchtern, eine Serie heraus, die sich am Ende der ersten Saison ebenfalls unter die 15 beliebtesten Sendungen schob. Disney produzierte damit die beiden populärsten Serien des Sonntagabendprogramms.

Diese Erfolgsserien, die beide von dem Trio Witt, Thomas und Harris stammten, entstanden allerdings fast ohne Mitsprache des

Disney-Studios. Die anderen fünf Serien dagegen, die sich allesamt nicht länger als eine Saison im Programm halten konnten, waren von Disney selbst entwickelt worden. Die Reihe der Fernsehflops begann 1986 mit *The Ellen Burstyn Show* und wurde im darauffolgenden Jahr mit *Sidekicks* fortgesetzt, einer kurzlebigen Actionserie über einen streitbaren elfjährigen Kunstexperten, die von ABC ausgestrahlt wurde. In derselben Saison strich ABC auch *Harry* aus dem Programm, eine Serie, in der Alan Arkin einen Vorarbeiter in einem Lagerhaus spielte. 1987 stornierte CBS *The Oldest Rookie*, die Geschichte eines in den mittleren Jahren stehenden Polizisten, der von seinem Schreibtisch wieder auf die Straße zurück versetzt wird. Gleichfalls bei CBS fiel *Hard Time on Planet Earth* durch, eine mit Spezialeffekten überladene, kostspielige Serie über einen Zeitreisenden, den es auf die Erde verschlagen hat.

Sogar die wesentlich kleinere Fox Broadcasting Company beeilte sich, eine auf *Zoff in Beverly Hills* beruhende Disney-Serie wieder aus dem Programm zu werfen, die der Fox-Aufsichtsratsvorsitzende Barry Diller Ende 1986 bei einem Treffen in Eisners Haus in Bel Air bestellt hatte. Diller hatte gehört, daß ABC erwog, Disneys Sonntagabendfilm zu streichen, und wollte die Sendung für sein Fernsehnetz haben. Eisner zog es jedoch vor, sie bei ABC zu lassen, und bot Diller statt dessen die auf dem Erfolgsfilm von 1986 aufbauende Serie an. Die Produktion war durch ständige Verzögerungen beeinträchtigt, und als die Serie schließlich ein Jahr später gestartet wurde, waren die Einschaltquoten verheerend. *Down and Out in Beverly Hills* verschwand sang- und klanglos wieder vom Bildschirm.[6]

The Disney Sunday Movie war ebenfalls ein Problemkind. Die Einschaltquoten in der ersten Saison waren kümmerlich und hinkten weit hinter dem Spitzenreiter unter den Sonntagabendsendungen, *60 Minutes*, her. Das Disney-Management versuchte die Situation zu beschönigen, indem es die Aktionäre darauf hinwies, daß die Sendereihe trotz der in der Regel niedrigen Einschaltquoten bei den weiblichen Zuschauern zwischen 18 und 49 Jahren, einer demographischen Schlüsselgruppe für die Werbeträger der Fernsehnetze, auf der Liste der beliebtesten Sendungen an fünfter Stelle rangierte.[7] Die ABC-Manager waren allerdings weniger optimistisch gestimmt. Das Fernsehnetz willigte ein, die Sendung eine weitere Saison auszustrahlen, verlangte später aber, die Programmdauer auf eine Stunde zu kürzen. Die Einschaltquoten verbesserten sich nicht dadurch.

1988 vergab Disney die Sendung an NBC, das renommierteste Fernsehnetz, und taufte sie, um die Zuschauerresonanz zu erhöhen, in *The Magical World of Disney* um. Aber der Namenswechsel zeigte nicht die erhoffte Wirkung. Außerdem versuchte Disney die Sendung lebendiger zu gestalten, indem abwechselnd drei wiederkehrende Geschichten weitergesponnen wurden. Der Schauspieler Tim Dunigan wurde engagiert, um die Abenteuerserie *Davy Crokket* neu aufzulegen, und der *Night Court*-Star Harry Anderson sollte Disneys *Absent Minded Professor*-Filme aufbügeln. Die dritte Geschichte handelte von einem in die Stadt verschleppten Wolf aus Alaska. Später borgte sich Disney sogar Stars aus der NBC-Spitzenserie aus und filmte mit den *Cosby*-Darstellern Keshia Knight Pulliam und Phylicia Rashad eine moderne Musicalversion der *Pollyanna*-Bücher.

1989 rangierte *The Magical World of Disney* unter den sechsundneunzig Serien der Saison nur auf dem 76. Platz, und Anfang des nächsten Jahres nahmen die NBC-Manager die Sendung aus dem Programm. Dieser Rückschlag wurde nur dadurch ein wenig abgemildert, daß NBC Disney zusagte, die Sendung, sofern sich im Programm des Fernsehnetzes ein freier Sendeplatz auftat, in einer überarbeiteten Fassung später in der Saison wieder auszustrahlen.

Das rasche Ende von *Nutt House* war für Disney ausgesprochen peinlich. Darüber hinaus war die Serie eine herbe finanzielle Fehlkalkulation gewesen. Nach Abzug der Lizenzgebühren, die Disney von NBC erhalten hatte, blieben immer noch Produktionskosten von 2 Millionen Dollar, die als Totalverlust abgeschrieben werden mußten, da nur wenige Folgen der Serie gedreht worden waren und sich keine Fernsehstation finden würde, die sie als Wiederholungen würde zeigen wollen.

1989 verzeichnete die Fernsehnetzabteilung des Disney-Studios enorme Verluste. Keine der sechs Serien, die von den Fernsehnetzen aus dem Programm geworfen worden waren, hatte sich lange genug gehalten, um im Direktvertrieb vermarktet werden zu können. Zählte man die Kosten der zu Dutzenden hergestellten Pilotfilme hinzu, summierten sich die Verluste auf fast 50 Millionen Dollar.

Daneben drängte sich den Disney-Managern die ernüchternde Erkenntnis auf, daß die Disney-Methode diesmal nicht funktioniert hatte. Bei Paramount hatten Michael Eisner und Barry Diller als treibende Kraft hinter den Fernsehserien gestanden, die in ihrem Studio produziert wurden. Sie konnten sich außerdem auf ihre engen Beziehungen zu ABC verlassen, wo man sich noch dankbar daran erinnerte, wie sie das wankende Fernsehnetz auf Erfolgskurs gebracht hatten. Das Vertrauen, das die ABC-Manager ihren ehemaligen Kollegen entgegenbrachten, hatte dazu geführt, daß sie ihnen bereitwillig zusagten, ihre Sendungen ins ABC-Programm zu übernehmen.

So hatten Eisner und Diller, zum Beispiel, das Konzept für *Mork & Mindy* in einer halbstündigen Ideenkonferenz mit Garry Marshall entworfen und es den ABC-Managern mit Hilfe eines kurzen Pilotfilms verkauft, den sie zusammengeschustert hatten, indem sie die Probeaufnahme einer unbekannten jungen Schauspielerin namens Pam Dawber mit einem Ausschnitt aus *Happy Days,* in dem Robin Williams den Außerirdischen vom Planeten Ork spielte, aneinanderklebten. »Das war der beste Pilotfilm, den ich jemals gemacht habe«, sagte Marshall im Interview am 2. April 1990. »Ganze zehn Minuten, die kaum mehr als 500 Dollar gekostet haben dürften.«

Der Entstehungsprozeß von *Mork & Mindy* zeigt, wie Paramount das Rezept, das das Studio bei Kinofilmen anwandte, auch für Fernsehproduktionen nutzte. Wie bei *Beverly Hills Cop* oder *Flashdance* war auch der Plot der Fernsehserie im Studio selbst entwickelt worden. Und wie Dutzende von Kinostars, deren Aufstieg bei Paramount begonnen hatte, waren auch Robin Williams und Pam Dawber zu Beginn der Serie noch weitgehend unbekannt gewesen.

Aber die Zeiten, in denen ein hastig entworfenes Konzept und ein billiger Pilotfilm zu einer Erfolgsserie werden konnten, waren, als das Team Disney seine Arbeit aufnahm, augenscheinlich vorüber. Jeffrey Katzenberg konnte zwar noch die Bedingungen diktieren, unter denen das Studio einen Kinofilm annahm. Er konnte den Autoren Anweisungen geben, die Drehbücher umschreiben lassen und entscheiden, wie und wann der Film in die Kinos kam. Im Fernsehgeschäft aber sah die Sache völlig anders aus. Dort waren die Manager der Fernsehnetze diejenigen, die entschieden, welche Sendungen produziert und wann sie gezeigt wurden.

Mitte der 80er Jahre rissen sich die Fernsehmanager um die Programme der erfolgreichen Produzenten, mit der Folge, daß die Produzenten und die Autoren die Spielregeln festlegten und nicht die Filmstudios. Die umworbensten Fernsehschmieden wurden von Leuten wie Marcy Carsey und Tom Werner betrieben, den Produzenten der *Cosby Show,* oder Bob Boyett und Tom Miller, den Schöpfern von *Perfect Stranger.* Die Programmangebote eines Steven Bochco oder Stephen Cannell nahmen die Fernsehmanager sogar unbesehen, ohne auch nur einen Pilotfilm zu Gesicht bekommen zu haben, an.

Als Eisner und Katzenberg bei Disney anfingen, versuchten sie, eine Nachbildung der Fernsehabteilung von Paramount aufzubauen. Eisner weigerte sich eisern, kostspielige Produzenten wie Bochco zu beschäftigen, und lehnte dreistellige Millionendeals wie den, den Jerry Perrenchio ihm angetragen hatte, grundsätzlich ab. Statt dessen wollte er das Studio von innen heraus aufbauen. Katzenberg warb zu diesem Zweck Spitzenmanager aus der Fernsehabteilung von Paramount wie Mark Ovitz und Grant Rosenberg an, die frischen Wind in die Fernsehabteilung von Disney bringen sollten. Ovitz und Rosenberg waren bei Paramount an der Produktion solcher Serien wie *Cheers, Family Ties* und *MacGyver* beteiligt gewesen.

Disney verfolgte im Fernsehbereich von Anfang an dieselbe Sparpolitik wie in der Spielfilmproduktion und begann im Sommer 1985, eine ganze Gruppe junger Fernsehproduzenten und -autoren anzuheuern, die noch keinen Hit vorzuweisen hatten. So kamen Tom Greene, ein Produktionsassistent der *Knight Rider*-Serie von

Universal Pictures, Barbara Hall, die einige Folgen von *Family Ties* geschrieben hatte, und Lee David Zlotkoff, der an dem Pilotfilm von *MacGyver* mitgearbeitet hatte, zu Disney.

Außerdem versuchten sich Eisner und Katzenberg, wie bei Bette Midler und Richard Dreyfuss vorexerziert, in der Wiederbelebung angeknackster Karrieren, indem sie ehemaligen Filmstars eine Fernsehlaufbahn anboten. Zu den ersten Ex-Stars, die sie unter Vertrag nahmen, gehörte Ellen Burstyn, eine 52jährige Komikerin, die früher einmal Model gewesen war. Sie hatte Mitte der 70er Jahre in Filmen wie *Harry und Tonto* und *Alice lebt hier nicht mehr* mitgespielt, danach aber einen Karriereknick erlebt. Disneys Autorenteam schrieb außerdem eine Serie für Alan Arkin, einen ehemaligen Folksänger und früheren Angehörigen der Kabaretttruppe *The Second City*. Der 50jährige Arkin, dessen Anziehungskraft im Kino schon lange dahin war, hatte noch nie in einer Fernsehserie mitgewirkt.

Keine dieser Shows oder Serien brachte den erhofften Erfolg, und das Team Disney beschloß Anfang 1989, die Vorgehensweise zu ändern. »Wir hatten rund vier Jahre lang versucht, es auf unsere Weise zu schaffen«, erinnerte sich Rich Frank. »Doch wir waren offenbar nur mit dem Kopf gegen die Wand gerannt. Unser Weg war einfach nicht der richtige gewesen.«[8]

Die Disney-Manager hatten zugesehen, wie Columbia Pictures, Warner Brothers und Universal lukrative Verträge mit den besten Fernsehproduzenten und -autoren von Hollywood abschlossen, ebenso die drei großen Fernsehnetze. ABC allein hatte sowohl Steven Bochco als auch den *Taxi*-Produzenten James Brooks durch langfristige Verträge an sich gebunden.

Der Vertrag mit Brooks zeigte, wie sehr die Preise in die Höhe geschossen waren. Dem Produzenten waren für seine nächsten drei Serien insgesamt 65 Millionen Dollar garantiert worden. Bochcos Vertrag soll 50 Millionen Dollar wert gewesen sein. Sowohl Brooks als auch Bochco unterschrieben außerdem Verträge mit Filmstudios, Brooks mit Columbia und Bochco mit Twentieth Century Fox. Sie sicherten sich dadurch die Finanzierung ihrer Serien durch die Studios, die als Gegenleistung die Direktvertriebsrechte erhielten. Disney dagegen gab für die gesamte Fernsehabteilung nur wenig mehr als 5 Millionen Dollar im Jahr aus. »Wir mußten etwas tun, um mit den Fernsehnetzen zu konkurrieren«, sagte Eisner. »Sie konkurrierten um die Talente. Und die anderen Studios, die die goldene Ernte der Bill-Cosby-Zahlen vor Augen hatten, waren auch alle unterwegs. (...) Also gingen wir ebenfalls auf Talentsuche.«[9]

Katzenberg legte einen Vierjahresplan vor, nach dem das Studio rund 25 Millionen Dollar pro Jahr für die Verpflichtung der besten Kräfte, die zu finden waren, zur Verfügung gestellt bekommen sollte. Nach vier Jahren würde man erkennen können, ob die Talentsuche zu den Erfolgsserien und dem Ertrag geführt hatte, die man sich erhoffte. Eisner gab widerstrebend seine Zustimmung zu Katzenbergs Plan.

Das erste Ergebnis der Kampagne war die Verpflichtung von Terry Louise Fisher, einer gelernten Rechtsanwältin, die bei *L.A. Law* Bochcos Partnerin gewesen war. Die beiden Produzenten waren 1989, als Bochco den Vertrag mit ABC abschloß, hart aneinander geraten. Die Sache kam schließlich sogar vor Gericht, da Fisher Klage eingereicht hatte, bevor der Streit beigelegt werden konnte. Disney gab Fisher Anfang 1989 einen Dreijahresvertrag.

Ihr folgten bald andere hochgepriesene Kräfte aus der Branche. Die Gesellschaft verpflichtete Matt Williams, einen ehemaligen Mitautor der *Cosby Show,* der für die Garsey-Werner Company, die die drei beliebtesten Fernsehserien produzierte, *Roseanne* und *Another World* mitentwickelt hatte. Williams hatte sich mit dem *Roseanne*-Star Roseanne Barr im Streit darüber, wer künftig bei der Serie das Sagen haben sollte, überworfen und war daher bereit gewesen, mit Disney abzuschließen.

Disney nahm auch vier Mitglieder des Autorenteams unter Vertrag, das die *Golden Girls* weiterführte, nachdem sich das Trio Witt, Thomas und Harris anderen Projekten zugewandt hatte. Die Gesellschaft konnte außerdem Danny Arnold für sich gewinnen, einen einstigen Produzenten von *The Real McCoys,* der 1975 *Barney Miller* und zwei Jahre darauf *Fish,* einen Ableger von *McCoys,* geschaffen hatte. Andere Verträge brachten Ivan Reitman, den Regisseur von *Ghostbusters – Die Geisterjäger* und *Twins – Zwillinge,* und Bill Blinn, den Schöpfer von *Eight Is Enough,* zu Disney.

Die Gesellschaft fand sich bald in der ungewohnten Situation wieder, die Preise für kreative Kräfte hochzutreiben. Der größte Konkurrent des Studios war Columbia Pictures, wo man mit beiden Händen in die vollen Kassen des neuen Besitzers, der Sony Corp., greifen konnte. So war Jeffrey Katzenberg zum Beispiel nicht in der Lage, Columbia Ron Levitt und Michael Moye, die Produzenten von *Married ... With Children,* wegzuschnappen. Aber Disney konnte immerhin Carol Black und Neal Marlens, die Schöpfer von *Wonder Years,* verpflichten, die einen 15 Millionen Dollar schweren Dreijahresvertrag erhielten. Alles in allem schloß Disney Verträge im Wert von über 125 Millionen Dollar ab, um die besten verfügbaren Fernsehleute ins Studio zu holen. So öffnete Disney sein Scheckbuch unter anderem auch für Garth Ancier, einen einstigen NBC-Wunderknaben. Ancier hatte wie Eisner die ultravornehme Lawrenceville School in New Jersey besucht. Später war er zu rechten Hand des NBC-Programmchefs Brandon Tartikoff geworden und hatte an der Entwicklung der *Cosby Show* und der *Golden Girls* mitgearbeitet. 1986 war er als Programmchef zum neuen Fox-Fernsehnetz gegangen und hatte dort Serien wie *Married ... With Children* und *In Living Color* aus der Taufe gehoben.

Ancier war frei gewesen, weil er in einem Machtkampf innerhalb des Fernsehnetzes den kürzeren gezogen hatte. Fox hatte, angesichts von Verlusten, damit begonnen, die Situationskomödien aus dem Programm zu nehmen und sie durch billigere, auf der Realität beruhende Serien wie *America's Most Wanted* und *Cops* zu ersetzen. Ancier erhielt von Disney einen Fünfjahresvertrag mit einem Jahreseinkommen von 225 000 Dollar und wurde für die Entwicklung neuer Fernsehserien verantwortlich.

Bald waren die ersten Resultate der kostspieligen Anwerbungen zu sehen. Matt Williams legte die Grundidee für eine Serie mit der 57jährigen Komikerin Carol Burnett vor und verkaufte sie an NBC; das Fernsehnetz bestellte zunächst sechs Folgen von *Carol and Company*. Terry Louise Fisher produzierte einen Fernsehfilm für

NBC und erhielt danach ein Budget von 2 Millionen Dollar für den Pilotfilm einer Anwaltsserie unter dem Titel *Bar Girls*.

Insgesamt verkaufte Disney für die im September 1990 beginnende Saison acht Pilotfilme an die drei großen Fernsehnetze. Das war nur einer weniger, als die ständigen Marktführer Columbia, Lorimar und Universal unterbringen konnten. Als die Saison begann, hatte Disney sechs Serien im Programm, drei mehr als ein Jahr zuvor.

Die Disney-Manager wußten, daß es Zeit brauchte, bis die neuen Produzenten der Gesellschaft Gewinne einbrachten. Normalerweise mußte eine Serie mindestens drei Jahre laufen, damit genügend Folgen vorhanden waren, um sie später im Direktvertrieb an die anderen Fernsehstationen verkaufen zu können. Der größte Hit des Studios, *Golden Girls,* kam erst 1990 in den Direktvertrieb, aber die danach erzielten Einnahmen waren nicht zu verachten. Die Serie wurde für annähernd 300 Millionen Dollar an die verschiedenen Sender veräußert. Knapp ein Drittel dieser Summe blieb bei Disney. Der Löwenanteil ging an das Trio Witt, Thomas und Harris.

Der Oktober 1990 war ein schwarzer Monat für die Fernsehabteilung der Walt Disney Company. Noch kurz vorher hatte die Gesellschaft große Hoffnungen an die sechs Serien des Studios geknüpft, die bei den Fernsehnetzen über den Sender gingen. Jetzt jedoch, einen Monat nach Beginn der Saison, mußte man die ersten Rückschläge hinnehmen. Zuerst wurde die von Witt und Thomas stammende Situationskomödie *Lenny* von CBS zeitweise abgesetzt. Zwei Wochen später kippten NBC *Hull High,* eine Musicalserie, die auf dem traditionellen Programmplatz des Disney-Sonntagsfilms gelaufen war.

Diese frühen Stornierungen bewiesen, daß Disney die Probleme der Fernsehabteilung noch lange nicht überwunden hatte. Außerdem gab es heftige interne Auseinandersetzungen, in deren Folge Garth Ancier, nachdem er monatelang mit Rich Frank im Streit gelegen hatte, keine zwei Jahre nach dem Abschluß seines Fünfjahresvertrages mit Disney, das Studio verließ.

Die Absetzungen rissen ein großes Loch in Disneys Finanzen.

Hull High allein hatte pro Folge 325 000 Dollar verschlungen und trug Disney während der kurzen Zeit, die die Serie im Fernsehen lief, einen Verlust von 1 Million Dollar ein. Die Gesellschaft beschloß, die Fernsehaktivitäten zu drosseln, um weitere Verluste in Grenzen zu halten, und gab damit offen zu, daß die Fernsehabteilung immer noch das Sorgenkind der Gesellschaft war.

Bei der Mitte des Jahres durchgeführten Bilanzprüfung empfahl Katzenberg, die einstündigen Serien aufzugeben, und führte dafür zwei Gründe an: Zum einen habe sich der Direktvertriebsmarkt für einstündige Sendungen seit den seligen Zeiten von *Magnum* erheblich abgekühlt, und zum anderen koste jede einzelne Folge nicht weniger als 1 Million Dollar, von der Disney mindestens ein Drittel selbst zu übernehmen hätte. Wenn eine Serie sich nun als Flop erwies, hätte die Gesellschaft einen riesigen Verlust abzuschreiben.

Mitte September meldete Disney den drei großen Fernsehnetzen, daß man keine weiteren einstündigen Serien produzieren werde. Das bedeutete zugleich die Auflösung des neunköpfigen Disneyschen Dramaturgenteams, und es bedeutete, daß das Studio eine Serie – *N.Y.P.D. Mounted* – aufgeben würde, die es im Auftrag von CBS drehen sollte. CBS vergab die Serie daraufhin an Orion Pictures.

Disney hatte danach noch *Golden Girls* und *Empty Nest,* die beiden Serien des Teams Witt, Thomas und Harris, im Programm von NBC. Beide Serien hielten sich weiterhin unter den Top 15. Der ehemalige *Roseanne*-Autor Matt Williams hatte mit *Carol and Company* einen mutmaßlichen Hit geschaffen, der den beiden Spitzenproduktionen des Trios Witt, Thomas und Harris auf dem Programmplatz am Sonntagabend nachfolgte. NBC strahlte außerdem noch *The Fanelli Boys* aus, eine Situationskomödie über eine italienische Familie, die von den vier *Golden Girls*-Autoren stammte.

Daneben waren bei Disney mehrere neue Serien für die »großen Drei« in Arbeit. NBC hatte für 1991 neue Folgen von *The Magical World of Disney* bestellt, die wiederum auf dem alten Disney-Programmplatz gesendet werden sollten. Das Studio arbeitete außerdem an einer halbstündigen Komödienserie unter dem Titel *Dinosaurs,* die für CBS bestimmt war. Die Serie, die gemeinsam mit der

Jim Hensons Productions gedreht werden sollte, würde pro Folge mehr als 1 Million Dollar kosten, zum großen Teil wegen der aufwendigen Kostüme und Spezialeffekte.

Disney hatte, trotz der Stornierungen des Jahres 1990, im Vergleich mit den Zeiten, in denen Ron Miller die Fernsehabteilung als Stiefkind der Gesellschaft behandelt hatte, fraglos Fortschritte gemacht. Aber sie war, trotz all der Fernseherfahrung, die Michael Eisner von Paramount mitgebracht hatte, immer noch das größte Problemfeld innerhalb der Walt Disney Company. Die 125 Millionen Dollar, die die Gesellschaft – in einer bemerkenswerten Abkehr von der Art und Weise, in der das Team Disney sonst seine Geschäfte zu machen pflegte – eingesetzt hatte, um die besten Fernsehleute ins Studio zu holen, zeitigten zwar Resultate, aber es sah dennoch so aus, als würde der große Erfolg noch auf sich warten lassen.

Kapitel 11

Auf dem Weg zu neuen Ufern

Unter den Rechtsanwälten von Los Angeles war keiner besser eingeführt als Frank Rothman. Er war in Los Angeles geboren und pendelte seit fast vier Jahrzehnten zwischen den Berühmtheiten von Beverly Hills und den Superstars unter den Wirtschaftsriesen hin und her. Großgewachsen, mit schütter werdenden Haaren und einer modischen Metallgestellbrille auf der Nase, machte er im Gerichtssaal eine beeindruckende Figur. Er hatte es durch sein brillantes Auftreten vor Gericht geschafft, für David Begelman, den früheren Generaldirektor von Columbia Pictures, der des Scheckbetrugs für schuldig befunden wurde, eine milde Strafe herauszuschlagen. Als Spezialist auf dem Gebiet der Antitrust-Gesetze hatte Rothman außerdem die National Football League, die größte Lebensmittelkette Kaliforniens und mehrere der großen Hollywood-Studios vertreten.

In den 80er Jahren wechselte Rothman das Spielfeld. Er verließ 1982 den sicheren Hafen seiner Anwaltskanzlei und wurde Aufsichtsratsvorsitzender und Geschäftsführer von MGM/UA Entertainment Inc., der angeschlagenen Filmgesellschaft des in Los Angeles lebenden Milliardärs Kirk Kerkorian. Das Studio bewegte sich unter der Last eines wahren Gebirges aus hochverzinslichen Junk-bonds ständig kurz vor dem finanziellen Zusammenbruch. Darüber hinaus schien es nicht in der Lage zu sein, etwas anderes zu produzieren als gewaltige Flops – Filme wie *The Pope of Greenwich Village, Der Flieger, Liebe ohne Ausweg* und *Die Göttliche.*

Das einzige, was MGM/UA vorzuweisen hatte, war die goldene Zeit von Metro-Goldwyn-Mayer. 1924 durch eine Fusion der Studios der Hollywood-Giganten Samuel Goldwyn und Louis B. Mayer entstanden, wurde MGM zum größten und reichsten Studio der Unterhaltungsindustrie. Das Studio verfügte mit Stars wie Greta Garbo, Clark Gable, Jean Harlow und James Stewart, wie die PR-Abteilung von MGM stolz behauptete, über »mehr Sterne, als am Himmel stehen«.[1] Zu den Filmen, die MGM herausgebracht hatte, gehörten Klassiker wie *Vom Winde verweht, Das zauberhafte Land* und *Ben Hur*. Das Studio war so marktbeherrschend gewesen, daß der berühmte MGM-Löwe »Leo the Lion« Anfang der 40er Jahre ein Symbol für Qualität und Unterhaltungswert war.

Mitte der 70er Jahre jedoch begann Kerkorian, der Sohn eines armenischen Obstfarmers, das Erbe von MGM zu verschleudern. Der zurückgezogen lebende Milliardär hatte sein Vermögen mit dem Kauf und Verkauf von Fluggesellschaften und Hotels gemacht. 1970 erwarb er dann zunächst MGM und ein Jahrzehnt später auch United Artists. Aber Kerkorian war nicht sonderlich an der Produktion von Kinofilmen und Fernsehsendungen interessiert. Er kürzte die Produktionsbudgets und begann systematisch, die bekanntesten Vermögenswerte des Studios zu Geld zu machen. Besonders eine Auktion, auf der er Hollywood-Ikonen wie den Streitwagen aus *Ben Hur* und Judy Garlands Rubinsandalen aus *Das zauberhafte Land* versteigern ließ, zeigte an, mit welcher Geringschätzung er die glanzvolle Vergangenheit des Studios betrachtete. Kerkorians größter Deal war der Verkauf des historischen, sechzehn Hektar großen Studiogeländes von MGM und der Rechte an 2400 MGM-Filmen an den Fernsehmogul Ted Turner aus Atlanta, der dafür die atemberaubende Summe von 1,2 Milliarden Dollar zahlte.

Bevor Turner auf der Bühne erschien, hatte MGM mit einem Verlust von 59 Millionen Dollar rechnen müssen.[2] Frank Rothman hatte deshalb alles zusammengekratzt, was irgendwie von Wert war und sich verkaufen ließ. Anfang 1985 rief er im Zuge seiner Konsolidierungsbemühungen auch bei Frank Wells an. Sowohl Rothman als auch Wells waren fest in der Gesellschaft von Beverly Hills verwurzelt, in der die Anwälte mit den Größen der Unterhaltungsindustrie auf du und du standen, und kannten sich daher recht gut.

Diesmal jedoch war Rothmans Anruf nicht gesellschaftlicher Natur. Er bot Wells an, für den Disney Channel zum Preis von

55 Millionen Dollar die Rechte an *Du sollst mein Glücksstern sein, Meuterei auf der Bounty* und anderen MGM-Klassikern zu erwerben.

Wells suchte damals nach Mitteln und Wegen, auch ältere Zuschauer für den Disney Channel zu gewinnen, und so verhandelte er gemeinsam mit Jim Jimirro wochenlang mit Rothman. Am Ende weigerte sich Wells jedoch, den Preis zu bezahlen, den MGM verlangte. Aber er hatte noch einen anderen Deal parat. Disney plane ein Großprojekt, erklärte er Rothmann, an dem sich MGM beteiligen könne.

Rothman besuchte, auf Wells' Drängen hin, Anfang Februar Disneys Ideenfabrik in Glendale.[3] Dort wurde der MGM-Aufsichtsratsvorsitzende hastig in einen großen Konferenzraum geführt, wo ihn der Chef der Ideenfabrik, Carl Bongirno, und der geschäftsführende Abteilungsdirektor Marty Sklar erwarteten. In der Mitte des großen Konferenztischs stand das Modell eines neuen Themenparks, den die Ideenfabrik für Orlando entworfen hatte.

Das große Modell, von dem Ideenfabrikproduzent Bob Weis entwickelt, enthielt Platz für Tribünen, Gehwege und eine Bahnstrekke, die durch eine Reihe von Filmkulissen führte. Außerdem gab es Platz für Stuntshows und einen Pavillon, in dem die Besucher die Dreharbeiten einer Fernsehserie miterleben konnten. Um der geplanten Studio-Tour größere Anziehungskraft zu verleihen, wollte Disney, wie Bongirno und Sklar Rothman erklärten, das berühmte Firmenlogo von MGM und das Archiv der klassischen MGM-Filme für den Themenpark einsetzen.

Das Konzept eines auf der Filmindustrie von Hollywood beruhenden Themenparks war für Disney nicht neu, genausowenig wie für den Rest der Unterhaltungsindustrie. MCA Inc. betrieb, nur rund fünfzehn Kilometer von Disneys Studiogelände in Burbank entfernt, seit 1964 seine Universal Studios Tour, die als Höhepunkte eine Wild-West-Stuntshow und eine Fahrt durch Teile der laufenden Filmproduktion bot. Die Studio-Tour hatte 1985 über drei Millionen Besucher auf das vierundneunzig Hektar große Universal-Gelände gelockt.

Walt Disney hatte schon 1948 erwogen, gleich gegenüber des Studiogeländes einen Vergnügungspark zu errichten. Er hatte sich einen »Mickey Mouse Park« vorgestellt, der Kinder und ihre Eltern mit Achterbahnen, Riesenrädern, einer Eisenbahn und einer Postkutschenfahrt unterhielt. In einem neu zu errichtenden Theater sollten, mit zahlenden Besuchern als Publikum, Radio- und Fernsehsendungen hergestellt werden.[4] Daneben sollte eine Besichtigungsfahrt durch das Disney-Studio dem Park zusätzliche Attraktivität verleihen.

Der Mickey Mouse Park kam aber nie über das Planungsstadium hinaus. Die Stadtverwaltung von Los Angeles weigerte sich, eine Bahnstrecke zu bauen, die den Vergnügungspark mit dem nahegelegenen Griffith Park verbinden sollte, und warf damit einen der wichtigsten Teile des Disney-Plans über den Haufen. Walt Disney entwickelte aus dem Mickey Mouse Park schließlich das Konzept für Disneyland und errichtete den Vergnügungspark, sechzig Kilometer weiter weg, auf einer Orangenplantage in Anaheim.

Die Idee einer Studio-Tour blieb jedoch innerhalb der Gesellschaft stets lebendig. So brachte Dick Nunis zum Beispiel zu einem seiner ersten Treffen mit Eisner und Wells einige alte Pläne für einen Filmpavillon im EPCOT Center mit.[5] Eisner selbst stieß, als er die Akten der Ideenfabrik in Glendale durchstöberte, auf Entwürfe, die Walt für die Studio-Tour gezeichnet hatte.

Anfang 1985 suchten Eisner und Wells nach Projekten, mit denen Disneys Landbesitz in Orlando erschlossen werden konnte. Die Eintrittspreise sollten noch im selben Jahr zum zweitenmal angehoben werden. Danach würde eine Tageskarte für den Vergnügungspark 21,50 Dollar kosten, nachdem sie ein Jahr zuvor noch für 17 Dollar verkauft worden war. Die Einnahmen aus den Vergnügungsparks stiegen bis 1986 aufgrund der erhöhten Eintrittspreise und der neuen Fernsehwerbung auf fast 404 Millionen Dollar, also auf mehr als das Doppelte dessen, was vor der Ära Eisner-Wells eingenommen worden war. Einen Teil des Geldes setzten Eisner und Wells bereits für den Bau neuer Hotels ein. Damit aber die neuen Hotelzimmer nicht leer standen und die Touristen animiert werden, einen Tag länger in Orlando zu bleiben, wollten die neuen Disney-Manager einen weiteren Vergnügungspark errichten. »Es war ein Managementtraum«, sagte Frank Wells in einem Interview vom 25. Juni 1990, »eine neue Einnahmequelle auf der Grundlage der alten Infrastruktur, der alten Straßen und Restaurants zu erschließen.«

Schon vor dem Einstieg von Eisner und Wells hatte Disneys Ideenfabrik einen Filmpavillon entworfen, der im EPCOT Center erbaut werden sollte.[6] Der Pavillon war nach dem Vorbild der Erlebnisfahrt »Spaceship Earth« (»Raumschiff Erde«) gestaltet, die die Besucher des EPCOT Center durch die Geschichte der Kommunikation führt, von den ägyptischen Hieroglyphen bis hin zu den modernsten Errungenschaften der Computertechnik. Im Filmpavillon sollten elektronisch bewegte Figuren und Spezialeffekte die Besucher von den ersten Stummfilmen bis hin zu *Flashdance* geleiten. Ein John-Wayne-Roboter sollte einen Revolver abfeuern, und Humphrey Bogart sollte in der Abschiedsszene aus *Casablanca* zu sehen sein, in der er Ingrid Bergman auf dem Flughafen Lebewohl sagt.

Einer der Hauptpunkte, die Sid Bass und Richard Rainwater im September 1984 bei dem ersten Treffen mit den neuen Disney-Chefs in Fort Worth vorbrachten, war die Notwendigkeit einer aggressiveren Erschließung des Disneyschen Landbesitzes in Orlando gewesen. Die steigenden Kosten des EPCOT Center hatten Ron Miller und Card Walker davon abgehalten, das riesige Gelände intensiver zu nutzen, und das zu einer Zeit, als der Tourismus in Zentralflorida gewaltig zunahm. Der durchschnittliche Tourist, hatte Al Checchi Mitte 1984 auf einer Reise nach Orlando erfahren, verbrachte ein oder zwei Tage in der Walt Disney World, reiste dann jedoch weiter, um die Sea World oder einen der anderen Vergnügungsparks in der Gegend zu besuchen.

Eisner und Wells nahmen die Idee eines Hollywood-Pavillons im EPCOT Center auf, vergrößerten jedoch die Dimensionen des Projekts. Eisner stellte sich, passend zu seiner bisherigen Hollywood-Karriere, einen völlig neuen Themenpark vor, dessen Erlebnisfahrten gänzlich auf die Filmindustrie zugeschnitten waren. Der neue Park würde ein eigenes Tor haben, und der Eintritt würde Disney eine neue Geldquelle erschließen. Der Filmpark würde die Besucher von Orlando außerdem dazu bringen, eine weitere Nacht in einem der Disney-Hotels zu verbringen. »Die Idee war, sie zu bewegen, die Dauer ihres Aufenthalts zu verlängern«, sagte Wells. »Bisher hatten sie sich im Durchschnitt zwei bis zweieinhalb Tage dort aufgehalten, und wir wollten erreichen, daß sie drei oder vier Tage blieben.«[7]

Die neuen Disney-Manager waren sich der Risiken eines derart umfangreichen Projekts bewußt. Die Kosten des EPCOT Center waren hauptsächlich deshalb in die Höhe geschossen, weil Disneys Ideenfabrik ständig Nachbesserungen ausgeheckt hatte, um die Erlebnisfahrten zu perfektionieren. Um die Kosten einzudämmen, beschlossen Eisner und Wells, einen Vergnügungspark zu bauen, der kleiner sein würde als die anderen beiden Parks der Walt Disney World. Im Gegensatz zum Magic Kingdom und zum EPCOT Center, die beide für jährlich zehn Millionen Besucher ausgelegt waren, sollte der Filmpark für weniger als sechs Millionen Besucher im Jahr gebaut werden.

Bei mehreren Besuchen, die er während der ersten Monate des Jahres 1985 der Ideenfabrik in Glendale abstattete, gab Eisner seine Zustimmung für einige Erlebnisfahrten, die in dem neuen Park errichtet werden sollten. Da man damals gerade dabei war, die Zeichentrickabteilung von Disney zu erweitern, regte Eisner an, ein kleines Zeichentrickstudio in den Park zu integrieren, in dem die Besucher den Zeichnern bei der Arbeit zuschauen konnten. Wells schlug außerdem eine Erlebnisfahrt auf der Grundlage von *Indiana Jones* vor, die von George Lucas entworfen werden sollte, der bereits an »Star Tours« für Disneyland arbeitete. Eisner und sein Produktionschef Jeffrey Katzenberg wollten daneben zusätzliche Studiokapazitäten in Orlando schaffen, um den wachsenden Erfordernissen von Disneys Film- und Fernsehproduktion genügen zu können.

Zu der Zeit, als Rothman das Modell sah, war das Projekt bereits erheblich ausgeweitet worden. Es umfaßte jetzt nicht nur eine Tour durch die Filmgeschichte, sondern auch ein Fernsehstudio, in dem die Besucher in die Rolle von Ethel Mertz in *I Love Lucy* schlüpfen, und ein Tonstudio, in dem sie ihre eigenen Rockvideos aufnehmen konnten.

Was Disney noch fehlte, waren der Name und die Filmklassiker von MGM. Rothman, der den Eindruck gewonnen hatte, daß einfach alles, was Kirk Kerkorian besaß, zum Verkauf stand, erklärte sich bereit, Verhandlungen mit Disney aufzunehmen. Sie wurden auf seiten von MGM von Frank Davis geführt, einem alten Hasen der Unterhaltungsindustrie und geschäftsführendem Abteilungsdirektor von MGM. Für Disney führten der neue Syndikus der Gesellschaft, Joe Shapiro, und der Rechtsanwalt Peter Nolan die Verhandlungen.[8]

Die Verhandlungen dauerten rund einen Monat. Am Ende konnte Disney zwar die Mähne von »Leo the Lion« nicht im Animation Building an die Wand hängen, ansonsten aber war der Gesellschaft fast alles erlaubt. Sie hatte das nahezu uneingeschränkte Recht, den brüllenden Löwen und die Schatztruhe voller alter MGM-Filme nach Belieben einzusetzen, und sie hatte das alles nahezu umsonst bekommen. Nach dem Vertrag, der eine Laufzeit von zwanzig Jahren hatte, mußte Disney in den ersten drei Jahren jeweils nur 100 000 Dollar abführen. Für das vierte Jahr war eine Summe von 250 000 Dollar vereinbart worden, und danach sollten die Zahlungen an MGM, bis zu einer Obergrenze von 1 Million Dollar, pro Jahr um 50 000 Dollar steigen. Disney durfte außerdem fast nach Gutdünken weitere Studio-Touren errichten, für die dann jeweils die Hälfte der Gebühren fällig wurden, die für den Park in Orlando ausgehandelt worden waren.

Die Disney-Techniker schätzten, daß der neue Park in Orlando von 28 000 Menschen gleichzeitig besucht werden konnte, was eine jährliche Besucherzahl von fünf Millionen ergab, also unterhalb des Maximums von sechs Millionen Besuchern lag, das Eisner und Wells vorgegeben hatten. Die Gesellschaft durfte damit, wenn man den Eintrittspreis von 1985 ansetzte, der für Erwachsene 19,50 Dollar betrug, mit Einnahmen von 100 Millionen Dollar im Jahr rechnen. Dazu würden natürlich noch die Millionen kommen, die die Besucher zweifellos für Essen, Getränke und Souvenirs ausgeben würden. Als der Park Mitte 1989 fertiggestellt wurde, war der Preis einer Tageskarte auf 29 Dollar angehoben worden. Die Einnahmen, die Disney im ersten Jahr aus dem neuen Park zuflossen, beliefen sich auf mehr als 200 Millionen Dollar.

Die einunddreißig Seiten lange Vereinbarung zwischen Disney und MGM/UA wurde am 27. Juni 1985 unterzeichnet. Sie sicherte Disney die Exklusivrechte für den gleichzeitigen Einsatz von bis zu zweihundertfünfzig MGM/UA-Filmen. Neue MGM-Filme durfte Disney erst ein Jahr nach dem Kinostart verwenden. Darüber hinaus hatte MGM fünfunddreißig Klassiker des Studios, darunter *Vom Winde verweht, Das zauberhafte Land,* die James-Bond-Serie, *Rocky* und mehrere Woody-Allen-Filme von der allgemeinen Einsatzerlaubnis ausgenommen. Sie durften nur verwendet werden, wenn Disney vorher eine Sondererlaubnis eingeholt hatte.[9] Die ersten Sondergenehmigungen beantragte Disney im September 1986 für Ausschnitte aus *Das zauberhafte Land* und *Du sollst mein Glücksstern* sein, die für elektronisch bewegte Figuren auf dem »Great Movie Ride« eingesetzt werden sollten.[10]

Der Name MGM wurde zu einem äußerst wertvollen Werbeinstrument für Disney. Nach dem Vertrag mit MGM durfte Disney sowohl den Namen des Studios als auch »Leo the Lion« an Bauwerken, in der Werbung und auf Postern verwenden, ohne daß der Gesellschaft daraus zusätzliche Kosten entstanden. MGM erhielt als Gegenleistung nur bescheidene vier Prozent der im Park verkauften Konsumprodukte. Dafür hatte sich Disney die Entscheidung darüber vorbehalten, ob der Park »Disney-MGM« oder »MGM-Disney« heißen sollte. Die einzige Einschränkung beim Einsatz der MGM/UA-Filme bestand darin, daß ein einzelner Ausschnitt nicht länger als zwei Minuten sein durfte.[11]

Die Disney-Manager waren begeistert, immerhin hatten sie sich für kaum mehr als ein Butterbrot einen der bekanntesten Firmennamen der Welt gesichert. Der Besitzer von MGM, Kirk Kerkorian, der über die Verhandlungen nicht auf dem laufenden gewesen war, war jedoch alles andere als erfreut. Der damals 68jährige Kerkorian hatte in seinem Leben alles mögliche verscherbelt, aber eines hatte er immer heilig gehalten, und das war der Name MGM. Er hatte ihn für das MGM Grand Hotel benutzt, das er 1978 gebaut hatte, und er sollte ihn später für seine Luxusfluglinie MGM Grand Air verwenden. Daß seine Studiomanager den Namen aber an eine andere Gesellschaft verkauft hatten, und dann noch zu einem derart lächerlichen Preis, fand er schlicht unglaublich.

Peter Bart, damals als Produktionsmanager bei MGM/UA, erinnert sich daran, wie Kerkorian kurz nach dem Abschluß des Deals überraschend auf einer Sitzung der Geschäftsführung von MGM erschien und die Studiomanager gewaltig anpfiff. Wie er behauptete, hatte ihm niemand gesagt, daß seine Untergebenen über den Verkauf des MGM-Löwen verhandelten. Für gewöhnlich behielt Kerkorian stets einen kühlen Kopf und war ziemlich gutmütig, diesmal aber brüllte er: »Wie konnte das passieren? Wie konnten Sie unser Logo einfach so weggeben?«[12] Die Tirade verblüffte die MGM-Manager. Sie brachten kein Wort heraus. Kaum einer von ihnen hatte jemals gehört, daß »der Boß«, wie sie ihn nannten, auch nur die Stimme anhob.

Kerkorian befahl den MGM-Managern, einen Weg zu finden, aus dem Vertrag mit Disney wieder herauszukommen. Aber die aufgeregten Anrufe bei Frank Wells blieben fruchtlos. Es gebe außer einem Rechtsstreit kein Mittel, erklärte der Disney-Manager Kerkorians Leuten, das Disney dazu bringen könnte, ein Logo wieder aus der Hand zu geben, das so ausschlaggebend für den Erfolg des neuen Filmparks war.

Im Mai 1988 reichten MGM und Kerkorians zweites Unternehmen, MGM Grand Inc., eine Klage mit dem Ziel ein, den Vertrag mit Disney für ungültig erklären zu lassen. Die Klageschrift behauptete, Disney hätte sein Vorhaben, auf dem Gelände des MGM-Parks ein echtes Filmstudio einzurichten, während der Vertragsverhandlungen ebenso verschwiegen wie den Plan, in unmittelbarer Nähe der Studio-Tour neue Hotels zu erbauen.[13] Die Klage ist noch anhängig.

Am 8. Juli 1985 traten Michael Eisner und der Gouverneur von Florida, Bob Graham, in der Staatshauptstadt Tallahassee Arm in Arm vor die Kameras. Disney hatte den Plan für den Bau der Disney-MGM Studio Tour bereits in einer Presseerklärung bekanntgegeben. Eisner und Graham hatten jedoch beschlossen, persönlich vor den Fernsehkameras und den Vertretern der Presse zu erscheinen und die Neuigkeit noch einmal zu verkünden. Graham sollte wenig später seine Kandidatur für den Senat der Vereinigten Staaten bekanntgeben, und die öffentliche Aufmerksamkeit, die ihm anläßlich Disneys Bauvorhaben zuteil wurde, war für ihn ein unerwarteter Glücksfall. Der neue Vergnügungspark würde in der Bauphase siebenhundertfünfzig Bauarbeiter aus Florida beschäftigen und anschließend fünfzehnhundert Menschen einen Arbeitsplatz bieten. Wichtiger noch war es jedoch, daß ein Touristenstrom nach Florida kommen würde, der hunderte Millionen von Dollar in den Sonnenstaat schwemmen würde.[14]

Als er an der Reihe war, pries Graham, mit den gleichen Worten, die in Disneys Presseerklärung zu lesen gewesen waren, die Ankündigung als »einen der erregendsten wirtschaftlichen Durchbrüche des Jahrzehnts für Florida« und sagte voraus, daß der neue Park »die Stellung der Walt Disney World als bedeutendste Touristenattraktion der Welt stärken« werde. Eisner redete kaum weniger bombastisch. »Wir sind zuversichtlich, daß die Disney-MGM Studio Tour zu einer spektakulären Show werden wird«, erklärte er. Der MGM-Deal sei erst vor elf Tagen unterschrieben worden, und Disney bereite jetzt schon einen Werbefeldzug für den neuen Park vor. »Ich kann mir keine bessere Art und Weise vorstellen, die Geschichte des Films zu erzählen, als in Zusammenarbeit mit MGM«, sagte Eisner und fügte mit einem Lächeln hinzu: »Der Löwe und die Maus werden zusammen brüllen.«

In Wirklichkeit würden noch Jahre ins Land gehen, bevor der Löwe oder Mickymaus Gelegenheit zum Brüllen bekamen. Und ganz gewiß würde keiner der beiden lauter brüllen als Sid Sheinberg, der Generaldirektor von MCA. Sheinberg, ein ehemaliger Rechtsprofessor, der sich durch die Rechtsabteilung von MCA nach oben gearbeitet hatte, gehört nicht zu den Leuten, mit denen man sich anlegen sollte. Von Natur aus leicht erregbar, kann er, wenn er einen Grund hat, ungewöhnlich ausfallend werden – und 1985 hatte er einen Grund: MCA befand sich mitten in der Planung einer eigenen Studio-Tour in Orlando.

Aus Sheinbergs Perspektive gesehen, das heißt vom antik eingerichteten 15. Stock des »Schwarzen Turms« aus, des MCA-Hauptsitzes am Stadtrand von Los Angeles, waren Disneys Pläne nichts anderes als ein Frontalangriff auf MCA. »Disneys Fähigkeit, einen durch räuberische Überfälle zu schwächen, ist furchterregend«, erklärte er einem Reporter des *Orlando Sentinel* gegenüber, mit dem er unmittelbar nach Disneys Bekanntmachung sprach, und dann schuf er ein Wortspiel, das im weiteren Verlauf des eskalierenden verbalen Getümmels auf beiden Seiten der Front zu einer Art Kriegsschrei werden sollte: »Wollen Sie wirklich, daß aus einer kleinen Maus eine große, raubgierige Ratte wird?«[15]

MCA hatte den Plan, in Orlando eine Nachbildung des kalifornischen Studios zu errichten, 1981 bekanntgegeben. Ungefähr sechzehn Kilometer vom EPCOT Center entfernt sollte auf einem über sechzig Hektar großen Gelände ein echtes Filmstudio eingerichtet und eine Studio-Tour aufgebaut werden. Die Kosten des Projekts wurden auf 203 Millionen Dollar geschätzt, eine Summe, die MCA nicht aufbringen konnte. Die Gesellschaft mußte sich nach Unterstützung umsehen und war bei ihrer Suche nach Geldgebern auch bei der Staatsregierung von Florida und bei Bob Graham vorstellig geworden. Von Sheinberg bedrängt, hatte Graham versprochen, sich dafür einzusetzen, daß der staatliche Pensionsfonds 150 Millionen Dollar in den MCA-Park investierte. Um zusätzliche Filmproduktionen in seinem Staat anzusiedeln, hatte Graham außerdem zugesagt, den Staat per Gesetz in die Lage zu versetzen, Universal fünf Jahre lang 35 Millionen Dollar pro Jahr als Darlehen zur Verfügung zu stellen.

Die nachfolgenden Ereignisse geben ein weniger klares Bild. Graham unterbreitete dem Unterhaus von Florida zwar einen entsprechenden Gesetzesvorschlag, aber kurz darauf begann ein Lobbyist aus Tallahassee namens Bernie Parrrish, der einst für Disney gearbeitet hatte, die Abgeordneten zu belagern und ihnen von der Zustimmung zu dem Gesetzesvorschlag abzuraten. Laut eines Berichts auf der Titelseite des *Wall Street Journal* fragte Parrish einen der Spitzenbeamten von Graham: »Sind Sie sicher, daß das die Art von Dingen ist, die Sie tun sollten? Disney hat eine Menge für diesen Staat getan. Und was tun Sie dafür?« Disney bestritt jegliche aktuelle Verbindung mit Parrish, und Parrish selbst erklärte dem *Wall Street Journal* gegenüber, daß er aus eigenem Antrieb handle.[16] Einige Wochen später brachte ein Gesetzgebungsausschuß die MCA-Vorlage zu Fall. Sheinberg soll danach erwogen haben, gegen Disney zu klagen, ging aber nie vor Gericht. Sid Sheinberg war nicht bereit, für dieses Buch dazu auszusagen.

Das Mißtrauen zwischen Disney und MCA keimte schon seit Jahren. MCA-Manager beklagen sich Reportern gegenüber noch heute, daß der Disney-Aufsichtsratsvorsitzende Michael Eisner die Idee für den Filmpark von MCA gestohlen hat. Eisner habe zum erstenmal 1981 von den MCA-Plänen für Orlando erfahren, als sich Sheinberg nach einem Partner umsah, der sich an der Finanzierung des Themenparks in Florida beteiligen würde, meinte Jay Stein, der Chef der MCA-Studio-Tour.[17] MCA hatte sich damals mit seiner Idee auch an Paramount Pictures gewandt, und der Generaldirektor des Studios war damals Michael Eisner gewesen.

MCA und Paramount hatten schon gelegentlich zusammengearbeitet, zuletzt 1980 bei der Gründung des gemeinsamen Kabelfernsehsender USA Network. Paramount entschied sich jedoch gegen eine Beteiligung an dem MCA-Themenpark in Orlando. Eisner hätte damals Einblick in die MCA-Pläne gehabt, begründete Jay Stein seinen Vorwurf gegen den Disney-Boß. Eisner dagegen betont, daß er an keiner der Sitzungen, auf denen die Pläne besprochen worden seien, teilgenommen habe.

MCA war auf der Suche nach einem Partner auch an die Bass-Gruppe herangetreten. Bass lehnte es zwar ab, sich an dem Studio-Tour-Projekt zu beteiligen, bildete später aber zusammen mit MCA eine Partnership, die in der Nähe des geplanten Themenparks Land aufkaufen sollte. Die Verbindung wurde, kurz bevor Bass in großem Stil in die Walt Disney Productions investierte, gelöst. Als Sid Bass dann zum Großaktionär von Disney geworden war, trat er mit Nachdruck für die weitere Erschließung von Disneys Landbesitz in Florida ein.[18]

Michael Eisner wischte die Vorwürfe, die ihm von MCA gemacht wurden, als unbegründet vom Tisch. Die Walt Disney Productions, verkündete ihr Aufsichtsratsvorsitzender, begrüße den

Bau des MCA-Parks, da er mit dazu beitragen werde, daß mehr Touristen nach Zentralflorida kämen, und jeder Tourist, der eine Reise zum MCA-Park unternehme, werde mit ziemlicher Sicherheit auch mindestens einen Tag im Disney-Park verbringen.

Hinter den Kulissen wußte man jedoch, daß Eisner und Wells in der MCA-Studio-Tour eine Herausforderung und einen beachtlichen Konkurrenten der Walt Disney World sahen. Die Besucherzahlen im EPCOT Center waren, nachdem der Trubel der Eröffnung im Jahr 1982 vorüber war, fast augenblicklich abgesackt. Die 1985 in Gang gesetzte landesweite Fernsehwerbung hatte den Besucherschwund zwar zum Stehen gebracht, aber der Zuspruch blieb insgesamt unbefriedigend. Von Walt Disney ursprünglich als Stadt der Zukunft geplant, hatte der Park inzwischen das formlose Aussehen einer »ständigen Weltausstellung« angenommen. Seine riesigen Pavillons zu Themen wie Energie, Landwirtschaft und Ozeane waren kaum von der Art, mit denen jugendliche Besucher angelockt werden konnten. Für sie war das EPCOT Center schlichtweg langweilig.

Die MCA-Tour dagegen versprach alles andere als langweilig zu werden. Auf den Zeichenbrettern war bereits ein drei Stockwerke großer King Kong, der einen Waggon voller Passagiere hochheben und wieder fallen lassen würde, ebenso zu bestaunen wie eine Stuntshow, deren Höhepunkte eine Schießerei in Stil von *Miami Vice* und ein explodierender Hubschrauber sein sollten. Damit würde der Park jenen Nervenkitzel bieten, der dem EPCOT Center fehlte. Eisner wußte, daß Familien mit kleinen Kindern immer noch den Weg ins Magic Kingdom finden würden, und einige von ihnen würden auch noch einen Tag länger bleiben, um sich das EPCOT Center anzusehen, aber er erkannte auch, daß die Jugendlichen und ein Großteil der Erwachsenen die meiste Zeit auf der wesentlich aufregenderen Universal Studios Tour verbringen würden.

Eine Möglichkeit, Jugendliche mit locker sitzenden Dollars anzuziehen, war es, das EPCOT Center ein bißchen schicker oder zumindest lustiger zu machen. Die Manager der Card-Walker-Ära waren dem Irrtum aufgesessen, daß eine Konkurrenzsituation zwischen EPCOT und dem Magic Kingdom verhindert werden mußte, und hatten es deshalb nicht zugelassen, daß Disney-Figuren auf dem Pflaster des EPCOT Center auftraten. Eisner und Wells hoben das Verbot umgehend auf und wiesen Dick Nunis an, Micky, Donald und die anderen Trickfilmfiguren in EPCOT einzuführen. Das Ergebnis war, daß Goofy in einem Kilt auftrat und A-Hörnchen und B-Hörnchen in chinesischen Seidengewändern durch das EPCOT Center spazierten.

Das Team Disney war sich jedoch im klaren darüber, daß mehr getan werden mußte als nur ein paar neue Kostüme für alte Trickfilmfiguren zu entwerfen, wenn das Image des EPCOT Center bei den Jugendlichen und jungen Erwachsenen verbessert werden sollte. EPCOT brauchte kräftigere Aufputschmittel. Eisner und Wells beschlossen, die für Disneyland entwickelte dreidimensionale »Captain EO«-Show auch im EPCOT Center zu zeigen. Wells erhielt außerdem von Metropolitan Life die Zusage, über 70 Millionen Dollar für die Errichtung eines der Gesundheit gewidmeten Pavillons im EPCOT Center bereitzustellen. Der Pavillon sollte mehr bieten als nur simple Information. Eine abgewandelte Version des »Star Tours«-Simulators sollte die Besucher auf eine Reise durch den menschlichen Körper entführen. Die Schlachten in »Body Wars« würden im menschlichen Immunsystem stattfinden, zwischen »Notfalltruppen«, d.h. Killerzellen und »Infektionskriegern«.

Disney führte außerdem mit der Schweizer Regierung Gespräche über einen Pavillon, der eine Variante der beliebten »Matterhorn«-Achterbahn aus Disneyland enthalten sollte. Der direkteste Versuch, die Gruppe der jungen Erwachsenen über 18 Jahre anzulocken, war jedoch »Pleasure Island«, eine 2,5 Hektar große Vergnügungsinsel für Nachtschwärmer, auf der unter anderem eine High-Tech-Disco mit hundertsiebzig Videomonitoren, eine Bar im Country-and-Western-Stil namens »Neon Armadillo« und ein Nachtklub, umgeben von einer Rollschuhbahn, entstanden. Die Insel, schon von Natur aus ein in sich abgeschlossener Ort, war zudem weit genug von den sauberen, jugendfreien Themenparks entfernt, um auf ihr Mixgetränke ausschenken und offenherzigere

Unterhaltung anbieten zu können. »Pleasure Island« konnte allerdings erst ein Jahr später als geplant eröffnet werden, und die Bauprobleme hatten das ursprünglich veranschlagte Budget auf mehr als das Doppelte anwachsen lassen. Es belief sich am Ende auf rund 30 Millionen Dollar. Doch die größte Enttäuschung war, daß es ganze zwei Jahre dauerte, bis die Insel bei den jungen Erwachsenen der Hit geworden war, den sich Disney erhofft hatte, und das auch erst, nachdem der Eintrittspreis erheblich reduziert und eine allnächtliche Sylvesterparty als zusätzliche Attraktion ins Programm aufgenommen worden war.

Was Disney allerdings wirklich brauchte, um EPCOT Flankenschutz gegen den bevorstehenden MCA-Angriff zu geben, war ein turbulenterer Vergnügungspark. Mitte 1985 nahm Disneys Studio-Tour in dem unscheinbaren Lagerhaus in Glendale, in dem die Ideenfabrik untergebracht war, bereits Gestalt an. Neben der Erlebnisfahrt »Great Moments at the Movies«, die die Ideenlieferanten für das EPCOT Center entworfen hatten, sollte der neue Themenpark ein »Video Theater« enthalten, in dem sich die Besucher an der Produktion von Fernsehsendungen beteiligen konnten. Außerdem würden in dem Park Stuntshows gezeigt werden, eine mit Slapstickcharakter und eine zweite, »Epic«, mit sinkenden Schiffen und zusammenbrechenden Brücken. Und schließlich würden sich die Besucher in den »Disney Archivs« umsehen können, wo sie ihre Fragen von Computern beantworten lassen konnten.

Ebenso wichtig wie die Vielfalt und Qualität der angebotenen Attraktionen war schnelles Handeln. Der Gleichmut, den die Gesellschaft in ihrer öffentlichen Antwort auf die MCA-Herausforderung zur Schau getragen hatte, war nur Fassade. Dahinter pochte Eisner unerbittlich darauf, daß Disney den Rivalen im Wettlauf um die Studio-Touren aus dem Rennen schlug. Das freundliche Lächeln und der spontane Überschwang des lockigen Disney-Aufsichtsratsvorsitzenden verdeckten allzu leicht Eisners Siegeswillen. Und besonders ungern hätte er gegen Sid Sheinberg von MCA verloren, mit dem er seit Monaten im verbalen Clinch lag. »Sie sind über unseren Heimatboden hergefallen«, sprudelte es in einem unachtsamen Augenblick während eines Interviews für die *Business Week* aus ihm heraus,[19] und bei anderer Gelegenheit erklärte er: »Wir lassen uns nicht einschüchtern.«[20]

Zwei Jahre nach der Ankündigung der Pläne für die Studio-Tour in Orlando erhöhte Eisner den Einsatz. Anfang 1987 kam Disney mit der Stadtverwaltung von Burbank überein, in Burbank auf einem sechzehn Hektar großen Gelände, das nur wenige Kilometer von der MCA-Studio-Tour in Los Angeles entfernt war und bereits von MCA für ein eigenes Projekt ins Auge gefaßt worden war, einen Studio-Themenpark zu errichten. MCA schrie Zeter und Mordio und reichte eine Klage gegen die Stadt Burbank ein, in der ihr vorgeworfen wurde, Disney eine Vorzugsbehandlung zuteil werden zu lassen. Die Filmgesellschaft war derart verärgert, daß sie auch zu schmutzigen Tricks griff, indem sie zum Beispiel im Namen sogenannter »Freunde von Burbank« Anti-Disney-Pamphlete an die Einwohner von Burbank verschickte.[21] Als das Investitionsvolumen des Projekts im nächsten Jahr auf 611 Millionen Dollar angewachsen war, verabschiedete sich Disney von dem Plan, in Burbank zu bauen.[22] Zu dieser Zeit hatte sich MCA ebenfalls schon gegen Burbank entschieden und ganz auf Orlando konzentriert.

Disney hatte in dem Rennen in Orlando gegen MCA alle Vorteile auf seiner Seite. Disneys Besitz in Orlando wurde seit 1967 vom Reedy Creek Improvement District verwaltet, einer quasi regierungsamtlichen Körperschaft, die vom Unterhaus von Florida extra für Disney geschaffen worden war. Die Kontrolle über Reedy Creek bedeutete, daß viele der Gutachten und Genehmigungen, die MCA einholen mußte, für Disney überflüssig waren.

Außerdem hatte MCA Schwierigkeiten, Partner für das Vorhaben in Orlando zu finden, während sich bei Disney die von Eisner und Wells angeordneten Preiserhöhungen bereits bemerkbar machten. 1988 stand der Gesellschaft über 1 Milliarde Dollar an Bargeld zu Verfügung – mehr als das Doppelte dessen, was sie im selben Jahr für den Bau der Studio-Tour, diverser neuer Hotels und einer Reihe neuer Erlebnisfahrten in Disneyland und den anderen Parks ausgab.

Eisner war fest entschlossen, seinen Filmpark als erster zu eröffnen. Da er nur halb so groß werden sollte wie der von MCA geplante, würde der Disney-Park, so schätzte Eisner, in drei Jahren seine Tore öffnen können. Bei MCA rechnete man dagegen damit, daß die Studio-Tour erst in vier oder fünf Jahren fertiggestellt werden konnte.

Marty Sklar und sein Team waren anfangs davon ausgegangen, daß die Studio-Tour jährlich 1,5 Millionen Besucher zählen würde. Aber innerhalb eines Jahres hatte das Planungsteam dem ursprünglichen Projekt so viele neue Erlebnisfahrten hinzugefügt, daß Disney die Kapazität des Parks, um die Kosten zu decken, auf jährlich knapp vier Millionen Besucher erhöhte. Die Dauer der eigentlichen Studio-Tour wurde von einer auf zwei Stunden ausgedehnt. Außerdem wurde ein »Catastrophe Canyon« neu ins Programm aufgenommen, in dem die Bahn, mit der die Besucher fahren würden, nicht nur einem Sturm mit sturzbachartigem Regen ausgesetzt werden sollte, sondern auch ein Erdbeben, einen Brand auf einer Erdölbohrinsel und eine 90 000-Liter-Flutwelle zu überstehen haben würde. Gleichzeitig wurden die Dimensionen des Zeichentrickgebäudes ständig vergrößert, so daß das Gebäude, das schließlich errichtet wurde, doppelt so groß war wie anfangs geplant. Schließlich war die von George Lucas erdachte Indiana-Jones-Show um zusätzliche Stunts bereichert worden. All diese Verbesserungen erhöhten zwar die Anziehungskraft der Studio-Tour beträchtlich, verursachten aber auch eine erhebliche Kostensteigerung. Außerdem verzögerte sich die Eröffnung der Studio-Tour, die ursprünglich für Ende 1988 vorgesehen war, um ein halbes Jahr. Als der neue Themenpark schließlich seine Tore öffnete, waren die Kosten auf über 500 Millionen Dollar geklettert.

Die meisten Amerikaner erfuhren am 29. März 1989 von der Existenz des Disney-MGM Studios Theme Park. Disney hatte den Namen des Parks während der Planungs- und Bauarbeiten in The Disney-MGM Studios Theme Park geändert. General Motors warb an diesem Tag während der Oscar-Verleihung im Shrine Auditorium in Los Angeles für seinen neuen Chevrolet Lumina. Der Werbespot zeigte das Auto zusammen mit Dumbo und anderen Disney-Figuren – und zwar vor dem Eingang der neuen Disneyschen Studio-

Tour, die auch im Text des Fernsehspots namentlich erwähnt wurde. GM hatte für den Werbespot 500 000 Dollar bezahlt. Für Disney bedeutete dies alles kostenlos erlangte öffentliche Aufmerksamkeit, die Millionen von Dollars wert war.

Das Aufsehen, das Disney dank GM bei der Oscar-Verleihung erregte, war jedoch nur der Anfang. Als der Disney-MGM Studios Theme Park am 1. Mai um neun Uhr vormittags der Öffentlichkeit zugänglich gemacht wurde, hatte Disney fast 30 Millionen Dollar in die Werbung gesteckt. Die Eröffnung war ein klassisches Großereignis, dessen Glanz und Glamour alles zusammenfaßte, was Eisner und sein Team in zehn Jahren Hollywood über das Marketing gelernt hatten.

Disneys PR-Abteilung hatte dafür gesorgt, daß in den bedeutenden Zeitungen Artikel über den neuen Themenpark erschienen. Mehrere Tageszeitungen berichteten auf der Titelseite über den Park, und *Newsweek* brachte eine Titelgeschichte über die Studio-Tour.[23] In der Zeitschrift *People* erschien eine ganzseitige, in *Time* und *Newsweek* sogar eine ausklappbare vierseitige Anzeige. Und NBC strahlte am Abend vor der Eröffnung eine von Disney produzierte zweistündige Sondersendung aus, deren Höhepunkt eine auf Video aufgenommene Grußbotschaft von Präsident Ronald Reagan war.

Die jahrelange Mühe, die Themenparks im öffentlichen Bewußtsein zu halten, ohne die Schubkraft der Fernsehwerbung einsetzen zu können, war eine gute Schule für Disneys Marketingabteilung gewesen. Für die Eröffnung der Studio-Tour hatte Disney 3000 Journalisten kostenlose Flugtickets und Hotelzimmer angeboten. Als sich dann die Tore des Parks endlich öffneten, hatten sich, obwohl die Indiana-Jones-Show erst einen Monat später aufführungsbereit sein würde und die Disney-Techniker noch an der Feineinstellung der Spezialeffekte bastelten, lange Schlangen davor gebildet. Eine halbe Stunde später war die Kapazität des Parks ausgeschöpft, und die Disney-Mitarbeiter mußten die Eingänge vorerst wieder schließen.

Viele der Besucher waren sicherlich von den populären Idolen angezogen worden, die Disney für die Eröffnung nach Orlando geholt hatte. Bob Hope durchschnitt das rote Band, und Walter Cronkite sprach einige Grußworte. Aber die wirklichen Stars kamen aus dem größer werdenden eigenen Stall. Bette Midler, Robin Williams, George Lucas, sie alle hatten ihren Auftritt. Williams, in der Rolle eines aus der tiefsten Provinz kommenden Touristen mit grellbuntem Hawaiihemd, stand im Mittelpunkt eines speziell angefertigten Films, mit dem die Besucher in die Zeichentrickproduktion von Disney eingeführt werden sollten. Williams wurde darin zu einem der verlorenen Jungen aus dem Disney-Trickfilmklassiker *Peter Pans heitere Abenteuer* verwandelt, während Walter Cronkite die einzelnen Arbeitsschritte bei der Herstellung von Zeichentrickfilmen erläuterte.

Der Wirbel, den Disney um den Start der Studio-Tour gemacht hatte, zeigte die erwünschte Wirkung. Die Disney-Mitarbeiter waren den ganzen Sommer über gezwungen, das Parkgelände bereits früh wegen Überfüllung zu schließen, und die Gesellschaft verkündete ein Vierteljahr nach der Eröffnung, daß sie den Park bis 1992 auf die doppelte Größe ausbauen werde. In der Weihnachtssaison strömten so viele Menschen herbei, daß die Schließzeit von 18 auf 24 Uhr ausgedehnt wurde.

Die Wall Street zeigte sich ebenfalls beeindruckt. Hatte der Disney-Kurs kurz vor der Eröffnung des Parks noch bei 85 Dollar pro Aktie gelegen, stand er einen Monat später schon bei fast 100 Dollar.

Aber MCA blieb, trotz des überwältigenden Erfolgs des Disneyschen Filmparks, eine Größe, die man nicht unterschätzen durfte. Die Gesellschaft eröffnete am 7. Juni 1990 ihren Universal Studios Park, und wie versprochen, waren die MCA-Attraktionen ausgesprochen schrill und brutal. Auf eine angebliche Schwachstelle im Disney-Panzer zielend – die nach Meinung von MCA für die abgebrühten modernen Jugendlichen immer noch zu lahmen Erlebnisfahrten des Disney-MGM-Themenparks –, hielt der Universal-Park in Florida genügend schaudernden Nervenkitzel bereit. Die MCA-Besucher konnten die blutige Dusche aus *Psycho* neu erschaffen und eine Bahnfahrt unternehmen, deren Hauptattraktion darin bestand, daß ein drei Stockwerke großer King Kong die Bahn in die

Luft hob, um sie anschließend zehn Meter in die Tiefe zu schleudern.

MCA hatte auch Gelegenheit gefunden, Disney durch den Kakao zu ziehen. Eine Bootsfahrt auf einer künstlichen Lagune enthielt unter anderem einen Angriff des Mörderhais aus *Der weiße Hai,* komplett mit blutigem Wasser, Leichenteilen – und einem Paar auf dem Wasser treibender Mäuseohren.

Aber auch Disney hatte noch einige Asse im Ärmel. Die Gesellschaft brachte zwei Tage nach dem Debüt des MCA-Parks die Stars von *Dick Tracy* nach »Pleasure Island«. Um die öffentliche Aufmerksamkeit von der Eröffnung des MCA-Parks abzulenken, hatte sie die lang erwartete Weltpremiere ihres neuen Spielfilms in ein kleines Kino auf »Pleasure Island« verlegt. Die Presse war selbstverständlich auch auf die Insel verfrachtet worden und erhielt ausgiebig Gelegenheit, sowohl Dustin Hoffman als auch Warren Beatty zu interviewen.

Disneys Bemühungen waren zweifellos wirkungsvoll, aber MCA stand sich auch selbst im Weg. Das hundertachtzig Hektar große Parkgelände war zwar mit aufregenden Attraktionen regelrecht vollgestopft, aber einige der Erlebnisfahrten fielen gleich am Eröffnungstag teilweise aus. Der 8 1/2 Meter lange Hai wollte seine Zähne nicht fletschen, und dem 12 Tonnen schweren King Kong versagte die Stimme. In den Nachrichtensendungen des Fernsehens waren verärgerte Besucher zu hören, die ihr Eintrittsgeld zurückverlangten, und ein Artikel im *Time Magazine* triefte förmlich vor Sarkasmus, obwohl er im großen ganzen durchaus positiv gehalten war. »Universals Sumpf der Träume«, lautete die Überschrift.[24]

Fünf Monate später klagte MCA gegen die Firma, die drei der mangelhaften Erlebnisfahrten gebaut hatte. Es würde mindestens ein Jahr dauern, bis alle Fahrten des Universal Studio Parks einwandfrei funktionierten, und den Ruf des Parks vom Beigeschmack der Unfähigkeit zu reinigen, würde vermutlich noch weit mehr Zeit in Anspruch nehmen. Für den Augenblick hatte Disney den Krieg der Studio-Touren gewonnen.

Kapitel 12

Ein Königreich für Europa

Am Heiligabend 1985, während die meisten der fast zehn Millionen Einwohner von Los Angeles mit ihren Familien zusammen waren, befand sich Joe Shapiro auf dem Weg zum Los Angeles International Airport. Der 39jährige Shapiro, ein kettenrauchender ehemaliger New Yorker, der einst Baseballprofi hatte werden wollen, war im Lauf des Jahres '85 Syndikus der Walt Disney Productions geworden. Der ehemalige Partner der Wall-Street-Kanzlei Donovan, Leisure, Newton & Irvine half Michael Eisner und Frank Wells dabei, sich in ihre Jobs bei Disney einzuarbeiten. An diesem bedeckten Heiligabend nun hatte er es eilig, zum Flughafen zu kommen, um seinen Pan-Am-Flug nach Paris noch zu erwischen.

Shapiros Zuhause wurde für die nächsten fünfzehn Monate das piekfeine Bristol Hotel in Paris. Zwischen der französischen Hauptstadt und dem Unternehmenssitz in Burbank hin- und herpendelnd, verhandelte der Disney-Anwalt über das größte Projekt, das der Unterhaltungsriese Disney jemals in Angriff genommen hatte: Euro Disneyland, ein weitläufiges, rund 2000 Hektar großes Gelände mit Themenpark, Hotels und Verwaltungsgebäuden 35 Kilometer östlich von Paris nahe der Satellitenstadt Marne-la-Vallée.

Bevor die Disney-Manager ihre Aufmerksamkeit auf den östlichen Teil des flachen, spärlich besiedelten landwirtschaftlichen Gebiets der Ile de France richteten, kannten die meisten Amerikaner diese Gegend allenfalls als Produzent von Briekäse. Disney hatte es als Standort eines riesigen Erholungs- und Vergnügungszentrums auserkoren, das der Gesellschaft Mitte der 90er Jahre nach vorläufigen Schätzungen nicht weniger als 1 Milliarde Dollar jährlich an zusätzlichen Einnahmen bringen konnte.[1]

Bei Disney hatte man sich, mit Unterbrechungen, seit fast einem

Jahrzehnt mit der Idee eines europäischen Themenparks beschäftigt. Card Walker war es gewesen, der die Idee 1976 als erster in die Debatte einbrachte. 1982 hatte Ron Miller in Begleitung eifrig bemühter französischer Würdenträger mit einem Hubschrauber einen Rundflug über Gebiete im Norden und Osten von Paris unternommen,[2] und Anfang 1984 hatten sich Ron Miller und Ray Watson in Orlando mit einer Delegation französischer Tourismusbeamter getroffen. Als Eisner und Wells im September 1984 zu der Gesellschaft stießen, war eine Disney-Gruppe unter Leitung des Chefs der Vergnügungsparks Dick Nunis bereits dabei, eine eingehende Analyse des europäischen Markts zu erstellen, einschließlich einer detaillierten demographischen Untersuchung und einer Projektion der Bevölkerungsentwicklung.

Die weltweite Zugkraft des Namens »Disney« war bereits bewiesen. Die Besucherzahlen in Tokyo Disneyland reichten ein Jahr nach der Eröffnung des Vergnügungsparks schon fast an diejenigen seines dreißig Jahre alten Gegenstücks in Anaheim (Kalifornien) heran. Auf einem gut 240 Hektar großen Gelände an der Bucht von Tokio errichtet und im April 1983 eröffnet, hatte er noch im selben Jahr, am 13. August, den achtundzwanzig Jahre alten Tagesbesucherrekord des amerikanischen Disneyland gebrochen. An diesem Tag passierten 94 378 Besucher die Schranken des Vergnügungsparks, um ein wenig amerikanische Atmosphäre zu schnuppern. Insgesamt zog der japanische Park im ersten Jahr nur geringfügig weniger Besucher an als das Original in Kalifornien, in dem sich im gleichen Zeitraum 9,9 Millionen Menschen amüsiert hatten. »Da wußten wir, daß wir nach Europa gehen mußten«, erklärte Dick Nunis am 3. April 1990.

Der damalige Disney-Aufsichtsratsvorsitzende Ray Watson, der sich im Bauwesen auskannte, stimmte dem Projekt Ende 1983 halbherzig zu. Als die Gesellschaft dann jedoch aufgrund der Übernahmeangriffe in die Defensive gedrängt wurde, verschwand die Idee in der untersten Schreibtischschublade. 1984, keine Woche, nachdem Eisner und Wells auf Disneys Chefposten berufen worden waren, erzählten ihnen Dick Nunis und Jim Cora gleich beim gegenseitigen Kennenlernen von der Idee. Nunis und Cora, der seit neunundzwanzig Jahren bei Disney war und die Entwicklung des japanischen Projekts geleitet hatte, setzten sich bei den neuen Disney-Chefs mit Nachdruck für die Idee ein. Sie gaben ihnen sogar Videokassetten mit, die sie sich zu Hause ansehen konnten.

Die Gründe, die für die Errichtung eines Parks in Europa sprachen, lagen auf der Hand. Mitte der 80er Jahre flogen jedes Jahr nicht weniger als zwei Millionen europäische Touristen nach Amerika, um Disneyland oder die Walt Disney World zu besuchen. Allein aus Großbritannien kamen jährlich schätzungsweise 200 000 Besucher nach Disneyland und weitere 600 000 in die Walt Disney World.[3] Außerdem war Disneyland ein beliebtes Besuchsziel der Berühmten und Mächtigen dieser Welt, von der rumänischen Turnerin Nadia Comanechi bis hin zu König Hussein von Jordanien. Der Sowjetführer Nikita Chruschtschow hatte, als er 1959 Los Angeles besuchte, beinahe eine internationale Krise ausgelöst, da man ihm aus Sicherheitsgründen einen Besuch in Disneyland versagte und er sich daraufhin in einer Rede vor Managern der Filmindustrie zu üblen Beschimpfungen des amerikanischen Außenministeriums hinreißen ließ.[4]

Disney übte auf Europa offenbar eine Faszination aus, deren Gründe nicht so leicht zu erklären waren. Möglicherweise hatte es etwas damit zu tun, daß *Peter Pan, Pinocchio* und andere Disney-Klassiker Bearbeitungen europäischer Märchen waren. Vielleicht lag es aber auch einfach an dem universellen Zauber der Comicfiguren, die Walt Disney geschaffen hatte. Doch aus welchen Gründen auch immer, die Europäer schienen ebenso wie die Japaner Walt Disney einen Platz in ihrem Herzen – und ihren Portemonnaies – reserviert zu haben. Schätzungsweise fünfundzwanzig Prozent aller T-Shirts, Zeitschriften und sonstiger Disney-Produkte gingen Jahr für Jahr in die Alte Welt.[5] Eine Umfrage von Landor Associates aus San Francisco hatte gezeigt, daß der Name »Disney« in der Wertschätzung der befragten Europäer auf dem sechsten Platz rangierte und nur von solchen Giganten wie Coca-Cola, McDonald's, Toyota und Sony übertroffen wurde.[6] Darüber hinaus würde Europa, wenn 1993 die Handels- und Zollgrenzen fielen, einen geschlossenen Markt von gut 330 Millionen Menschen darstellen.

Eisner und Wells reagierten enthusiastisch auf die Präsentation von Nunis und Cora. Schon eine Stunde später war die Suche nach einem geeigneten Standort für einen Disney-Park in Europa wieder in Gang gesetzt. Eine von Nunis und Cora geleitete Projektgruppe, der unter anderem auch der Arvida-Boß Chuck Cobb angehörte, listete binnen kurzem über zweihundert mögliche Standorte auf. So wurde Anfang 1985 eine Stecknadel nach der anderen, von denen jede einen möglichen Standort repräsentierte, in die Europakarte in Nunis' Büro in Anaheim gesteckt. Viele Standorte wurden rasch wieder ausgesondert, weil sie zu klein waren. Disney brauchte enorm viel Platz, um all die Hotels und Themenparks errichten zu können, die der Gesellschaft vorschwebten. Der größte Standort in England war ein 120 Hektar großes Gelände außerhalb von London. Auch Italien schied bald als Kandidat aus, zum Teil deshalb, weil die ins Auge gefaßten Gebiete in der Nähe der großen Ballungszentren zu bergig waren.

Schließlich blieb nur noch die Wahl zwischen Frankreich und Spanien. Beide Länder hatten ihre Vorteile: Spanien hatte das günstigere Klima aufzuweisen, das in etwa dem Floridas glich, während Frankreich in größerer Nähe zu den großen Ballungszentren des Kontinents lag. Eine Zeitlang konzentrierte sich die Gruppe auf den Mittelmeerhafen Toulon, nicht weit von Marseille, als möglichen Standort. Toulon ist eine ebenso pittoreske wie lebendige Stadt mit einem milden Klima, aber als die Disney-Ingenieure den Boden untersuchten, stießen sie auf Felsgestein, das die Baukosten mit Sicherheit in die Höhe getrieben hätte. Ein anderer Kandidat, Alicante an der spanischen Mittelmeerküste, schied aus, da die Stadt mehrere Wochen im Jahr von starken Mistralwinden heimgesucht wurde.

Ende 1985 überboten sich Spanien und Frankreich gegenseitig mit verlockenden Sonderkonditionen, um sich Disneys Vergnügungspark zu sichern. Die spanische Regierung, die den Direktor des Touristikinstituts Ignacio Vasallo ins Rennen schickte, bot ein Paket von Steuervorteilen und anderen Vergünstigungen an, deren

Wert rund ein Viertel der auf 2 Milliarden Dollar geschätzten Baukosten des Parks betrug.[7] Spanien war allerdings nicht in der Lage, ein Gelände in der Nähe von Barcelona zu finden, das groß genug für das Projekt gewesen wäre. »Jedesmal, wenn wir drauf und dran waren, hinüberzufliegen, um uns das Grundstück anzusehen, mußten wir uns von ihnen anhören, daß es wieder irgendein Problem gebe«, erinnerte sich Chuck Cobb.[8]

Die Franzosen kämpften mit allen Mitteln um das Projekt, das schätzungsweise nicht weniger als 30 000 Menschen beschäftigen würde. Darüber hinaus würden die erwarteten mindestens zehn Millionen Besucher im Jahr Milliarden von Francs ins Land bringen. Die französische Regierung bot Disney rund 2000 Hektar Land zum Niedrigpreis landwirtschaftlich genutzter Flächen an. Zusätzlich sagte sie zu, über 400 Millionen Dollar für den Ausbau des französischen Autobahnnetzes auszugeben und die Pariser Vorstadtbahn um zehn Kilometer zu verlängern. Und schließlich war die französische Regierung bereit, für die Finanzierung des Projekts zu Vorzugszinsen Kredite von fast 1 Milliarde Dollar bereitzustellen.

Disney gestand später ein, daß das spanische Angebot geringfügig günstiger gewesen war als das französische. Der entscheidende Faktor war jedoch der demographische Aspekt. Das designierte Parkgelände in Frankreich lag in der Nähe von Paris, einem riesigen Bevölkerungszentrum mit über zehn Millionen Einwohnern, und es war, was noch wichtiger war, von den anderen Ballungsgebieten aus gut zu erreichen. Nach den von Disney durchgeführten Untersuchungen lebten nicht weniger als 68 Millionen Menschen in einem Umkreis von vier Fahrstunden, und 300 Millionen Menschen wohnten nicht mehr als zwei Flugstunden von Paris entfernt. Bei Arthur D. Little International schätzte man, daß der französische Standort allein im ersten Jahr nach der Eröffnung des Parks zwischen 11,7 und 17,8 Millionen Besucher anziehen konnte und insgesamt etwa den Besucherzustrom erreichen würde wie der japanische Park.[9]

Im Spätsommer begann sich Eisner auf seine Reise zur Unterzeichnung der Vereinbarung mit der französischen Regierung vorzubereiten. Um sein Schulfranzösisch aufzupolieren, stellte er einen jungen, französischsprachigen Studenten als Fahrer für seinen blauen Jaguar ein, mit dem er während der zwanzigminütigen Fahrten von seinem Haus in Bel Air nach Burbank und zurück ausschließlich französisch sprach.

Am 15. Dezember unterschrieben Eisner und der französische Ministerpräsident Laurent Fabius eine Absichtserklärung, die die Wahl von Marne-la-Vallée als Standort von Euro Disneyland formell bestätigte. Der endgültige Vertrag, verkündeten Eisner und Fabius mit einem breiten Lächeln für die Fernsehkameras, werde in zwei oder drei Monaten unterschriftsfertig sein.

Joe Shapiro, der den Auftrag hatte, den endgültigen Vertrag auszuhandeln, mußte jedoch entdecken, daß er sich auf ein schwieriges Unterfangen eingelassen hatte. Es sollte noch über ein Jahr dauern, bis der Vertrag endlich stand. Shapiro sah sich einer ganzen Reihe von Problemen gegenüber. Zwei Monate, nachdem Fabius den Vorvertrag unterzeichnet hatte, verlor seine Sozialistische Partei die Mehrheit, und Jacques Chirac, ein Konservativer, übernahm das Amt des Ministerpräsidenten. Die Verhandlungspartner Disneys wechselten also. Alles in allem bekam es Shapiro auf französischer Seite mit sechsunddreißig Unterhändlern zu tun. »Es war, als hätte man in den Vereinigten Staaten einen Deal mit dem Präsidenten, dem Verteidigungsminister, dem Außenminister und dem Verkehrsminister aushandeln wollen, der dann noch vom Senat abgesegnet werden mußte«, sagte Shapiro in einem Interview vom 19. April 1990. »Aber damit nicht genug, wäre, um im Bild zu bleiben, auch noch ein Deal mit dem Gouverneur von Kalifornien, dem County und der Stadt Los Angeles, der Burbank Redevelopment Agency und schließlich und endlich mit den Leuten vom Nahverkehr in Südkalifornien nötig gewesen.«

Die verschiedenen französischen Parteien einigten sich schließlich auf einen einzigen Verhandlungsführer, Jean-René Bernard, einen hochrangigen Regierungsbeamten. Bernard hatte die ENA, die Kaderschmiede des französischen Staatsapparats, durchlaufen und war anschließend in der Regierungsbürokratie stetig aufgestiegen. Er war Mitte der 60er Jahre ein enger Mitarbeiter des damaligen Ministerpräsidenten Georges Pompidou gewesen und hatte sein Land später als Botschafter in Mexiko vertreten, bevor er als einer der wichtigsten Berater von Jacques Chirac nach Paris zurückkehrte.

Bernard hatte keine einfache Aufgabe übernommen. Die Vielzahl der französischen Behörden unter einen Hut zu bringen, kann selbst unter normalen Umständen eine nervtötende Arbeit sein, und das Disney-Projekt war nicht nur riesig und ohne Vorbild, sondern auch zunehmend unpopulär. Die sozialistische Opposition begann lautstark zu protestieren, indem sie darauf hinwies, daß die Regierung das Geld besser für den Wohnungsbau und andere dringende wirtschaftliche Notwendigkeiten einsetzen sollte. Vor den Häusern der Bauern der Ile de France, die sich weigerten, dem Staat ihr Land billig abzutreten, waren immer häufiger Plakate zu sehen, auf denen das Projekt verurteilt wurde.

Mit dem neugeschaffenen Titel eines »ersten Gesandten« ausgestattet, hielt Bernard jedoch die französische Gruppe zusammen. »Er mußte als Schiedsrichter fungieren«, erinnerte sich Shapiro. »Er war ständig gezwungen, Peter zu berauben, um Paul zu bezahlen.« Als sich Shapiro und Bernard im Schloß von Vaux-la-Viconte, einem imposanten Bauwerk aus dem 17. Jahrhundert, das Ludwig XIV. als Vorbild für Versailles gedient hatte, zum erstenmal trafen, wurde bald klar, daß die von Fabius und Eisner unterschriebene Absichtserklärung völlig wertlos war. In aller Eile aufgesetzt, nachdem Frankreich das spanische Angebot aus dem Feld geschlagen hatte, war die Sprache der Erklärung in bezug auf die französischen Zugeständnisse recht vage und manchmal zweideutig.

Die Verhandlungen wurden außerdem dadurch erschwert, daß Disney Shapiro mit der ausdrücklichen Anweisung nach Paris geschickt hatte, mit harten Bandagen zu verhandeln. Weder Michael Eisner noch Frank Wells, bei denen die oberste Verantwortung für das Projekt lag, war bereit, den Franzosen allzu weit entgegenzukommen. Sie wollten beide keine Kopie des japanischen Deals, der Ende 1978 ausgehandelt worden war. Die Disney-Manager, die an dem Deal beteiligt gewesen waren, hatten, von den Geburtswehen des EPCOT Center belastet, nach Ansicht von Eisner und Wells einen viel zu großen Teil der zu erwartenden Gewinne verschenkt.

Obwohl der japanische Park Disneys Namen trug, flossen die Gewinne zum überwiegenden Teil anderen zu. Das zweiundachtzig Hektar große Tokyo Disneyland gehörte der Oriental Land Company, einer großen japanischen Eisenbahn- und Immobiliengesellschaft. Disney hatte, wie in dem Vertrag von 1979 vereinbart, 2,5 Millionen Dollar in das japanische Projekt investiert, erhielt im Gegenzug aber nur, wenn auch fünfundvierzig Jahre lang, zehn Prozent der Eintrittsgelder, fünf Prozent der Einnahmen der Restaurants und aus dem Verkauf von Lizenzprodukten sowie zehn Prozent der Erträge aus Sponsorenverträgen.[10] Tokyo Disneyland brachte der Gesellschaft 1984 40 Millionen Dollar ein, [11] während die japanischen Besitzer des Parks Hunderte Millionen von Dollars verdienten.

Disney war trotzdem bereit, den Gewinn, den der Pariser Park abwerfen würde, zu teilen, um, wie im Fall der Silver-Screen-Partnerships für die Filmproduktion, die Kosten und das Risiko auf so viele Schultern wie möglich zu verteilen. Dafür war eine neue Art von Unternehmenstruktur erforderlich, die es Disney ermöglichte, die 2 Milliarden Dollar oder mehr, die für die Errichtung des Parks benötigt wurden, aufzubringen, ohne daß die Gesellschaft den Löwenanteil dieser Summe beisteuern mußte.

Janet Johnson, die früher für die Anwaltskanzlei Simpson Thatcher & Bartlett gearbeitet hatte und 1985 als Assistentin von Shapiro zu Disney gekommen war, erhielt deshalb den Auftrag, das französische Unternehmensrecht zu durchforsten, um ein passendes Vehikel für diese Aufgabe zu finden. Sie förderte schließlich eine alte Vorschrift zutage, die es Disney erlaubte, das neue Unternehmen als »société en commandite par actions«, das Gegenstück der amerikanischen Limited partnership, firmieren zu lassen. Das ist eine Unternehmensform, deren Vermögenswerte – jeweils bestimmte Einzelobjekte, zum Beispiel Immobilien – durch verzinsliche Einlagen von Investoren finanziert werden. Als »gerant« (Geschäftsführer oder Direktor) dieser Société gründete Disney eine hundertprozentige Tochter, die Euro Disneyland SA.

Dadurch, daß die Gesellschaft das Unternehmen Euro Disneyland als französische Variante der Limited partnership konstruierte, konnte sie Anteile abgeben, ohne die Kontrolle über das Projekt zu verlieren. Dieses Schema war von Gary Wilson bereits meisterhaft genutzt worden, als er noch bei Marriott war. Damals hatte Marriott Hotels gebaut, die an Investoren veräußert wurden, um die für den Bau aufgenommenen Kredite zurückzahlen zu können. Gleichzeitig hatte sich Marriott durch langfristige Verträge die Führung der Hotels gesichert. Darüber hinaus blieb ein Teil der Gewinne bei Marriott.

Disney wollte in Frankreich nach dem gleichen Schema vorgehen. Das von der französischen Regierung erworbene Land sollte an eine von einzelnen Anlegern gebildete Finanzierungsgesellschaft weiterverkauft werden, um auf diese Weise die Mittel für den Bau der Themenparks und Hotels aufzubringen. Danach sollte die Finanzierungsgesellschaft das Land mit einem Zwanzigjahresvertrag an den von Disney geführten Park verpachten.

Disney hatte von Anfang an vor, mindestens siebzehn Prozent des Projekts selbst zu behalten, um sich einen kräftigen Gewinnanteil zu sichern. Wie in Tokio sollte Disney daneben zehn Prozent der Eintrittsgelder und fünf Prozent der Einnahmen aus den Restaurants und dem Verkauf von Konsumprodukten erhalten. Im Unterschied zu Tokyo Disneyland wollte Disney den Pariser Park, wie es Wilson mit seinem Finanzierungsmodell für die Marriott-Hotels vorexerziert hatte, jedoch selbst führen. Nach dem Dreißigjahresvertrag über die Führung der Hotels und des Vergnügungsparks sollte Disney in den ersten fünf Jahren jeweils drei und danach sechs Prozent der Gewinne von Euro Disneyland erhalten. Darüber hinaus stand Disney ein Anteil an den Bruttoeinnahmen zu.[12]

Finanziell bedeutete all das ein gewaltiges Potential. Im Zeichnungsprospekt für mögliche Anleger der Société schätzte S. G. Warburg Securities, daß der Park im ersten Jahr annähernd 1,1 Milliarden Dollar einnehmen würde. Der daraus resultierende Gewinn würde sich auf 400 Millionen Dollar belaufen. Das würde bedeuten, daß Disney, den Anteil an den 55 Millionen Dollar, die die neue Gesellschaft als Dividende ausschütten würde, nicht mitgerechnet, rund 71 Millionen Dollar für die Geschäftsführung,

Lizenzgebühren und ähnliches einstreichen könnte. Für die Jahrhundertwende schätzte Warburg, daß Disney zusätzlich zur Dividende mehr als 766 Millionen Dollar im Jahr aus der Geschäftsführung und dem Anteil am laufenden Geschäft verdienen würde.[13]

Es hing allerdings viel von dem Deal ab, den Shapiro mit der französischen Regierung aushandelte. Wenn Disney auch nur ein paar Francs mehr pro Morgen Land bezahlen müßte, konnte das die Gesamtkosten enorm aufblähen.

Obwohl Shapiro recht gut Französisch und Bernard fließend Englisch sprach, verhandelten die beiden, um Mißverständnissen vorzubeugen, häufig mit Hilfe von Dolmetschern. Während der fast fünfzehn Monate dauernden Verhandlungen stand der Deal mehr als einmal kurz vorm Scheitern. Der schwierigste und umstrittenste Punkt war der Vorzugspreis, zu dem Disney das Land erwerben wollte. Schließlich stimmte die französische Seite einem Preis von 5000 Dollar pro *acre* (4046,8 Quadratmeter) zu, was ungefähr dem Stand von 1971 entsprach. Disney konnte dan das Zugeständnis erreichen, daß dieser Preis eingefroren wurde und nicht einmal mit der Inflationsrate steigen durfte, obwohl der Gesellschaft zwanzig Jahre Zeit gelassen wurden, um die Landkäufe abzuschließen.

Aber Disney hatte auch einiges zu bieten. Der Bau des Parks würde 30 000 Menschen Arbeit verschaffen, und anschließend würde Disney nach eigenen Schätzungen etwa 11 000 Mitarbeiter einstellen, wenn der Park 1992 eröffnet wurde, und weitere 65 000, wenn im Jahr 2011 die zusätzlichen Hotels und Themenparks fertiggestellt waren. Im übrigen gingen die französischen Stellen davon aus, daß der Park umgerechnet 700 Millionen Dollar im Jahr nach Frankreich bringen würde.

Die Nachgiebigkeit der französischen Regierung ist überall in dem 400 Seiten starken Vertragswerk zu bemerken. Im Gegensatz zu anderen französischen Unternehmen, die eine Steuer von 18,6 Prozent auf die verkauften Waren zu zahlen hatten, würde Disney nur 7 Prozent abführen müssen. Außerdem konnten die Gebäude des Disney-Projekts innerhalb von zehn Jahren abgeschrieben werden, und nicht, wie eigentlich vom Gesetz vorgeschrieben, in zwanzig Jahren. Die französische Regierung sagte weiterhin zu, das Straßennetz zu verbessern und 150 Millionen Dollar für einen Anschluß des Parks an die Pariser Schnellbahn RER zu investieren. Schließlich erklärte sie sich bereit, Kredite in Höhe von maximal 770 Millionen Dollar – rund vierzig Prozent der Gesamtkosten des Projekts – zur Verfügung zu stellen.[14]

Die französische Seite hatte aber von Anfang an darauf bestanden, daß der Park von Europäern kontrolliert wurde. Der Vertrag mit Disney bestimmte, daß mindestens fünfzig Prozent der Anteile von Euro Disneyland von »individuellen oder juristischen Personen aus Frankreich oder anderen Mitgliedsstaaten der Europäischen Gemeinschaft« gehalten werden sollten. Disney wurde außerdem verpflichtet, den Park spätestens 1992 zu eröffnen und eine durchschnittliche jährliche Besucherzahl von 9,1 Millionen Menschen zu garantieren. Die französische Regierung setzte weiterhin durch, daß mindestens eine Attraktion des Parks die »französische und europäische Zivilisation« darstellen und wenigstens in einer Anlage »französische Musik gespielt werden« sollte.[15]

Joe Shapiros Einsatz für Euro Disneyland war am 24. März 1987 beendet, als Michael Eisner und der französische Ministerpräsident Jacques Chirac den voluminösen Vertrag unterzeichneten. Danach begann Gary Wilsons Arbeit.

Auf Shapiros Nachttisch im Bristol Hotel stand stets eine Flasche Coca-Cola bereit, da er das Koffein des Getränks während der Nacht als Muntermacher brauchte. Die regelmäßigen Nachmittagssitzungen, die Eisner in Burbank einberief, endeten, nach Pariser Zeit, für gewöhnlich um drei Uhr nachts, und danach pflegte entweder Gary Wilson oder Frank Wells zum Telefon zu greifen, um Joe Shapiro anzurufen. Meistens war es Wilson. Als Shapiro zwischen Paris und Burbank zu pendeln begann, war Wilson gerade dabei, sich in seine neue Aufgabe als Finanzchef von Disney einzuarbeiten, doch mit der Zeit wurde Euro Disneyland immer mehr zu seinem Kind. Wilson war es, der Shapiro drängte, die Verhandlungen noch härter zu führen, als sich die Gespräche den Vorzugszinsen zuwandten, zu denen die französische Regierung die versprochenen Kredite von gut einer dreiviertelmilliarde Dollar gewähren würde.

»Ich habe ihm gesagt: ›Ich glaube, unter acht Prozent Zinsen werden sie nicht gehen‹«, erinnerte sich Shapiro. »Doch Gary Wilson hat gesagt: ›Ich denke, wir können 6 3/4 Prozent bekommen.‹ Und ich habe darauf erwidert: ›Warum setzen Sie sich nicht in ein Flugzeug und verschaffen uns die 6 3/4 Prozent selbst?‹«[16] Die französische Regierung gab Disney die Kredite schließlich zu einem Zinssatz von 7,85 Prozent und setzte die Rückzahlung für die ersten fünf Jahre aus.

Gary Wilson beharrte nicht aus purem Vergnügen auf einer harten Verhandlungslinie. Jeder Prozentpunkt, den Shapiro den Franzosen abringen konnte, würde es Wilson erleichtern, die Investoren für das umfangreiche Finanzierungsvorhaben zu interessieren, mit dem das Geld für den Bau des Parks aufgebracht werden sollte. Daneben würde er auch die schnellere Abschreibungsmöglichkeit und den niedrig gehaltenen Bodenpreis bei den potentiellen Investoren ins Feld führen können.

Noch bevor Eisner und Chirac den Vertrag unterzeichneten, hatte auch Gary Wilson ein Standbein in Europa. Er arbeitete während der nächsten Monate in der Londoner Finsbury Street in den holzgetäfelten Büros von S. G. Warburg, dem englischen Brokerhaus, das mit der Emission der französischen Société beauftragt worden war. Wilsons Mitarbeiter waren Disneys Finanzverwalter John Forsgren und Judson Green, ein Wirtschaftsprüfer, der 1981 im Alter von 31 Jahren als oberster Buchprüfer der Walt Disney World zu Disney gekommen und Anfang 1987 von Wilson zum Finanzchef der Euro Disneyland SCA, der französischen Gesellschaft, die den riesigen europäischen Vergnügungsparkkomplex erschließen würde, ernannt worden war.

Anfang 1989 begannen Wilson, Green und Forsgren ein Team zusammenzustellen, das das Wertpapierangebot von 1 Milliarde Dollar verkaufen sollte. Neben Warburg hatte das Disney-Team die größte französische Bank, die Banque Nationale de Paris, und die größte Bank in Brüssel, die General Bank NV, für den Verkauf der Anteile in deren Ländern gewonnen.

Der Vertrag, den Shapiro aushandelte, war sorgfältig auf die anvisierte Gruppe der internationalen Investoren zugeschnitten. Die von der französischen Regierung erlangte kürzere Abschreibungsfrist von zehn Jahren für das schätzungsweise 2,6 Milliarden Dollar teure Projekt war dabei eines der Schlüsselargumente. Zusammen mit anderen Steuervorteilen ergab sich daraus eine an die Investoren zu verteilende Steuerersparnis von 138 Millionen Dollar für das Jahr 1993, die bis zum Jahr 2001 auf die atemberaubende Summe von 536 Millionen Dollar angewachsen sein würde.[17] Daneben würden die Anleger an den 190 Millionen Dollar teilhaben, die jährlich als Pacht für das Parkgelände zu zahlen waren.

Die Komplexität des Deals verzögerte den Beginn der Emission um mehrere Monate. Um den Verkauf an Investoren anderer europäischer Staaten anzukurbeln, organisierte Disney für über zweihundert Banker und Investmentbanker sowie deren Ehefrauen kostenlose Ausflüge nach Orlando. Dieses Reiseangebot folgte dem Beispiel der bereits traditionellen Einladungen, mit deren Hilfe Disney die Presse für die Vergnügungsparks einzunehmen versuchte. Die Banker und ihre Frauen waren, wie die Journalisten für gewöhnlich auch, von der Sauberkeit, die sie vorfanden, und der Effektivität, mit der der Disney-Park geführt wurde, beeindruckt und erzählten nach ihrer Rückkehr begeistert, was sie gesehen hatten. »Wir sahen [aus erster Hand] den Professionalismus und die umfangreiche Organisation hinter den Kulissen, die dazu beitragen, daß alles im Park reibungslos funktioniert«, sagte Jacques Dore von der Banque Nationale de Paris kurz nach seiner Rückkehr der Zeitschrift *International Management.* »Die Reisen waren ein wirksames Mittel, um Unterstützer (für Euro Disneyland) zu gewinnen.«[18]

Dores Bank wurde bald darauf zum führenden Geldinstitut eines Konsortiums, das Darlehen und Kreditbriefe im Wert von rund 1,4 Milliarden Dollar bereitstellte. Vier der Banken wurden mit einer Einlage von 260 Millionen Dollar Aktionäre des Disney-Projekts.[19] Disney selbst brachte 132 Millionen Dollar ein und wandelte die 465 000 erworbenen Aktien durch eine hundertprozentige Tochter namens Euro Disneyland Holding Co. in einen neunundvierzigprozentigen Anteil an der Gesellschaft um. Es war ein bemerkenswertes Geschäft: Disney hatte auf diese Weise für eine Summe von weniger als 200 Millionen Dollar, die sich aus dem Kaufpreis und Nebenausgaben zusammensetzte, mehr als die Hälfte eines Unternehmens erworben, das 3 Milliarden Dollar wert war.

Am 8. Oktober 1989 bot Disney die Wertpapiere auch öffentlich an. Das Angebot war eine Mischung aus Hochfinanz und Disneyscher Unterhaltung. Auf der Vorderseite des Zeichnungsprospekts war eine künstlerische Interpretation von Cinderellas Schloß zu sehen, und auf der Rückseite wurde der Betrachter von Micky, Minnie und anderen Disney-Figuren begrüßt. Der neunundsiebzigseitige Zeichnungsprospekt enthielt außerdem ausführliche Beschreibungen von Erlebnisfahrten, in deren Mittelpunkt Piraten und Cowboys standen. Die Emission war, bei rund 14 Dollar pro Anteil, ein Riesenerfolg. Fast über Nacht konnten 42,9 Millionen Anteile abgesetzt werden. Der Kurs der Disney-Aktie machte aufgrund dieses Wirbels an der New Yorker Börse einen Sprung von 6 Dollar nach oben.[20]

Um die Emission in Europa zu lancieren, veranstaltete Disney eine Feier auf den Stufen der Pariser Börse. Die Bühne war mit Abbildern von Donald Duck, Schneewittchen und anderen Disney-Figuren geschmückt. Eisner, Wilson und einige andere Disney-Manager fuhren in von Mickymaus oder Pluto chauffierten Autos vor, und auch eine Truppe von Disney-Tänzern in schlichten rotweißen Kostümen wurde mit höflichem Beifall bedacht.

Aber nicht jeder Europäer war erfreut darüber, daß »die Maus« in die Alte Welt einzog. Unter den Zuschauern vor der Pariser Börse befanden sich auch zehn junge Mitglieder der Kommunistischen Partei Frankreichs, die auf Transparenten »Uncle Scrooge Go Home« forderten und die Zugeständnisse der französischen Regierung im Wert von mehr als 6 Milliarden Dollar verurteilten. Das Geld, meinten sie, hätte besser für das Bildungssystem und für die Unterstützung der Arbeitslosen verwendet werden sollen. Als Eisner die Show eröffnete, wurde der Disney-Aufsichtsratsvorsitzende mit Eiern und Ketchup beworfen.[21]

In einem Buch, das 1988 unter dem Titel *Mickey: The Sting* erschien, wandte sich der französische Journalist Gilles Smadja dagegen, daß die französische Regierung 350 Millionen Dollar für den Ausbau des Straßennetzes und die Bahnverbindung zum Disney-Park ausgeben wollte. Das Geld hätte statt dessen besser den Armen zugute kommen sollen, erklärte Smadja. Darüber hinaus verdächtigte er die beteiligten französischen Beamten, Bestechungen angenommen zu haben.[22] Es wurde jedoch bislang keine einzige Anklage erhoben, und derzeit sind auch keine Ermittlungen in dieser Richtung im Gang.

Andernorts schlug Disney weniger ideologisch geprägter Protest entgegen. Viele französische Bauern weigerten sich, ihr Land für den geplanten Vergnügungspark an die Regierung zu verschleudern, und die Einwohner einer nahegelegenen Stadt demonstrierten gegen den Bau einer Betonfabrik in ihrem Ort. Disney konterte damit, daß Dutzende von Familien kostspielige Reisen nach Orlando geschenkt bekamen.

Michael Eisner hatte Arthur Levitt III. 1984 bei Knoll International kennengelernt, einem teuren Einrichtungshaus an der Melrose Avenue in Hollywood, in dem sich Eisner nach einem neuen Schreibtisch für sein Büro bei Disney umsah. Levitt, dessen Vater die American Stock Exchange, eine der New Yorker Wertpapierbörsen, leitete, war ein einnehmender junger Mann von 27 Jahren, der an der Long Island University studiert hatte und als Verkäufer bei Knoll International arbeitete. Eisner kaufte zwar keinen Schreibtisch, holte Levitt aber einen Monat später als seinen persönlichen Assistenten zu Disney.

Levitt teilte Eisners Liebe für die Architektur, und Anfang 1989 befanden sie sich gemeinsam mitten in den Planungsarbeiten für Euro Disneyland. Zu einer der wichtigsten Begegnungen kam es mehr oder weniger zufällig, als Eisner erfuhr, daß sich einige der bekanntesten Architekten zum Abendessen in 72 Market Street, einem schicken venetianischen Restaurant, treffen wollten. Eisner lag damals krank zu Hause im Bett und gab Levitt den Auftrag, den Kontakt zu den Architekten herzustellen, zu denen so hoch geschätzte Leute wie Michael Graves und Robert Stern gehörten. Levitt überredete sie, das Essen in Disneys Ideenfabrik in Glendale zu verlegen, und während die Ober eines chinesischen Restaurants aus dem Ort die verschiedenen Gänge auftrugen, diskutierten die Architekten bis tief in die Nacht hinein über die Gestaltung des Pariser Disney-Parks.

Während gewisse Kräfte in Frankreich heftig gegen den Bau des gigantischen Themenparks polemisierten, nahm Euro Disneyland auf den Reißbrettern der Ideenfabrik in Glendale rasch konkrete Gestalt an. Disney hatte die erste Ausbaustufe des Parks von Anfang an als modernisierte Version des Magic Kingdom geplant, wie es bereits in Amerika, Orlando und Tokio realisiert worden war. Im Mittelpunkt sollte eine vergrößerte Nachbildung von Cinderellas Schloß stehen, um den Europäern, die in Nachbarschaft von Schlössern und Burgen aufwuchsen, Bekanntes zu bieten. Um diesen Mittelpunkt herum sollten themenbezogen fünf Länder angeordnet werden, mit Attraktionen wie »Piraten der Karibik« im Adventureland sowie »Alice's kurioses Labyrinth« und »Die Welt ist klein« im Fantasyland.[23]

Euro Disneyland entspricht zwar im großen ganzen den Parks Amerikas und Japans, aber es wurden auch einige Veränderungen vorgenommen, um den Park dem europäischen Geschmack anzupassen. Das Tomorrowland (Land von morgen) wurde in Discoveryland (Land der Entdeckungen) umbenannt. (Die Disney-Manager befürchteten, daß die im Tomorrowland eingesetzte Technologie bald veraltet anmuten könnte.) Die Erlebnisfahrt der »Star Tours« wurde zwar auch in Frankreich errichtet, aber daneben plante Disney auch Attraktionen nach Ideen solcher europäischer Zukunftsvisionäre wie Jules Verne, H. G. Wells und Leonardo da Vinci.

Natürlich sind im Pariser Park auch die üblichen Achterbahnen zu finden, einschließlich des »Big Thunder Mountain« im Frontierland mit einer rasanten Fahrt durch eine Western-Ranch. Daneben sind jedoch auch ausgesprochen europäische Anklänge zu finden. So ist Französisch zwar die offizielle Sprache des Parks, aber einige der Attraktionen werden in ihrer Originalsprache präsentiert, »Pinocchio« zum Beispiel in Italienisch und »Schneewittchen und die sieben Zwerge« in Deutsch. Damit die Besucher gegen kaltes oder regnerisches Wetter geschützt sind, wurden viele Teile des Parks an den Attraktionen entlang durch überdachte Arkaden verbunden, und »Die verrückten Teetassen« wurden mit einer großen Plastikblase eingehüllt.

Bis 1994 soll neben dem Magic Kingdom ein zweiter Themenpark entstanden sein, eine Nachbildung des Disney-MGM Studios Theme Park in Orlando. Mit geschätzten Baukosten von mindestens 750 Millionen Dollar soll dieser zweite Themenpark jährlich elf Millionen Besucher anlocken. Viele der Attraktionen werden von dem Vorbild in Orlando übernommen, unter anderem die Erlebnisfahrt durch die Filmgeschichte, der »Great Movie Ride«, und das »Animation Building«, das Zeichentrickgebäude, in dem die Besucher miterleben können, wie Mickymaus und Goofy zum Leben erweckt werden. Disney plant außerdem Attraktionen auf der Grundlage der jüngsten Erfolgsfilme des Studios, zum Beispiel *Dick Tracy* und *Liebling, ich habe die Kinder geschrumpft*.[24]

Die beiden Parks könnten, nach Disney-Schätzungen, 1996 die gewaltige Menge von 21 Millionen Besuchern anziehen, von denen 8 Millionen den Disney-MGM Studios Theme Park besichtigen werden.[25] Wenn sich diese Vorhersage bewahrheitet, wäre aus beiden Parks mit Einnahmen von 1,8 Milliarden Dollar zu rechnen. Aber das ist nicht die einzige Zahl, die einem den Atem verschlägt: Zusätzlich zu den Parks werden die Hotels schätzungsweise nicht weniger als 1,3 Milliarden Dollar einnehmen.

Die Disney-Strategie für Frankreich umfaßt, wie vorher schon in Orlando, ein massives Bauprogramm von Hotels, die die erwarteten Touristenströme aufnehmen sollen. Die Projektplaner haben am Rand des Vergnügungsparks sechs Disney-Hotels errichten lassen, unter anderem, unmittelbar am Parkeingang, das 165 Millionen Dollar teure Hotel Disneyland mit 500 Zimmern. Drei weitere Hotels – New York, Sequoia Lodge und Newport Bay Club – wurden an einem künstlich angelegten See, dem Buena Vista See, errichtet.

Die Hotels, die während des von Arthur Levitt gegebenen Architektenessens in Glendale geplant wurden, sind im amerikanischen

Stil gehalten und entsprechen damit dem Image, das Disney in Europa vorzeigen wollte. Zwei der Hotels – das Cheyenne und das Santa Fe – sind an Vorbilder aus dem alten (»wilden«) Westen angelehnt, jene rauhe Periode der amerikanischen Geschichte, die viele Europäer zu faszinieren scheint. Ein anderes Hotel – das New York – repräsentiert mehrere Viertel Manhattans: das Rockefeller Center, den Gramercy Park und die »Brownstones« (aus braunem Stein gebaute Wohnhäuser der zweiten Hälfte des 19. Jahrhunderts) der East Side und bietet unter anderem eine Eislaufbahn im Stil des Rockefeller Center.

Es war ein höchst ehrgeiziger Plan, der bis 1992 Wirklichkeit werden sollte, und tatsächlich gelang es Disney, bis zum vorgesehenen Eröffnungstermin nicht nur den ersten Themenpark, sondern auch ein ganzes Hotelviertel mit 5200 Zimmern, das Camp Davy Crokkett, einen sechsundfünfzig Hektar großen Campingplatz, einen Golfplatz, Verwaltungsgebäude und 570 Einfamilienhäuser fertigzustellen. Die weiteren Planungen reichen bis ins Jahr 2011 und enthalten unter anderem weitere fünfzehn Hotels mit 13 000 Zimmern.

Am 5. Februar 1990 hielt Euro Disneyland SA, die Managementgesellschaft, die Disney gegründet hatte, um den Pariser Themenpark zu leiten, die erste Aufsichtsratssitzung ab. Am Kopfende des Mahagonitisches saß Robert Fitzpatrick, ein 49jähriger ehemaliger Jesuitenzögling, der zwei Jahre zuvor als Chef des Themenparkprojekts zu Disney gekommen war. Grauhaarig, umgänglich und mit der Gemütsruhe eines Diplomaten ausgestattet, hatte Fitzpatrick vorher das auf die Olympischen Spiele von 1984 in Los Angeles folgende Kunstfestival geleistet. Er war bei Disney kein Unbekannter, da er jahrelang Präsident des California Institute of Arts gewesen war, eines langjährigen Lieblingsprojekts von Walt Disney, in dessen Aufsichtsrat inzwischen auch Eisner saß.

Als Fitzpatrick die erste Sitzung des siebenköpfigen Aufsichtsrats der Managementgesellschaft von Euro Disneyland eröffnete, befand sich das Projekt bereits in der Bauphase. Die ersten knapp hundert Hektar des dreihundertdreißig Hektar großen Geländes für den Themenpark, das Hotel Disneyland und der Campingplatz waren für eine Summe von fast 105 Millionen Dollar angekauft worden. Das Land war an die Wasser- und Stromversorgung angeschlossen, Tausende von Bäumen waren gefällt und ein Teil der Fundamente gelegt worden.

Die französische Regierung hatte ihrerseits mit dem Bau der Zufahrtsstraßen begonnen und bereits zwei große Autobahnkreuze in der Nähe des Parks fertiggestellt. Auch die Aufschüttungsarbeiten für die Trassen der Schnellbahnverbindung mit Paris und den Anschluß an den TGV-Hochgeschwindigkeitszug liefen.

Die Walt Disney Company bereitete sich unterdessen schon auf die Eröffnung des Themenparks vor. Fernsehsender in Großbritannien, Frankreich, Holland, Skandinavien und Australien hatten *The Disney Club* in ihre Programme übernommen, eine modernisierte, dem jeweiligen Land angepaßte Version des *Mickey Mouse Club*, wie er in den späten 50er Jahren in den Vereinigten Staaten ausgestrahlt worden war. Die Landesfassungen zeigten in der Regel halbstündige, synchronisierte Trickfilmserien wie die *DuckTales* und *Chip 'n Dale's Rescue Rangers*. Präsentiert wird der Disney Club den Gästen im Studio und den Zuschauern jedoch von einheimischen (Kinder-)Schauspielern.

Über ein Londoner Büro, das Disney 1988 eingerichtet hatte, war der *Disney Club* bis 1990 in vielen Ländern zu einem festen Bestandteil des Sonntagvormittagprogramms geworden, und die Gesellschaft hatte die Absicht, die Sendung bis 1991 bei Fernsehstationen fast überall in Europa unterzubringen. Zu Weihnachten 1989 tat sich Disney mit fünf Fernsehanstalten zusammen, um eine 2 Millionen Dollar teure Sondersendung zu produzieren, in der der Waliser Sänger Tom Jones und andere Berühmtheiten aus Deutschland, Italien, Frankreich und anderen Ländern auftreten sollten. Es war trotzdem, obwohl die Stars aus Europa kamen, eine reinrassige Disney-Sendung. Die Operndiva Julia Migenes sang vor der Kulisse des Eiffelturms Lieder aus klassischen Disney-Filmen, und ein Bericht zeigte, wie eine Gruppe von Besuchern aus fünfzehn europäischen Ländern das im Bau befindliche Euro Disneyland besichtigte.

Frank Wells verbrachte immer mehr Zeit im Flugzeug zwischen

Los Angeles und Paris. Das Disney-Management brauchte nicht daran erinnert zu werden, daß das letzte Großprojekt der Gesellschaft, das EPCOT Center, sämtliche Budgetplanungen gesprengt und ihr eine enorme Schuldenlast aufgebürdet hatte. Noch weniger war eine Erinnerung daran nötig, daß Ron Miller wenige Jahre nach dem EPCOT-Debakel gezwungen gewesen war, die Konsequenz aus dem Einnahmeschwund der Gesellschaft zu ziehen und seinen Hut zu nehmen. »Frank und Michael hatten eigentlich nicht viel Erfahrung mit Großprojekten«, sagte Stanley Gold, Roy Disneys Anwalt. Gold hatte die Revolte von 1984 angeführt und sich dann zurückgezogen, war aber 1987 in den Disney-Aufsichtsrat zurückgekehrt. »Sie hatten zwar schon ein paar Hotels gebaut, aber nichts in dieser Größenordnung. Es gibt nur wenige, die Erfahrungen mit der Verwirklichung von 2-Millarden-Dollar-Projekten haben. Das war ein Feld, auf dem sie durchaus hätten in Schwierigkeiten kommen können.«[26]

Ein Jahr nach dem Projektstart lag Euro Disneyland nur geringfügig hinter dem Zeitplan zurück. Disney ging unterdessen erneut auf den Investmentmarkt, um noch mehr Geld aufzubringen. Im Mai 1990 bot Disney, keine acht Monate nach der letzten Emission, mit der 1 Millarde Dollar aufgebracht worden war, Schuldverschreibungen im Wert von 1,5 Milliarden Dollar an, die der Gesellschaft 600 Millionen Dollar einbringen sollten. Die von Disney ausgegebenen Wertpapiere werden »liquid yield option note« (Abzinsungsoptionen) oder kurz LYON genannt; das heißt, die Anleger sollten sogenannte Zero-Coupon-Bonds erwerben, Anleihepapiere ohne Zinscoupons, die bei Fälligkeit in bar oder Aktien ausbezahlt werden würden. Der Ausgabepreis solcher Papiere liegt erheblich unter ihrem Nominalwert, den der Emittent am Ende der Laufzeit, während der er keinerlei Zinsen zu zahlen hat, entrichten muß.

Die Schuldverschreibungen würden Disney enorme Steuervorteile bringen, da einerseits zwar die Zinsabzüge für den Nominalwert der Emission (1,5 Milliarden Dollar) geltend gemacht werden konnten, andererseits aber die Rückzahlung (des Nominalwerts) erst im Jahr 2005 erfolgen mußte. Diese Abzüge würden sich während der fünfzehnjährigen Laufzeit der Schuldverschreibungen auf nicht weniger als 880 Millionen Dollar summieren. »Die Chancen liegen allzu einseitig bei Disney, und nicht bei jenen, die LYONs erwerben«, schrieb der Finanzkolumnist Allan Sloan in der *Los Angeles Times*.[27] Trotzdem war die Nachfrage so groß, daß Disney den Wert der Emission zwei Wochen später auf 2,25 Milliarden Dollar erhöhte. Der Nachschlag bedeutete, daß die Gesellschaft sofort zusätzliche 350 Millionen Dollar in die Hand bekam und während der nächsten fünfzehn Jahre insgesamt etwa 1,37 Milliarden Dollar von der Steuer abziehen konnte.

Der Erfolg der LYON-Emission nährte die hochfliegenden Erwartungen, die die Investoren an den Disney-Park in Übersee knüpften. Und tatsächlich war schon 1990 ein Jahr mit blühendem Auslandsgeschäft. Insgesamt flossen der Gesellschaft rund ein Drittel ihrer Einnahmen aus dem Ausland zu. *Falsches Spiel mit Roger Rabbit,* Disneys Superhit des Jahres 1988, spielte in Übersee über 180 Millionen Dollar ein, 10 Millionen mehr als in den Vereinigten Staaten.[28] Zusammengenommen brachte 1989 allein der Filmverleih nach Übersee über 400 Millionen Dollar ein. Weitere 100 Millionen Dollar konnten durch den Verkauf von Produkten erzielt werden, die Micky, Minnie und andere Disney-Figuren vermarkteten. Um für den Verkauf von Disney-Produkten auf dem europäischen Markt besser gewappnet zu sein, begann die Gesellschaft 1990 mit der Produktion von Mickymaus-T-Shirts in einer ihr gehörenden Fabrik in Portugal.

Am Horizont kündigte sich allerdings auch schon Konkurrenz an. MCA, wo man sich auf die in wenigen Wochen, im Juni 1990 geplante, allerdings unter einem unglücklichen Stern stehende Eröffnung des Filmparks in Orlando vorbereitete, verhandelte bereits mit britischen und französischen Stellen über die Errichtung einer Studio-Tour in Europa. Die Filmgesellschaft hatte die Absicht, ihren europäischen Park bis 1993 auf die Beine zu stellen und dafür 1 Milliarde Dollar auszugeben. Die MCA-Manager nahmen den Mund wie gewöhnlich ziemlich voll. »Wir werden Disney so in den Hintern treten, daß der ganze Verein quer durch Europa fliegt«, verkündete Jay Stein, der Chef der MCA-Themenparks, einem Reporter der *Business Week*.[29]

Die Rivalität mit MCA war kaum mit einem Achselzucken abzutun. Dennoch konnte es sich Michael Eisner, während in der Nähe von Paris der Grundstock dessen entstand, was bald ein 2 Milliarden Dollar teurer Vergnügungspark sein würde, offenbar leisten, Selbstvertrauen und Zuversicht zu verbreiten. Mochte MCA auch noch so sehr schäumen, Disney würde seinen Park zuerst eröffnen. »Wir werden unsere Leistungen für sich selbst sprechen lassen«, erklärte Eisner, nachdem er die Äußerungen Steins gelesen hatte. »Aber es wird ganz gewiß nicht unser Hintern sein, der einen Tritt bekommt.«[30]

Es gab immer noch eine Menge zu tun, bevor Disney den Mammutpark eröffnen konnte, und es waren von Anfang an Hindernisse zu überwinden. Kurz nach Baubeginn fingen verärgerte französische Firmen an, sich in der Presse darüber zu beschweren, daß Disney ihnen keinen fairen Anteil an den riesigen Aufträgen zukommen ließ, die die Gesellschaft vergab. Die Pariser Zeitungen hatten sich unter Überschriften wie »Disneyland: die Kehrseite«, »Micky verspottet alle« und »Mickymaus im Rausch« bald auf das Projekt eingeschossen.

Die Presse wurde so schlecht, daß sich der französische Ministerpräsident Michel Rocard im Juli, einen Monat vorm ersten Spatenstich, hastig mit Eisner traf, um auf eine größere Beteiligung französischer Firmen zu drängen. Eine ständig wiederkehrende Klage war, daß die Gesellschaft den größten Teil der Planungsarbeit vom eigenen Stab, Disneys Ideenfabrik, erledigen ließ und daß der größte Teil der anderen Projekte durch die Disney Development Corp. vergeben wurden. »Hier in Frankreich gibt es einen lebhaften Wettbewerb einer Menge von Firmen, die an dem Projekt teilhaben wollen«, beklagte sich Maurice Rietsch, der Direktor einer Pariser Firma, die große Bauunternehmen vertritt, der Nachrichtenagentur Reuters gegenüber. »Ich würde sagen, daß Disney nicht gut beraten wäre, hier genau so zu bauen wie in Disney World in Orlando, wo die Arbeiten allesamt unter eigener Regie ausgeführt wurden.«[31]

Aber Disney war wie stets bemüht, die Kosten unter Kontrolle zu halten, und nicht geneigt, von der Erfolgsformel der Vergangenheit abzuweichen. Im übrigen hielt die Gesellschaft alle Trümpfe in der Hand. Der Vertrag mit der französischen Regierung sicherte Disney weitestgehende Eigenständigkeit bei der Auswahl der Firmen zu, die die jeweiligen Arbeiten nach Ansicht der Gesellschaft am besten ausführen würden. Und wie sich herausstellte, kamen viele dieser Firmen aus den Vereinigten Staaten.[32] Die Planung der Grundstruktur des Parks – bis hin zu dem ersten Eindruck, den die Besucher erhalten, wenn sie von den Parkplätzen zum Eingang gehen – übernahm PBR Inc., eine Bauberatungsfirma aus Irvine, die die kalifornischen Reißbrettgemeinden Rancho Santa Margarita und Coto de Casa entworfen hatte. PBR arbeitete mit einem weiteren Unternehmen aus Kalifornien zusammen, Sasaki Associates, einer Landschaftsgestaltungsfirma aus Santa Ana, die die Beleuchtung und Bepflanzung der Hauptboulevards des französischen Vergnügungsparks entwarf. Später wurden sogar Ausbilder einer Fastfood-Kette aus Costa Mesa (Kalifornien) auf das Gelände des neuen Parks geholt, um den französischen Angestellten von »Annette's«, einem Disneyland-Imbiß im Stil der 50er Jahre, beizubringen, wie die Gäste im Eiltempo zu bedienen sind.

Anfang 1989 waren in Disneys Ideenfabrik in Glendale über 500 Techniker, Architekten und Handwerker dabei, die Baupläne des europäischen Parks fertigzustellen. Marty Sklar, der Chef der Ideenfabrik, pendelte regelmäßig zwischen Kalifornien und Paris hin und her, um sich mit dem Direktor von Euro Disneyland, Robert Fitzpatrick, zu treffen. Er wurde häufig von Tony Baxter, seiner rechten Hand bei diesem Projekt, oder von Judson Green begleitet. Green, ein 37jähriger Finanzkünstler, war seit 1981 bei Disney und von Gary Wilson aus den Vergnügungsparks in die Abteilung für strategische Gesamtplanung nach Burbank geholt worden. 1988 zum Finanzchef des Euro-Disneyland-Projekts ernannt, war er praktisch Michael Eisners Aufseher über das Mammutvorhaben.

1991 hatte das Projekt konkrete Formen angenommen. Formen, die vielen Amerikanern gut bekannt waren, denn Disney hatte sich, getreu der Absicht, den Europäern »Americana« nahezubringen, nicht weit von Walts Originalplänen für Disneyland in Anaheim entfernt. Pariser, die den Nervenkitzel einer amerikanischen Achterbahn erleben wollen, können den Bergwerkszug des »Big Thunder Mountain« besteigen, eine exakte Kopie des Vorbilds aus dem Park in Anaheim, und auch sonst stolpert man überall in dem neuen Park über getreue Abbilder amerikanischer Originale: Die Besucher kreisen mit Dumbo, dem fliegenden Elefanten, über »Fantasyland« oder wirbeln in den verrückten Teetassen aus *Alice im Wunderland* herum. Die Idee ist simpel: Man nehme ein erprobtes Konzept und baue eine Kopie, die schnell und ohne großen technologischen Aufwand hochzuziehen ist.

Dennoch unterscheidet sich der neue Park in einigen Bereichen erheblich von den amerikanischen Vorbildern. »Tomorrowland« wurde, wie in Anaheim, mit seinen veralteten Vorstellungen von Weltraumfahrt völlig über Bord geworfen. An seiner Stelle wurde ein glitzernder Komplex aus Holz, Stahl und Messing namens »Discoveryland« errichtet, der auf Themen von Jules Verne und Leonardo da Vinci beruht. Michael Eisner stellte außerdem 8-10 Millionen Dollar für Ergänzungen des »Visionariums« bereit, in dem auf einer 360-Grad-Leinwand, wie von dem Vertrag zwischen Disney und der französischen Regierung vorgeschrieben, ein Film über die französische Kultur gezeigt wird.[33]

Nach Baubeginn reiste Eisner wiederholt durch Europa, um Mitarbeiter für den neuen Park anzuwerben. Er besuchte zum Beispiel das Tivoli in Kopenhagen. Nach einem Besuch in Straßburg, wo ihm die berühmte Uhr des Münsters aufgefallen war, wies er Disneys Designer an, nach diesem Muster eine Mickymaus-Uhr zu entwerfen, die schließlich im Dachgeschoß des Hotels Disneyland installiert wurde und von dort die Besucher, die vom Parkplatz oder von der Bahnstation kommen, begrüßt.

Der auffallendste Unterschied zum amerikanischen Vorbild besteht jedoch darin, daß man es vermied, sich allzu sehr an die Realität der mittelalterlichen Städte, Kathedralen und Burgen in Europa anzulehnen. Während das Schloß in Disneyland nach dem Vorbild von Neuschwanstein und das in Disney World nach einem Schloß im Loire-Tal gestaltet wurde, ist das Château de la Belle au Bois Dormant – wie das Dornröschenschloß nach Wunsch der Franzosen genannt wird – stärker von Comics geprägt. Auf den Glasfenstern, die von englischen Handwerkern hergestellt wurden, sind Disney-Figuren zu sehen; im Innern wachsen phantastische Bäume, und vor dem Schloß ergießt sich ein Wasserfall.

Der Bau des gigantischen Komplexes, für den 9,5 Millionen Tonnen Beton und 3800 Hektoliter Farbe verwendet wurden, war nicht die einzige Herausforderung, der sich das Team Disney bei seinem Großangriff auf Europa gegenübersah. Über 12 000 Angestellte mußten gefunden werden, von Buffalo Bill, der im »Festival Disney« auftreten sollte, bis hin zu den in Uniformen steckenden Betreuern, die den Besuchern helfen würden, sich für die Raumschiffahrt der »Star Tours« anzuschnallen. Für Disney war von Anfang an klar, daß Figuren wie Sitting Bull von Amerikanern gespielt werden mußten, und die französische Regierung machte dafür eine Ausnahme von den strengen gesetzlichen Regelungen der Arbeitsmöglichkeiten für Nichteuropäer in Frankreich.

Ein Problem bei der Einstellung der nach Tausenden zählenden, überwiegend französischen »Cast members« war, daß diese unter anderem auch während des geheiligten Ferienmonats August arbeiten sollten. Daneben mußten geduldig einige tiefsitzende kulturelle Aversionen aufgebrochen werden, wie zum Beispiel der Widerwille vieler, die Besucher – Fremde – unablässig anzulächeln und mit ausgesuchter Höflichkeit zu behandeln.

Da weite Teile Europas in einer wirtschaftlichen Rezession steckten, zog Euro Disneyland trotz des relativ geringen Gehalts von 1100 Dollar (rund 1800 DM) im Monat viele Bewerber an. Disney konnte daher wählerisch sein: Von den ersten 24 000 Menschen, die sich zu Bewerbungsgesprächen gemeldet hatten, wurden nur 3000 angenommen. Die meisten Bewerbungsgespräche fanden in dem »Besetzungsbüro« statt, das die Gesellschaft im Parterre eines Bürohochhauses in der Pariser Vorstadt eingerichtet hatte. Daneben gab es kleinere Bewerbungsbüros in London, Amsterdam und Frankfurt am Main. Als Personalchef war Thor Degelman eingesetzt worden, der aus Glendale stammte und 27 Jahre zuvor als Führer auf der Dschungel-Erlebnisfahrt in Disneyland bei Disney angefangen hatte.

Disneys Anwerbungskampagne unterschied sich von allem bisher in Europa üblichen, und die französische Presse machte sich ausgiebig über die an die Bewerber gestellten Anforderungen lustig. So wurden die künftigen »Cast members« in einem Disney-Video daran erinnert, sich mindestens einmal am Tag zu duschen. Sie sollten außerdem »während der Arbeit anständige Unterwäsche« tragen und darauf achten, daß »Fingernägel (…) nicht mehr als 7 Millimeter über die Fingerkuppe hinausragen«. Eine Vorschrift, die besondere Heiterkeit auslöste, lautet, nach einem an die Bewerber verteilten Gebotskatalog: »Aufgrund des engen Kontakts mit den Gästen und den anderen Cast members ist die Benutzung von Deodorants und schweißstoppenden Mitteln erforderlich.«[34]

Die Vorschriften sind nahezu identisch mit jenen in den amerikanischen Parks, auch wenn die französischen Regeln etwas liberaler sind und es den weiblichen »Cast members« zum Beispiel gestatten, roten Nagellack zu tragen, was in Anaheim und Orlando streng verboten ist. Aber solche Zugeständnisse reichten nicht aus, die Vorschriften, zumindestens einige von ihnen, überall verbindlich durchzusetzen. Es kam sogar so weit, daß die französische Arbeitsaufsicht Beschwerde einreichte und die Polizei in einem Bezirk in der Nähe des Bauplatzes bei Marne-la-Vallée Ermittlungen über Disneys Kleidervorschriften aufnahm.

Anstoß erregte auch die Anstellungsbedingung für neue Mitarbeiter, die »darin besteht, daß Sie ein Gewicht halten, das zu Ihrer Größe paßt«. Der Disney-Kodex, den die Bewerber unterschreiben mußten, bevor sie ihre Arbeit aufnahmen, verbot bei Männern Bärte jedweder Art und bei Frauen Eyeliner, Lidschatten, künstliche Wimpern, farbige Strümpfe und hohe Absätze. Auch welcher Schmuck getragen werden darf, ist genauestens vorgeschrieben.[35]

Die französischen Behörden gaben schließlich nach. Damit war zwar der Weg für die Anstellung der benötigten »Cast members« frei, aber die Disney-Manager befürchteten inzwischen, daß sich der Abschluß des Projekts verzögern könnte. Eisner hatte für die Eröffnung von Euro Disneyland bereits sehr früh einen Termin Mitte April ins Auge gefaßt. Man wußte in Burbank nur zu gut, daß die Verzögerung der Fertigstellung des EPCOT Center, von der gewaltigen Kostenexplosion dieses Orlando-Projekts ganz zu schweigen, den Kurs der Disney-Aktie Anfang der 80er Jahre auf eine Talfahrt geschickt hatte. Und es war dieser Kursverfall gewesen, der die Übernahmeschlacht ausgelöst hatte, durch die die Gesellschaft beinahe in die Hände von Raidern wie Saul Steinberg und Irwin Jacobs gefallen wäre.

Obwohl seine Stellung an der Spitze der Gesellschaft wesentlich sicherer war als die von Ron Miller im Jahr 1984, wollte Eisner keine Wiederholung des EPCOT-Desasters erleben. Die Baukosten von Euro Disneyland waren bereits in die Höhe geklettert; es sprach alles dafür, daß der Pariser Park mindestens 10 Prozent mehr Geld verschlingen würde als die ursprünglich veranschlagten 4 Milliarden Dollar. Beruhigend dagegen war es, daß die Bauarbeiten trotz aller Probleme mit Pariser Vertragsfirmen, Planungsbehörden und politischen Gegnern im Zeitplan lagen und der Eröffnungstermin im April vermutlich eingehalten werden konnte. Damit es dabei blieb, mußte Disney jedoch große Hürden nehmen. So einigte sich die Gesellschaft mit sechzehn Vertragsunternehmen, die behaupteten, Disney schulde ihnen 160 Millionen Dollar für zusätzlich ausgeführte Arbeiten, und verhinderte auf diese Weise eine angedrohte Demonstration bei der Eröffnung des Parks.[36]

Um sicherzustellen, daß nichts in dem neuen Park die Gefühle des durchschnittlichen Europäers verletzen könnte, gab Robert Fitzpatrick, der Direktor von Euro Disneyland, eine Umfrage in Auftrag, die die Meinung der Europäer über den Pariser Park einholen sollte. Sie brachte einen erstaunlichen Gegensatz zwischen den Sorgen der Intellektuellen und den Erwartungen des allgemeinen Publikums zutage. »Eines der überraschendsten Ergebnisse«, sagte Fitzpatrick der *Los Angeles Times* gegenüber, »war es, daß die Sorge, wenn es denn eine ist, eher darin besteht, daß wir ihnen keinen echten Disney-Park hinstellen. Teil ihrer Befürchtungen ist es, daß wir uns allzu sehr anpassen, daß wir uns über-europäisieren, übergallizisieren.«[37]

Trotzdem machte Disney Zugeständnisse an das europäische Publikum: So sprechen die Franzosen unter den Piraten der Karibik

Französisch, und ein völlig neuer Ausstellungsteil zeigt die Übergabe der New Yorker Freiheitsstatue, die Frankreich den Vereinigten Staaten geschenkt hatte.

Während Fitzpatrick damit beschäftigt war, die Befürchtungen auf französischer Seite zu beschwichtigen, erhöhte seine Gesellschaft die Zahl der Sponsoren für die große Eröffnungsfeier und den Betrieb von Euro Disneyland. Als der Eröffnungstag kurz bevorstand, hatte Disney ein volles Dutzend Sponsoren gewonnen. So hatte der Spielzeughersteller Mattel Inc., der Jahre zuvor die Lizenz für eine auf Disney-Figuren beruhende Spielzeugserie für Vorschulkinder erhalten hatte, zugesagt, die »Autopia«-Rennbahn mitzufinanzieren, auf der Kinder Rennwagen mit Mattels »Hot Wheels«-Logo fahren können. Daneben bereitete Disney mit Attraktionen auf der Grundlage von *Arielle – Die Meerjungfrau* und *The Beauty and the Beast* eine Werbekampagne in eigener Sache vor, und ins Adventureland wurde – als Vorschau auf den nächsten Zeichentrickfilm des Studios – »L'Echoppe d'Aladin« (»Aladins Höhle«) aufgenommen.

Die Eröffnung selbst wollte Disney mit einem Promotionaufwand begehen, wie ihn Europa bis dahin nicht gesehen hatte, zweifellos, um sicherzustellen, daß sich jeder Europäer sein Leben lang daran erinnern würde, wo er war, als »die Maus« die Alte Welt eroberte. Und ganz nach Art des Hauses sorgte Disney dafür, daß die Show, zumindest zum Teil, von anderen bezahlt wurde.[38] Nestlé, der Schweizer Lebensmittelkonzern, der bereits in den USA umfangreiche Marketingverträge mit Disney abgeschlossen hatte, willigte ein, überall in Europa Preisausschreiben zu veranstalten – und zu bezahlen –, mit denen die Eröffnung des Parks publik gemacht werden sollte.

In Zusammenarbeit mit der zur WPP Group gehörenden Agentur Ogilvy & Mather startete Disney gleichfalls eine aggressive Werbekampagne für den neuen Park. Um die allgemeine Aufmerksamkeit auf die Eröffnung des Vergnügungsparks zu lenken, wurde ein Modell des Dornröschenschlosses, komplett mit den dazugehörigen Disney-Figuren, auf eine Rundreise durch Europa geschickt. Die Produkte der neugeschaffenen Abteilung für Kinderzeitschriften wurden regelrecht mit Hinweisen auf den Park gepflastert, und der »Disney-Club«, inzwischen in dreizehn Ländern im Fernsehprogramm, war ebenfalls voller nicht allzu subtiler Verweise auf die bevorstehende Eröffnung von Euro Disneyland.

Am Abend, bevor der Park für die Allgemeinheit geöffnet wurde, konnten die Fernsehzuschauer in Großbritannien, Frankreich, Deutschland, Italien und Spanien die offizielle Eröffnungsfeier von Euro Disneyland live miterleben. In den USA war das Ereignis, bei dem so hochkarätige Stars wie Tina Turner, Cher, Gloria Estefan und die Temptations auftraten, zeitversetzt bei CBS zu sehen.

Serge Gallier, der ein Textilgeschäft leitet, seine Frau und ihr achtjähriger Sohn Gorkase lösten als erste Besucher Eintrittskarten für Euro Disneyland. Die Familie Gallier aus der im Norden von Paris gelegenen Vorstadt Villepinte war um 5.45 Uhr früh am Kartenschalter gewesen, und sie bekam mehr als nur die Eintrittskarten für den Premierentag von Euro Disneyland. Michael Eisner überreichte ihnen als den ersten Besuchern einen lebenslang geltenden »Paß« für den Park.[39]

Der eigentliche Gewinner war allerdings Disney. Schon Stunden vor der Öffnung des Parks standen Hunderte von Disney-Enthusiasten vor den 95 Kassen Schlange, und die Disney-Manager entschlossen sich, um des Andrangs Herr zu werden, die Parktore nicht, wie geplant, um 9.01 Uhr, sondern schon eine Stunde früher öffnen zu lassen.

Das nahm einem Ansturm die Spitze, der nicht unbedingt erwartet worden war. Man hatte befürchtet, ein für diesen Tag ausgerufener eintägiger Streik im Verkehrswesen und eine vermutliche Sabotageaktion, die am Vorabend kurzzeitig die Stromversorgung des Parks unterbrochen hatte, würden viele Besucher von der Fahrt zu Euro Disneyland abhalten. Andererseits trat auch das zuvor von der Polizei befürchtete Verkehrschaos nicht ein; die Autos gelangten über die von Motorradstreifen der Polizei freigehaltenen Straßen zügig zum Park.

Als der große Tag gekommen war, führte Disney alles vor, was die Gesellschaft zu bieten hatte. Sowohl Eisner als auch Walt Disneys Neffe Roy taten bei ihren Auftritten auf dem sonnenüberfluteten Parkgelände ihr Bestes, um die Bedenken der Franzosen über die Verpflanzung eines uramerikanischen Projekts auf ihren Boden zu zerstreuen. Roy Disney wies in seiner Rede darauf hin, daß die Wurzeln seiner Familie bis in ein Dorf an der Küste der Normandie, Isigny-sur-Mer, zurückverfolgt werden könnten, aus dem die Disney-Vorfahren Hughes und Robert d'Isigny stammten, die 1066 an der normannischen Eroberung Englands teilgenommen hatten. Walt Disney, erklärte sein Neffe, sei als Sanitätsfahrer im ersten Weltkrieg »nur wenige Kilometer von hier an der Marne« stationiert gewesen. Roy Disney vergaß auch nicht zu erwähnen, wie viel sein Onkel gegen Ende seines Lebens für die französische Kultur übrig gehabt und wie gern er auf die »nicht wenigen Tropfen französischen Bluts« in seinen Adern hingewiesen habe.

Nach ihm trat Eisner auf die Bühne, um sich an Europa zu wenden. In stockendem Französisch, Resultat der dreijährigen Sprachlektionen, mit denen er sich auf die Eröffnung des Parks vorbereitet hatte, zitierte der Disney-Aufsichtsratsvorsitzende aus der französischen Literatur und wies auf die europäischen Quellen einiger berühmter Disney-Figuren hin, die deutschen von Schneewittchen und die französischen von Dornröschen. Dann erklärte er, von einem Balkon des Dornröschenschlosses am Eingang zum Fantasyland herab, den 2000 Hektar großen Park für »offiziell eröffnet«.

Kapitel 13

HÜTER DER SCHATZTRUHEN

Während der 80er Jahre wurde Amerika von einem regelrechten Übernahmefieber geschüttelt. Von Michael Milkens Junk-bonds angeheizt und von einer boomenden Börse getragen, sah es im Wahn dieses Fiebers so aus, als wäre kein Deal unmöglich. Plötzlich bestimmten die Investmentbanker, nachdem sie jahrzehntelang zwar geschätzte, aber im stillen wirkende Berater gewesen waren, den Kurs der amerikanischen Wirtschaft. Die *Business Week* nannte das, was damals vor sich ging, »Monopoly im Eiltempo: eine hektische Abfolge von Rückkäufen und Abspaltungen, Fusionen und Übernahmen«.[1] Die Mitspieler hießen Boesky, Icahn, Edelman und Steinberg.

Mitte der 80er Jahre führte die »Dealmanie«, wie sie die *Business Week* auch genannt hatte, zu einem Milliardendeal nach dem anderen. Indem man die eigenen Vermögenswerte bis zum Stehkragen belastete, waren von Junk-bonds finanzierte Geschäfte wie die der Investmentfirma Kohlberg Kravis Roberts möglich, die, kurz nachdem sie für 6,3 Milliarden Dollar Beatrice Foods erworben hatte, 4,2 Milliarden Dollar für Safeway Storer bot, und der texanische Ölindustrielle T. Boone Pickens, der sich vom Händler mit Bohrrechten zum Raider aufgeschwungen hatte, unternahm, wenn auch erfolglos, Angriffe auf die Ölriesen Gulf Oil Corp. und Unocal Corp.

Auch die Unterhaltungsindustrie war nicht immun gegen das Übernahmefieber. Der Sturm auf Hollywood begann, als Saul Steinberg 1984 seinen glücklosen feindseligen Übernahmeversuch gegen die Walt Disney Productions startete. Bald darauf geriet auch das Fernsehen in die Schußlinie. Capital Cities, ein vergleichsweise junges Unternehmen mit einer Reihe von Fernsehstationen und einigen Zeitschriften, schluckte zum Preis von 3,5 Milliarden Dollar das viel größere Fernsehnetz ABC, und der australische Finanzier Rupert Murdoch erweiterte sein Firmenimperium, indem er innerhalb eines Jahres für insgesamt fast 2,8 Milliarden Dollar sowohl Twentieth Century Fox als auch sieben Metromedia-Fernsehstationen aufkaufte. Sogar zwei B-Film-Produzenten aus Israel wie Yolan Globus und Menahem Golan konnten die 134 Millionen Dollar zusammenkratzen, die sie brauchten, um eine heruntergekommene Kette von Kinos im Mittelwesten der USA zu erwerben.

Als der japanische Elektronikriese Sony Corp. 1989 ein erfolgreiches Angebot von 3,4 Milliarden Dollar für Columbia Pictures unterbreitete, erhielt die Unterhaltungsindustrie eine neue Vision, die Sony und Murdoch miteinander teilten. Nach dieser Vision vereinten weltweit operierende Medien- und Unterhaltungskonzerne unter einem Dach Filmgesellschaften, Kabelfernsehsender, Buchverlage und Zeitschriftenredaktionen, die sich gegenseitig stärkten und profitabler machten, als sie einzeln jemals hätten sein können. Damit wäre die weltweite totale Kontrolle über einen Stoff möglich geworden, von seinem ersten Erscheinen in einem Buch oder einer Zeitschrift über die Verfilmung für Kino oder Fernsehen bis hin zur Vermarktung auf Videokassette, im Kabelfernsehen und im Direktvertrieb an unabhängige Fernsehstationen.[2]

Während ihrer ersten zwei Jahre bei Disney verbrachten Michael Eisner und Frank Wells die meiste Zeit damit, die aus der Übernahmeschlacht gebliebenen Wunden zu heilen. Die Schulden der Gesellschaft hatten sich 1984 auf fast 900 Millionen Dollar erhöht und damit nahezu verdoppelt.[3] Aber noch schlimmer war, daß die Zeit und die Energie, die die Disney-Manager auf Saul Steinberg und Irwin Jacobs verwenden mußten, Geld gebunden hatte, das für Verbesserungen in den Vergnügungsparks und der Filmproduktion dringend nötig gewesen wäre.

Zu Beginn des Jahres 1987 war der Umschwung bei Disney nicht mehr zu übersehen. Mehrfach angehobene Eintrittspreise in den Vergnügungsparks, Erfolgsfilme und aggressives Marketing von Disneys Figuren und Zeichentrickfilmen hatten die Gesellschaft in eine echte Geldmaschine verwandelt. Disney hatte inzwischen nicht nur einen großen Teil der Schulden abtragen können, sondern verfügte auch über Barreserven von mehr als 340 Millionen Dollar – fünfmal soviel wie ein Jahr zuvor. Und ein Jahr später konnte die Gesellschaft, obwohl sie 1987 507 Millionen Dollar für den Bau neuer Hotels und die Errichtung des Disney-MGM Studios Theme Park sowie die Ausweitung der Filmproduktion ausgegeben hatte, ihre Reserven um 270 Millionen Dollar aufstocken.

Beim alljährlichen Kassensturz Mitte 1987 schätzte der Finanzchef Gary Wilson, daß die Gesellschaft jederzeit Kredite in Höhe von 2 Milliarden Dollar aufnehmen könnte, um eine noch schnellere Expansion zu finanzieren. Seit Wilsons Wechsel von Marriott zu Disney waren fast zwei Jahre vergangen. Michael Eisner hatte sich hauptsächlich von dem Ruf angesprochen gefühlt, der Wilson aufgrund des Finanzplans vorauseilte, der Anfang der 80er Jahre die beeindruckende Expansion der Marriott Corp. ermöglicht hatte. Wilson war bei Marriot für den Hotelneubau und die umfangreiche finanzielle Umstrukturierung zuständig gewesen, die Marriott zu der am schnellsten wachsenden Hotelkette Amerikas gemacht hatte, und genoß aufgrund seiner fachlichen Kompetenz hohes Ansehen. Aber vor allem liebte Wilson die Herausforderung, die die Anbahnung neuer Deals darstellte.

Wilson hatte Marriott zum Erwerb von Fast-food-Restaurants und Essenslieferanten von Fluggesellschaften gedrängt, und er hatte gemeinsam mit Al Checchi beinahe einen 2-Milliarden-Dollar-Deal für Sid Bass und Bill Marriott zustande gebracht, der ihnen die Eisenbahngesellschaft Conrail einbringen sollte. Außerdem hatte Wilson, was Eisner nicht wußte, 1984 auch ein Auge auf die Walt Disney Productions geworfen und erfolglos versucht, Bill Marriott zu überreden, sich dem feindseligen Übernahmeangebot von Saul Steinberg anzuschließen.

Michael Eisner hatte sich in kaum geringerem Maß an das hektisch wechselnde Übernahmeklima der 80er Jahre angepaßt. Er hatte mit wachsender Besorgnis beobachtet, wie sein früherer Boß Diller zusammen mit Rupert Murdoch eine Fernsehgruppe aufbaute, die das glücklose Fox-Studio in ein beachtliches Fernsehnetz verwandelte. Auch der langjährige Disney-Rivale MCA hatte eine Fernsehstation erworben, und darüber hinaus rüsteten die anderen

Filmstudios auf, indem sie sich in zunehmender Zahl überall im Land Kinoketten zulegten.

Eisner wußte, daß Disney als eine der wenigen Gesellschaften mit internationalem Ansehen enorm zu leiden haben würde, wenn die weltweiten Geschäfte durch größere und mächtigere Konkurrenten bedroht werden sollten. Sogar in den Vereinigten Staaten war mit einer Verringerung der Expansionschancen zu rechnen, wenn die Filetstücke des Marktes weiterhin an Disneys Mitbewerber um die Gunst des Publikums gingen. »Was wir allerdings nicht brauchten, waren Schlagzeilen, die diesen oder jenen Deal als den größten und besten bezeichneten, und sechs Monate später in abgewandelter Form erschienen, um das, was vorher das ›Beste‹ gewesen war, zum ›Dümmsten‹ zu erklären«, sagte Eisner im Gespräch vom 12. März 1990.

Eisner ließ jedoch bei allem Ehrgeiz nie die Sparsamkeit aus den Augen. Sein Großvater sei zwar Millionär gewesen, erzählte er gerne, hätte aber keinen Umweg gescheut, nur um die vielen New Yorker Brückenzölle nicht bezahlen zu müssen. Ähnlich haushälterisch war es auch bei Eisners früheren Brötchengebern ABC und Paramount zugegangen. »Bei ABC habe ich gelernt, daß eine einzige dumme Entscheidung die ganze Gesellschaft ruinieren kann«, erklärte Eisner. »Man muß wissen, daß man nicht alles haben kann.«

Sein knausriger Managementstil war zweifellos von Charlie Bluhdorn und Barry Diller geprägt, die beide bekannt dafür waren, daß sie jeden Dollar, den sie ausgaben, vorher mehrmals umdrehten.

Aber Eisner war auch, wie Gary Wilson, in eine Wirtschaftswelt hineingewachsen, in der Deals das einzige waren, was zählte. Im dritten Stock des Animation Building auf dem Studiogelände in Burbank waren mit zunehmender Regelmäßigkeit Spielfilmproduzenten und Fernsehmacher zu Gast, und Ende 1985, ein Jahr, nachdem er aufgrund einer Übernahmedrohung zu Disney gekommen war, fand Eisner, daß es an der Zeit war, seinerseits einkaufen zu gehen.

Michael Eisner war gerade ein gutes Jahr bei Disney, als sich in Hollywood das Gerücht verbreitete, RCA, die Muttergesellschaft des Fernsehnetzes NBC-TV, habe von einer Fusion mit der MCA Inc., der Universal Pictures gehörte, Abstand genommen. Damals war NBC das drittgrößte Fernsehnetz des Landes; der gewaltige Publikumszustrom, den die *Cosby Show* NBC bescheren sollte, stand erst noch bevor. RCA, vermutete Eisner, dürfte nach dem geplatzten Deal für andere Angebote zugänglich sein.

Eisner rief Grant Tinker, den imponierenden Aufsichtsratsvorsitzenden von NBC, der selbst ein angesehener Fernsehproduzent war, an, und fragte ihn, ob NBC zum Verkauf stand. Tinker wußte es nicht, doch schon wenige Wochen später sprachen Disney-Vertreter mit dem RCA-Aufsichtsratsvorsitzenden Thornton Bradshaw, dem 68jährigen früheren Aufsichtsratsvorsitzenden von Arco, der seit 1981 an der Spitze von RCA stand, über eine Fusion.

Um den Kaufpreis möglichst niedrig zu halten, wollte Eisner, wie er Bradshaw sagte, NBC übernehmen und anschließend die Elektronikproduktion von RCA abstoßen. Bradshaw, der kurz vor der Pensionierung stand, war für den Deal, wollte ihn aber erst noch Felix Rohatyn vorlegen, dem Investmentbanker des Brokerhauses Lazard Frères, der für RCA als Berater tätig war. Rohatyn meldete sich nie bei Eisner, und Mitte Dezember 1985 erwarb General Electric, in dem Bestreben, die eigene Elektronikproduktion zu ergänzen und ins Fernsehgeschäft vorzustoßen, RCA zum Preis von 6,3 Milliarden Dollar.[4]

»Wenn ich mehr über die Unterhaltungsindustrie gewußt hätte, hätten wir vielleicht größere Anstrengungen unternommen, die Erwerbung zu machen«, erklärte Gary Wilson im Gespräch vom 21. April 1990. Denn wie sich fünf Jahre danach herausstellte, stiegen Elektronikkonzerne wie Sony und Matsushita in das Geschäft ein und kauften Filmstudios auf, um ihre Videorecorder und Fernsehgeräte mit Spielfilmen und Fernsehserien aus Hollywood zu kombinieren.

Disneys Unfähigkeit, rasch und entschieden genug zu handeln, um den RCA-Deal festzuklopfen, führte Gary Wilson die Notwendigkeit vor Augen, die Finanzabteilung der Gesellschaft zu verstärken. Als Wilson bei Disney anfing, gab es dort keinen Verantwortlichen für strategische Planung, nur einige wenige MBAs (Magister of Business Administration) und kaum analytisch befähigte Köpfe. Seit 1983 hatte die Gesellschaft nicht einmal mehr einen Finanzverwalter. Eisner und Wells waren schockiert gewesen, als sie bald nach ihrem Einstieg bei Disney herausfanden, daß die Gesellschaft noch nie einen Fünfjahresplan aufgestellt hatte – ein Planungsinstrument, das selbst bei kleinsten Unternehmen zum Standard gehörte.

Vier Monate, nachdem Wilson seine Arbeit bei Disney aufgenommen hatte, stellte er Larry Murphy, einen 33jährigen Abteilungsdirektor von Marriott, als Chef von Disneys Planungsgruppe ein. Murphy war großgewachsen, hatte dunkle, zurückgekämmte Haare und einen bereits am Nachmittag sichtbar werdenden Bartschatten, und er kannte sich schon einigermaßen bei Disney aus. Als Saul Steinberg und Gary Wilson 1984 über eine Beteiligung von Marriott an Steinbergs Angriff auf Disney verhandelten, hatte Murphy für Wilson eine detaillierte Finanzanalyse der Disneyschen Vermögenswerte erstellt. Marriott hatte sich für die Disney-Hotels in Orlando und andere Immobilien der Gesellschaft interessiert und eine 200-Millionen-Dollar-Spritze für Steinbergs Übernahmeversuch erwogen.

Murphy war der erste von fast einem Dutzend Mitgliedern der »Marriott-Mafia«, die Wilson zu Disney folgten. Zu ihnen gehörte zum Beispiel Neil McCarthy, ein Buchhalter, der bei Marriott im Bereich der Essenslieferungen für die Fluggesellschaften gearbeitet hatte. Er wurde an die Spitze der Abteilung für Buchhaltung und Steuerfragen gestellt. Neben Murphy kamen John Forsgren, der Finanzverwalter bei der Sperry Corporation gewesen war, und Judson Green, ein ausgebildeter Wirtschaftsprüfer, der die Finanzen der Walt Disney World verwaltet hatte, in Wilsons Stab. Richard Nanula, der erst vor kurzem in Harvard seinen MBA gebaut hatte und Eisner durch seine Mitarbeit an einer von Disney in Auftrag gegebenen Studie über Expansionsmöglichkeiten in Orlando aufgefallen war, wurde eingestellt, um Murphy bei der Suche nach möglichen Neuerwerbungen und deren Einschätzung zu unterstützen.

Das Wilson-Team verbrachte die ersten zwei Jahre fast ausschließlich damit, das von Mike Bagnall hinterlassene Durcheinander zu ordnen. Ein Großteil der Kreditschulden in Höhe von 861 Millionen Dollar wurde refinanziert, was die Zinsbelastung der Gesellschaft von neun auf sieben Prozent verringerte. Außerdem ging man auf die Kreditlinie von 1,2 Milliarden Dollar zurück, die Bagnall während der acht Monate dauernden Übernahmeschlacht von 1984 erwirkt hatte, und sparte damit einige Millionen Dollar an Bankgebühren ein.[5] Wilsons Stab war daneben mehrere Monate lang damit beschäftigt, die Zahlen zusammenzustellen, die für das Vorhaben gebraucht wurden, das EPCOT Center an eine Investorengruppe zu verkaufen und anschließend von ihr zu pachten. Diese Idee war zum erstenmal Mitte 1984 von Ray Watson ins Gespräch gebracht worden. Wilson schätzte, daß Disney durch den Verkauf des EPCOT Center 1,5 Milliarden Dollar aufbringen konnte. Aber Eisner war über das Medienecho besorgt und beschloß, das Projekt aufzuschieben. Nach der 1986 durchgeführten Neufassung der Bundessteuergesetze verlor der Deal an Attraktivität, und als die Einnahmen aus den Vergnügungsparks anzusteigen begannen, gab Eisner das Vorhaben ganz auf.

Der größte zusätzliche Geldzufluß kam aus dem Themenpark bei Tokio. Die Walt Disney Productions kassierte 1986 in jedem Quartal zwischen 8 und 10 Millionen Dollar an Lizenzgebühren. Card Walker hatte die Betriebslizenz Ende der 70er Jahre, als Disney den Bau des EPCOT Center vorbereitete, an die Oriental Land Company vergeben. Aus Wilsons Perspektive gesehen, brachten die vierteljährlichen Zahlungen aus Japan allerdings ein Problem mit sich, und zwar die aus ihnen entstehenden Steuerforderungen, die nicht gerade unerheblich waren. Er arbeitete deshalb gemeinsam mit der Filiale der Long-Term Credit Bank of Japan in Los Angeles einen Plan aus, der die Steuern auf die japanischen Lizenzgebühren verringern und gleichzeitig über 500 Millionen Dollar in Disneys Schatztruhen klingeln lassen würde. Auf der Grundlage einer Schätzung, die die in den nächsten zwanzig Jahren fälligen Lizenzgebühren auf 723 Millionen Dollar veranschlagte, handelte Wilson mit Citicorp aus New York und der Long-Term Credit Bank die Bereitstellung von Krediten mit einer Laufzeit von zwanzig Jahren in Höhe dieser Summe aus. Der Zinssatz war mit sechs Prozent relativ niedrig, obwohl Disney verpflichtet wurde, eine Reserve von maximal 145 Millionen Dollar anzulegen, um Währungsschwankungen ausgleichen zu können, die die in Yen zu leistende Rückzahlung möglicherweise gefährdeten. Das wichtigste war jedoch, daß Disney auf diese Weise mit einem Schlag mehr als 500 Millionen Dollar in die Hand bekam, die in neue Hotels in Orlando investiert werden konnten.

Neben solchen Finanztricks brachte Gary Wilson Disney einen Sinn für Ordnung in finanziellen Dingen, den es dort seit den Zeiten, als Roy Disney die Bücher der Gesellschaft führte, so nicht mehr gegeben hatte. Dazu bediente er sich ausgiebig des strategischen Plans, den er bei Marriott entworfen hatte, und führte 1986 einen sogenannten »20-20 Plan« bei Disney ein, einen Fünfjahresplan, der von jeder der vielen Disney-Unternehmungen verlangte, in jedem Jahr einen Einnahmezuwachs von 20 Prozent zu erwirtschaften. Damit würde auch der Ertrag pro Aktie, einer der wichtigsten Indikatoren für die Einschätzung der Disney-Aktie an der Wall Street, jährlich um 20 Prozent wachsen. Der »20-20 Plan« sah außerdem vor, daß sich jede Neuerwerbung der Gesellschaft innerhalb von fünf Jahren gewissermaßen selbst bezahlen mußte.

Das bedeutete unter anderem, daß sich Disney, solange Wilson für die Finanzen zuständig war, niemals auf ein exzessives Gebotspoker einlassen würde. »Wir wollten keinesfalls solche Deals nach dem Motto ›Setz dein Vielfaches‹ abschließen«, erklärte Wilson am 21. April 1990. Der Erfolg, den Michael Eisner und Jeffrey Katzenberg bei der Neubelebung von Touchstone Pictures gehabt hatten, zeigte deutlich, wie das gemeint war. Die Disney-Manager sahen keinen Sinn darin, die gewaltigen Summen zu zahlen, die für bestehende Unternehmen auf den Tisch gelegt werden mußten, wenn man genauso einfach – und weit profitabler – neue Unternehmen aufbauen konnte.

Mitte 1986 hatte Disneys Finanzabteilung fast zwanzig Mitarbeiter. Einige hatten Wilsons Wechsel von Marriott zu Disney nachvollzogen, andere kamen von anderen Unternehmen oder von angesehenen Business Schools. Wilson hatte alles in allem eine Finanzabteilung geschaffen, wie sie eine Gesellschaft mit einem Jahresumsatz von 2 Milliarden Dollar brauchte.

Wilson und sein Stab fingen schließlich auch an, sich nach Deals umzusehen, wie sie von anderen Gesellschaften bereits abgeschlossen wurden. Mit dem Katzenberg-Stellvertreter Rich Frank zusammen nahm Wilson das Fernseharchiv der MCA Inc. und von Lorimar Telepictures, dem Produzenten der Serien *Dallas* und *Perfect Strangers*, unter die Lupe. Als MGM/UA Communications, Inc. von Kirk Kerkorian zum Verkauf angeboten wurde, gehörte Disney zu den ersten Interessenten, die sich nach den internen Zahlen über die Finanzlage der Filmgesellschaft erkundigten. »Wir haben uns alles gründlich angeschaut«, erinnerte sich Gary Wilson. »Man kann schließlich nichts kaufen, wenn man sich vorher nicht gut genug informiert hat, was der Kauf wert ist.«

Walter Yetnikoff war an schöpferische Freiheit gewöhnt und hatte die Angewohnheit, erst nach 12 Uhr mittags im Büro zu erscheinen. Der hagere Bartträger und ehemalige Rechtsanwalt hatte CBS Records mit Stars wie Bruce Springsteen, Billy Joel und Michael Jackson zum unbestrittenen Marktführer gemacht. 1986 allerdings hatte er das Gefühl, daß man ihm die Flügel stutzen wollte. Im vorangegangenen Jahr hatte der New Yorker Investor Lawrence Tisch ein Paket von fünfundzwanzig Prozent der CBS-Aktien erworben, um dem Kabelfernsehmogul Ted Turner aus Atlanta einen Strich durch die Rechnung zu machen, und Tisch hatte als neuer CBS-Aufsichtsratsvorsitzender nicht viel für die lockere Art übrig, die Yetnikoff an den Tag legte.

Bald darauf stieß Tisch einen Teil der weitgespannten Unternehmen von CBS ab, um das Unternehmen ganz auf das Fernsehnetz zu konzentrieren. Als er seinen Investmentbankern gegenüber verlauten ließ, daß er vorhabe, die Zeitschriften und die Schallplattenproduktion des Konzerns zu veräußern, löste er damit einen wahren Ansturm von Kaufwilligen aus. Triangle Industries, ein Verpackungshersteller aus New York, meldete ebenso Interesse an der Schallplattenfirma an wie Sony, wo man die eigene Elektronikproduktion liebend gern mit der größten Schallplattenfirma der Welt gekoppelt hätte.

Mitte 1986 bekam Larry Murphy von Gary Wilson den Auftrag, CBS Records für Disney ins Auge zu fassen. Das Disney-Studio hatte früher im selben Jahr bereits mit Yetnikoff zu tun gehabt, als der Direktor von CBS Records für den Soundtrack des Disney-Films *Die unglaubliche Entführung der verrückten Mrs. Stone (Ruthless People)* die Superstars Mick Jagger und Billy Joel freigestellt hatte. Die Idee, eine Schallplattenfirma zu erwerben, machte Sinn. Sowohl MCA als auch Warner Brothers besaßen bereits eine Plattenfirma, und beide Gesellschaften machten jedes Jahr Millionen mit den Soundtracks ihrer Filme.

Gary Wilson war sich bewußt, daß die Musikindustrie genauso unberechenbar war wie das Filmgeschäft. So waren die Einnahmen von CBS Records 1985, als keiner der bekannteren Künstler des Labels eine neue Schallplatte herausbrachte, gesunken, um 1986, als Michael Jacksons LP *Bad* veröffentlicht wurde, auf 162 Millionen Dollar hochzuschießen und sich damit fast zu verdoppeln.

Murphy führte eine rasche Analyse von CBS Records durch und berichtete Wilson und Eisner, daß die Plattenfirma nach Disneys Bewertungssystem nicht mehr als 700 Millionen Dollar wert war. »Wir waren bereit, bis auf etwa 1 Milliarde hinaufzugehen«, erinnerte sich Wilson. Aber Disney hatte im Grunde nie eine Chance. In dem verzweifelten Bemühen, die Firma unter seiner Kontrolle zu halten, hatte sich Yetnikoff an die Blackstone Group gewandt, die als Repräsentant von Sony auftrat. Der Elektronikriese bot Ende 1987, mit einem starken Yen im Rücken und einem sicheren Absatzmarkt für die von CBS Records herausgebrachte Musik vor Augen, die stolze Summe von 2 Millarden Dollar für das Plattenlabel.

Danach vergingen drei Jahre, bis Disney erneut Anstrengungen unternahm, sich in der Musikbranche einzunisten. Diesmal waren zwei kleinere, preiswertere Plattenfirmen im Gespräch, A & M Records – die schließlich für 500 Millionen Dollar von dem niederländischen Elektronikkonzern NV Phillips erworben wurden – und Geffen Records – die MCA mit einem Aktienpaket im Wert von ebenfalls 500 Millionen Dollar bezahlte. Disney hatte sich für beide

Labels interessiert und sogar mit David Geffen verhandelt, der allerdings Aktien anstelle von Bargeld haben wollte, um die durch den Verkauf anfallenden Steuern zu verringern. Michael Eisner und Frank Wells waren jedoch nicht bereit, die Disney-Aktien derart umzuverteilen, da sie auf diese Weise für Aktionäre wie Sid Bass an Wert verloren hätten. Die Gesellschaft gab statt dessen Ende 1989 bekannt, daß sie eine eigene Plattenfirma gründen werde, Hollywood Records.

Wie bei Touchstone Pictures wollte Disney auch im Musikgeschäft die eigene Produktionsfirma von Grund auf selbst aufbauen, Rockstars schienen jede Woche neu nachzuwachsen. Disney würde also, anstatt den teuren Rockgruppen hinterherzurennen, einfach neue Stars schaffen. Um die Starschmiede in Gang zu bringen, heuerte die Gesellschaft den Hollywood-Anwalt Peter Paterno an, der Guns 'n Roses und andere Heavy-Metal-Bands vertreten hatte. »Wir werden uns nicht an der Mode der Medienaufkäufe beteiligen«, verkündete Eisner.[6]

Jack Wrather, ein Unternehmer, dem neben Ölquellen zum Beispiel auch die Rechte an den alten Fernsehserien *Lassie* und *The Lone Ranger* gehörten, war ein enger Freund Walt Disneys gewesen, mit dem er gern Anglergeschichten und solche über fehlgeschlagene Deals austauschte. Walt hatte seinem alten Freund 1955 vertraglich für 99 Jahre das Recht zugesichert, den Namen »Disney« für Hotels in Südkalifornien benutzen zu dürfen. Wrather baute jedoch, auf einem knapp fünfundzwanzig Hektar großen Gelände ganz in der Nähe von Disneyland, nur ein einziges Hotel, das Disneyland Hotel. Es wurde 1955 drei Monate nach dem Park eröffnet.

Als Eisner und Wells 1984 zu Disney kamen, war Jack Wrather bereits tot, und seine Gesellschaft, die Wrather Corp., steckte tief in der Klemme. Ihre Erdöl- und Erdgasförderung brachte Verluste ein, und sie hatte sich bereits gezwungen gesehen, die alten Fernsehserien zu verkaufen. Das Disneyland Hotel hatte ebenfalls gelitten. In den drei Jahrzehnten seines Bestehens war es zu einem weitläufigen Komplex mit drei Türmen, 1174 Zimmern und fast 15 000

Quadratmetern für Konferenzen geworden – aber die Tapete war verblichen, die Möbel waren abgewetzt, und die Fahrstühle hatten ausgedient. »Das schlimmste daran ist, daß es immer noch den Namen Disneyland trägt«, hatte Sid Bass Eisner bald nach dessen Amtsantritt bei Disney gesagt. »Ob es Ihnen nun gehört oder nicht, man wird Ihnen die Schuld daran geben, wenn die Leute nicht mit dem Hotel zufrieden sind.«[7]

Disney stand unter Druck. Im Juni 1987 hatte Industrial Equity, ein Teil des Firmennetzes des neuseeländischen Raiders Ronald Brierley, achtundzwanzig Prozent von Wrather erworben und der Securities and Exchange Commission mitgeteilt, daß man beabsichtige, mindestens die Hälfte des Unternehmens aufzukaufen. Wrather wäre danach für Disney ungreifbar gewesen, und das Disneyland Hotel hätte einen neuen Besitzer erhalten, der keine besondere Beziehung zu Disney hatte.

Durch seine Erfahrung im Hotelgewerbe war Gary Wilson wie geschaffen für die Aufgabe, das Disneyland Hotel für die Walt Disney Company zu retten. Wilson übergab Richard Nanula, dem Harvardabsolventen, der ein Jahr zuvor zu Disney gekommen war, die Durchführung. Nanula rief als erstes bei Drexel Burnham Lambert an, dem Brokerhaus, das die Wrather-Familie beriet. Bei einem Treffen in den Geschäftsräumen der Drexel-Filiale in Beverly Hills wurde Wilson und Nanula gesagt, daß Disney den 72-Prozent-Anteil an Wrather, der Brierley noch nicht gehörte, für 145 Millionen Dollar erwerben könne.

Das Hotel war nach Disney-Einschätzung nicht mehr als 100 Millionen Dollar wert, und an den zwei Dutzend Ölquellen und dem zugehörigen Land war die Gesellschaft nicht interessiert. Was Disney haben wollte, waren, neben dem Hotel, zwei Ländereien: die zehn Hektar Land der Wrather Company in der Nähe von Disneyland und die mehr als hundertzwanzig Hektar im nahegelegenen Long Beach (Kalifornien). Das Hafengelände in Long Beach hatte Wrather nur für zwei angemietete Attraktionen genutzt, einen Flug von Howard Hughes' Riesenflugzeug *Spruce Goose* und eine Fahrt der *Queen Mary*, beides keine sonderlichen Erfolge. Eisner und Wilson wollten das Land in Long Beach sozusagen auf Vorrat kaufen, für den Fall, daß sich Disney entschließen sollte, einen weiteren Vergnügungspark in Südkalifornien zu errichten. Aber der Deal war mit 145 Millionen Dollar nach Disneys Maßstäben viel zu kostspielig.

Die Verhandlungen schleppten sich monatelang hin. Schließlich wandte sich Wilson an Alfred Boyer, Brierleys Vertreter in San Diego, um ihm ein gemeinsames Gebot für Wrather vorzuschlagen. Die beiden Gesellschaften sollten zusammen 109 Millionen Dollar für die restlichen zweiundsiebzig Prozent von Wrather aufbringen. Disney wollte 76 Millionen Dollar beisteuern, und Brierley den Rest. Damit besäßen beide Gesellschaften jeweils 50 Prozent von Wrather. Disney behielt sich allerdings das Recht vor, das Disneyland-Hotel zu führen und das Land in Südkalifornien zu erschließen.

Boyer willigte ein. Um von Wrather den niedrigeren Preis zu erzielen, mußte Wilson allerdings zu Mitteln greifen, die Mickymaus die Schamröte ins Gesicht getrieben hätten. Der wichtigste Ansatzpunkt war Wrathers exklusives Nutzungsrecht der Einschienenbahn, die das Disneyland-Hotel mit dem Vergnügungspark verband.

Die Hotelgäste konnten mit dieser Bahn, ohne in Verkehrsstaus zu geraten oder Parkgebühren zahlen zu müssen, direkt in den Vergnügungspark fahren. Die Bahnverbindung war daher von entscheidender Bedeutung für den Wert des Hotels. Walt Disney hatte seinem Freund Jack Wrather die Bahn praktisch zum Nulltarif verpachtet, doch der Vertrag darüber mußte demnächst erneuert werden, und um den Aktienpreis zu erzielen, den er anvisiert hatte, drohte Wilson der Wrather Company mit einer kräftigen Pachtanhebung für die Bahnverbindung nach Disneyland, falls die Gesellschaft mit jedem anderem handelseinig werden sollte – ein Schritt, durch den Wrather erheblich an Attraktivität verloren hätte. »Er ist gnadenlos«, meinte ein Drexel-Banker später. »Er ist einer der härtesten Verhandler, die ich jemals getroffen habe.«[8]

Ein halbes Jahr später bezahlte Disney Industrial Equity aus und erwarb für 85,2 Millionen Dollar auch die zweite Hälfte der Wrather-Aktien.[9] Die Wrather-Erwerbung war ein Deal ganz nach dem

Geschmack des Disney-Teams. Die Kosten beliefen sich am Ende zwar auf 161 Millionen Dollar, aber eine dreimonatige Analyse des Unternehmens hatte ergeben, daß die wirtschaftlichen Möglichkeiten die Risiken bei weitem überwogen.

Die Renovierung des Disneyland-Hotels würde 35 Millionen Dollar verschlingen, allerdings auch kräftig erhöhte Zimmerpreise ermöglichen. Darüber hinaus aber besaß Disney wieder das Recht, den Namen »Disney« für zukünftig in Südkalifornien erbaute Hotels zu benutzen. Da sie sich mit Plänen für einen zweiten Vergnügungspark – einschließlich Hotels – in Südkalifornien trug, gab es kaum etwas, das der Gesellschaft willkommener sein konnte als das Recht, den eigenen Namen zu verwenden.

Chuck Cobb hatte nie richtig ins Team Disney gepaßt. Er hatte 1960 als Ersatzhürdenläufer zur amerikanischen Olympiamannschaft gehört und war später, mit einem Stanford-Abschluß in der Tasche, zum Geschäftsführer von Penn Central aufgestiegen. 1984, als das Team Disney auf den Plan trat, war der hoch aufgeschossene, 49jährige Cobb Chef des Bauunternehmens Arvida Corp. mit Sitz in Boca Raton (Florida), das von Sid Bass noch im selben Jahr gegen neun Prozent der Disney-Aktien an Disney verkauft wurde.

Bevor Michael Eisner und Frank Wells auf die Spitzenposten bei Disney berufen wurden, hatte sich Cobb als Mitglied des Aufsichtsrats erfolglos um den Chefsessel von Disney bemüht. Die Zukunft der Gesellschaft lag nach Cobb in der intensiven Nutzung des Grundbesitzes in Florida, und er gab die Rolle eines selbsternannten Repräsentanten von Orlando auch dann nicht auf, als Eisner und Wells das Disney-Ruder übernommen hatten. Cobb hatte zusammen mit Ray Watson einen Generalplan für die Walt Disney World erarbeitet, der Wohnhochhäuser ebenso vorsah wie Industrieparks und sogar Schulen. »Es war etwas in der Art, wie Walt es sich vorgestellt hatte«, sagte Cobb am 3. Mai 1990. »Ich habe darin große Möglichkeiten gesehen.«

Als Eisner und Wells bei Disney anfingen, stand ein Besuch bei Cobb und seinen Mitarbeitern im Firmensitz der Arvida Corp. in Boca Raton ganz oben auf ihrer Liste. Nicht lange danach hielt

Frank Wells vor Arvida-Mitarbeitern einen Diavortrag über seine Bergsteigertouren, und er nahm auch an der Überraschungsparty zu Cobbs 50. Geburtstag teil. Aber weder er noch Eisner konnten sich für Cobb erwärmen, der mit seiner freimütigen Redeweise häufig aneckte. Bei Aufsichtsratssitzungen reizte er Eisner und Wells regelmäßig damit, daß er unaufgefordert längere Vorträge über die Feinheiten des Bauwesens hielt. »Er ist arrogant und dumm«, meinte Gary Wilson, der häufig mit Cobb im Streit gelegen hatte. »Wir sind alle nicht gut mit ihm ausgekommen.«[10] Cobb dagegen erklärte, als er die Gesellschaft verließ, daß ihn freundschaftliche Gefühle mit Eisner und Wells verbanden.

Ein Jahr nach ihrem Arbeitsantritt bei Disney waren die neuen Manager von der Arvida Corp. und ihrem ungehobelten Aufsichtsratsvorsitzenden sichtlich enttäuscht. Entscheidungen über wichtige Baumaßnahmen wurden immer häufiger von Frank Wells oder Gary Wilson gefällt. Außerdem lehnten Eisner und Wells viele Bestandteile des Generalplans ab, den Cobb mit Ray Watson für den Ausbau der Walt Disney World erstellt hatte. »Die Selbsttäuschungen während der kurzen Flitterwochen der beiden Unternehmen begannen einem Zustand duldsamer Koexistenz Platz zu machen«, beschrieb Tony Ettore, ein langjähriger Mitarbeiter von Cobb, die Situation.[11]

Disney beobachtete jedoch die Entwicklungen auf dem Immobilienmarkt insgesamt mit Sorge. Beim Bau eigener Hotels fühlte sich Disney eher heimisch als bei der Errichtung von Gebäuden für andere Bauherren. Außerdem befürchtete Eisner, daß Disney durch den Landbesitz von immerhin 8000 Hektar, über den Arvida in Südkalifornien, Florida und Georgia verfügte, viel zu sehr den Launen des Immobilienmarktes ausgesetzt war – und am Ende mit riesigen Verlusten belastet werden könnte.

In Arizona, zum Beispiel, flaute der Boom auf dem Immobilienmarkt bereits merklich ab. Darüber hinaus ist der Immobilienmarkt üblicherweise von einem zyklischen Geschäftsverlauf geprägt, und die auf ihm agierenden Unternehmen können natürlich nur Geld machen, wenn sie Immobilien verkaufen. Genau das aber fiel Arvida offensichtlich schwer: Hatte das Unternehmen im Jahr

1985 Disney noch 65,7 Millionen Dollar eingebracht, so sank dieser Betrag im nächsten Jahr auf 41,8 Millionen Dollar, und interne Schätzungen sagten für 1987 eine weitere Abschwächung der Geschäfte von Arvida voraus.[12]

Mitte 1986 war Cobb auf der Suche nach einem Unternehmen, das Arvida von Disney kaufen und ihn auf seinem Posten belassen würde. Dabei nahm er unter anderem mit der Florida Power & Light Company Kontakt auf, die ihre Produktpalette diversifizieren wollte und bereits 1985 Erkundigungen über Arvida eingezogen hatte. Disney wollte 400 Millionen Dollar für das Unternehmen haben, rund das Doppelte des Kaufpreises von 1984, und Florida Power zog sich schließlich zurück, ohne ein Angebot unterbreitet zu haben.

Disney spannte im November 1986 das Brokerhaus Shearson Lehman Brothers ein, um Arvida loszuwerden, und bis zum Anfang des nächsten Jahres hatten die Investmentbanker von Shearson den Plan für eine Limited partnership ausgearbeitet, die 80 Prozent von Arvida an Investoren verkaufen und dadurch 300 Millionen Dollar aufbringen sollte. 20 Prozent und die Kontrolle über das Unternehmen sollten bei Disney bleiben.

Aber Disney erhielt bald ein besseres Angebot. Gary Wilson wandte sich an die JMB Realty Corporation in Chicago, der zusammen mit Arvida ein Einkaufszentrum in Boca Raton gehörte. JBM wollte, bevor Disney den Shearson-Plan vorantrieb, einen Blick in die Arvida-Bücher werfen und machte am 29. Januar 1987 ein erstes Kaufangebot von 445 Millionen Dollar. Zu dem Deal gehörte auch die Zusage, daß Disney einen kurzfristigen Kredit in Höhe von 143 Millionen Dollar für JMB bereitstellte, bis JMB einige der Arvida-Immobilien verkauft hatte.[13] Es dauerte jedoch fast neun Monate, bis der Vertrag endlich stand. JMB hatte sich inzwischen die Vermögenswerte von Arvida etwas genauer angesehen und das Preisangebot auf 404 Millionen Dollar reduziert.[14]

Disney war damit ein Unternehmen losgeworden, das den Bedürfnissen der Gesellschaft nicht mehr entsprach. Darüber hinaus war Arvida, kurz bevor die Bodenpreise in Florida abrutschten, zu einem Spitzenpreis verkauft worden. Disneys Probleme mit Arvida waren allerdings noch nicht erledigt. Eine Gruppe von sechsundzwanzig Arvida-Managern meldete Anspruch auf Aktienoptionen im Wert von 12 Millionen Dollar an, die ihr der Disney-Aufsichtsrat zugesichert hatte, und erwog, von einem Anwalt beraten, eine Zivilklage gegen Disney einzureichen.[15] Disney schlug in gleicher Münze zurück und erhob drei Monate nach dem ersten Angebot von JMB beim Gericht von Jacksonville (Florida) Anklage gegen die Arvida-Manager. Die Gesellschaft brachte vor, daß die Optionen erst im November 1987, nach dem vorgesehenen Abschlußtermin für den Deal mit JMB, fällig wären.[16] Im Juni zog Disney die Klage wieder zurück und legte den Streit durch die Zahlung von 8 Millionen Dollar an die Arvida-Manager außergerichtlich bei. Mit Chuck Cobb, der nicht angeklagt worden war, wurde eine separate Vereinbarung getroffen. Disney zahlte ihm 2,1 Millionen Dollar, wofür er zusagte, keine rechtlichen Schritte gegen die Gesellschaft zu unternehmen.[17]

1985 sah es aus, als wollte sich jedes Unternehmen in Amerika einen eigenen Fernsehsender zulegen. Die Werbeeinnahmen der unabhängigen Fernsehstationen schossen in die Höhe, und an Fernsehnetze angeschlossene Sender standen noch höher im Preis. Rupert Murdoch verhandelte damals über einen 2-Milliarden-Dollar-Deal, der ihm John Kluges Metromedia-Fernsehstationen einbringen sollte, und die Tribune Company aus Chicago sollte bald für einen einzigen Sender, KTLA aus Los Angeles, den Rekordpreis von 510 Millionen Dollar zahlen.

Rich Frank, der eine Kette von Fernsehsendern gemanagt hatte, bevor er sich bei Paramount Eisner und Diller angeschlossen hatte, konnte die anwachsende Kaufwelle aus nächster Nähe verfolgen, als er sich Mitte 1985 zusammen mit Eisner nach einem Kaufobjekt für Disney umsah. Im Juni flogen die beiden Manager nach Akron (Ohio), um William Reynolds, den Aufsichtsratsvorsitzenden von GenCorp, aufzusuchen. GenCorps Fernsehtochter, RKO General, gehörten drei Sender, darunter einer in New York und einer in Los Angeles. Und GenCorp steckte in Schwierigkeiten.

Die Federal Communications Commission (FCC) hatte RKO 1980 angewiesen, die Fernsehstationen zu verkaufen. Das Unternehmen sah sich schweren Vorwürfen ausgesetzt, die die Voraussetzungen für die Erteilung der Fernsehlizenzen an RKO in Zweifel zogen. Die Schwierigkeiten von RKO hatten 1965 begonnen, als Fidelity Television Inc., eine von William Simon, einem ehemaligen Direktor des FBI-Büros in Los Angeles, angeführte Gruppe, die Eignung von RKO zum Betrieb des Senders KHJ-TV in Los Angeles in Frage stellte und damit auch Klagen gegen die anderen RKO-Sender auslöste. Der Muttergesellschaft von RKO, die damals noch General Tire & Rubber Co. hieß, wurde vorgeworfen, politische Spenden und Auslandszahlungen nicht an die FCC gemeldet zu haben. Später fügte die FCC einen weiteren Anklagepunkt hinzu, nach dem die RKO-Fernsehstationen Werbeträgern Rechnungen in Höhe von 6 Millionen Dollar für nicht gezeigte Werbespots ausgestellt haben sollten.[18]

Bei all dem Ärger, den GenCorp hatte, hoffte Disney, die beiden Fernsehstationen in New York und Los Angeles billig kaufen zu können. Ein Fernsehsender – besonders in einer der großen Städte – wäre ein enormer Vorteil für den Direktvertrieb der Gesellschaft gewesen. Mit einem Fernsehsender ausgestattet, konnte Disney die eigenen Trickfilmserien und Wiederholungen selbst ausstrahlen und den Fernsehbereich besser kontrollieren. Ein wichtiger Faktor, der für den Kauf eines Fernsehsenders sprach, war die Tatsache, daß Fernsehstationen nicht so einfach aus dem Boden gestampft werden konnten wie Schallplattenfirmen und Filmproduktionen. Die FCC begrenzte durch ihre Praxis der Lizenzvergabe die Anzahl der Sender, und die meisten Wellenbereiche waren bereits überfüllt. »Wir haben wahrscheinlich jede Sendergruppe unter die Lupe genommen, die es gab«, erklärte Rich Frank am 17. Mai 1990.

Die RKO-Sender stellten ein riesiges Potential dar. Der New Yorker Sender WOR belieferte den größten Markt des Landes mit annähernd sieben Prozent der vierundachtzig Millionen Fernsehhaushalte der Vereinigten Staaten, und der Sender in Los Angeles, KHJ-TV, war auf dem zweitgrößten Markt tätig, der fast fünf Prozent der Fernsehhaushalte umfaßte. Die Finanzabteilung von GenCorp schärfte William Reynolds ein, daß die Sender trotz der schwerwiegenden Probleme mit den Vorschriften Preise von 300 (für den in Los Angeles) und 400 Millionen Dollar (für den in New York) erzielen sollten.

Für Disney waren diese Preisvorstellungen viel zu hoch angesiedelt, aber offenbar nicht für MCA und Westinghouse. GenCorps Investmentbank – Kidder, Peabody & Co. – hatten sich nach potentiellen Käufern für die Fernsehstationen umgesehen. Im November 1985 bot Westinghouse für KHJ-TV 307 Millionen Dollar, und drei Monate später zog MCA mit einem Angebot von 387 Millionen Dollar für WOR nach. Beide Deals mußten aber noch von der FCC genehmigt werden. MCA bekam die Zustimmung der Kommission ohne Schwierigkeiten, und neun Monate später wechselte der Fernsehsender den Besitzer.

Bei dem Sender in Los Angeles war die Situation etwas komplizierter. Zu dem ausgehandelten Deal gehörte die Aufteilung des Kaufpreises zwischen der Fidelity Television Inc., der Gruppe, die 1965 die Sendeberechtigung von KHJ-TV zuerst angezweifelt hatte, und GenCorp. Fidelity-Chef Bill Simon hatte dem Deal in dieser Form bereits zugestimmt; seine Gruppe würde danach 98 Millionen Dollar erhalten und im Gegenzug den Rechtsstreit um KHJ einstellen. GenCorp sollte die restlichen 209 Millionen Dollar bekommen, was nach Ansicht einiger Angehöriger der FCC offenbar mehr war, als der Gesellschaft zustand. Die dadurch verursachte Verzögerung zwang Westinghouse nach einem Jahr dazu, aus dem Geschäft auszusteigen. Das Gerücht über den bevorstehenden Rückzug von Westinghouse war schon Wochen vorher im Umlauf – und Disney-Generaldirektor Frank Wells nutzte diese Zeit, um Bill Simon zu umwerben. Der 76jährige Simon war die Schlüsselfigur des Deals; wenn er ihm zustimmte, dachte Wells, würde er auch die FCC dazu bringen können, das Geschäft abzusegnen. »Ich betrachtete es als geschäftliches Projekt, Simon näher kennenzulernen«, sagte Wells in einem Interview vom 25. Juni 1990.

Er verbrachte in seinem Haus viele Stunden mit Simon und unterhielt sich mit ihm über die Geschichte seiner Bemühungen um die KHJ-Lizenz. Anfang März 1987, einen Monat, nachdem sich Westinghouse von dem Geschäft zurückgezogen hatte, begannen

Wells und Simon über Zahlen zu sprechen. Zu dieser Zeit hielt sich Simon in Washington auf, und Wells war in Orlando, um sich die Fortschritte beim Bau des Disney-MGM Studios Theme Park anzusehen. Wells wurde anschließend zu Hause erwartet, um an dem Abendessen teilzunehmen, das seine Frau Luanne aus Anlaß seines 55. Geburtstages geplant hatte. Aber Frank Wells flog statt dessen nach Washington.

Simon und der GenCorp-Chef Reynolds lagen, seit der Westinghouse-Deal gescheitert war, im Krieg miteinander. Wells rief vor dem Abflug nach Washington Roger Wollenberg an, GenCorps Washingtoner Anwalt, um ihn zu bitten, ein Treffen mit Reynolds und Simon zu arrangieren. Wollenberg, ein Partner der Anwaltskanzlei Wilmer, Cutter & Pickering, rief seinerseits Reynolds an, der ihm beschied, daß er am Abend zu einem Essen in Akron erwartet werde, sich gegen Mittag aber freimachen könne.

Das Treffen fand nicht weit von Georgetown bei Wilmer, Cutter & Pickering in einem Konferenzraum im fünften Stock statt. Wells erklärte, daß Disney bereit sei, 320 Millionen Dollar zu zahlen, etwas mehr also, als Westinghouse geboten hatte. Der größte Teil des Aufschlags würde den zweiundfünfzig Investoren in Simons Gruppe zugute kommen, unter anderem der Schauspielerin Donna Reed. Um den Deal abzusichern, auch wenn es zu einer längeren Prüfung durch die FCC kam, bestand Wells darauf, daß GenCorp einen Kreditbrief über die gesamten 320 Millionen Dollar entgegennahm.

Reynolds und Simon akzeptierten das Angebot, und Disney gab den Deal am 9. März 1987 bekannt. Der Preis lag höher, als Disney eigentlich hatte gehen wollen, aber auch MCA war an dem Sender interessiert gewesen, und Wells wollte das rivalisierende Filmstudio aus dem Rennen werfen. Das Disney-Management war außerdem überzeugt, daß ein eigener Fernsehsender in Los Angeles ein wertvolles Werbeinstrument darstellte, mit dem man die Schulkinder, wenn sie nachmittags aus der Schule kamen, für Disneyland interessieren konnte. Der Vertrag mit Murdochs Fernsehsender KTTV in Los Angeles über die Ausstrahlung der beiden Disney-Trickfilmserien *DuckTales* und *Chip 'n Dale* würde bald auslaufen.

Ein Jahr nach dem Kauf von KHJ-TV strahlte Disney die Trickfilme im eigenen Fernsehprogramm unter dem Titel *The K-Mouse Hour* aus, in der daneben für Geburtstagspartys in Disneyland sowie Videokassetten und Konsumprodukte von Disney geworben wurde.

Als Disney die Fernsehstation übernahm, erwirtschaftete sie, bei anfänglich verschwindend wenig Zuschauern, rund 10 Millionen Dollar Gewinn im Jahr. Um das Image des Senders zu ändern, wurde er in K-CAL umbenannt. Aber das Hauptproblem war das dürftige Programm. Disneys Zeichentrickfilme verbesserten die nachmittäglichen Einschaltquoten, aber für den wichtigen Programmplatz abends um sieben Uhr mußten große Summen aufgewendet werden, um Wiederholungen solcher Serien wie *Who's the Boss* ausstrahlen zu können. Zur Hauptsendezeit startete Disney ein kühnes Experiment, indem mit einem Kostenaufwand von 30 Millionen Dollar die Nachrichtenredaktion von achtunddreißig auf neunundvierzig Personen erweitert und die technische Ausstattung modernisiert wurde, um jeden Abend einen kompakten dreistündigen Nachrichtenblock anbieten zu können.

Ein Jahr, nachdem Disney den Sender gekauft hatte, waren die Einschaltquoten jedoch noch immer nicht erheblich gestiegen. Das Kinderprogramm konnte zwar das Nachmittagspublikum gewinnen, aber in den Abendstunden schalteten nur wenige Zuschauer das neue Nachrichtenprogramm ein. Ende 1990 munkelte man in der Fernsehbranche, daß Disney darüber nachdächte, die abendliche Nachrichtensendung durch Spielfilme zu ersetzen.

Am 17. Mai 1990 machte sich Rich Frank hastig daran, eine Sondersendung für die Haupteinschaltzeit zu erarbeiten. Am Tag zuvor war der Schöpfer der Muppets, Jim Henson, an den Folgen einer schweren bakteriellen Infektion gestorben. Neun Monate vorher hatte die Walt Disney Company Henson nahezu 150 Millionen Dollar in Form von Disney-Aktien für die Rechte an Kermit, Miss Piggy und den anderen Muppet-Figuren angeboten. Im Gegenzug hatte Henson einem Zehnjahresvertrag zugestimmt, der ihn verpflichtete, an Disneys Fernsehserien und Kinofilmen mitzuarbeiten.

Nach Hensons plötzlichem Tod war es ungewiß, was aus dem

Deal, der noch nicht durch einen Vertrag besiegelt worden war, werden würde. Bei Disney machte man sich sofort daran, eine Gedenksendung für Henson zu produzieren. Der langjährige Henson-Mitarbeiter Frank Oz erklärte sich bereit, die Regie der Sondersendung, in der kurze Filmausschnitte mit Muppet-Figuren gezeigt werden sollten, zu übernehmen. CBS und MBC hatten bereits Interesse an der Sendung bekundet, und Eisner, der nicht in der Stadt gewesen war, als Henson starb, rief in New York an, um das Projekt mit dessen Witwe zu besprechen. Doch nach dem ersten Tag der Vorarbeiten für die Sendung entschied sich Hensons Witwe gegen die Ausstrahlung.

Henson und Eisner hatten sich fast ein Jahr zuvor im Bel Air Hotel in Los Angeles zum Mittagessen getroffen. Der Schöpfer der Muppets kannte Eisner noch aus dessen Zeit bei ABC, als Henson zwei Pilotfilme für Muppet-Shows produziert hatte, die nie auf Sendung gingen. Henson hatte die Verwaltungsarbeit satt, die seine wachsende Produktionsfirma mit sich brachte, und wollte sie Disney verkaufen. Für Eisner eröffnete sich damit die Gelegenheit, nicht nur die fünf Spielfilme mit Muppet-Figuren in den Hauptrollen zu erwerben, sondern insgesamt auch annähernd dreihundert Folgen von drei Fernsehserien – *The Muppets, Fraggle Rock* und *Muppet Babies*.

Der Muppet-Deal war in vieler Hinsicht eine typische Disney-Akquisition. Die Muppets waren einzigartige, unverwechselbare Figuren, die Hensons Vorstellungskraft entsprungen waren und durch jahrelange Verbreitung ihre gegenwärtige Beliebtheit gewonnen hatten. Sie stellten also keine Vermögenswerte dar, die man bei Disney selbst hätte schaffen können, indem man einfach eine neue Abteilung gründete oder dem kreativen Personal einen entsprechenden Auftrag erteilte.

Aber der Deal war auch vor Hensons Tod nicht problemlos gewesen. Disneys Zeichentrickabteilung und der Muppet-Schöpfer waren häufig verschiedener Meinung über die Art und Weise, wie seine Figuren verwendet werden sollten. Als die Verhandlungen nach Hensons Tod mit seinen fünf Kindern fortgeführt werden mußten, kamen sie bald ganz zum Stillstand. Henson, der von seiner Frau getrennt gelebt hatte, war dabei gewesen, sein Unternehmen seinen Kindern zu überschreiben. Sein plötzlicher Tod bedeutete nun für sie, daß sie gewaltige Steuerforderungen erfüllen mußten. Zusammen mit den großzügigen Legaten, die Jim Henson einigen seiner wichtigsten Mitarbeiter hinterlassen hatte, bedeutete dies, daß seine Kinder deutlich geringere Zahlungen aus dem Verkauf zu erwarten hatten.

Disney fügte dem Henson-Angebot schließlich Barzahlungen von 50 Millionen Dollar hinzu, um die Differenz auszugleichen. Bei der Katalogisierung der Vermögenswerte von Hensons Firma mußte Disney jedoch feststellen, daß Henson den Namen »Muppet« an Geschäfte in Kanada und anderswo vergeben hatte, was Disneys Exklusivrechte an seinen Figuren einschränkte. Die Verhandlungen mit Skadden, Arps, der New Yorker Anwaltskanzlei, die die Hensons vertrat, zogen sich monatelang hin, bevor Hensons Kinder den Deal kurz nach Thanksgiving 1990 platzen ließen. Disney hatte bis dahin aber schon 40 Millionen Dollar in 3-D-Filme und eine Bühnenshow für die Vergnügungsparks gesteckt und verhandelte weiter, um wenigstens diese Attraktionen zu behalten.

Der Henson-Deal entsprach der Art von Neuerwerbung, wie sie Michael Eisner, Frank Wells und Gary Wilson am liebsten hatten. Disney hätte dadurch, zu einem vergleichsweise geringen Preis, Vermögenswerte in die Hände bekommen, die die Gesellschaft nicht selbst schaffen konnte, und hätte, was vielleicht noch wichtiger gewesen wäre, auf Dauer von ihnen zehren können. Die Muppets hätten eingesetzt werden können, um andere Bereiche der Gesellschaft zu fördern. Der Direktvertrieb hätte die Muppet-Shows an die unabhängigen Fernsehsender verkaufen können, und in den Vergnügungsparks hätten Muppet-Erlebnisfahrten gebaut werden können.

Disneys Erwerbungen waren grundsätzlich von zwei Aspekten geprägt: vom Preis und davon, ob sie in den vorhandenen Rahmen der Disney-Unternehmungen paßten. 1988 zahlte die Gesellschaft 61 Millionen Dollar für Childcraft, ein Unternehmen aus New Jersey, das über zwei der umfangreichsten Versandkundenlisten verfügte. Solche Listen selbst zu erstellen, hätte Jahre in Anspruch genommen. Durch den Kauf von Childcraft aber konnte Disney sofort damit beginnen, mit Hilfe von Versandkatalogen aggressiv für die Konsumprodukte der Gesellschaft zu werben.

Disney konnte es sich jedoch auch leisten, wählerisch zu sein. 1989 entschied sich die Gesellschaft gegen den Kauf der in Schwierigkeiten geratenen Kinokette Cineplex Odeon, da der geforderte Preis zu hoch war. Im gleichen Jahr wurden Disney die sechs Vergnügungsparks von Harcourt Brace Jovanovich angeboten, einschließlich der vier Sea-World-Parks. Die Sea-World-Parks waren für Eisner und Wells ein faszinierendes Angebot, besonders jener in Orlando. Doch das Brokerhaus First Boston, das Harcourt vertrat, forderte 1,8 Milliarden Dollar für die Parks. Aber auch, als der Kaufpreis später auf 1,1 Milliarden Dollar gesenkt wurde, lehnte Disney das Geschäft ab.

Schließlich kaufte der Bierhersteller Anheuser Busch, dem auch Busch Gardens gehört, die sechs Vergnügungsparks zum Preis von knapp 1,2 Milliarden Dollar. Die Entscheidung gegen den Harcourt-Deal ließ sich auf eine grundlegende Frage zurückführen: Waren die Sea-World-Parks so einzigartig, daß Disney nichts Gleichwertiges oder Besseres schaffen konnte, vielleicht sogar mit einem geringeren Kostenaufwand? Zur Zeit des Angebots hatte Disneys Ideenfabrik bereits mit den Planungen für einen eigenen Meerespark begonnen. Die Attraktionen des Parks sollten Wasserfahrten und elektronisch bewegte künstliche Meerestiere sein. Als erster Standort war das Wrather-Gelände in Long Beach (Kalifornien) vorgesehen, und zu einem späteren Zeitpunkt könnte auch in Orlando ein solcher Park errichtet werden.

»Welchem unserer Konzepte wir auch gefolgt wären, es hätte bedeutet, daß Sea World völlig umgekrempelt werden mußte«, sagte Larry Murphy im Gespräch vom 7. Juni 1990. »Wir hätten so viel Energie darauf verwenden müssen, Disney-Parks daraus zu machen, daß es die Sache nicht wert war.«

Kapitel 14

Hollywood Shuffle

Für Millionen von amerikanischen Frauen waren die lasziven Bewegungen, die Patrick Swayze in *Dirty Dancing*, dem Erfolgsfilm von 1987, vollführte, ein Stück von dem Stoff, aus dem die Tagträume sind. Für Vestron Pictures, eine winzige Videofirma in Stamford (Connecticut), waren sie die Fahrkarte ins geschäftliche Himmelreich. Der Low-Budget-Film mit dem aufreizenden Soundtrack aus Songs der 60er Jahre spielte weltweit über 160 Millionen Dollar ein und katapultierte Vestron für kurze Zeit in die ungewohnten Höhen der großen Kinoproduzenten.

Nur ein Jahr später jedoch war der Tanz – »dirty« oder nicht – zu Ende. Vestron hatte die Produktion in dem wahnwitzigen Versuch, es mit den großen Hollywood-Studios aufzunehmen, auf zwanzig Filme pro Jahr hochgefahren und Stars wie Jeff Goldblum, Jamie Lee Curtis und Geena Davis unter Vertrag genommen. Ein zweiter Kassenschlager wie *Dirty Dancing* sprang dabei nicht heraus. Statt dessen steuerte die Gesellschaft, von Schulden und riesigen Produktionskosten erdrückt, direkt in den Bankrott.[1]

Vestron war kein Einzelfall, Hollywood glich in der zweiten Hälfte der 80er Jahre einem Friedhof für Kinoneulinge. Firmen, die Anfang der 80er Jahre mit großem Nachdruck an die Wall Street gegangen waren und den Junk-bond-Markt für sich genutzt hatten, kämpften jetzt ums Überleben. Was bei Twentieth Century Fox und Disney nur ein Notfall gewesen war, hatte Filmproduktionen wie De Laurentiis Entertainment und die Cannon Group zugrunde gerichtet. Viele kleinere Filmgesellschaften, die gegründet worden waren, um den gefräßigen Videomarkt mit Billigproduktionen zu versorgen, standen am Rand der Insolvenz.

Es war schon immer eine der Gesetzmäßigkeiten Hollywoods

gewesen, daß kleinere Studios in Zeiten des Aufschwungs florierten und zusammenbrachen, wenn es auf dem Markt enger wurde. Die unabhängigen Produzenten, die in den 60er Jahren billige Horror- und Sexfilme herausgebracht hatten, verloren ihr Publikum, als auch die Filme der Fernsehnetze drastischer und gewalttätiger wurden. Ende der 80er Jahre wiederholte sich dieser Vorgang – nur daß es diesmal die großen Filmstudios waren, die mit Actionfilmen und ausgiebiger Verwendung von Spezialeffekten kleinere Produktionsfirmen wie Cannon oder Vestron vom Markt verdrängten.

Michael Eisner und Jeffrey Katzenberg konnten von ihren frisch renovierten weißen Bürosuiten im dritten Stock des Animation Building aus verfolgen, wie sich das Gesicht von Hollywood veränderte. Hatte die Filmindustrie 1987 noch über 530 Filme produziert, so waren es 1989 nur noch 480. Und die Filme, die produziert wurden, kosteten im allgemeinen wesentlich mehr als in früheren Zeiten. Das Durchschnittsbudget, das bei 14 Millionen Dollar gelegen hatte, als das Team Disney die Arbeit aufnahm, war inzwischen auf 25 Millionen Dollar gestiegen.[2] Und die Studios gaben, in der Hoffnung, einen Kassenschlager zu produzieren, immer häufiger 50 Millionen Dollar und mehr für ihre neuen Filme aus. Angesichts dessen waren weniger reiche Filmgesellschaften zum Untergang verdammt.

Auch Disney war nicht immun gegen die Explosion der Produktionskosten. Die Produktionsmanager des Studios unternahmen zwar weiterhin alles, um die Ausgaben einzuschränken und die durchschnittlichen Produktionskosten pro Film auf weniger als 20 Millionen Dollar zu drücken. Aber das Disneysche Durchschnittsbudget blieb von der allgemeinen Kostensteigerung nicht verschont und schloß Jahr für Jahr dichter zum Durchschnitt der Filmbranche auf. Ein Grund dafür war sicherlich, daß Eisner und Katzenberg die Spitzenstellung an den Kinokassen halten wollten und deshalb keine Einwände erhoben, als sowohl *Falsches Spiel mit Roger Rabbit* als auch *Dick Tracy* die 50-Millionen-Dollar-Marke überschritten. Die Werbeausgaben eingerechnet, kosteten beide Filme schließlich mehr als 100 Millionen Dollar.

Die wirtschaftlichen Veränderungen innerhalb der Filmindustrie wurden auch bei den wöchentlichen Abendessen, zu denen Eisner und Katzenberg sich trafen, um die Arbeit des Studios zu besprechen, zum beherrschenden Thema. 1988 sollten zwölf neue Filme in die Kinos kommen, die Höchstzahl an Filmen, die ein Studio, nach Ansicht von Eisner und Katzenberg, ohne Qualitätsverlust produzieren konnte. Für 1989 war dasselbe Produktionsvolumen geplant. (Tatsächlich brachte Disney, die Wiederaufführungen mitgezählt, 1988 vierzehn und 1989 dreizehn Filme in die Kinos.)

Disney erlebte damals das beste Jahr der gesamten Unternehmensgeschichte. *Noch drei Männer, noch ein Baby* hatte seit dem Kinostart am Thanksgiving-Wochenende 1987 167 Millionen Dollar eingespielt, und *Falsches Spiel mit Roger Rabbit* und *Good Morning, Vietnam* hatten an den Kinokassen jeweils mehr als 100 Millionen Dollar eingebracht. Das Studio hatte durch diese Erfolge einen Anteil von 20 Prozent am Gesamteinspielergebnis erzielt und war damit zum Marktführer geworden.[3] Bis zum Spätsommer hatte das Studio mit seinen Filmen 825 Millionen Dollar eingenommen, fast 50 Prozent mehr als 1987.[4]

Die Vorbereitungen für 1989 und 1990 waren bereits weit gediehen. Die Verhandlungen für *Dick Tracy*, dessen Dreharbeiten Anfang 1989 beginnen sollten, waren soeben abgeschlossen worden. Der australische Regisseur Peter Weir war für die Regie von *Der Club der toten Dichter*, einer Internatsgeschichte mit Robin Williams in der Hauptrolle, verpflichtet worden. Tom Schulman, der Drehbuchautor des *Clubs der toten Dichter*, hatte gerade das Drehbuch für *Teenie Weenie* fertiggestellt, eine Komödie über einen geistesabwesenden Professor, der eine Erfindung macht, die seine Kinder zu mikroskopisch kleinen Wesen verkleinert. (Der Film kam später unter dem Titel *Honey, I Shrunk the Kids [Liebling, ich habe die Kinder geschrumpft]* in die Kinos.)

Als sich Eisner und Katzenberg im Sommer 1988 bei Mortons's in Los Angeles zum Abendessen trafen, besprachen sie schon den nächsten Schritt. Das Disney-Studio war nicht in der Lage, mehr als ein Dutzend Filme im Jahr zu produzieren. Bei dem Disney-typischen Verlangen, alles selbst in der Hand zu behalten, hätte die Produktion von mehr als zwölf oder dreizehn Filmen im Jahr die kreativen Disney-Mitarbeiter allzu sehr ausgelaugt. Schon jetzt war zu erkennen, daß der Produktionsstreß Disney dazu zwang, Filme von minderer Qualität herauszubringen. Allein 1988 drehte das Studio mit *The Rescue* und *Heartbreak Hotel* zwei Filme, die wohl zu Flops werden würden.

So wie Eisner und Katzenberg es sahen, hinterließen die eingegangenen kleineren Studios eine Marktlücke, in die Filmgesellschaften, die wie Disney unter den Besitzern der Kinoketten eine starke Anhängerschaft besaßen, vorstoßen konnten. Die Zahl der Kinoleinwände hatte sich im Land im vergangenen Jahrzehnt auf etwa 22 500 erhöht und damit fast verdoppelt.[5] Um die zusätzlichen Leinwände zu füllen, schlug Katzenberg Eisner vor, eine zweite Filmproduktion zu gründen – ein Spiegelbild der überaus erfolgreichen Touchstone Pictures – und sie mit einer Handvoll von Touchstone-Mitarbeitern und einem Dutzend neueinzustellender Kräfte zu besetzen. Eisner stimmte dem Vorschlag im Spätsommer zu.

Disney bewegte sich allerdings auf schwankendem Boden. Die Versuche anderer Studios, eine zweite Filmproduktion auf die Beine zu stellen, waren stets fehlgeschlagen. Das jüngste Beispiel, Columbias Schwestergesellschaft Tri-Star, hatte zwar ein paar Erfolge wie *Der Unbeugsame* und *Nummer 5 lebt* produziert, konnte sich jedoch nie fest auf dem Markt etablieren. Nicht viel anders war das Experiment ausgegangen, MGM und United Artists unter einem Dach zu vereinigen. MGM war nach dem Zusammenschluß von 1981 nicht mehr das Studio gewesen, das man vorher gekannt hatte.

Columbia und MGM/UA waren, nach Ansicht von Katzenberg und Eisner, deshalb zu Fehlschlägen geworden, weil sie sich auf von außen kommende Produzenten verlassen und zugunsten der Quantität oftmals die Qualität geopfert hatten. Bei Disney, meinten die beiden Manager, könnten sie dieses Problem lösen, indem sie Topleuten von Touchstone die Leitung der neuen Filmproduktion übergaben. Außerdem sollten, wie bei Touchstone, Disney-Mitarbeiter von der ersten Drehbuchzeile bis zum letzten Schnitt jeden Produktionsschritt überwachen.

Im Stab von Jeffrey Katzenberg war bereits ein gewisses Unbehagen zu spüren. Katzenberg hatte sich bei Disney fast von Anfang an, was das Aufstöbern von Filmideen und die Kontrolle über die Produktion betraf, weitgehend auf zwei Topproduzenten verlassen, Ricardo Mestres und David Hoberman. Mestres, ein 28jähriger Harvard-Abgänger, war mit Katzenberg von Paramount zu Disney gekommen. Der 34jährige Hoberman, der bereits mit dem Fernsehproduzenten Norman Lear zusammengearbeitet hatte, war Anfang 1985 zu Disney gestoßen, nachdem er drei Jahre als Filmagent für die ICM Agency tätig gewesen war.

Beide Männer waren Vollblutmanager, und sie waren beide erpicht darauf, als erste einen Nachfolger für *Noch drei Männer, noch ein Baby* zu finden. Mitte 1988 war das Gerangel der beiden für alle sichtbar. Der Wettstreit zwischen ihnen war derart hitzig geworden, daß sowohl Katzenberg als auch Eisner befürchteten, einer von beiden könnte sich entschließen, sein Heil bei einem anderen Studio zu versuchen.

Einige Monate vorher hatte Katzenberg Mestres zum Direktor von Touchstone Pictures gemacht und Hoberman die Verantwortung für die Ausweitung der Spielfilmproduktion unter dem alten Banner der Walt Disney Pictures übergeben.

Ende 1988 waren Eisner und Katzenberg dann so weit, die neue Filmproduktion von Disney aufzubauen. Sie sollte den Namen Hollywood Pictures tragen, den Namen, den die Filmgesellschaft hatte erhalten sollen, die Eisner und Wells 1984 in Zusammenarbeit mit ABC Television hätten gründen können. Ironischerweise besaß Eisner das Recht an dem Namen; er hatte ihn 1984, bevor er zu Disney ging, beim kalifornischen Secretary of State registrieren lassen.

Die neue Filmgesellschaft sollte nach dem Vorbild von Touchstone Pictures aufgebaut sein. Eisners Plan sah vor, daß Touchstone und Hollywood Pictures 1992 je ein dutzend Filme produzieren sollten. Wie Touchstone würde auch Hollywood Pictures einer einfachen Formel folgen: leichte, spritzige Erwachsenenunterhaltung mit ausgefeilten Geschichten und rücksichtslos schmalen Budgets.

Die beiden Filmgesellschaften boten Disney außerdem die Gelegenheit, Mestres und Hoberman zu trennen und ihnen eigene Produktionseinheiten zur Verfügung zu stellen. Nach dem neuen Unternehmensschema sollte Hoberman sowohl Touchstone als auch die Walt Disney Pictures leiten, während Mestres die neue Filmgesellschaft erhielt.

Wie Michael Eisner und Jeffrey Katzenberg war auch Ricardo Mestres in privilegierten, wohlhabenden Verhältnissen aufgewachsen. Als Sohn eines Partners der angesehenen New Yorker Anwaltskanzlei Sullivan & Cromwell hatte Mestres die Privatschule von Exeter besucht und war dann an die Harvard University gegangen. Sein Drang nach Hollywood hatte sich bereits früh bemerkbar gemacht. Schon in seinem ersten Jahr in Harvard schrieb er an Don Simpson, den damaligen Produktionschef von Paramount, um sich um einen Job zu bewerben. »Ich wußte genau, was ich wollte«, sagte Mestres selbst.[6]

Nachdem er 1981 einen Sommerjob bei Paramount erhalten hatte, kehrte er nach Beendigung seines Studiums dorthin zurück. 1984 wurde ihm die Gesamtaufsicht über die Produktion von *Beverly Hills Cop* anvertraut. Als Eisner und Katzenberg Paramount wenig später verließen und zur Walt Disney Productions wechselten, war Mestres einer der ersten Paramount-Manager, der ihnen folgte. Katzenberg war Mestres' Lehrmeister gewesen, und Mestres war nicht nur ein ebensolcher Dauertelefonierer wie Katzenberg, der ständig irgendeinen Agenten oder Schauspieler an der Strippe hatte, er konnte auch, trotz seines jungenhaften Gesichts, der dichten braunen Locken und des gewinnenden Lächelns wie sein Lehrer kalt und unversöhnlich werden, wenn etwas schief lief. Produktionen, die unter seiner Aufsicht entstanden, waren streng geplant und wurden noch strenger überwacht.

Als Mestres Ende 1988 von Eisner und Katzenberg an die Spitze von Hollywood Pictures gestellt wurde, verfügte Touchstone Pictures über zwei Dutzend Produktionsmitarbeiter und eine kleine Armee aus Managern, Rechtsanwälten und Buchhaltern, die die geschäftliche Seite der Filmproduktion beackerten. Mestres zog am 1. Februar 1989 aus dem Animation Building aus und etablierte sich in einer Bürosuite im weniger feudalen Roy O. Disney Building auf der anderen Seite des Mickey Way. Mit ihm wechselten ein Produzent, vier Anwälte, zwei Buchhalter und sechs Manager die Straßenseite. Darüber hinaus nahm Mestres ein halbes Dutzend Projekte, an denen er bei Touchstone Pictures gearbeitet hatte, in die neue Filmgesellschaft mit.

Zu diesen Projekten gehörten ein Drehbuch nach einem Broadway-Stück von Neil Simon mit dem Titel *Die blonde Versuchung* und das Drehbuch zu *One Good Cop*, einem Film, der die Geschichte eines New Yorker Polizisten erzählt, der die Vormundschaft über die drei jungen Töchter seines verstorbenen Partners erhält. Einer der ersten Anrufe, die Mestres von seinem neuen Büro aus erledigte, galt dem Agenten Bill Block, der Kim Basinger vertrat. Mestres wollte Kim Basinger für die Rolle der attraktiven Nachtklubsängerin in *Die blonde Versuchung* haben.

Im Februar 1990 konnte Mestres sie für eine Gage von 2,5 Millionen Dollar unter Vertrag nehmen. Für die männliche Hauptrolle wurde für 1,5 Millionen Dollar Alex Baldwin verpflichtet. Mestres nahm außerdem Verhandlungen mit den Agenten des *Batman*-Stars Michael Keaton auf, der die Hauptrolle in *One Good Cop* spielen sollte. Außerdem kaufte er – für 150 000 Dollar – sein erstes Drehbuch nach dem Wechsel an die Spitze von Hollywood Pictures: Das Projekt mit dem Titel *Filofax*, das später in *Taking Care of Business* umgetauft wurde, war das erste Drehbuch von Jill Mazursky und Jeffrey Abrams und sollte als erster Film von Hollywood Pictures in die Kinos kommen. Im Mai bewilligte Katzenberg die 400 000 Dollar, die Mestres benötigte, um das Drehbuch für *Arachnophobia* ankaufen zu können, eine von Don Jakoby, einem ehemaligen Physikdoktoranden, geschriebene Horrorkomödie über Spinnen. *Arachnophobia* war ein kostspieliges Experiment für die Walt Disney Company. Eisner und Katzenberg hatten es bisher stets abgelehnt, Horrorfilme zu drehen, insbesondere solche, die teure Spezialeffekte erforderten und deshalb erhebliche Produktionskosten erwarten ließen.

Für das *Arachnophobia*-Projekt traf beides zu. Das ursprünglich veranschlagte Budget von 18 Millionen Dollar war bald auf fast 20 Millionen Dollar gestiegen, und das, bevor die Dreharbeiten auch nur begonnen hatten. Mestres übergab das Projekt Ted Field und

Robert Cort, den Produzenten, die bereits bei den Touchstone-Filmen *Noch drei Männer, noch ein Baby* und *Cocktail* mit Mestres zusammengearbeitet hatten. Einige Wochen später wandte er sich jedoch an Steven Spielberg, um ihm das mit Trickaufnahmen vollgestopfte Projekt zu übergeben.

Spielbergs Mitwirkung sorgte für einen weiteren kräftigen Anstieg der Produktionskosten auf 25 Millionen Dollar. Außerdem verlangte Spielberg einen deftigen Gewinnanteil für die Mitarbeit seiner Firma Amblin Entertainment. Die Regie vertraute der Superstar unter den Produzenten seinem langjährigen Partner Frank Marshall an, der seinerseits Filme produziert hatte wie *Jäger des verlorenen Schatzes* und andere, bei denen Spielberg Regie geführt hatte.[7] Spielbergs Hauptleistung war die Überredungskunst, mit der er die Regierung von Venezuela dazu brachte, dem Drehstab den Zutritt zu dem gefährdeten Regenwaldgebiet La Gran Sabana zu gestatten.

Zu der Zeit, als *Arachnophobia* Spielbergs Amblin Entertainment übergeben wurde, Anfang 1990, waren bei Hollywood Pictures fast fünfundachtzig Filmprojekte in Arbeit, von denen zwölf bereits konkretere Formen angenommen hatten. Trotz des Ärgers, den Disney bei *Noch drei Männer, noch ein Baby* mit der Regisseurin des Originals, Coline Serreau, gehabt hatte, kam das Studio mit ihr überein, ihren neuesten Film – *Randall & Juliet* –, eine Komödie über die Beziehung zwischen einem schwarzen Mann und einer weißen Frau, zu produzieren. Richard Dreyfuss wurde als Hauptdarsteller für *The Proud and the Free* verpflichtet, einem auf Howard Melvin Fasts Buch basierenden Film über die amerikanische Revolution, und der erfahrene Hollywood-Produzent David Permut unterschrieb einen langfristigen Vertrag mit Mestres, nach dem er unter anderem einen Film über das Leben von Richard Nixon und einen weiteren über die Rettung einer Footballmannschaft im Super Bowl drehen sollte.

Außerdem verpflichtete auch Hollywood Pictures, getreu dem von Touchstone vorgegebenen Muster, verblassende Sterne vom Himmel der Unterhaltungsindustrie. Einer davon war die 65jährige Angela Lansbury, deren Fernsehruhm als Hauptdarstellerin der

Hitserie *Murder, She Wrote* Zeichen von Abnutzung zeigte. Daneben unterschrieb, zum Beispiel, Goldie Hawn, deren Karrierekurve gleichfalls nach unten wies, einen langfristigen Vertrag mit Hollywood Pictures.

Während der ersten Jahre des neuen Teams bei Disney hatte sich Disneys PR-Abteilung stets beeilt, die Reporter auf dem laufenden zu halten, wenn die Erfolgskette der neuen Disney-Filme wieder um ein Glied länger geworden war. Anfang 1988 konnte sich die PR-Abteilung damit brüsten, daß 18 der ersten 20 unter Eisner und Katzenberg entstandenen Filme an den Kinokassen mehr als 20 Millionen Dollar eingespielt und damit die Marke überschritten hatten, jenseits derer ein Film als Erfolg betrachtet wurde.

Anfang 1990 jedoch erlebt die Walt Disney Company den heftigsten Rückschlag seit Michael Eisners und Jeffrey Katzenbergs Eintritt. Das Studio hatte den Kinostart von *Club der toten Dichter* und *Liebling, ich habe die Kinder geschrumpft* geschickterweise in den Sommer 1989 gelegt und auf diese Weise den aktionsreichen Kassenmagneten *Batman* und *Ghostbusters II* eine Menge Zuschauer weggenommen. *Der Club der toten Dichter* und *Liebling, ich habe die Kinder geschrumpft* spielten zusammen über 220 Millionen Dollar ein. *Arielle – Die Meerjungfrau* kam zu Thanksgiving in die Kinos und erwies sich ebenfalls sofort als Hit. Der Film spielte insgesamt 84 Millionen Dollar ein, mehr als jeder andere Zeichentrickfilm vorher.

Disney hatte den eigenen Erfolg allerdings durch Flops wie *Cheetah, Von Bullen aufs Kreuz gelegt* und *Gross Anatomy* selbst untergraben. Sogar der Weihnachtsfilm – *Blaze – Eine gefährliche Liebe* –, ein mit großem Werbeaufwand in die Kinos gebrachter Film über Earl K. Long, einen früheren Gouverneur von Louisiana, und seine dazumal ehrenrührige Liebesbeziehung zur Stripperin Blaze Starr, war ein Mißerfolg geworden. Bei Produktionskosten von 25 Millionen Dollar spielte *Blaze* nur 10 Millionen Dollar ein. Und das neue Jahr hatte nicht viel besser angefangen. *Die Zeit der bunten Vögel* brachte an den Kinokassen nur 1 Million Dollar ein. Hatte Disney 1988 noch alle anderen überflügelt, so rangierte die Gesellschaft

1989 hinter Warner Brothers und Universal Pictures nur an dritter Stelle der großen Hollywood-Studios.[8]

Ende 1989 wurde bei Disney ein Film fertiggestellt, den Jeffrey Katzenberg von Vestron gekauft hatte. Die Filmgesellschaft aus Stamford war zu dieser Zeit eifrig bemüht, viele der Drehbücher zu verkaufen, für deren Realisierung dem Studio das Geld fehlte. Eines dieser Drehbücher war *3000,* eine düstere Geschichte über Prostitution, eine Rauschgiftüberdosis und einen brutalen Geschäftsmann, der eine weichherzige Hure erst benutzt und dann fallen läßt.

Jeffrey Katzenberg hatte das Drehbuch für 200 000 Dollar erworben und an Garry Marshall weitergegeben. Eisner und Katzenberg kannten Marshall aus ihrer Zeit bei Paramount, als Marshall die Fernsehhits *Happy Days* und *Laverne and Shirley* schuf. Später hatte er sich mit unterschiedlichen Resultaten der Filmregie zugewandt. *Flamingo Kid* und *Nothing in Common – Sie haben nichts gemein* waren zweifellos Erfolge gewesen, *Overboard – Ein Goldfisch fällt ins Wasser* dagegen, eine lahme Komödie, die er 1987 für MGM drehte, fand beim Publikum keinen Anklang. Marshalls erster Film für Disney war *Freundinnen* gewesen, das Bette-Midler-Drama, das Ende 1988 über 57 Millionen Dollar eingespielt hatte.

Marshalls erste Liebe war jedoch die Komödie, und Katzenberg hatte den Schöpfer von *Happy Days* angewiesen, er solle das Vestron-Drehbuch in eine Komödie umschreiben.[9] Marshall setzte sich also mit dem Schriftsteller J. F. Lawton zusammen und machte aus dem Drehbuch eine Pygmalion-Geschichte um eine Prostituierte, die das Herz eines Geschäftsmannes gewinnt. Die Überdosis Rauschgift wurde hinausgeworfen und durch Einkaufsorgien am Rodeo Drive und Sektschlürfen in der Badewanne ersetzt. Gleichzeitig veränderte sich auch der Titel, zunächst in *Off the Boulevard* und dann in *Pretty Woman.*

David Hoberman und Frank Marshall, die Julia Roberts in *Pizza. Pizza. Ein Stück vom Himmel* gesehen hatten und von ihr begeistert waren, verpflichteten sie zu ihrem damaligen Marktwert von 350 000 Dollar für die Rolle der Prostituierten. Der Vertrag wurde unterschrieben, bevor Julia Roberts mit *Magnolien aus Stahl – Die Stärke der Frauen* 1989 ihren großen Durchbruch hatte. »Disney ist wirklich gut darin, Leute zu sich zu holen, die ein Comeback brauchen oder noch auf dem Weg nach oben sind«, sagte Garry Marshall. »Heute verlangt sie das Drei- oder Vierfache davon.«[10]

Ursprünglich hatte Disney Sean Connery für die Rolle des beinharten Raiders vorgesehen. Aber nach der Verpflichtung von Julia Roberts sah sich das Studio nach einem jüngeren Partner für sie um. Marshall probierte es, um das geplante Budget von 15 Millionen Dollar einzuhalten, zunächst mit einer Reihe von Schauspielern aus dem zweiten Glied, die für rund 300 000 Dollar zu haben waren. So sprachen, zum Beispiel, Sam Neal, der in *Todesstille* die Hauptrolle gespielt hatte, und der englische Rocksänger und Schauspieler Murray Head mit Julia Roberts Dialoge aus dem Drehbuch vor, und auch der Komiker Charles Crodin unterzog sich diesem Test. Aber keiner von ihnen wirkte neben Julia Roberts so, wie Marshall es sich vorstellte.

Drei Monate vor Drehbeginn schickte Katzenberg das Drehbuch nach New York an Richard Gere. Katzenberg, damals noch ein junger Produktionsmanager bei Paramount, hatte Gere 1982 für *Ein Offizier und Gentleman* engagiert. Sieben Jahre später konnte Gere, obwohl es mit seiner Karriere bergab ging, eine Gage von 2 Millionen Dollar verlangen. Aber Marshall wollte ihn haben, und Disney nahm ihn unter Vertrag. Damit war das Budget des Films schlagartig auf 17 Millionen Dollar angestiegen.

Um die Kosten niedrig zu halten, wurde der größte Teil des Films in einer einzigen Kulisse gedreht, die ein Hotelzimmer in Beverly Hills vorstellte. Für die Außenaufnahmen sperrte die Spezialeinheit der Polizei von Los Angeles, die für solche Filmaufgaben zuständig war, im Spätsommer in Beverly Hills zwei Blocks am Rodeo Drive ab.

Die Dreharbeiten verliefen nicht immer reibungslos. Marshall war ein lebhafter Mann, der bei der Arbeit an einem Film schon mal in die Luft gehen konnte. Als er jedoch eine Szene des Films umschreiben wollte, was das Budget um 150 000 Dollar erhöht hätte, lehnte Hoberman das Vorhaben ab. Andererseits bestand Disney darauf, daß Marshall die Schlußszene, das Happy-End des Films, ein zweites Mal drehte.

Während Garry Marshall mit den Dreharbeiten beschäftigt war, arbeitete Jeffrey Katzenberg in Burbank am Soundtrack für den neuen Film. Soundtracks waren schon seit langem ein bewährtes Mittel, für einen Film zu werben. Die Zeit, in der ein lokaler Radiosender einen Song aus dem Soundtrack eines Films spielt, ist nichts anderes als eine kostenlose Werbeeinblendung für diesen Film. Außerdem waren Soundtracks zu einer beachtlichen Einnahmequelle geworden. Allein die Musik von *Zoff in Beverly Hills* hatte RCA, wo die Soundtracks vieler Hollywood-Filme veröffentlicht wurden, fast 20 Millionen Dollar eingebracht.

Jeffrey Katzenberg hatte zu dem Paramount-Team gehört, das die Musik der Erfolgsfilme *Saturday Night Fever* und *Grease* zusammengestellt hatte. Beide LPs waren mit Platin veredelt worden, das heißt jeweils mehr als eine Million Mal über den Ladentisch gegangen. Katzenberg betrachtete sich daher als Experte in der Zusammenstellung von Songs für den Soundtrack eines Films. Der Nachteil war nur, daß die Filmgesellschaften, wie es Katzenberg bei Paramount miterlebt hatte, von den Plattenfirmen in der Regel nur einen geringen Anteil am Gewinn erhielten. Er hatte vor, das zu ändern, und zwar zuerst bei *Pretty Woman*.

Die Vermarktung der Soundtracks der Filme seines Studios hatte Katzenberg in der Vergangenheit zunehmend verärgert. Die Gesellschaft hatte ein Vermögen in die Werbung für die Schallplatte mit den Songs aus *Die unglaubliche Entführung der verrückten Mrs. Stone* gesteckt, aber kaum Geld gesehen, obwohl der Film zu einem Hit geworden war. Im Fall von *Cocktail* hatte Disney sogar 800 000 Dollar für die Produktion des Soundtracks beigesteuert, doch das Marketing von Electra Asylum Records, der Plattenfirma, die den Vertrieb übernommen hatte, war nach Katzenbergs Ansicht nicht aggressiv genug gewesen.

Atlantic Records, wo der Soundtrack von *Freundinnen* erschienen war, hatte ebenfalls Katzenbergs Zorn auf sich gezogen. Disneys Studiochef hatte fast von Anfang an mit der Plattenfirma im Streit gelegen. Seiner Meinung nach vermarktete Atlantic den Soundtrack nicht so, wie Disney es getan hätte. Besonders erbost war Katzenberg darüber, daß die Plattenfirma »Under the Boardwalk« als Single herausstellte, und nicht den von Bette Midler gesungenen Song »Wind Beneath My Wings«, der nach Katzenbergs Ansicht das beste Stück auf der Schallplatte war. Obwohl »Wind Beneath My Wings« schließlich mit dem Grammy ausgezeichnet wurde und die Schallplatte sich bestens verkaufte, hatte es dem Film, wie man bei Disney glaubte, nicht allzu viel genutzt.

Katzenberg wollte bei *Pretty Woman* nicht noch einmal den gleichen Fehler machen. Als er sich mit den möglicherweise am Vertrieb des Soundtracks interessierten Plattenfirmen in Verbindung setzte, erklärte er ihnen deshalb, daß Disney bei allen Marketingentscheidungen gleichberechtigt mitsprechen wolle. Das Studio werde 1 Million Dollar für die Produktion der Schallplatte und ihre Vermarktung bereitstellen, verlange dafür aber, an allen Marketingentscheidungen beteiligt zu werden. Der Deal, den Katzenberg vorschlug, sah außerdem vor, daß Disney die Hälfte der Gewinne, die sich nach Abzug der Vertriebskosten der Plattenfirma ergaben, erhalten sollte.

Da die Plattenfirmen daran gewöhnt waren, in Sachen Vertrieb und Marketing von Soundtracks das letzte Wort zu haben, lehnten die meisten großen Firmen den Deal in dieser Form ab. Sie hatten sich in der Vergangenheit stets standhaft geweigert, sich in Marketingentscheidungen hineinreden zu lassen, von einer Gewinnteilung, wie sie Disney vorschwebte, ganz zu schweigen. Aber EMI Records, wo man mit Soundtracks recht gemischte Erfolge erzielt hatte, wollte *Pretty Woman* unbedingt haben und stimmte Disneys Bedingungen zu.

EMI stellte außerdem ihre eigenen Stars zur Verfügung, darunter solche Berühmtheiten wie Natalie Cole, aber auch relativ unbekannte Interpreten wie Lauren Wood. Disney bestand darauf, daß Roy Orbisons Klassiker *Pretty Woman* in den Soundtrack aufgenommen wurde. Einer der Disney-Produzenten hatte den Song zwei Monate zuvor eigenmächtig einem Rohschnitt des Films unterlegt, der einigen Disney-Managern vorgeführt werden sollte. Der Song war nach Katzenbergs Ansicht höchst werbewirksam. Er hatte ihn auf die Idee gebracht, den Titel des Films in *Pretty Woman* zu ändern.

Um nicht unter der Vielzahl der im Sommer anlaufenden aufwendigen Großfilme unterzugehen, war der Kinostart von *Pretty Woman* für das Frühjahr vorgesehen. Der Werbefeldzug begann im Februar mit der Veröffentlichung einer Single aus dem Soundtrack des Films. EMI brachte Natalie Coles *Wild Women* sowohl bei Rhythm-and-Blues- als auch bei Top-40-Sendern unter.[11] Diese Vorauswerbung half sowohl dem Soundtrack als auch dem Film. Der Soundtrack wurde zu einem Bestseller, von dem über zwei Millionen Exemplare verkauft wurden.

Der Film kam am 23. März 1990 in die Kinos und spielte am ersten Wochenende bemerkenswerte 11,3 Millionen Dollar ein. Anfang Juni waren bereits Kinokarten im Wert von 133 Millionen Dollar verkauft worden, und der Film wurde immer noch in fast 1000 Kinos überall im Land gezeigt.[12]

Bevor der Sommer vorüber war, hatte *Pretty Woman* den bisherigen Spitzenreiter unter den Disney-Filmen, *Noch drei Männer, noch ein Baby,* überholt, und zu Thanksgiving lief er immer noch in den Kinos. Als *Pretty Woman* schließlich aus den Kinoprogrammen genommen wurde, hatte der Film in den Vereinigten Staaten über 177 Millionen Dollar und in Übersee mehr als 200 Millionen Dollar eingespielt. In Übersee hatten bis zu diesem Zeitpunkt nur *E.T. – Der Außerirdische* und *Indiana Jones und der Tempel des Todes* mehr Besucher in die Kinos gelockt.

Pretty Woman brachte Disney fast im Alleingang aus dem neunmonatigen Tief heraus. Im Spätsommer rangierte das Studio erneut auf der Spitzenposition in Hollywood. *Dick Tracy* hatte nicht den Erfolg gehabt, den die Experten erwartet hatten, aber immerhin 105 Millionen Dollar eingespielt. Einschließlich zweier Filme der neuen Hollywood Pictures waren im Sommer neun Disney-Filme in die Kinos gekommen, die in der lukrativsten Kinosaison zusammengenommen dreißig Prozent der Leinwände des Landes besetzt hielten. Der Strom neuer Filme machte sich auch in der Bilanz bemerkbar – die Filmproduktion nahm während der Sommermonate an den Kinokassen 300 Millionen Dollar ein, 100 Millionen Dollar mehr als im erfolgreichen Sommer 1988.[13]

Aber es gab auch Enttäuschungen. *Betsy's Wedding,* mit Alan Alda und Molly Ringwald in den Hauptrollen, war zwar profitabel, spielte aber nicht mehr als 19 Millionen Dollar ein. Auch Hollywood Pictures war, zumindest am Anfang, eine Enttäuschung. *Taking Care of Business,* der zweite Film der neuen Filmproduktion, spielte ebenfalls nur 19 Millionen Dollar ein.

Die größte Enttäuschung des Sommers aber war *Arachnophobia,* der erste Film von Hollywood Pictures. Er brachte zwar 52 Millionen Dollar ein, aber bei Disney hatte man erwartet, daß er *Dick Tracy* in den Schatten stellen würde. Das normalerweise so sattelfeste Marketingteam hatte einen Fehler begangen und war weit hinter der sonstigen Qualität der Disneyschen Werbeanstrengungen zurückgeblieben.

Zuerst hatte man *Arachnophobia* als »Thrill-Komödie« annonciert und einen Trailer und Fernsehwerbespots zusammengeschnitten, die komische Szenen mit John Goodman in der Rolle des ausgeflippten Kammerjägers zeigten. Zwei Wochen nach dem Kinostart schwenkte Disney dann plötzlich um. Die neuen Fernsehspots zeigten jetzt Kinogänger, die mit Schrecken auf die plastischsten Spinnenszenen des Films reagierten. Aber der Wechsel der Gangart war zu spät erfolgt. *Arachnophobia* spielte zwar einen kleinen Gewinn ein, wurde aber nicht annähernd zu dem Superhit, den man bei Disney erwartet hatte.

Aber Disney hatte nicht nur mit der Enttäuschung über wenig erfolgreiche Filme zu kämpfen. 1990 war das Zeitalter der Superstargagen unwiderruflich angebrochen. Sylvester Stallone konnte für einen einzigen Film 16 Millionen Dollar verlangen, und Tom Cruise über 10 Millionen Dollar. Sogar Regisseure waren zu »Superstars« geworden und forderten entsprechende Gagen. Steven Spielberg lehnte ein 5-Millionen-Dollar-Angebot von MGM/UA für die Regie von *Rain Man* ab und realisierte statt dessen ein eigenes Projekt, *Always.* 1990 war auch das erste 3 Millionen Dollar teure Drehbuch in Hollywood angekauft worden, ein Spionagethriller mit dem Titel *Basic Instinct* von Joe Eszterhas, dem Autor von *Das Messer.*

Auch das Team Disney konnte sich diesem Trend nicht verschließen, ob es ihm nun gefiel oder nicht. Im Fall von *Arachnophobia* war nicht nur das Produktionsbudget auf 25 Millionen Dollar geklettert, sondern auch ein erheblicher Gewinnanteil für Steven Spielberg fällig gewesen. Für die Hauptrolle in *Cocktail* hatte das Studio Tom Cruise zwar nur 3 Millionen Dollar zahlen müssen, aber der Jungstar hatte einen »First Dollar«-Deal ausgehandelt, der ihm zehn Prozent der Einnahmen zusicherte – rund 7 Millionen Dollar. Sogar *Von Bullen aufs Kreuz gelegt*, keiner der großen Filme des Studios, hatte fast 20 Millionen Dollar an Produktionskosten verschlungen. Darüber hinaus waren auch die Werbekosten in die Höhe geschossen. Disney gab 1989 für die Filmwerbung fast 90 Millionen Dollar aus, 50 Prozent mehr als das Studio 1988 für die gleiche Anzahl von Filmen hatte aufwenden müssen.[14]

In gewisser Weise hatte der Erfolg der Disney-Filme zu den Problemen beigetragen. Mitte der 80er Jahre hatte das Studio billige Verträge mit verblassenden Stars wie Bette Midler und Richard Dreyfuss abschließen können. Doch die Erfolgsfilme des Studios hatten deren Karriereknicks inzwischen ausgebügelt und sie in die Lage versetzt, ihre Gagenforderungen zu erhöhen. Nachdem sie in drei Filmhits gespielt hatte, für die sie weniger als 1 Million Dollar bekommen hatte, handelte Bette Midler 1987 einen Vertrag aus, der ihr, neben einem großzügig bemessenen Gewinnanteil, 3 Millionen Dollar pro Film garantierte. Außerdem hatte Disney zugesagt, Filme herauszubringen, die Bette Midler selbst produzieren wollte.

Die drei Hauptdarsteller aus *Noch drei Männer, noch ein Baby* unterschrieben für die Fortsetzung *Drei Männer und eine kleine Lady* von 1990 ebenfalls erheblich verbesserte Verträge, die das Budget des Films auf 30 Millionen Dollar erhöhten. Das Original hatte Disney drei Jahre zuvor nur 13 Millionen Dollar gekostet.[15] Der Drehplan des Fortsetzungsfilms verschob sich jedoch um ein Jahr, da es Schwierigkeiten bereitete, ein annehmbares Drehbuch zu finden.

Die höheren Budgets bewirkten zusammen mit einer Reihe glückloser Filme eine mangelnde Profitabilität von Disneys Filmproduktion. 1989 erwirtschaftete Jeffrey Katzenbergs Abteilung einen Gewinn von 256 Millionen Dollar, was im Vergleich zum Vorjahr einen Sprung von 38 Prozent bedeutete. Aber zum ersten Mal seit drei Jahren war die Rentabilitätsrate nicht mehr gewachsen. 1990 sollte sie im Vergleich zu 1989 sogar von sechzehn auf vierzehn Prozent fallen.[16]

Derjenige, der diese Entwicklung mit der größten Sorge verfolgte, war Roland Betts. Der Gründer von Silver Screen hatte mit drei Limited partnerships insgesamt fast 1 Milliarde Dollar für Disneys Filmproduktion aufgebracht. Die dritte Emission, die im Februar 1988 abgeschlossen worden war, hatte ein Volumen von 183 Millionen Dollar gehabt. Kurze Zeit darauf hatten die Probleme angefangen. Betts waren einige der von Disney veranschlagten Produktionsbudgets einfach zu hoch. Nachdem er Disney das Geld zur Verfügung gestellt hatte, das das Studio für die ersten dreißig unter Eisner und Katzenberg produzierten Filme brauchte, weigerte er sich, die 21 Millionen Dollar bereitzustellen, die Disney im Frühjahr 1988 von Silver Screen angefordert hatte, um die *New Yorker Geschichten* drehen zu können.

Woody Allen hatte den Film für Orion Pictures erdacht, die Filmgesellschaft, bei der der einstige Greenwich-Village-Komiker die meisten seiner Filme produzierte. Das Konzept des Films war neu: Drei Regisseure – Allen selbst, Martin Scorsese und Francis Ford Coppola – sollten jeweils eine sechsunddreißig Minuten lange Episode beisteuern. Voraussetzung für die Realisierung des Projekts war allerdings, daß jedem der drei Regisseure ein satter Gewinnanteil zugesichert wurde, und Orion war dazu, trotz der langjährigen Zusammenarbeit mit Woody Allen, nicht bereit.

Katzenberg hatte Woody Allen schon seit Jahren umworben und sich jedesmal mit ihm getroffen, wenn er in New York war. Als ihm das Projekt angeboten wurde, griff er sofort zu. Damit sah er sich jedoch mit dem gleichen Problem konfrontiert wie vorher Orion. Die drei Regisseure verlangten zusammengenommen über fünfzig Prozent des Gewinns, den der Film einspielen würde. Das war in Betts' Augen mehr, als Silver Screen verschmerzen konnte. »Da waren plötzlich drei Regisseure, die den Rahm abschöpfen wollten«, erklärte Betts in einem Interview vom 9. Mai 1990. »Es gab nicht die geringste Möglichkeit, wie wir mit dem Film hätten Geld machen können.« Der Film erzielte ein verheerendes Einspielergebnis von 11 Millionen Dollar. Katzenberg verpflichtete Woody Allen dennoch für einen weiteren Film, *Scenes from a Mall,* mit Bette Midler in der Hauptrolle.

Die *New Yorker Geschichten* waren kein Einzelfall. Betts wandte sich zunehmend von den Filmen, die Disney drehen wollte, ab. So weigerte er sich, *Stella* zu finanzieren, ein Remake des Barbara-Stanwyck-Films *Stella Dallas* von 1937, das Bette Midler Katzenberg vorgeschlagen hatte. Bette Midler wollte in dem Film nicht nur spielen, sondern ihn auch produzieren. Als Betts erfuhr, daß die Samuel Goldwyn Company immer noch die Auslandsrechte an dem Film besaß, war die Frage der Finanzierung für ihn entschieden. Er lehnte es auch ab, sich an *Arachnophobia* zu beteiligen, da ihn der hohe Gewinnanteil abschreckte, den Steven Spielberg als ausführender Produzent erhalten sollte. Im Fall von *Drei Männer und eine kleine Lady* führte der Anstieg des Budgets zum gleichen Ergebnis. »Was hat man davon, wenn ein Film 200 Millionen Dollar macht, und man trotzdem keinen Dollar davon sieht«, sagte Betts.

Ende 1989 war die Kluft zwischen Roland Betts und Disney nicht mehr zu übersehen. Betts hatte fast sechs Jahre lang für die finanzielle Sicherheit gesorgt, die Michael Eisner und Jeffrey Katzenberg brauchten, um ihre Filme zu produzieren. Da Silver Screen die gesamten Produktionskosten trug, war Disney weitgehend vor Verlusten an den Kinokassen geschützt. Um diesen Schutz zu erhalten, war Disney allerdings gezwungen gewesen, Silver Screen die größeren Vorteile zuzusichern. Nach der ersten Vereinbarung mit Silver Screen standen Disney fünfundzwanzig Prozent der Einnahmen aus jedem Film zu, den die Limited partnership finanzierte. Daneben war Disney jedoch verpflichtet, Silver Screen für etwaige Verluste zu entschädigen, sofern ein Film nicht innerhalb von fünf Jahren die Investition der Partnership abdeckte.

Betts hatte die erste Silver-Screen-Partnership mit Frank Wells und Ron Cayo, einem Überlebenden der Ära Ron Millers, ausgehandelt. Bei den folgenden beiden Partnerships hatte Gary Wilson die Verhandlungen geführt. Betts und Wilson kamen persönlich gut miteinander zurecht, und Wilson besuchte den Silver-Screen-Gründer häufig in dessen Haus in New Mexico. Die Gespräche waren dennoch oft gespannt. Wilson verlangte mehr Geld für Disney und rang Betts schließlich ein zusätzliches Entwicklungshonorar von 500 000 Dollar für jeden von Disney produzierten Film ab. Außerdem durfte Disney Silver Screen zukünftig für jeden produzierten Film eine dreizehnprozentige Unkostenpauschale in Rechnung stellen – was für einige der kostspieligeren Disney-Filme immerhin einen Betrag von bis zu 7 Millionen Dollar ausmachen konnte.

Da von Silver Screen IV, die Emission von 1988, gerade genug Geld bereitgestellt worden war, um Disney durch den Sommer 1991 zu bringen, kamen Wilson und Betts 1989 zusammen, um über eine neue Silver-Screen-Emission zu sprechen, deren Mittel Disney für die ausgeweitete Filmproduktion benötigte. Disney brauche mindestens weitere 600 Millionen Dollar, erklärte Wilson seinem Verhandlungspartner Betts. Aber bevor Disney einen neuen Deal eingehe, müsse Silver Screen die Unkostenpauschale erhöhen und die Klausel tilgen, nach der Disney für entstehende Verluste aufzukommen hatte.

Die Gespräche standen im Schatten zusätzlicher Zahlungen, die Disney in Zukunft möglicherweise würde entrichten müssen. Durch eine Klausel in allen drei Vereinbarungen über die Limited partnerships hatte Disney die Option, von 1995 an Silver Screens Anteile an jedem Film zu erwerben, den die Partnerships finanziert hatten. Der Preis sollte mit einer komplizierten Formel errechnet werden, in der mögliche zukünftige Einnahmen aus dem Direktvertrieb an Fernsehstationen, dem Verleih ins Ausland und anderen Geschäften berücksichtigt wurden. Aus der Sicht von Roland Betts bedeutete diese Klausel Zusatzeinnahmen von mehreren Zehnmillionen Dollar. Falls mit Disney keine Einigung über den jeweiligen Preis erzielt werden könne, erklärte er, »werden wir einfach an den Meistbietenden verkaufen«.

Die Gespräche kamen kaum vom Fleck. Betts fürchtete, daß die potentiellen Investoren infolge der gestiegenen Produktionskosten und der unsicheren Erfolgsaussichten an den Kinokassen nicht mehr bereit waren, ihr Geld in die Unterhaltungsindustrie zu stecken. Er kaufte sich statt dessen bei den Texas Rangers, einer Baseballmannschaft, ein und erwog weitere Anlagemöglichkeiten außerhalb der Unterhaltungsbranche. Aber auch Disney war, nachdem fünf Jahre lang ein großer Teil der Gewinne der Filmproduktion an Silver Screen abgeflossen war, der Zusammenarbeit mit Betts müde. »Bei unserem Erfolg wären wir sicherlich besser weggekommen, wenn wir selbst die Finanzierung übernommen hätten«, sagte Eisner später. »Aber ich schlafe nachts gern ruhig.«

Eisner wußte, daß er in Japan bessere Bedingungen aushandeln konnte. Von der Popularität der international bekannten amerikanischen Filmstars angelockt, drängte es immer mehr japanische Investoren nach Hollywood. 1989 hatte der japanische Elektronikriese Sony Corp. für Columbia Pictures 3,4 Milliarden Dollar hingelegt, und ein anderes japanisches Elektronikunternehmen, die Victor Company of Japan (JVC), hatte 100 Millionen Dollar in den Produzenten Larry Cordon investiert.

Angesichts des Booms, den Tokyo Disneyland erlebte, besaß der Name »Disney« zudem eine besondere Anziehungskraft für japanische Investoren. Kurz vor Thanksgiving 1989 entschloß sich Eisner deshalb, die Situation in Japan persönlich zu erkunden und flog zusammen mit Richard Nannula und Mike Montgomery, dem stellvertretenden Finanzverwalter von Disney, nach Japan, wo er eine Tour durch die Tokioter Banken und Brokerhäuser unternahm, um ihnen den gleichen Deal vorzuschlagen, den Gary Wilson Roland Betts angeboten hatte.

Wenige Monate später hatte Mike Montgomery ein Konsortium unter der Führung der riesigen japanischen Wertpapierfirma Yamaichi Securities zusammengebracht, das 600 Millionen Dollar für die Finanzierung der nächsten Disney-Filme bereitstellen wollte. Das japanische Brokerhaus würde unter dem Namen Touchwood Limited Partners 180 Millionen Dollar durch den Verkauf von Wertpapieren aufbringen und sich die restlichen 420 Millionen Dollar bei einer Bankengruppe unter Führung der Citicorp leihen. Im Vergleich mit dem Silver-Screen-Deal hatte die neue Partnerschaft für Disney einige wichtige Vorteile. Disney würde – im Gegensatz zu den 37,5 Prozent, die die Gesellschaft von Silver Screen bekam – fünfundsechzig Prozent der Gewinne erhalten. Darüber hinaus konnte Disney vorher 17,5 Prozent als Unkostenpauschale abschöpfen, 4,5 Prozent mehr, als Betts der Gesellschaft zugestanden hatte. Und während Betts nicht verpflichtet gewesen war, Filme zu finanzieren, die ein Budget von mehr als 20 Millionen Dollar hatten, gestattete die japanische Vereinbarung für jeden der geplanten zwanzig Filme ein Budget von bis zu 35 Millionen Dollar. Bei zwei Filmen konnte sich Disney sogar Produktionskosten von 50 Millionen Dollar finanzieren lassen.

Eins der japanischen Brokerhäuser, die den Annäherungsversuchen von Disney widerstanden hatten, war Nomura Securities, ein weiterer Gigant unter den Tokioter Wertpapierfirmen. Nomura Babcock & Brown, der amerikanische Ableger von Nomura, verhandelte zu jener Zeit gerade mit Ted Field und Robert Cort, den Produzenten von *Noch drei Männer, noch ein Baby* und anderen Disney-Filmen. Die Verhandlungen führten im Dezember 1989 zu einer Vereinbarung, in der Nomura zusicherte, zukünftige Projekte von Interscope Communications, der Firma der beiden Produzenten, mitzufinanzieren. Die einzige Bedingung war, daß Disney jeweils mit derselben Summe einstieg wie Nomura.

Im Frühjahr 1990 verhandelten Robert Cort und Richard Koffey, der geschäftsführende Direktor von Nomura Babcock & Brown, deshalb mit Jeffrey Katzenberg und Helene Hahn. Disney willigte ein, mit Nomura mitzuziehen, wenn die Gesellschaft dafür die Hälfte der Einnahmen aus den von Interscope realisierten Filmen erhielt. Ursprünglich war vorgesehen, daß beide Seiten, Nomura und Disney, 50–100 Millionen Dollar bereitstellten, aber das Finanzvolumen des Deals war dadurch nicht begrenzt. Nach den drei separaten Verträgen, die den Deal besiegeln sollten, war es durchaus möglich, daß Disney am Ende bis zu 250 Millionen Dollar in Interscope-Filme investierte.

Im September 1990, als weder der Touchwood- noch der Nomura-Deal endgültig ausformuliert waren, hatte die Filmproduktion Disneys die von Michael Eisner und Jeffrey Katzenberg anvisierte Größenordnung von 24–30 Filmen pro Jahr erreicht. Dafür war es jedoch zum ersten Mal, seit die beiden Manager nach Burbank gekommen waren, nötig, daß sich Disney am Angebotspoker um die besten Hollywood-Kräfte beteiligte.

Disney hatte sich von Anfang an auf die Entwicklung eigener Projekte konzentriert und dafür einen Stab von fest angestellten Drehbuchautoren und Regieneulingen, die sie realisierten, eingestellt. Angesichts des angewachsenen Produktionsvolumens mußte die Disney-Formel jedoch revidiert werden. Wie andere Studios auch, sah sich Disney gezwungen, die jetzt marktüblichen Preise für Drehbücher zu bezahlen. In Zusammenarbeit mit der *Alien*-Produzentin Gale Ann Hurd überbot Hoberman Warner Brothers und Paramount Pictures und zahlte fast 500 000 Dollar für das Drehbuch für den Politthriller *Ultimatum*. Für gleichfalls 500 000 Dollar ging ein anderes heiß umkämpftes Drehbuch, *Hell Bent ... and Back,* an Disney.

Die hohen Preise waren eine Reaktion auf die Erkenntnis, daß das Kinopublikum inzwischen an große, aufwendige Filme wie *Stirb langsam* und *Die totale Erinnerung – Total Recall* gewöhnt war und sie gewissermaßen anforderte. Da es Disney widerstrebte, die riesigen Kosten solcher Großfilme auf sich zu nehmen, hatte man einen erfolglosen Testlauf mit dem Vertrieb eines unabhängig produzierten Films, *Air Born – Flügel aus Stahl,* unternommen. Danach hatte Katzenberg eingesehen, daß Disney, wenn die Gesellschaft im Wettkampf mit den anderen großen Filmstudios bestehen wollte, die traditionellen, relativ billig zu produzierenden Komödien durch eigene Großprojekte mit entsprechenden Budgets ergänzen mußte. Um Disney dafür zu rüsten, nahm Katzenberg den *Rambo*-Produzenten Andy Vajna unter Vertrag, der für seine Fähigkeit, Großprojekte durchzuziehen, bekannt war.

Für Vajna sind 60-Millionen-Dollar-Filme etwas Alltägliches. Um die Kosten halbwegs unter Kontrolle zu halten, begrenzte Disney deshalb den eigenen Beitrag auf 20 Millionen Dollar pro Film.

Nach dem Vertrag mit Vajna war Disney, bei einer Obergrenze des Gesamtbudgets von 40 Millionen Dollar pro Film, nur dazu verpflichtet, die Hälfte der Produktionskosten zu übernehmen. Darüber hinaus sollte Disney die Verleihkosten in den Vereinigten Staaten tragen, war aber nicht am Auslandsgeschäft beteiligt. Mit dem Vertrag kamen auch zwei Großprojekte von Vajna zu Disney, *The Stand* und *Princess of Mars*.

Daneben waren weitere Großprojekte geplant. Larry Gordon, zu dessen Filmen so kostspieligen Streifen wie *Predator* und *Nur 48 Stunden* gehörten, wurde für *Rocketeer* verpflichtet, einen 35 Millionen Dollar teuren Actionfilm über einen Superhelden, der darum kämpft, daß eine geheime Rakete nicht den Nazis in die Hände fällt. Außerdem nahm Disney einige hochbezahlte Schauspieler unter Vertrag. Sylvester Stallone, den Eisner bei Paramount einst für die Hauptrolle in *Beverly Hills Cop* vorgesehen hatte, wurde für 5 Millionen Dollar für eine Komödie mit dem Titel *Oscar – Vom Regen in die Traufe* verpflichtet, die unter der Regie von John Landis entstehen sollte. Tom Hanks, dessen Marktwert seit seiner Rolle in dem Disney-Film *Scott & Huutsch* einen Sprung nach oben gemacht hatte, kehrte in das Studio zurück, um an der Seite von Debra Winger in *Significant Other* zu spielen. Bill Murray und Richard Dreyfuss wurden für *What About Bob?* verpflichtet, was das Budget des Films schlagartig auf 30 Millionen Dollar erhöhte.

Fortsetzungen von Erfolgsfilmen sind in der Regel ebenfalls Vorhaben mit großen Budgets, und Disneys Filmproduktion plante Fortsetzungen einer ganzen Reihe ihrer erfolgreichsten Filme. Robin Williams unterschrieb einen Vertrag für die Fortsetzung von *Good Morning, Vietnam,* die den Titel *Good Morning, Chicago* erhalten sollte. Die Dreharbeiten verzögerten sich jedoch, da der Schauspieler noch mit anderen Projekten beschäftigt war. Mit der Fortführung von *Liebling, ich habe die Kinder geschrumpft* hatte das Studio mehr Glück. Rick Morrains übernahm wieder die Hauptrolle, und die Dreharbeiten konnten im Frühjahr 1991 in Las Vegas beginnen. Daneben war man dabei, das Drehbuch für die Fortsetzung von *Falsches Spiel mit Roger Rabbit* zu überarbeiten.

Der *Roger Rabbit*-Produzent Steven Spielberg sollte außerdem seine erste Regiearbeit für Disney abliefern. Die Produktion des Films, der den Arbeitstitel *Gone Fishing* erhielt, mußte jedoch verschoben werden, als Spielberg von Columbia Pictures für *Hook*, einen *Peter Pan*-Remake mit einem erwachsenen Peter Pan im Mittelpunkt, verpflichtet wurde. Jeffrey Katzenberg brachte daneben Dustin Hoffman und Robert Benton wieder zusammen, das Duo, das den mit dem Oscar ausgezeichneten Film *Kramer gegen Kramer* zu seinem Erfolg verholfen hatte, und nahm sie für eine 25 Millionen Dollar teure Filmfassung von E.L. Doctorows Roman *Billy Bathgate* unter Vertrag.

Ende 1990 hatte Disney 17 neue Spielfilme herausgebracht und über 100 weitere in Arbeit. Die Ausweitung des Produktionsvolumens hatte zu einer Kostenexplosion geführt: Hatten sie nur zwei Jahre zuvor noch bei 65 Millionen Dollar gelegen, so beliefen sie sich jetzt auf 140 Millionen Dollar,[17] und da sich Silver Screen weigerte, die teureren Filme zu finanzieren, mußte Disney bei einigen von ihnen allein geradestehen. Aber als das Jahr zu Ende ging, nahm Disney wieder, vor Paramount Pictures, den ersten Platz unter den großen Hollywood-Studios ein.[18] Michael Eisner und Jeffrey Katzenberg hatten gelernt, daß es manchmal Geld kostet, wenn man Geld machen will.

Kapitel 15

WENN MICKYMAUS GRANTIG WIRD

Von White River, einer winzigen Stadt mit einem Sägewerk in Nordontario (Kanada), gäbe es kaum etwas Bemerkenswertes zu berichten, wenn sich das 1200-Seelen-Nest nicht als Geburtsort von Winnie Puuh betrachten würde, des honiglüsternen Bären, der durch den Kinderbuchautor A. A. Milne zu Berühmtheit gelangte. Die örtliche Legende besagt, daß Harry Colebourn, ein Tierarzt aus Winnipeg, der sich während des Ersten Weltkriegs auf dem Weg nach London befand, um sich dort der Armee anzuschließen, auf dem Bahnhof von White River einem Trapper für 20 Dollar ein Bärenjunges abkaufte, das er zur Erinnerung an seine Heimatstadt Winnipeg nannte.

Nicht lange nach seiner Ankunft in England war Colebourn, als sein Bataillon nach Frankreich verschifft werden sollte, gezwungen, den Bären der Obhut des Londoner Zoos anzuvertrauen. Dort wurde er, dessen Name von den Wärtern bald zu Winnie verkürzt wurde, zum Lieblingstier von Christopher Robin Milne, des Sohns von A. A. Milne.

Um den 1990 anstehenden 75. Geburtstag Winnie Puuhs zu begehen, beschlossen die Stadtväter von White River, eine fast fünf Meter hohe Statue des Bären aufzustellen. Für White River war das Denkmal eine ideale Touristenattraktion, die der Stadt dringend benötigte zusätzliche Einnahmen verschaffen könnte. Für die Walt Disney Company dagegen, die 1961 die Rechte an Milnes Figur erworben hatte, war es ein Angriff auf die eisern gehüteten Grundlagen der Gesellschaft.

Wenige Wochen, nachdem man von dem Vorhaben erfahren hatte, schickte der Disney-Anwalt Robert Ogden der winzigen kanadischen Stadt einen geharnischten Brief, in dem sie aufgefordert wurde, die Finger von dem berühmten Bären zu lassen. Nach Ansicht der Disney-Anwälte würde die Aufstellung der Statue Disneys Copyright verletzen und unweigerlich juristische Schritte gegen White River nach sich ziehen.

White River konnte Disney schließlich die Einwilligung zur Errichtung einer Statue abringen, nachdem eine wahre Flut von Briefen in Burbank eingetroffen war, die allesamt White River unterstützten. »Wir bekamen sogar aus Australien Anrufe von Leuten, die uns sagten: ›Machen Sie weiter. Kämpfen Sie dafür. Zeigen Sie denen, daß sie nicht Gott sind‹«, erinnerte sich Ollie Chapman, der Bürgermeister von White River.[1] Aber Disneys Zustimmung zur Aufstellung der Statue war an Bedingungen geknüpft. White River, dies mußte Ogden den Bewohnern seiner Stadt mitteilen, dürfe beim Entwurf des Denkmals nur die Zeichnungen des englischen Grafikers Ernest Shepard benutzen, die als Illustrationen zu Milnes Buch erschienen waren, und nicht die späteren, berühmt gewordenen Disney-Zeichnungen.

Die harsche Reaktion der Walt Disney Company auf das Vorhaben von White River paßte zur haushälterisch zugeknöpften Art der Gesellschaft, die Walt Disney über sechs Jahrzehnte vorher aufgebaut hatte. Wie die meisten Familienunternehmen hatte auch die Walt Disney Production ihren Besitzstand stets mit einer an Fanatismus grenzenden Heftigkeit verteidigt. Walt Disney war in der Frühzeit seiner Karriere einmal fast gescheitert, als ihn ein Partner ausmanövrierte und ihm die Rechte an einer seiner ersten Comicfiguren, Oswald the Lucky Rabbit, abnahm. Die Lektion hatte gesessen, und fortan sorgten Walt und Roy Disney mit peinlicher Sorgfalt dafür, daß sie nie wieder kampflos die Früchte ihrer Arbeit verloren.

In den nachfolgenden Jahren hatte es Walt stets vermieden, Partner in seine Gesellschaft aufzunehmen, und streng darauf geachtet, daß die Verträge für die wenigen, mit denen er Geschäfte machte, absolut wasserdicht waren. Das Copyright an seinen Figuren wurde eifersüchtig gehütet, und das zu einer Zeit, als die meisten anderen Studios ihr Eigentum noch nicht auf diese Weise schützten. Als ausgesprochener Gewerkschaftsfeind ließ sich Walt auch von der

Gewerkschaft nicht in seine Belange hineinreden und widerstand 1941 einem sich neun Wochen hinziehenden Streik von 300 Trickfilmzeichnern.

Einer der ersten von außen kommenden Mitarbeiter, den Walt, von den Trickfilmzeichnern einmal abgesehen, bei Disney einstellte, war der aus Los Angeles stammende Rechtsanwalt Gunther Lessing. Lessing war eine schillernde Persönlichkeit. Er hatte Anfang der 20er Jahre unter anderem den mexikanischen Revolutionär Pancho Villa vertreten. Sein erster Auftrag für Disney bestand 1930 darin, für die Zeichentrickfilme des Studios die bestmöglichen Verleihbedingungen auszuhandeln. Ein paar Jahre später wurde Lessing als Chef des anwachsenden Teams von Rechtsanwälten, deren Aufgabe es war, die Copyrights der Disney-Figuren anzumelden, auch formell auf Disneys Gehaltsliste gesetzt. Danach bombardierte er die Gerichte, zu einer Zeit, als solche Rechtsmittel noch nicht gang und gäbe waren, förmlich mit Anträgen, die bewirken sollten, daß nicht autorisierte Anbieter von Disney-Produkten ihre Waren nicht mehr verkaufen durften.

Der Schutz der Besitztümer der Gesellschaft gehörte auch nach Walts Tod zu Disneys Grundprinzipien. Dennoch brachten Michael Eisner und Frank Wells eine neue, noch schärfere Entschlossenheit mit, die Gesellschaft vor jedem – realen oder eingebildeten – Angriff zu schützen, der ihre Fundamente unterminieren konnte. Die Wiederbelebung der Vermögenswerte der Gesellschaft wäre nach Ansicht ihrer neuen Chefs witzlos gewesen, wenn diese Werte nicht mit allen zur Verfügung stehenden Mitteln gegen jedweden Angriff verteidigt wurden. Wenn Kreativität die Seele der Walt Disney Company war, dann war die Rechtsabteilung ihr Herz.

Als langjährige Mitglieder der Chefetagen von Hollywood kannten Eisner und Wells den verleumderischen und überaus streitsüchtigen Zug, der zum Wesen der Unterhaltungsindustrie zu gehören schien. Nichts war offenbar zu gering oder zu unbedeutend, um nicht zum Anlaß eines Rechtsstreits zwischen Produzenten, Schauspielern und Regisseuren zu werden. Frank Wells hatte in solchen Auseinandersetzungen seine beruflichen Fähigkeiten erprobt und gestählt. Als er am Beginn seiner Anwaltslaufbahn für eine private Kanzlei arbeitete, hatte er, zum Beispiel, den legendären Hollywood-Mogul Jack Warner im Zeugenstand derartig in die Mangel genommen, daß er seinen Klienten James Garner auftragsgemäß aus dessen Vertrag mit Warner loseisen konnte. Eisner war zwar kein Anwalt von Beruf, aber in der hinter den Kulissen von Paramount Pictures befolgten Strategie nach dem Motto »Keine Gefangenen!« bestens bewandert. Unter Barry Diller wurden jedem, der für Paramount arbeitete, ob nun als Angestellter oder als freier Mitarbeiter, die Grundzüge der von der Gesellschaft praktizierten Form des streitbaren Managements förmlich eingebleut.

Für Disney, das war sowohl Frank Wells als auch Michael Eisner klar, war der Schutz des Disney-Images ein entscheidender Faktor für den Verkauf von Spielzeugen, Fernsehserien und der anderen Dinge, die von der Gesellschaft vorbereitet wurden. »Eine meiner Aufgaben ist der Schutz des Disney-Images«, erklärte Eisner im Interview vom 12. März 1990. »Ich bin so etwas wie die Stimme, die ständig sagt: ›Nein, das könnt ihr nicht tun.‹«

Eisner und Wells machten sich unverzüglich daran, die Wehrhaftigkeit der Gesellschaft zu stärken. Als sie bei Disney anfingen, beschäftigte die Gesellschaft keine zwanzig festangestellten Rechtsanwälte. Die Verträge für neue Projekte und die Stars, die sie realisieren sollten, wurden von nur zwei Anwälten ausgearbeitet, und für die Konsumprodukte war sogar nur ein einziger Anwalt zuständig. Als Katzenberg das Studio übernahm, holte er Helene Hahn zu sich, um die Rechtsabteilung von Disneys Filmproduktion aufzubauen. Joe Shapiro, der Partner von Donovan, Leisure, der Disney während der Übernahmeschlacht beraten hatte, wurde zwei Monate später der Nachfolger von Disney-Syndikus Richard Murrow, der in den Ruhestand ging.

Shapiro brachte rasch Ordnung ins Haus, indem er zuerst einmal die dreiundzwanzig Anwälte, die er vorfand, an die Luft setzte und mit Hilfe lukrativer Bonusangebote Anwälte nach seinem Geschmack anheuerte. Als Chef der Prozeßführungsgruppe holte er Ed Nowak, der in New York für die Kanzlei Simpson Thatcher & Bartlett gearbeitet und dort unter anderem General Motors vertreten hatte. Janet Johnson, eine Spitzenanwältin auf dem Gebiet des

Unternehmensrechts, die gleichfalls von Simpson kam, ließ sich ebenso überreden, nach Los Angeles umzuziehen, wie Joe Santaniello, der bei American Home Products gearbeitet hatte. Bis 1986 hatte Shapiro auf diese Weise einen Stab von Rechtsanwälten um sich geschart, die genauso abgebrüht und erfahren waren, wie Gary Wilson es von seinen Finanzmanagern erwartete. »Das erste, was man mir sagte, war, daß ich mir gute Leute suchen sollte«, erinnerte sich Peter Nolan, der Chef der für die Konsumprodukte zuständigen Gruppe.[2]

Eisner und Wells hatten gleich zu Beginn ihrer Herrschaft Gelegenheit, ihre Entschlossenheit zu beweisen. Wie Walt Disney vor ihnen, waren auch sie nicht bereit, sich Gewerkschaftsforderungen zu beugen, und so gaben sie während des einundzwanzigtägigen Streiks in Disneyland, den sie von der abgetretenen Geschäftsführung geerbt hatten, um keinen Zentimeter nach. Später, Ende 1988, boten sie auch Streikdrohungen der Mitarbeiter der Walt Disney World die Stirn und wiesen den Chef der Vergnügungsparks, Dick Nunis, an, seinerseits damit zu drohen, daß für Streikende neue Mitarbeiter eingestellt werden würden. Den Lohnforderungen der Parkmitarbeiter nachzugeben, kam für das Team Disney nicht in Frage.[3]

Mit dem Wachstum der Gesellschaft erhöhte sich auch die Zahl der Rechtsstreitigkeiten, in die sie verwickelt war. Je größer ein Unternehmen ist, desto mehr Geschäftspartner, Aktivitäten und Anlässe für unterschiedliche Ansichten gibt es, und nur wenige Unternehmen wuchsen so rasch wie die Walt Disney Company. Und noch weniger waren von einer solchen Entschlossenheit geprägt, ihr Wachstum mit Klauen und Zähnen zu verteidigen, wie Disney.

Die schnörkellosen schwarzen Möbel in Ricardo Mestres' Büro in Burbank vermitteln das Bild eines kühlen, leidenschaftslosen Studiomanagers. Ende Juni 1990 war der Direktor der neuen Filmgesellschaft Disneys, Hollywood Pictures, jedoch alles andere als kühl und beherrscht. Die Dreharbeiten an *Die blonde Versuchung* waren bereits in vollem Gange, als das Studio plötzlich Schwierigkeiten mit Kim Basinger bekam, der reizbaren Schauspielerin, die in dem in den 40er Jahren spielenden Film die Rolle einer Nachtklubsängerin verkörperte. Die Schwierigkeiten hatten als kleine, harmlose Meinungsverschiedenheiten über das Drehbuch und die Songs, die Basinger singen sollte, begonnen, sich aber rasch zu einem Hollywood-typischen Krieg ausgeweitet, dessen Munition aus Drohbriefen und Klageankündigungen bestand. Mindestens ein Drehtag sei bereits infolge des von Kim Basinger vom Zaun gebrochenen Streits verlorengegangen, teilte der auf dem Set in Las Vegas anwesende Disney-Vertreter Mestres mit. Die Schauspielerin hatte den Regisseur des Films, Jerry Rees, offenbar völlig eingeschüchtert, und das auf 15 Millionen Dollar festgesetzte Budget des Films war durch die Verzögerung der Dreharbeiten schon um mindestens eine halbe Million Dollar überzogen worden.

Mestres hatte seinem Ärger bereits durch wütende Briefe an die Studioanwältin Helene Hahn Luft gemacht und sie angewiesen, Basingers Agenten, Bill Block, eine Breitseite zu verpassen. Block, der Chef der Intertalent Agency, hatte seinerseits mit einem Sperrfeuer aus Briefen geantwortet, in denen er Kim Basinger verteidigte und Disney die Schuld an den Streitigkeiten anlastete. Es sei Disneys Fehler gewesen, daß der Drehplan zu eng geplant und das Drehbuch nicht rechtzeitig fertiggestellt worden war.

An diesem späten Junitag des Jahres 1990 nun griff Ricardo Mestres, während draußen die Dämmerung den Himmel über Burbank verdunkelte, zum Telefon, um zum drittenmal an diesem Nachmittag mit Bill Block zu sprechen. Disney erwäge, die Schauspielerin zu verklagen, sagte Mestres mit fester Stimme und fügte, um Block keine Möglichkeit zu einer Erwiderung zu geben, sofort hinzu: »Wir haben einen Punkt erreicht, an dem einfach kein guter Wille mehr übriggeblieben ist.« Wenn es noch einen einzigen Zwischenfall gebe, fuhr Mestres fort, werde Disney die in Kim Basingers Vertrag vereinbarte Selbstbeteiligungsklausel in Anspruch nehmen und ihr für jeden Tag, um den sie die Dreharbeiten verzögere, 85000 Dollar von der Gage abziehen. »Sagen Sie Ihrer Klientin, daß sie, falls sie uns von heute an auch nur die geringsten Schwierigkeiten machen sollte, die Rechnung dafür bekommen wird«, beendete Mestres seinen Monolog und hämmerte den Telefonhörer auf die Gabel.

Am nächsten Tag schickte Helene Hahn ihren letzten Brief in dieser Sache ab, in dem sie die Drohung wiederholte, daß Disney nicht tatenlos zuschauen werde und vorhabe, die entstehenden Kosten von Kim Basingers Gage abzuziehen. Die Dreharbeiten für *Die blonde Versuchung,* die im März 1991 in die Kinos kommen sollte, wurden im August abgeschlossen – zehn Tage verspätet. Obwohl Mestres' Drohung nicht in die Tat umgesetzt wurde, hatte sie doch klargemacht, worum es Disney ging. Kein Star, ganz gleich, wie groß er war, war für die Walt Disney Company von so entscheidender Bedeutung, daß er nicht ersetzt, hart angefaßt oder verklagt werden konnte. »Es gibt nichts Wichtigeres als die erzählte Geschichte«, sagte Katzenberg, »außer vielleicht der Forderung, sie innerhalb des Budgetrahmens zu realisieren.«[4]

Mit dieser Philosophie hatten sich die Disney-Manager rasch den Ruf von Betonköpfen eingehandelt. Michael Eisner und Jeffrey Katzenberg waren eben Schüler der Paramount Pictures, wo knochenharte Verhandlungen die Norm waren. Dort hatten sie gelernt, daß Budgets heilig waren, ein Grundsatz, der für Charles Bluhdorn und Barry Diller das Banner ihres Kreuzzugs war. Und niemand hatte dieses Banner begieriger aufgenommen als Eisner und Katzenberg.

Das Team Disney hatte die bei Paramount herrschende Budgetmanie den Bedürfnissen der neuen Studiophilosophie angepaßt, die es in Burbank einführen wollte. Ganz im Sinne dieser Lehre hatte Disney hochbezahlte Schauspieler und Regisseure links liegen lassen, um statt dessen die Liste der abgehalfterten Hollywood-Stars durchzugehen und Schauspieler wie Bette Midler und Richard Dreyfuss aufzuspüren, deren Karrierekurven nach unten zeigten. Darüber hinaus stellte Katzenberg, um nicht die hohen Preise ihrer berühmteren Kollegen bezahlen zu müssen, drei Dutzend handverlesener, weniger bekannter Autoren ein, denen er vergleichsweise niedrige Gehälter für die benötigten Drehbücher zahlte. So stammte zum Beispiel das Drehbuch zu einem der ersten großen Erfolge des Studios – *Nichts als Ärger mit dem Typ* –

von Leslie Dixon, der zum erstenmal ein Drehbuch geschrieben hatte.

Um die Bilanz gesund zu halten, wurde routinemäßig einer von Disneys Produktionsmanagern zu den Dreharbeiten abgestellt; der sorgte dafür, daß alle Beteiligten ständig den Schatten des Studiochefs über sich fühlten. »Wir hatten fast die ganze Zeit, während wir den Film drehten, Marty Katz bei uns«, erinnerte sich Robert Cort, der Produzent von *Immer Ärger mit dem Typ*.[5] Katz, ein Spitzenmanager im Produktionsstab des Disney-Studios, der Katzenberg von Paramount zu Disney gefolgt war, hatte Cort und Arthur Hiller, den Regisseur, ständig mit Ideen bombardiert, wie diese oder jene Szene gedreht oder die Geschichte gestrafft werden konnte. »Sie hatten immer eine Menge zu sagen«, sagte Cort über Katzenberg und seine Vertreter auf dem Set im allgemeinen, »und man mochte vielen ihrer Anregungen nicht zustimmen, aber was sie sagten, war niemals dumm.«

Nicht jede Zusammenarbeit klappte jedoch auch nur annähernd so gut wie die zwischen Cort und Katz. Anfang 1987 lagen sich Mestres und Katzenberg, kurz vor dem geplanten Drehbeginn der amerikanischen Version ihres Films, wochenlang mit Coline Serreau, der Regisseurin von *Drei Männer und ein Baby*, in den Haaren, um sie zu einer Überarbeitung ihres Originaldrehbuchs zu bewegen. Sie stieg schließlich unmittelbar vor Drehbeginn aus dem Projekt aus, angeblich aus Gesundheitsgründen, was im Studio die Bemerkung nach sich zog, daß sie offenbar am »Katzenberg-Fieber« erkrankt war. Aber was auch immer der Grund gewesen sein mag, sie räumte ihren Platz und wurde rasch durch Leonard Nimoy ersetzt, während James Orr und Jim Cruickshank in aller Eile das Drehbuch umschrieben.

Henry Winkler gegenüber, dem Regisseur, der einst in Paramounts für ABC produzierter Fernsehserie *Happy Days* die Rolle des Fonz gespielt hatte, war Mestres sogar noch direkter als im Fall von Coline Serreau. Winkler war 1988 für *Scott & Huutsch* unter Vertrag genommen worden; als aber fünf Wochen nach der ersten Klappe die Dreharbeiten hinter dem Zeitplan herhinkten, wechselten Winkler und Mestres kaum noch ein Wort miteinander.

Winkler wurde schließlich mit einer Kündigungsfrist von nur einer Woche gefeuert und durch den Regisseur von *Shoot to Kill*, Roger Spottiswood, ersetzt, einen soliden Handwerker, von dem zu erwarten war, daß er die Sache schnell zu Ende bringen würde. Spottiswood erfüllte die in ihn gesetzten Erwartungen, und der Film konnte, wie geplant, Mitte Juli 1989 in die Kinos kommen, wo er über 69 Millionen Dollar einspielte.

»Sie mischen sich ständig ein und machen einen damit ganz verrückt«, lautete Garry Marshalls Kommentar zu Katzenbergs Vertretern auf dem Set. »Sie stehen einem dauernd im Weg herum.«[6] Während der Dreharbeiten an *Freundinnen*, erinnerte sich Marshall, fühlte er sich von den ständigen Störungen derart belästigt, daß er einmal in gespielter Wut vom Set stürmte. »Ich bin natürlich nicht abgehauen«, sagte Marshall. »Ich habe nur so getan. Aber das Ergebnis ist meistens, daß man in Ruhe gelassen wird, weil alle Angst haben, daß man tatsächlich abhauen könnte.« Trotz solcher Temperamentsausbrüche war Disney allerdings nicht bereit, seiner Forderung nachzukommen, das Hollywood Bowl für eine der Filmszenen mit Statisten zu füllen. Die Szene im Bowl wurde statt dessen durch eine Probe der von Bette Midler gespielten Sängerin ersetzt.

Mit einer Reihe von Erfolgen auf dem Konto, konnte Disney auch den Kinobesitzern gegenüber die Muskeln spielen lassen. Bald nach dem höchst erfolgreichen Jahr 1988 setzte die Gesellschaft neue Regeln für den Verleih durch. Disney verlangte nun, wie Verleihchef Dick Cook den Kinoketten mitteilte, selbst dann, wenn die Kinos Kindern und Rentnern verbilligte Preise anboten, für jede verkaufte Eintrittskarte den Betrag, der dem Studio von einer zum vollen Preis verkauften Karte zustand.

Um sicherzustellen, daß Disney den höchstmöglichen Prozentsatz an jeder verkauften Kinokarte erhielt, bestand die Gesellschaft außerdem darauf, daß die Kinobesitzer mit konkurrierenden Angeboten um das Recht, einen Disney-Film aufzuführen, stritten. Damals waren solche Ausschreibungen nur in der Hälfte der Bundesstaaten vorgeschrieben. Sie sorgten dafür, daß sich die Kinoketten im Kampf um einen Spitzenfilm gegenseitig ausstachen und für lukrative Filme häufig bis zu 52 Prozent der Bruttoeinnahmen als »Verleihgebühr« an die Filmgesellschaften abführten. Disneys Verleihteam war von Jeffrey Katzenberg angewiesen worden, diese Zahl möglichst zu erreichen, insbesondere bei den Großprojekten des Studios.

Wie der eine oder andere Kinobesitzer rasch erfuhr, war das Studio auch willens, seine Forderungen mit drastischen Maßnahmen durchzusetzen. Wenn eins der kleineren Kinos – die in ihrer Gegend meistens keine Konkurrenten zu fürchten brauchten – nicht bereit war, den Prozentsatz zu zahlen, den Disney forderte, mietete die Gesellschaft einfach einen örtlichen Versammlungssaal an und zeigte den Film auf einem Bettlaken. Danach dauerte es in der Regel nur wenige Tage, bis die Kinobesitzer ihr Angebot erhöhten.

Die heftigsten Auseinandersetzungen zwischen Disney und den Kinobesitzern betrafen die Werbespots, die vor dem Hauptfilm gezeigt wurden. Nach Katzenbergs Ansicht verringerte der Anblick einer Coke- oder Chevrolet-Werbung den »Unterhaltungswert« des nachfolgenden Films, und er wies deshalb den Verleihchef Dick Cook an, den großen Kinoketten mitzuteilen, daß Disney kein Kino mehr beliefern werde, das mit dieser Praxis fortfuhr.

Um die eigene Argumentation abzustützen, gab Disney eine Umfrage in Auftrag, die beweisen sollte, daß die Kinobesucher mit wachsendem Unmut auf die Werbespots reagierten. Insider der Branche meinten jedoch, daß der Feldzug gegen die Kinowerbung seinen Grund eher in der damals gerade aufkochenden Fehde mit Cineplex Odeon hatte. Cineplex Odeon, eine große Filmtheaterkette, in deren Kinos Werbespots gezeigt wurden, hatte Disney-Filme boykottiert, als die Gesellschaft auf konkurrierenden Angeboten für ihre Filme bestand. Außerdem gehörte Cineplex zum Teil Disneys Intimfeind MCA und zeigte häufig Werbespots für den neuen Universal Studios Park, den MCA in Orlando errichtet hatte.[7]

1987 ließ sich Jeffrey Katzenberg auch einmal auf einen Kampf mit den Hollywood-Gewerkschaften ein, was für die Studiomanager für gewöhnlich ein Tabu darstellt. Die meisten Studios überlassen die Diskussionen mit den Gewerkschaften der Alliance of Motion Picture and TV Producers, dem Verhandlungsgremium der Unterhaltungsindustrie. Als sich jedoch 1987 die Stimmung zwischen der Industrie und der Screen Writers Guild, der Vereinigung der Filmautoren, immer mehr erhitzte, rief Katzenberg die Disney-Autoren zu einer Sondersitzung zusammen. Obwohl die Versammlung ganz offensichtlich angesetzt worden war, weil Katzenberg seine Ansicht zu den umstrittenen Fragen darlegen wollte, beklagten sich Gewerkschaftsführer später darüber, daß Katzenberg ihrer Basis erklärt hatte, er sei nicht überzeugt, daß sie von der Gewerkschaft die ganze Geschichte zu hören bekam. Universal und Fox unterstützten zwar Disneys Vorgehen, aber es war Disneys *Falsches Spiel mit Roger Rabbit,* das von der Screen Writers Guild als Streikobjekt herausgepickt wurde.[8] Der Streik hielt fast fünf Monate an, bevor er beigelegt werden konnte.

Auch in anderen Bereichen der Unterhaltungsindustrie erzeugte das Team Disney mit seiner Handlungsweise böses Blut, das gelegentlich noch lange Zeit nachwirkte. So befehdete sich Jeffrey Katzenberg zum Beispiel zwei Jahre lang mit Barry Hirsch und Bertram Fields, zwei Spitzenanwälten der Unterhaltungsindustrie. Katzenberg nahm zeitweise nicht einmal mehr Telefonanrufe von Hirsch, zu dessen Klienten Francis Ford Coppola gehörte, entgegen. Und Bert Fields bekam die kalte Schulter von Disneys Studiochef zu sehen, als die Verhandlungen mit seinem Klienten Warren Beatty über die Bedingungen des *Dick Tracy*-Deals ins Stocken geraten waren. Beide Anwälte versöhnten sich später jedoch wieder mit Disney.

Manche ihrer Klienten dagegen entzweiten sich auf Dauer mit Disney. So lieferte sich Disney über die Gagenforderung des Regisseurs Barry Levinson, der *Tin Men* und *Good Morning, Vietnam* für das Studio gedreht hatte, eine heftige Schlacht mit Hirsch. Levinson hatte für den zweiten Film 1,5 Millionen Dollar erhalten. Nachdem er an den Kinokassen 123 Millionen Dollar eingespielt hatte, verlangte Levinson für seinen nächsten Disney-Film 4 Millionen Dollar. Als Katzenberg die Forderung zurückwies, wechselte Levinson zu MGM/UA, wo er 1989 den Erfolgsfilm *Rain Man* drehte.

Disney verlor neben Levinson auch David Zucker, Jim Abrahams und Jerry Zucker, das Trio, das für Touchstone Pictures *Die unglaubliche Entführung der verrückten Mrs. Stone* gedreht hatte. Eisner und Katzenberg hatten den drei Filmemachern bei Paramount zum Start verholfen, indem sie *Die unglaubliche Reise in einem verrückten Flugzeug* finanzierten. Als jedoch 1987 die Erneuerung ihres Vertrages anstand, kehrten sie zu Paramount zurück, da sie mit Disneys Angebot nicht zufrieden waren. »Wir wußten, daß wir zwei Filme gemacht hatten – *Die unglaubliche Reise in einem verrückten Flugzeug* und *Die unglaubliche Entführung der verrückten Mrs. Stone* –, die einträgliche Erfolge gewesen waren«, sagte Jerry Zucker, »und wir wollten, daß unsere Gage aufgebessert wurde. Sie machten sich großartig, ihr Aktienkurs stieg, und wir wollten daran partizipieren.«[9]

Die Verhandlungen mit dem Trio Zucker, Abrahams, Zucker zogen sich monatelang hin. Disney hatte den dreien für *Die unglaubliche Entführung der verrückten Mrs. Stone* insgesamt 1 Million Dollar gezahlt und weigerte sich, auch nur im geringsten darüber hinauszugehen – ganz sicher nicht bis zu den verlangten 3 Millionen Dollar. »Unsere Agenten und Anwälte hielten unsere Forderung für fair, aber Disney kam noch nicht einmal in ihre Nähe.« Das Trio drehte in der Folgezeit zwei Riesenerfolge für Paramount, *Die nackte Kanone* und *Ghost – Nachricht von Sam*. »Ich mag sie immer noch. Sie haben uns viel geholfen«, sagte Zucker. »Aber ihre Haltung lautet: ›Was habt ihr in letzter Zeit für uns getan?‹«

Der bitterste Verlust aber war im August 1990 David Kirkpatrick, einer der besten Produktionsmanager sowohl von Touchstone Pictures als auch von Walt Disney Pictures, der zu Paramount wechselte. Kirkpatrick war einer der vielen Manager gewesen, die bei Paramount mit Katzenberg zusammengearbeitet hatten und ihm zu Disney gefolgt waren. Aber schon ein Jahr später wurde er wieder hinausgedrängt, und als der 39jährige Manager zu Paramount zurückgekehrt war, flatterte ihm als erstes eine Klage von Disney ins Haus.

Die Klage, beim Obersten Gericht in Los Angeles eingereicht, beschuldigte Kirkpatrick, die Bedingungen eines zwei Jahre geltenden »Stillhalteabkommens« gebrochen zu haben. Disney warf

Kirkpatrick unter anderem vor, einen anderen Studio-Manager, Donald Granger, überredet zu haben, mit ihm zu Paramount zu gehen, und sich in Verhandlungen eingemischt zu haben, die Katzenberg mit den Produzenten Ed Kaplan und Steve Tisch um die Rechte an ihrem neuesten Film, *The Dead Letter Department*, führte.

Kirkpatricks Anwalt, Howard Weitzman, bestritt die Vorwürfe heftig und kündigte an, daß er und sein Klient den Kampf aufnehmen würden. *Variety* gegenüber äußerte er sich in sehr plastischer Weise über die hartgesottenen Methoden des Disney-Managements: »Mäuse, die selbst im Glashaus leben, sollten andere nicht Läuse nennen.«[10]

Rupert Murdoch gehört nicht zu denen, die eine Niederlage leicht verschmerzen. Murdoch, der Sohn eines altgedienten australischen Journalisten und Königsmachers, erlernte den Journalismus, indem er für den *Melbourne Herald* über politische Ereignisse und über Gerichtsverfahren berichtete. Als sein Vater 1952 starb, war er Student in Oxford und kehrte sofort nach Hause zurück, um die beiden kleinen, unprofitablen Zeitungen zu führen, die seinem Vater gehört hatten. Bis 1958 hatte er nicht nur die Zeitungen seines Vaters hochgebracht, sondern ihre Aktiva auch dazu benutzt, zu expandieren. Am Ende gehörten ihm neben Zeitungen in Großbritannien, Hongkong und den Vereinigten Staaten auch das Filmstudio und das Fernsehnetz von Twentieth Century Fox. Sein Konzern, die News Corp., besaß 1988 Aktiva im Wert von mehr als 12 Milliarden Dollar.

Aber Murdochs Expansionsdrang war damit noch nicht gestillt. Als neues Wachstumsgebiet hatte er den potentiell höchst lukrativen Markt des britischen Kabelfernsehens auserkoren. Den Grundstein für das Sky Television, eine Fernsehstation, deren Programme via Satellit in die britischen Haushalte gelangen sollten, legte er 1986. Bis 1988 hatte er bereits fast 500 Millionen Dollar in das Projekt investiert.

Barry Diller, der Aufsichtsratsvorsitzende von Murdochs Fox-Studioimperium, trat Mitte 1988 an Michael Eisner heran, um mit ihm über eine mögliche Beteiligung von Disney an Sky Television zu sprechen. Sowohl Sky Television als auch dessen Hauptkonkurrent British Satellite Broadcasting (BSB) hatten gewaltige Summen ausgegeben, um sich die Rechte an den Filmen der großen Hollywood-Studios zu sichern. BSB, ein Konsortium führender britischer Medien- und Elektronikunternehmen, hatte 100 Millionen Dollar für die Exklusivrechte an 198 MGM/UA-Filmen und weitere 160 Millionen Dollar für 175 Columbia-Filme hingeblättert.[11] Murdoch bot nun dem Disney-Studio 200 Millionen Dollar für die Senderechte an seinen Filmen an.

Rich Frank, Katzenbergs rechte Hand, begann daraufhin im Sommer 1988 mit Fox und der News Corp. zu verhandeln. Er brachte auch den Gedanken eines engeren Zusammengehens auf; Disney sollte den Satelliten, den Murdoch Anfang 1989 ins All bringen wollte, nutzen dürfen, um den Disney Channel in Europa einzuführen. Zweck dieser Initiative war es, den wachsenden Markt für Disney-Produkte in Europa zu stärken und Euro Disneyland, das 1992 in der Nähe von Paris eröffnet werden sollte, die nötige öffentliche Aufmerksamkeit zu verschaffen.

Im November war die Vereinbarung über das Zusammengehen von Murdoch und Disney spruchreif. Disney würde Murdochs Sky Television die Senderechte an den über dreißig Filmen geben, die Touchstone Pictures seit 1985 produziert hatte. Daneben erhielt Murdoch das Recht, den Namen »Disney« und die Disney-Figuren im britischen Pay-TV einzusetzen. Disney seinerseits sollte binnen eines Jahres, bei einem Programmumfang von mindestens achtzehn Stunden täglich, den Disney Channel über Sky Television in die britische Fernsehlandschaft einbringen.[12] Wenigstens sechs Stunden des täglichen Programms sollten aus Disneyschen Eigenproduktionen bestehen.

Der Vertrag war kaum unterschrieben, als sich Disney schon darüber zu beschweren begann, daß auf Murdochs Seite eigenmächtig Entscheidungen getroffen wurden. Beide Vertragspartner hatten weitläufige Vorstellungen, wie die gemeinsame Arbeit konkret aussehen sollte. Die Murdoch-Vertreter waren »wirklich harte Verhandler«, erinnerte sich Rich Frank in einem Gespräch vom 17. Mai 1990. »Wie sollen wir das Geld teilen? Wie soll man die Filme auswählen, die gezeigt werden? Wer wird Generaldirektor? Wer kann ihn einstellen und wieder feuern?« Eine Schlüsselfrage war, wie Murdoch im Verhältnis zum Disney Channel für die anderen fünf Programme von Sky Television werben würde. »Wir waren sehr auf den Schutz unserer Figuren bedacht«, sagte Frank. »Wir wollten nicht, daß Mickymaus in einem Werbespot auftauchte, der in einen Film für Erwachsene eingeblendet wurde.«

Disney rieb sich auch an der Art und Weise, wie Rupert Murdoch seine Geschäfte tätigte. Um sich so viele Filmpakete wie möglich zu sichern, trat Murdoch als Bieter gegen BSB auf, und als sich die Konkurrenz für die Columbia-Filme interessierte, wollte er sein Angebot erhöhen. Doch Disney war dagegen, und das gemeinsame Unternehmen stieg aus dem Angebotspoker aus. Erfolgreicher war ein Angebot für diverse Filme von Orion Pictures, aber der Deal kam erst zustande, nachdem die Manager von Disney und Fox eine ganze Nacht darangesetzt hatten, den Preis um 25 Millionen Dollar zu drücken. Bei einer anderen Gelegenheit, als Warner Brothers von Fox und Disney eine Kaution für einen Sky-Television-Vertrag über mehrere Filme des Studios verlangte, brach Disney die Verhandlungen kurzerhand ab.[13]

»Rupert Murdoch handelt aus dem Bauch heraus, nach dem Motto: ›Ich will dieses Filmpaket haben, ganz gleich, was es kostet‹«, erinnerte sich Rich Frank und fügte in bezug auf Disney hinzu: »Wir gehen dagegen streng rational vor und schauen uns genau an, wieviel uns eine Investition einbringen wird. Wir haben gesagt: ›Lassen wir es doch BSB‹, während er sagte: ›Ich muß es haben.‹«

Die Disney-Manager kochten vor Wut, wenn sie wieder einmal erst im nachhinein von einer Sky-TV-Entscheidung erfuhren, womöglich aus einer Zeitungsmeldung. Der Tropfen, der das Faß zum Überlaufen brachte, war eine Werbeanzeige in einer von Murdochs Londoner Zeitungen. Murdochs Zeitungen sind aggressiv aufgemachte Sensationsblätter, die auf der dritten Seite für gewöhnlich das Foto einer wenig bekleideten Frau bringen. Als nun eine Werbeanzeige für Sky-TV, einschließlich des Disney-Programms, neben diesem Foto erschien, riß bei Disney der Geduldsfaden. »Sie haben uns nie nach unserer Zustimmung dafür gefragt«, rüffelte

Frank die Manager von Sky Television, nachdem er die Anzeige gesehen hatte.

Währenddessen verlangte Fox immer nachdrücklicher die 75 Millionen Dollar, die Disney laut Vertrag in das gemeinsame Unternehmen investieren sollte. Disney wandte jedoch ein, daß man sich nicht wie ein Partner behandelt fühle, und weigerte sich, das Geld bereitzustellen. Sky Television erhob daraufhin am 15. Mai 1989 Klage gegen Disney und verlangte 1,5 Milliarden Dollar Schadenersatz. In der Klageschrift wurde Disney vorgeworfen, Sky Television den vereinbarten Anteil an den 500 Millionen Dollar vorenthalten zu haben, die Murdoch für den Start des französischen Satelliten ausgegeben hatte, der Anfang 1989 ins All gebracht worden war. In der Klageschrift hieß es weiter, Disney hätte es »unterlassen und abgelehnt, seine Beteiligung durch eine entsprechende personelle Besetzung zu untermauern, (...) und sich geweigert, die Zusammenarbeit aufzunehmen oder auch nur rechtzeitig die Zustimmung dazu zu geben, daß andere die Geschäfte des Unternehmens ausführten«.

Der Rechtsstreit wurde, zwei Wochen, nachdem die Klage eingereicht worden war, außergerichtlich beigelegt. Das gemeinsame Unternehmen wurde aufgegeben; Murdoch behielt jedoch die Senderechte an den Touchstone-Filmen und sagte zu, Disney dafür 100 Millionen Dollar zu zahlen. Der Disney Channel wurde aus dem Angebot von Sky Television gestrichen, aber beide Seiten kamen überein, daß es Disney weiterhin offenstehe, erneut an die News Corp. heranzutreten. Privat gaben die Disney-Manager jedoch zu, daß sie froh waren, die Verbindung mit Murdoch loszusein.

Der Fox-Deal hatte gezeigt, wie schwierig eine Partnerschaft mit Disney ist – sowohl für die andere Seite als auch für Disney selbst. »Wenn man sich die Geschichte unserer Gesellschaft anschaut«, sagte der Chef der strategischen Planungsgruppe, Larry Murphy, »sieht man, daß Walt immer das Heft in der Hand hatte. Die eigene Kontrolle war der wichtigste Punkt, und so ist es bei Disney immer noch. Das mag man überheblich nennen, aber wir machen alles eben etwas anders, und da haben es Gemeinschaftsunternehmungen natürlich schwer.«[14]

Lorimar Telepictures durfte ebenfalls erleben, wie eine Partnerschaft mit Disney aussieht. Disney zahlte am 25. November 1987 für einen 50-Prozent-Anteil an den Metrocolor Laboratories, einem Unternehmen, das Filme entwickelt, 8,4 Millionen Dollar an Lorimar. Zwei Monate später weiteten beide Gesellschaften ihre gemeinsamen Aktivitäten aus. Disney würde, nach einem auf fünf Jahre befristeten Exklusivvertrag, nicht nur die eigenen Filme bei Metrocolor entwickeln lassen, sondern auch, laut einer Optionsvereinbarung, fünfzig Prozent am Londoner Ableger von Metrocolor, den Kay Metrocolor Laboratories, erwerben.

Bald darauf gingen sich Disney und Lorimar jedoch gegenseitig an den Kragen. Lorimar hatte, nachdem das Unternehmen Ende 1988 von Warner Communications aufgekauft worden war, die Filmproduktion eingestellt und seither keine Aufträge mehr an Metrocolor vergeben. Angesichts des daraus resultierenden erheblichen Rückgangs der Einnahmen forderte Disney eine Neufassung des 1987 mit Lorimar abgeschlossenen Vertrags. Da Lorimar jetzt ein Teil von Warner sei, argumentierte der Disney-Syndikus Joe Shapiro, müsse Warner Brothers seine Filme in Zukunft bei Metrocolor entwickeln lassen.[15] Warner wies dieses Ansinnen jedoch brüsk zurück.

Aber das war nicht die einzige schlimme Neuigkeit für Disney. Als die Gesellschaft Anfang 1989 versuchte, Metrocolor für 130 Millionen Dollar an die britische Rank Organization zu verkaufen, erfuhren die Disney-Manager, daß Lorimar im Zuge eines kurz vor dem Disney-Deal fehlgeschlagenen Versuchs, das Laboratorium zu verkaufen, dem New Yorker Investor Ronald Perelman für den Fall, daß Metrocolor später verkauft werden sollte, 38 Millionen Dollar zugesagt hatte. Diese Verpflichtung, nahm Shapiro an, hatte die Manager von Lorimar und Warner davon abgehalten, das Rank-Angebot anzunehmen.

Nachdem die Verkaufsverhandlungen abgebrochen worden waren, weigerte sich Disney, die mehr als 8 Millionen Dollar der in der Zwischenzeit eingegangenen Metrocolor-Rechnungen zu begleichen, was Lorimar veranlaßte, im August 1989 gegen Disney zu klagen. Lorimar forderte, zusätzlich zur Bezahlung der ausstehenden

Rechnungen in Höhe von 8 Millionen Dollar, einen Schadenersatz von 118 Millionen Dollar. Disney antwortete mit einer Gegenklage, in der von Lorimar als Kostenanteil am fehlgeschlagenen Rank-Deal die Zahlung von 48,8 Millionen Dollar verlangt wurde. (Die Klagen wurden schließlich außergerichtlich beigelegt, wonach sich Disney gänzlich aus dem gemeinsamen Unternehmen zurückzog.)

Die Walt Disney Company hatte nie viel Verwendung für die viertausend Hektar Land im westlichen Teil des Osceola County (Florida) gehabt, die Walt Disney Anfang der 60er Jahre gekauft hatte. Von sumpfigen Flüssen durchzogen und überwiegend von Geiern und deren Beute bewohnt, würde das Land kaum je für Feriensiedlungen oder Themenparks verwendet werden. Aber das gleich südlich des Komplexes der Walt Disney World gelegene Land war zum Streitgegenstand in einer der vielen Auseinandersetzungen geworden, die Disney mit den örtlichen Behörden in Zentralflorida ausfocht. Disney hatte Bob Daly, der die Taxierung des Grund und Bodens im Osceola County vornahm, innerhalb von zwei Jahren zweimal verklagt, da Daly sich geweigert hatte, das Land, wie von Disney verlangt, als landwirtschaftliche Nutzfläche auszuweisen.

Disney zahlt im Jahr, überwiegend im Orange County, rund 38 Millionen Dollar an Grundsteuern. Für das Land im Osceola County mußte jedoch, da es als landwirtschaftliche Nutzfläche eingestuft worden war, nur eine Steuer von jährlich 600 000 Dollar entrichtet werden. Um diese Einstufung zu begründen, hatte Disney über zehntausend Kiefern auf dem Land anpflanzen und einige Dutzend Rinder heranschaffen lassen. Daly war jedoch der Meinung, daß das Land neu klassifiziert werden müßte. »Die Rinderproduktion ist nicht einmal annähernd so groß, wie es auf viertausend Hektar Land möglich wäre«, sagte er örtlichen Reportern gegenüber, kurz nachdem er Disneys Antrag zum zweitenmal abgewiesen hatte.[16] Nach der von Disney erhobenen Anfechtungsklage werde das Land, wie die Zeitung weiter berichtete, für »echte landwirtschaftliche Zwecke genutzt, nämlich die Forstwirtschaft und die Rinderzucht«.

Michael Eisner brachte die Lust an Kontroversen und geballten

Fäusten nach Orlando. Disney hatte sich schon immer in einer unsicheren Allianz mit den örtlichen Behörden in Zentralflorida befunden. Die Walt Disney World hatte eine Region, die von staubigen Zitrusfruchtplantagen geprägt war, in die größte Touristenattraktion der Welt verwandelt und über 30 000 Menschen Arbeit gegeben. Der Reedy Creek District, den der Gesetzgeber von Florida 1967 für Disney geschaffen hatte, gab der Gesellschaft die uneingeschränkte Möglichkeit, ihre gut 11 000 Hektar Land nach eigenem Gutdünken zu erschließen, und sie hatte dabei häufig genug keinerlei Rücksicht auf die umliegenden Ortschaften genommen.

Die daraus resultierenden Spannungen wurden unter Eisner und Wells nur verstärkt, nicht geschaffen. Ihre Expansionspläne für die Walt Disney World lockten immer mehr Touristen nach Zentralflorida, die die sowieso schon verstopften Straßen noch unpassierbarer machten. Disney und das Orange County feilschten über zwei Jahre darum, wer die Kosten des notwendigen Ausbaus der Straßen übernehmen sollte. Schließlich sagte Disney zu, 13,4 Millionen Dollar für den Straßenbau beizusteuern, was jedoch nur einen winzigen Teil der tatsächlich benötigten Summe darstellt.

Ein halbes Jahr später machte sich Disney wieder unbeliebt, als die Gesellschaft am 2. Januar 1990 die gesamten 57,7 Millionen Dollar an steuerfreien Anleihen einheimste, die für die sechs Countys von Zentralflorida zur Verfügung standen, einschließlich der 19 Millionen Dollar, mit denen die örtlichen Behörden Wohnungen für zwölfhundert Arbeiter hatten bauen wollen. Die Countys hatten ihre Anträge per Post an die staatliche Vergabestelle geschickt, während Disney den Antrag sofort nach Öffnung des Büros einreichte und damit die Countys aus dem Rennen warf. Disneys Reedy Creek District, der bereits 250 Millionen Dollar an steuerfreien Anleihen hielt, die während der vergangenen zwei Jahrzehnte ausgegeben worden waren, und dadurch über 80 Millionen Dollar im Jahr an Zinszahlungen sparte, wollte das Geld für den Ausbau des Abwassersystems der Walt Disney World verwenden.

Eisner schürte den Zorn der örtlichen Behörden, indem er sie, weil sie ihre Anträge auf dem Postweg eingereicht hatten, als »inkompetent« bezeichnete. Der Disney-Aufsichtsratsvorsitzende nahm die Bemerkung zwar sofort wieder zurück, aber die Kränkung blieb. Disney beteiligte sich schließlich nicht nur an den Kosten des Straßenausbaus, was den Ruf der Gesellschaft ein wenig verbessert haben mag, sondern bot dem Orange County ein paar Monate später auch an, bei der Beschaffung günstiger Kredite für den Wohnungsbau zu helfen.[17]

Michael Eisner besuchte gerade die Themenparks in Orlando, als sich die Spitzen der Unterhaltungsindustrie am 16. März 1989 zur Oscar-Verleihung im Shrine Auditorium versammelten. Die Zeremonie wurde von ABC landesweit übertragen. Auf den für Disney reservierten Plätzen in der 12. Reihe saßen Roy Disney und Jeffrey Katzenberg. Schneewittchen war ebenfalls anwesend, allerdings in weniger feierlicher Aufmachung. Eine Schauspielerin im Markenzeichen der Disney-Figur, dem blauweißen Schäferinnenkleid, trällerte während der pompösen, elfminütigen Eröffnung ein paar Takte ins Mikrofon, tänzelte durch das Publikum und flirtete unverfroren mit Stars wie Tom Hanks, Dustin Hoffman und Ryan O'Neal. Ihr Rendezvous an diesem Abend war jedoch der Teenagerschwarm Rob Lowe, mit dem sie ein mißtönendes Duett sang.

Schneewittchens Gesang kam nicht gut an. »Es hat mich daran erinnert, daß meine Bremsen neue Beläge brauchen«, schrieb Andy Klein vom in Los Angeles erscheinenden *Herald-Examiner*.[18] Die Disney-Vertreter waren jedoch nicht nur über die Qualität des Auftritts von Schneewittchen erbost. Die Gesellschaft, die nach eigener Aussage nicht über die geplante Einlage informiert worden war, verlangte von der Academy of Motion Picture Arts and Sciences eine Entschuldigung. Wäre sie sofort erfolgt, »hätten wir die Sache als erledigt betrachtet«, sagte Frank Wells, der am Morgen nach der Oscar-Verleihung bei Richard Kahn, dem Präsidenten der Akademie, angerufen hatte.[19]

Die Klageschrift war allerdings bereits geschrieben, als Wells bei der Akademie anklopfte. Eisner hatte abends bei Shapiro angerufen und ihm gesagt, er solle den Fernseher einschalten, und Shapiro war danach verärgert genug gewesen, zwei seiner Anwälte, Ed Nowak und Peter Nolan, zu beauftragen, die Klage vorzubereiten.

Um fünf Uhr am nächsten Morgen ging die Klageschrift per Fax zur Überarbeitung an die übrigen Disney-Anwälte, und um halb vier Uhr nachmittags reichte Disney beim Bundesgericht Klage gegen die Akademie ein, wegen Verletzung des Copyrights. Disney wollte außerdem eine Verfügung gegen die Akademie erreichen, die es untersagte, Disney-Figuren unerlaubt zu benutzen.[20]

Die Akademie entschuldigte sich schließlich, und die Klage wurde zurückgezogen, aber der Punkt, auf den es ankam, war allen deutlich vor Augen geführt worden. Die Walt Disney Company war bereit, um die Exklusivrechte an ihren Figuren zu kämpfen. Ihr Gründer Walt Disney war von Anfang an peinlich darauf bedacht gewesen, die Rechte an seinen Figuren zu schützen. Als Disney 1954 auf der Woge des Erfolgs der *Davy Crockett*-Serie schwamm, wurde der Chef der Abteilung für Konsumprodukte, Vince Jefferds, angewiesen, Telegramme an die großen Kaufhäuser des Landes zu verschicken, in denen sie davor gewarnt wurden, nicht lizensierte Waschbärfellmützen zu verkaufen.[21]

»Das Copyright muß absolut unantastbar bleiben«, sagte Frank Wells im Interview vom 25. Juni 1990. »Wenn man die Rechte [Copyrights und Warenzeichen] nicht schützt, verliert man sie. Das sind Dinge, auf die die Welt schaut.« Und kein Unternehmen kann diese Rechte argwöhnischer hüten als die Walt Disney Company unter Michael Eisner und Frank Wells. Eine ihrer ersten Maßnahmen bei Disney war die Verstärkung des Anwaltsstabs der Abteilung für Konsumprodukte gewesen, dessen Chef, Peter Nolan, ermächtigt wurde, die Gerichte mit Klagen gegen Hersteller zu überziehen, die Mickymaus oder Donald auf ihren Produkten abbildeten, ohne Disney Lizenzgebühren zu bezahlen.

Bis 1987 hatte die Gesellschaft 17 umfangreiche Klagen gegen 700 Beschuldigte in den Vereinigten Staaten und 78 weitere Klagen in Übersee eingereicht.[22] Im darauffolgenden Jahr wurden 400 weitere Produzenten von T-Shirts und anderen Dingen, auf denen Mickymaus und andere Disney-Figuren zu sehen waren, verklagt. In diese Klage eingeschlossen waren 149 Kleinhändler aus dem Gebiet von New York, die die Gesellschaft nach deren Schätzung zusammen jährliche Lizenzeinnahmen von 1 Million Dollar kosteten. Als

Dick Tracy in die Kinos kam, wurde gegen über 1500 Händler, die unlizensierte Dick-Tracy-Produkte verkauften, Klage erhoben.

Die meisten dieser Klagen richteten sich gegen Hinterhoffirmen und fliegende Händler, die über Nacht ein paar T-Shirts durch eine Abbildung von Mickymaus oder Pluto veredelten und sie am nächsten Tag an irgendeiner Straßenecke verkauften. Die neuen Manager waren so versessen darauf, das Disney-Erbe zu schützen, daß sie auch vor kleinlichen Maßnahmen nicht zurückschreckten und die damit verbundene Peinlichkeit in Kauf nahmen.

Den Kampf gegen die Winnie-Puuh-Statue in White River hatte Disney schließlich, wenn auch mit Einschränkungen, abgebrochen. Den Kampf gegen drei Kindertagesstätten in Hallendale (Florida) dagegen, den die Gesellschaft im Frühjahr 1989 führte, gab sie nicht auf. Die Kindertagesstätten hatten auf ihre Fassaden Disney-Figuren malen lassen, und Disney argumentierte nun damit, daß die Wandmalereien vermuten ließen, Disney hätte die Verwendung der Comicfiguren gestattet. Die Gesellschaft setzte den Kindertagesstätten eine Frist von einem Monat, um die Figuren zu entfernen. Daraufhin trafen bei den Kindertagesstätten von einer Großmutter aus Phoenix, einem New Yorker Arzt und Dutzenden anderer Leute Unterstützerbriefe ein. »Ich habe so viele Telefonanrufe von Leuten bekommen, die auf Disney wütend waren, daß ich wetten würde, Walt Disney dreht sich gerade im Grab um«, sagte Erica Scott, die Leiterin der Kindertagesstätte Very Important Babies Day Care, einem Reporter der Associated Press.[23] Gilbert Stein, der Bürgermeister von Hallendale, fügte hinzu, daß er entsetzt sei »über die rauhe Unternehmenspolitik eines Wirtschaftsriesen, der mit den Taschengeldern von Kindern aufgebaut wurde. Ich würde Mickymaus in dieser Stadt am liebsten zur unerwünschten Person erklären.«[24]

In den Augen der Disney-Manager war Härte jedoch die einzige Möglichkeit, die Copyrights der Gesellschaft zu bewahren. Disneys Erzrivale MCA versuchte sofort, aus der Geschichte werbewirksames Kapital für die Universal Studios Tour im nahegelegenen Orlando zu schlagen, indem das Studio die Disney-Figuren mit solchen aus der Trickfilmserie *Familie Feuerstein* übermalen ließ und eine publizitätsträchtige Party für die Kinder veranstaltete. »Es ist erschreckend, ich weiß, weil es sich um Kinder handelt«, sagte Frank Wells später, »aber wir haben keine andere Wahl, wenn wir die Rechte an Mickymaus behalten wollen. Sie gehören zum Wertvollsten, das die Gesellschaft besitzt.«[25]

»Wir werden überall an einem höheren Maßstab gemessen«, erklärte Jeffrey Katzenberg, in Verteidigung der Walt Disney Company, der *Los Angeles Times* gegenüber. »Ich bin nicht sicher, daß sich das Publikum der Härte bewußt ist, die dies bedeutet, und ich glaube, unsere Aktionäre begrüßen die Sorgfalt, mit der wir darüber wachen, wie ihr Geld ausgegeben wird.«[26] Ende 1989 war es schwierig, eine Hollywood-Gesellschaft zu finden, mit der sich Disney nicht im Rechtsstreit oder in einer PR-Fehde befand. Die MGM/UA-Klage gegen die Verwendung des Namens »MGM« für den Disney-MGM Studios Theme Park in Orlando war immer noch anhängig. MCA und Disney führten weiterhin einen verbalen Krieg gegen die Studio-Tour der jeweils anderen Gesellschaft in Florida. Time-Warner, der neue Eigentümer von Lorimar Pictures, zeigte zwar an, daß man zu einer außergerichtlichen Einigung bereit war, aber Disney war juristisch derart allgegenwärtig, daß Alex Ben Block, der Herausgeber der *Show Biz News,* die Idee einer Sondernummer über die Rechtsstreitigkeiten in Hollywood aufgab, als er erkannte, daß »Disney in fast jede dieser Streitigkeiten verwickelt war«.

Die News Corp. hatte ihre Klage in Sachen Sky Television zwar zurückgezogen, aber Anfang 1990 eröffnete Disney eine neue Runde des juristischen Faustkampfs mit Eisners ehemaligem Boß Barry Diller. Diesmal ging es um die am Nachmittag im Fernsehen ausgestrahlten Trickfilmserien und Disneys Stellung als führender Direktvertreiber von Kindersendungen. Nachdem Disney einen eigenen Fernsehsender in Los Angeles erworben hatte, teilte die Gesellschaft Barry Diller mit, daß KTTV, dem Fox-Ableger in Los Angeles, ihre Serien *DuckTales* und *Chip 'n Dale's* zukünftig nicht mehr zur Verfügung ständen. Diller war außer sich und drohte, die beiden Disney-Serien auch aus dem Programm der anderen Fernsehsender von Fox zu werfen. Außerdem ordnete er an, und das war eine volle Breitseite gegen Disney, daß seine Fernsehproduktion mit der Entwicklung einer eigenen Trickfilmserie beginnen solle, die dann an die hundertzwanzig Sender des Fox-Fernsehnetzes verkauft werden sollte.

Aber Diller streute zusätzlich noch eine kräftige Prise Salz in die offene Wunde: Die Serie, die er produzieren lassen wollte, war *Peter Pan and the Pirates,* beruhte also auf einem alten Disney-Klassiker. Jeffrey Katzenberg hatte CBS 1989 erfolgreich daran gehindert, eine Peter-Pan-Trickfilmserie ins Samstagvormittagsprogramm aufzunehmen, indem er einen »totalen Wirtschaftskrieg« androhte, wie die *Los Angeles Times* berichtete.[27] Aber das ursprüngliche Copyright von Peter Pan war 1986 ausgelaufen, und Fox erklärte, daß das Studio jedes Recht der Welt habe, die 1911 von dem schottischen Erzähler John M. Barrie geschaffene Figur zu verwenden. Katzenbergs Versuch, Fox durch die Einschaltung von Roy Disney mittels stiller Diplomatie von dem Vorhaben abzubringen, blieb erfolglos. Der Direktor des Fox-Fernsehnetzes, Jamie Kellner, beharrte darauf, daß seine Gesellschaft das Projekt weiter vorantrieb.

Die heiße Phase der Auseinandersetzung begann, als die Disney-Verkäufer berichteten, daß überall im Land Fox-Verkäufer an die Fox angeschlossenen Fernsehsender herantraten und sie aufforderten, die beiden Disney-Serien aus dem Programm zu nehmen. Ungefähr die Hälfte der Sender, die die Nachmittagsserien von Disney ausstrahlten, befanden sich in Gegenden, wo es keine anderen, unabhängigen Sender gab, denen Disney die Serien *DuckTales* und *Chip 'n Dale's Rescue Rangers* hätte anbieten können. Fox hatte großen Einfluß auf diese Sender, da die Gesellschaft sie an drei Abenden der Woche mit Programmen für die Haupteinschaltzeit versorgte, darunter der Erfolgsserie *Die Simpsons.* Aber Disney mußte dagegenhalten. »Wir konnten nicht einfach kampflos aufgeben«, sagte Rich Frank.[28]

Disney argumentierte, Fox habe »einen gesetzwidrigen Plan in Gang gesetzt, Disney vom Markt zu verdrängen«, und beauftragte einen der Anwälte der Gesellschaft, den früheren Chef der Antitrust-Gruppe im Justizministerium Stanford Litvak, Klage gegen Fox zu erheben. Sie wurde am 21. Februar 1990 beim Bundesgericht in Los Angeles eingereicht und verlangte von Fox eine nicht näher erläuterte Entschädigung. Gleichzeitig reichte Disney bei der Federal Communication Commission (FCC) in Washington Beschwerde ein. Der FCC lag zu dieser Zeit ein Antrag vor, den Fox gestellt hatte, um die Erlaubnis zu erhalten, sowohl ein eigenes Fernsehnetz zu betreiben als auch die Fernsehproduktionen der Gesellschaft im Direktvertrieb zu verkaufen. (Nach einem FCC-Regelwerk aus dem Jahr 1970 war es Fernsehnetzen verboten, ihre Produktionen im Direktvertrieb zu vermarkten.)

»Das Marktverhalten von Fox hat die Gesellschaft für eine solche Sonderbehandlung seitens der Behörden eindeutig disqualifiziert«, verlautbarte Rich Frank in einer Presseerklärung, durch die Disney die eigene Vorgehensweise ins rechte Licht rücken wollte.[29] Es war zwar nicht sicher, welche Wirkung Disneys Beschwerde haben würde, aber Disney hatte wieder einmal klargestellt, worum es ging. Für die Kinder der ganzen Welt ist der Name »Disney« gleichbedeutend mit Märchen und Abenteuerfilmen. Für die Gesellschaft, ihre Partner und Konkurrenten bedeutet er dagegen häufig genug juristische Kämpfe und unerbittlichen Widerstand gegen Angriffe jedweder Art.

Kapitel 16

TROMMELN FÜR MICKYMAUS

Es war der 28. März 1987. Am Tag zuvor hatten Michael Eisner und der französische Ministerpräsident Jacques Chirac die Vereinbarung über den Bau von Euro Disneyland unterschrieben. Jetzt eilten Eisner und Frank Wells nach einem Nachtflug von Paris nach Los Angeles durch die Glendale Galleria, ein großes Einkaufszentrum unweit des Studiogeländes in Burbank. Ihr Ziel war das Hauptgeschoß, wo zehn Uhr vormittags ein seit langem geplantes Ereignis stattfinden sollte. Als sich Eisner und Wells, vom Parkhaus im zweiten Stock kommend, raschen Schritts ihrem Ziel näherten, stießen sie auf die Menge, die sich vor dem noch geschlossenen Geschäft angesammelt hatte.

Das Geschäft war ein zwischen International Toys und dem riesigen Nordstrom-Warenhaus eingequetschter, knapp zweihundertfünfzehn Quadratmeter großer Ladenraum. Seit Monaten schon waren in den örtlichen Zeitungen und im Fernsehen häppchenweise Informationen über ein Geschäft verbreitet worden, in dem Mikkymaus-Puppen, Donald-Duck-T-Shirts und andere Disney-Produkte verkauft werden sollten. Trotzdem hatte nicht jeder bei Disney damit gerechnet, daß sich Schlangen von Neugierigen bilden würden, die einen Blick in den ersten Disney Store werfen wollten.

Eisner und Wells waren von der Idee eines firmeneigenen Geschäfts für den Verkauf von Disney-Produkten – Souvenirs, Videokassetten, Kleidung – nicht von Anfang an überzeugt gewesen. Sie war ihnen Ende 1986 von Steve Burke nahegebracht worden, einem 28jährigen Harvard-MBA, der im selben Jahr als Chef der neugeschaffenen Abteilung für die Erschließung neuer Geschäftsbereiche zu Disney gekommen war. Der jungenhaft wirkende Burke, ein Marathonläufer, dessen erster Job es gewesen war, bei dem Lebensmittelhersteller General Foods den Markt für dessen Grape-Nuts-Müsli auszuweiten, sollte neue Expansionsmöglichkeiten finden.

Burke gab sich mit der traditionellen Rolle der Disneyschen Merchandisingabteilung nicht zufrieden. Sie sollte in Zukunft nicht mehr nur von Unternehmen wie Hasbro und Fisher-Price, die Spielzeuge und Tausende anderer, auf Disney-Figuren beruhender Produkte herstellten, Lizenzgebühren eintreiben, sondern sich neue Tätigkeitsfelder erobern. Die Lizenzvergabe war, für sich genommen, allerdings kein schlechtes Geschäft. Disneys Konsumproduktabteilung erwirtschaftete 1986 72 Millionen Dollar, rund 20 Prozent des zu versteuernden Gewinns der Gesellschaft.[1] Burke rieb sich jedoch daran, daß die Verkaufszahlen der Disney-Produkte zwar drastisch angestiegen waren, der Großteil des Geldes aber in die Kassen der Hersteller oder Verkäufer floß. Die Gesellschaft erhielt nur eine Lizenzgebühr von rund sieben Prozent des Großhandelspreises.

Burke hatte seine Arbeit bei Disney damit begonnen, seine Gruppe um Vorschläge für neue Geschäftszweige der Gesellschaft zu bitten. Es gab keinen Mangel an Ideen, auch wenn manche, wie ein Mickymaus-Frisiersalon oder eine Disney-Vorschule, eher Kuriositäten darstellten. Die Idee, die den neuen Disney-Manager überzeugte, war die eines Disney-Ladens. Das Problem war nur, daß weder Michael Eisner noch Gary Wilson besonders begeistert auf sie reagierten. »Sie hielten sie für eine Lappalie«, erinnerte sich Burke, »für interessant, aber nicht groß genug, um die Erträge zu erbringen, die sie haben wollten.«[2]

Dennoch wurden 400 000 Dollar lockergemacht, mit denen Burke ein Geschäft in der Glendale Galleria anmieten und dessen Regale mit Videokassetten und anderen für die Vergnügungsparks hergestellten Produkten füllen sollte. Das Resultat war höchst bemerkenswert. Das Geschäft nahm im ersten Jahr beeindruckende 1000 Dollar pro Quadratfuß (rund 930 Quadratzentimeter) Verkaufsfläche ein, was einem Jahresumsatz von annähernd 2 Millionen Dollar entsprach. Die Zahlen weckten Eisners Aufmerksamkeit, und er stattete dem Geschäft in Glendale, mit einer Sonnenbrille auf der Nase und einer Baseballmütze auf dem Kopf, einen

Überraschungsbesuch ab, um sich persönlich vom Erfolg des Ladens zu überzeugen. Er suchte schließlich auch die Sweater im Collegestil aus, die zur Uniform des Verkaufspersonals der Disney Stores wurden.

Eisner wies Burke an, die Disney Stores auszubauen, und zwar rasch. Am Ende des ersten Jahres hatte Disney zwei weitere Geschäfte eröffnet und befand sich in der Planungsphase für zehn andere, die ein halbes Jahr später aufmachen sollten. Nach einem vom Disney-Aufsichtsratsvorsitzenden abgesegneten Fünfjahresplan sollten bis 1992 hundert Disney-Stores eröffnet sein.

Die Disney Stores zeigten am deutlichsten, wie weit man sich bei Disney von dem Führungsstil gelöst hatte, mit dem die Konsumproduktabteilung fünf Jahrzehnte lang geleitet worden war. Im Gegensatz zu den anderen Bereichen der Gesellschaft, die Walt Disney aufgebaut hatte, war die Konsumproduktabteilung gewissermaßen nebenbei entstanden. Die Idee, Disney-Produkte zu verkaufen, fiel Walt und seinem Bruder Roy quasi in den Schoß, als sie 1929 Geld für einen der kurzen Zeichentrickfilme des Studios brauchten. Ihre Rettung war damals ein unternehmerisch denkender Manager eines Schreibwarenherstellers gewesen, der 300 Dollar dafür zahlen wollte, daß er die Mickymaus auf Schultafeln abbilden durfte.

Als Michael Eisner und Frank Wells zu Disney kamen, war die Konsumproduktabteilung bereits ein lukrativer Geschäftszweig, der durch die Vergabe von Lizenzen an Hersteller, die Mickymaus, Donald, Goofy und die anderen Disney-Figuren verwenden wollten, 110 Millionen Dollar im Jahr einbrachte. Im Lauf der Zeit waren Disney-Figuren in fast jedem denkbaren Umfeld eingesetzt worden, von Winni-Puuh-Teddybären bis hin zu einer Disney-Eisrevue. Anfang der 80er Jahre waren die Einnahmen aus dem Verkauf von T-Shirts und Spielzeugen mit Mickymaus und Donald als Galionsfiguren sogar doppelt so hoch wie die der in Bedrängnis geratenen Filmproduktion Disneys.[3]

Als Eisner und Wells ihre Posten antraten, nahmen die Konsumprodukte unübersehbar einen herausragenden Platz in der Disney-Mixtur ein. Wie die Gesellschaft selbst zeigte aber auch die Konsumproduktabteilung erste Alterserscheinungen. Ihre finanziellen Aktivitäten glichen häufig einer Achterbahnfahrt. Die Verkaufszahlen waren damals innerhalb zwei Jahren gesunken. Allein 1984 verringerten sich die Einnahmen der Abteilung um fünf Prozent, während die anderen Unternehmensbereiche einen leichten Aufwärtstrend verzeichnen konnten.

Das Schicksal der Konsumproduktabteilung hing vielleicht mehr als jeder andere Teil der Gesellschaft vom Erfolg der gesamten Walt Disney Productions ab. Wenn die Vergnügungsparks aus Anlaß von Donalds 50. Geburtstag oder der Eröffnung des EPCOT Center ihre Werbeaktivitäten verstärkten, stieg für gewöhnlich auch der Absatz von Disney-Souvenirs. Wenn andererseits die Besucherzahlen in den Park zurückgingen oder die Kinofilme und Fernsehserien Disneys nicht ankamen, schlug es sich unweigerlich in einer sinkenden Nachfrage nieder.

Die Abteilung hatte seit Ende 1983 unter der Leitung von Barton (Bo) Boyd gestanden, einem Autonarren mit einem Faible für Oldtimer, der 40 Jahre alt war, als das Team Disney ans Ruder kam. Wie viele andere Disney-Manager hatte auch Boyd in einem der Vergnügungsparks angefangen, in Disneyland, wo er 1968 als Einkäufer von Plüschtieren eingestellt worden war. Eisner und Wells mochten die joviale, umgängliche Art von Boyd. Außerdem hatte er während der Ära Walker-Miller stets versucht, gegen die um sich greifende Trägheit und Schwerfälligkeit anzukämpfen.

Es war zum großen Teil Boyd zu verdanken, daß Disney Anfang der 80er mit *Mousercise,* einer Schallplatte für Gymnastikübungen von Kindern, einen kleineren Hit erzielen konnte. Daneben hatte er dafür gesorgt, daß die Gesellschaft seit langer Zeit wieder eine neue Produktreihe herausbrachte, eine erfolgreiche Sportartikelreihe mit Goofy als Zugpferd.

Als Michael Eisner und Frank Wells an die Spitze von Disney traten, hatte Boyd gerade einige seiner Stellvertreter in Orlando versammelt, wo sie während der Children's World Tennis Championship (Tennisweltmeisterschaften der Kinder), die Disney alljährlich in der Walt Disney World durchführte, einige ihrer größeren Kunden umwarben. Wie die meisten Topmanager von Disney wußte auch Boyd, daß eine Neubesetzung der Spitzenposten der Gesellschaft bevorstand, und er befürchtete, daß die neuen Herren mit eisernem Besen auskehren würden. Angesichts des durchwachsenen Erfolgs seiner Abteilung sah er der Zukunft mit recht gemischten Gefühlen entgegen, zumal er Ray Watsons Idee, Gibson Greetings, das von dem ehemaligen Finanzminister Bill Simon geleitete Grußkartenunternehmen, zu verkaufen, unterstützt hatte. Roy Disney und Sid Bass hatten das Vorhaben vehement bekämpft und den Verkauf schließlich, kurz bevor Eisner und Wells angeheuert wurden, vereitelt.

»Ich wußte wirklich nicht, was ich von ihnen zu erwarten hatte«, erinnerte sich Boyd später. »Also nahm ich den ersten Flug, den ich erwischen konnte, und machte mich auf den Weg nach Burbank.«[4] Da Eisner vollauf mit der Ausweitung der Filmproduktion beschäftigt war, traf Boyd zuerst mit Frank Wells zusammen. Wells verfügte über einige Erfahrungen auf dem Gebiet des Merchandising, da er in seiner Zeit bei Warner Brothers auch die letzte Verantwortung für die Lizenzvergabe der Produkte hatte, die auf den Comicfiguren des Studios, zum Beispiel Bugs Bunny und Daffy Duck, beruhten. Aber er brauchte eine ganze Reihe von Sitzungen mit Bo Boyd, bis er über die weitverzweigten Aktivitäten von Disneys Konsumproduktabteilung auf dem laufenden war. Zu jener Zeit hatte die Gesellschaft 1600 Lizenzen für über 8000 Produkte vergeben.[5] Trotz all der glänzenden Zahlen mußte Wells jedoch bald feststellen, daß die Abteilung auf dem sich rasch wandelnden Markt der massiven Vermarktung und Lizenzvergaben zurückgefallen war. Die Kaufhäuser hielten in ihrem ständigen Streben, auf der neuesten Welle von Spielzeugen mitzureiten, ihre Bestände an Disney-Produkten gering, um genügend Platz zu haben für die nächste Cabbage-Patch-Puppe oder die nächste He-Man-Plastikfigur. Während sich die Manager der Spielzeughersteller förmlich überschlugen, um mit den Modelaunen der amerikanischen Kinder Schritt zu halten, wurden Disneys Lizenzvergaben immer noch von den gleichen älteren Herren bearbeitet, die schon seit Jahrzehnten im New Yorker Lizenzbüro der Gesellschaft bedächtig ihre Schreibtische hüteten. In den vorangegangenen Jahren waren nur wenige neue Disney-

Produkte auf den Markt gekommen, und die meisten von ihnen waren nicht sonderlich gut angekommen.

»Das erste, was Frank mir sagte«, erinnerte sich Boyd im Interview vom 16. April 1990, »war, daß ich einige kompetente Leute anheuern sollte.« Der Chef der Konsumproduktabteilung pickte sich Steve McBeth heraus, der im College im Hauptfach englische Literatur belegt und dann als Kurierdienstmanager gearbeitet hatte. Er war 1980 als Produktionskoordinator der winzigen Bildungsfilmabteilung zu Disney gekommen und hatte sich hochgearbeitet. Wells und Boyd waren von seinem Einfallsreichtum beeindruckt. McBeth war es gewesen, der 1983, als Marketingverantwortlicher der Schallplattenabteilung, Bo Boyd die Produktion der Discoplatte *Mouserpiece* vorgeschlagen hatte.

Als Boyd ihn zum Chef der Lizenzabteilung machte, wies er ihn an, aggressiv nach neuen Vermarktungsmöglichkeiten zu fahnden, und McBeth hielt, was man sich von ihm versprach: Zwei Jahre später hatte er die Zahl der vergebenen Lizenzen verdoppelt.[6] Wichtiger jedoch war, daß die Produkte nicht mehr nur Plüschtiere und T-Shirts umfaßten. Mickymaus war die Treppe hinaufgefallen. So entwarf J. G. Hook unter dem neuen Markenzeichen »Mickey & Co.« im Trend liegende Damen- und Herrenmode, und die Seiko-Tochter Lorus modernisierte die traditionelle Mickymaus-Uhr, indem sie ein neues Modell für 350 Dollar herausbrachte.

Die Disney-Veteranen waren entsetzt. Ron Miller und Card Walker mögen allzu langsam auf die Veränderungen in der Welt der Unterhaltungsindustrie reagiert haben, aber sie hatten streng über die Werte gewacht, die sie geerbt hatten. Doch jetzt sah es so aus, als wäre nichts mehr heilig. In den Augen der Vertreter der alten Disney-Ära wirkte das hektische Bemühen, die Beliebtheit der Mickymaus in klingende Münze umzuwandeln, so, als würde die Kommerzialisierung Amok laufen. Wenn es irgendein Produkt gab, das noch nicht mit Mickymaus hausieren ging, dann würde sich das mit Sicherheit bald ändern. McBeth würde schon dafür sorgen. Als Gold Bond Ice Cream sogar Speiseeis in Form von Mickymaus und Pluto anbot, begannen viele zu murren. »Ich habe es satt, überall, wohin ich schaue, auf die Mickymaus zu treffen«, sagte Ron Miller.[7]

In nicht allzu freundlicher Anspielung auf die von Hanna-Barbera geschaffenen Steinzeitcomicfiguren, deren Vorliebe für Vitamintabletten bekannter war als ihre auf dem absteigenden Ast befindliche Fernsehserie, wurde bei Disney offen die Befürchtung geäußert, daß Micky, Minnie und die anderen Disney-Figuren Gefahr liefen, »Feuerstein-isiert« zu werden. Für das Team Disney jedoch waren die Disney-Figuren Vermögenswerte, geschaffen, um Geld damit zu machen. Sowohl der Umsatz als auch der Profit der Konsumproduktabteilung war bis Ende 1986 stetig angestiegen. Im Jahresbericht der Gesellschaft für das betreffende Jahr werden Einnahmen von 130 Millionen Dollar ausgewiesen, was einen Anstieg von 6 Prozent im Vergleich zum Vorjahr und von 19 Prozent seit Beginn der Ära Eisner-Wells darstellte.[8]

Paul Pressler hatte bei Kenner-Parker Toys einst als Wunderkind gegolten. Mit 29 Jahren zum Abteilungsdirektor für Produktentwicklung aufgestiegen, war es Presslers Aufgabe gewesen, das neueste Lieblingsspielzeug der amerikanischen Kinder auszuknobeln. So hatte er Amerika die Care Bears und Strawberry Shortcake beschert, und nachdem er zu Disney gewechselt war, hatte der Spielzeugmanager mit dem jungenhaften Gesicht dort dieselben zauberischen Funken geschlagen.

Als Pressler 1987 zu Disney kam, schwamm die Konsumproduktabteilung mit auf der Welle der großen Beliebtheit, die der Gesamtgesellschaft überall im Land von neuem entgegenschlug. Der Werbefeldzug, den Eisner und Wells für die Vergnügungsparks in Gang gesetzt hatten, stellte fast immer Mickymaus oder die anderen Disney-Figuren in den Vordergrund. Eisner selbst trat als Ansager des *Disney Sunday Movie* bei jeder Folge an der Seite von Goofy oder einer anderen Comicfigur aus dem Hause Disney vor die Fernsehkameras, und die Vermarktung der alten Zeichentrickfilme auf Videokassette und im Direktvertrieb an unabhängige Fernsehsender machten eine neue Generation von Kindern mit dem Namen »Disney« vertraut.

Nicht lange nach seinem Übergang zu Disney stand Pressler an der Seite von Steven Spielberg in einer höhlenartigen Kulisse auf dem Studiogelände in Burbank vor einem Publikum aus Vertretern von hundertzwanzig potentiellen Lizenznehmern für Produkte auf der Grundlage des neuen Spielberg-Films *Falsches Spiel mit Roger Rabbit*. Spielberg und das neue Lizenz-Team von Disney hatten keine Schwierigkeiten, Unternehmen zu finden, die bereit waren, sieben bis zehn Prozent ihrer Umsätze an Disney abzuführen, obwohl sie nicht mehr zu sehen bekamen als ein paar Zeichnungen und einen kurzen Trailer des noch nicht fertiggestellten Films. Disney und Spielbergs Amblin Entertainment unterschrieben mit 34 Unternehmen Verträge über nahezu 500 Roger-Rabbit-Produkte.

Die Gewinne aus dem Verkauf der Roger-Rabbit-Produkte waren zwar nicht übermäßig spektakulär, aber doch erheblich genug, um während der Zeit, in der die ersten unter Eisner und Katzenberg produzierten Spielfilme und Fernsehserien in die Kinos und die amerikanischen Wohnzimmer kamen, einen geschäftlichen Höhepunkt zu markieren. Denn nicht alle Kinofilme und Fernsehserien konnten in Merchandisinghits umgemünzt werden. Der Versuch, die im Sonntagvormittagsprogramm von CBS laufende Disney-Serie *The Wuzzles* in Zusammenarbeit mit Hasbro zu vermarkten, erwies sich ebenso als Fehlschlag wie die langohrigen *Fluppy Dogs*, die Kenner–Parker nach einem von ABC am Thanksgivingtag ausgestrahlten Zeichentrickfilm hergestellt hatte. Sogar eine in Discoaufmachung herausgeputzte Puppe namens »Totally Minnie« fand bei den amerikanischen Kindern keinen Anklang.

Der zweiten Sonntagvormittagsserie, *The Adventures of the Gummi Bears,* war dagegen der erhoffte Erfolg beschieden. Die von Fisher-Price hergestellten Plüschtiere für Vorschulkinder auf der Grundlage der sechs Comicbären aus mittelalterlichen Zeiten, die in der Serie auftraten, verkauften sich ausgezeichnet. Das Comicbuch *Basil* um die Hauptfigur aus dem Zeichentrickfilm *Basil, der große Mäusedetektiv* war gleichfalls ein Erfolg, allerdings nicht so sehr in Amerika, dafür aber in Europa.

Zum größten Verkaufsschlager unter den neu eingeführten Disney-Figuren wurde *Arielle – Die Meerjungfrau,* die besonders bei kleinen Mädchen außerordentlich beliebt war. Pressler konnte über 40 Lizenzen vergeben, die im ersten Jahr zu einem Gesamtumsatz von 25 Millionen Dollar führten.

Im darauffolgenden Jahr konnten 85 Lizenznehmer für *Dick Tracy* gewonnen werden, Katzenbergs Großprojekt mit den Stars Warren Beatty und Madonna. Die Armbanduhren und die gelben Regenmäntel von Dick Tracy hätten sich eigentlich zu Rennern entwickeln müssen, zumal Disney keine Kosten und Mühen scheute, um sowohl für den Film selbst als auch für die auf ihm beruhenden Produkte zu werben.

Disney verdiente schließlich über 20 Millionen Dollar an Dick Tracy. Bloomingdale's und andere Kaufhausketten hatten in Erwartung des Käuferansturms sogar spezielle Dick-Tracy-Boutiquen eingerichtet. Aber insgesamt gesehen, erwiesen sich die Dick-Tracy-Produkte nicht als die beabsichtigten Verkaufsschlager. Mit dem Boom, den *Batman* und die Fox-Zeichentrickserie *Die Simpsons* auslösten, konnten sie in keiner Weise mithalten.

Die Erfahrung mit *Dick Tracy* zeigte, wie riskant es sein kann, Konsumprodukte an einen Spielfilm oder eine Fernsehserie anzuhängen. Selbst wenn ein Spielfilm oder eine Fernsehserie zu einem Sensationserfolg wird, kann es Wochen oder Monate dauern, bis ihre Faszination auf die entsprechenden Konsumprodukte übergreift. Häufig genug fällt die filmische Grundlage jedoch einfach durch. Die Herausforderung, der sich McBeth, Pressler und Disney insgesamt gegenübersahen, bestand darin, einen ständigen Strom von Konsumprodukten zu schaffen und dann die Verkäufer zu finden, die sie unter die Leute brachten.

Bevor Eisner und Wells bei Disney anfingen, überließ die Konsumproduktabteilung den Herstellern die Initiative. Wenn Hasbro oder Kenner–Parker glaubte, einen Markt für ein bestimmtes Disney-Spielzeug gefunden zu haben, wandte man sich an Disney, und die Lizenzabteilung beeilte sich, das jeweilige Projekt abzusegnen. »Wenn uns jemand gefiel, und wir noch keinen Kaffeebecher im Programm hatten, sagten wir: ›Okay, Sie kriegen die Lizenz‹«, erinnerte sich Pressler in einem Gespräch vom 23. Juli 1990.

Das Problem war nur, daß Disney auf diese Weise der Gnade der

Hersteller ausgeliefert war. Wenn zum Beispiel niemand eine Rassel für Kinder herstellen wollte, hatte Disney dieses Spielzeug eben nicht im Angebot. Unter Pressler schlug die Gesellschaft deshalb einen anderen Kurs ein und begann, nach der von den Marketingexperten sogenannten »Markenstrategie« zunehmend Geld und Arbeitsstunden auf die Entwicklung eigener Produktlinien zu verwenden. Danach wies man nach, daß ein Markt für diese Produkte existierte, und verkaufte die Idee an die Hersteller.

Die erste dieser »Marken« kam nicht aus den Vereinigten Staaten. Die Marketingmitarbeiter von Redibra, eines Disney-Ablegers in Brasilien, hatten eine Produktlinie namens »Disney Babies« entworfen und an Lizenznehmer vergeben, die Micky, Minnie, Donald und Pluto, zu Babys verjüngt, auf Kinderwagen und Einwegwindeln abbildeten. Auf die Zielgruppe von Müttern abgestellt, die ihr erstes Kind bekamen, waren die Produkte in Südamerika zu Anfang der 80er Jahre ein Riesenerfolg. 1986 wurden die »Disney Babies« auch in Japan eingeführt, wo die Produktgruppe auf über achtzig Artikel anwuchs.

Ende 1987 erreichten die »Disney Babies« schließlich auch Amerika. Angesichts der Verkaufszahlen in Südamerika und Japan fiel es Disney nicht schwer, Hersteller für die neue Produktlinie zu gewinnen. So erhielt Graco, zum Beispiel, eine Lizenz für Nuckel, und Dundee Mills stellte lizensierte Bettbezüge her. Später erhielt Pampers das Recht, kleine Disney-Figuren auf der Verpackung von Einwegwindeln abzubilden. Insgesamt vergab Disney innerhalb eines Jahres über vierzig Lizenzen an amerikanische Hersteller, die die »Disney Babies« für ihre Erzeugnisse einsetzen wollten.

Bald darauf entwickelte Disney auch eigene Produkte. Der Vorteil dabei war, daß die Gesellschaft jeden Aspekt der Produkteinführung, einschließlich der Verpackung und der Werbung, selbst bestimmen konnte. Um Herstellungsmängeln vorzubeugen, die den Namen »Disney« angekratzt hätten, bestand die Gesellschaft rigoros auf höchsten Herstellungs- und Sicherheitsstandards. Die wachsende Beliebtheit der eigenen Produkte war außerdem ein Mittel, mit dem die Hersteller unter Druck gesetzt werden konnten. Angesichts des Verlusts der Lizenzen hatten langjährige Vertragspartner von Disney kaum eine andere Wahl, als die Herstellung der dreißig Spielzeuge für Babys und Kinder im Vorschulalter, die Presslers Stab entworfen hatte, zu übernehmen. So stellte Mattel Kinderrasseln her, und Fisher-Price produzierte einen auf der Main Street von Disneyland beruhenden Baukasten. 1990 übernahm Mattel auch die Herstellung einer Reihe von »Minnie 'n Me«-Puppen, kleiner Anziehpuppen, die gegen die »My Little Pony«-Linie von Hasbro antreten sollten.

Aber die Einbeziehung großer Spielzeughersteller war nur ein kleiner Teil des Programms zur Profitsteigerung von Disneys Konsumproduktabteilung. So hatte Disney, zum Beispiel, bei den großen Kaufhausketten nur relativ wenig Gewicht. Unternehmen wie Sears, J. C. Penney und K mart waren ganz auf die Spielzeuge der Saison ausgerichtet. Disneys ausgestopfte Mickys und Donalds waren zwar Dauerbrenner, erzielten aber alles andere als sensationelle Verkaufsergebnisse. Die Kaufhausketten orderten deshalb nur kleine Stückzahlen und räumten den Produkten häufig verhältnismäßig wenig Platz in ihren Regalen ein.

Um das zu ändern, lud Boyd mehrere hundert Mitarbeiter der größten Kaufhausketten zu einem kostenlosen Wochenendausflug nach Orlando ein. Es war eine typische Disneysche PR-Veranstaltung, mit heißen Partys in den Disney-Hotels und besonderen Attraktionen in den Themenparks. Nach der Disney-Sprachregelung waren die Kaufhausmanager dort, um etwas von dem »Feenstaub« abzubekommen, den die Gesellschaft über den Besuchern ihrer Vergnügungsparks ausstreute. Was den Managern jedoch zweifellos mehr zu denken gab als die Partys, waren die vielen jungen Familien, die mit ihren Kindern die Parks besuchten – die Babyboomgeneration und ihre Kinder versprachen zu einem potenten Markt für Disney-Produkte zu werden. Als Ergebnis der Werbeaktion überprüften offenbar viele der Manager ihre bisherige Marktanalyse, denn die neue Popularität von Disney bewegte einige der bedeutenderen Kaufhausketten, mehr zu bestellen. 1988 hielten J. C. Penney, K mart und Sears allesamt größere Mengen von Disney-Produkten auf Lager. Disney unterstützte diese Entwicklung durch die Zusage, landesweit für die eigenen Spielzeuge zu werben.

Es war das erste Mal in der Geschichte der Gesellschaft, daß, angefangen mit einer 3 Millionen Dollar teuren Kampagne im Jahr 1987, gemeinsame Werbefeldzüge mit den Verkäufern von Disney-Produkten gestartet wurden.

Nicht alle Beziehungen zum Handel gestalteten sich so erfreulich. So kündigte Disney einen Zehnjahresvertrag mit Sears, der Kaufhauskette mit Sitz in Chicago, schon nach einem Jahr. Sears befand sich damals mitten in einer Umstrukturierungsaktion, und die beiden Unternehmen konnten sich nicht darüber einigen, wie für die Disney-Produkte geworben werden sollte. Disney gestattete es Sears zudem, sich als Sponsor eines Pavillons im Disney-MGM Studios Theme Park zurückzuziehen.

Die Disney-Mitarbeiter, die im Jahr 1989 nach Thanksgiving zum Mittagessen in die Kantine auf dem Studiogelände in Burbank gingen, waren nicht überrascht, Michael Eisner, Frank Wells und Roy Disney dort vorzufinden. Die drei Disney-Manager probierten Erdnußbuttersandwiches und fleischlose Hamburger. Eisner hatte Steve Burke schon seit Monaten mit Notizen und Telefonanrufen bombardiert, die allesamt nur ein Anliegen hatten: den Aufbau einer hauseigenen Fast-food-Kette. Was die drei Disney-Manager nun in der Kantine in Burbank verkosteten, waren Proben dessen, was Disneys Antwort auf McDonald's werden sollte.

Es war fast drei Jahre her, seit Steve Burkes erster Disney Store in Glendale eröffnet worden war, und Disney hatte inzwischen von Kalifornien bis New Jersey mehr als fünfzig weitere Läden eingerichtet. Die Disney Stores waren ein durchschlagender Erfolg. Allein 1989 hatten sie Waren im Wert von über 50 Millionen Dollar umgesetzt und damit einen Gewinn von rund 15 Millionen Dollar erzielt.

Ende 1989 konnte sich Burke dem Drängen des Disney-Aufsichtsratsvorsitzenden, endlich ins Fast-food-Geschäft einzusteigen, nicht mehr länger verschließen. Eisner hatte einige Grundregeln für die Restaurants, die »Mickey's Kitchen« genannt werden sollten, vorgegeben. So sollten sie zum Beispiel eine vergleichsweise gesunde Kost anbieten, fleischlose Hamburger, Hot dogs aus

Putenfleisch und verschiedene Salate. »Wir wollten vor allem nicht, daß hinterher jemand sagte: ›Was für ein lausiges Essen hat mir Disney da aufgetischt. Es war fettig, und geschmeckt hat es auch nicht‹«, erklärte Burke. »Damit hätten wir nur das Image der Gesellschaft beschädigt.«

Mickys erste Küche *(Kitchen)* wurde Anfang 1990 in einem weitläufigen, vorstädtischen Einkaufszentrum in Montclair (Kalifornien) eröffnet, wo kurz zuvor einer der größten Disney Stores eingerichtet worden war, der die Hälfte seiner Ladenfläche von gut 1100 Quadratmeter an das Restaurant abtreten mußte. Das Restaurant kostete die Gesellschaft 1 Million Dollar und war mit seinen nach Szenen aus *Susi und der Strolch* und anderen Trickfilmklassikern gestalteten Nischen ein unverwechselbares Disney-Produkt. Auch die Speisekarte trug die Handschrift der Werbestrategen der Gesellschaft: Disney-»Mitwirkende« mit frischen Gesichtern servierten Gerichte wie Hot Diggety Dogs, Jumbo Dumbo Burgers und Wunderland-Salate.

Bevor das Restaurant aufmachte, schätzte Burke, daß es im ersten Jahr einen Umsatz von 1,8 Millionen Dollar erreichen würde, genug, um einen kleinen Gewinn abzuwerfen. Andere Disney-Manager gingen davon aus, daß es das erste Jahr mit plus/minus Null abschließen würde. Sie sollten recht behalten, wurden allerdings dadurch überrascht, daß der zusätzliche Publikumsverkehr fast eine Verdoppelung des Umsatzes bewirkte, der mit den im Disney Store angebotenen Artikeln erzielt wurde. Niemand rechnete jedoch damit, daß Mickey's Kitchens anderswo aus dem Stand ein ähnliches Ergebnis erzielen würden. Dennoch befand man sich nur zwei Monate später mitten in der Planungsarbeit für das zweite Restaurant; weitere sollten folgen.

Anfang 1990 wurden jeden Monat mindestens zwei Disney Stores eröffnet. Die Läden, deren Angebot von Mickymaus-Radiergummis zu 50 Cent bis zu einer diamantbesetzten Dumbo-Brosche für 3200 Dollar reichte, erwirtschafteten rund 25 Prozent der Einnahmen von Disneys Konsumproduktabteilung und brachten in diesem Jahr, trotz der gewaltigen Anfangskosten, einen Gewinn von 20 Millionen Dollar ein.

Disney war fast per Zufall über eins der wirksamsten Reklameinstrumente gestolpert. Die Läden zogen, wie Disney-Untersuchungen ergaben, jedes Jahr insgesamt bis zu eine Million Menschen an. Um die durch die Disney Stores gegebenen Werbemöglichkeiten auszuschöpfen, ließ Burke vor jedem der Läden einen Monitor aufstellen, auf dem halbstündige Werbesendungen für den Disney Channel, einen demnächst in die Kinos kommenden Film oder die neueste Videokassette gezeigt wurden. Die Geschäfte selbst wurden von »It's a Small World« oder anderer Disney-Musik beschallt, und auf einem riesigen Bildschirm waren die neuesten Videokassetten oder Fernsehprogramme aus dem Direktvertrieb zu sehen. Außerdem wurden in den Disney Stores bald, ohne spezielle Werbung, Eintrittskarten für die Vergnügungsparks im Wert von 10 Millionen Dollar im Jahr verkauft. Ein wenig zusätzliche, noch dazu kostenlose Aufmerksamkeit erlangten die Läden, als sich der ehemalige Präsident Ronald Reagan eines Samstags eine Dreiviertelstunde in einem Einkaufszentrum in Los Angeles aufhielt und die meiste Zeit damit zubrachte, im Disney Store Plüschtiere von Mikky, Minnie und Thumper Rabbit für seine Enkelkinder und einige mit Comics verzierte Golfbälle für sich selbst auszusuchen.[9]

Ende 1990 gab es über das ganze Land verstreut mehr als 70 Disney Stores, die einen jährlichen Gesamtumsatz von 120 Millionen Dollar hatten. Wichtiger war jedoch, daß Disney einen Weg gefunden hatte, den immer wiederkehrenden Problemen mit dem Handel zu begegnen. Die Disney Stores würden K mart oder J. C. Penney zwar nie überflügeln, aber bei den Produkten, die sie verkauften, konnte Disney selbst sämtliche Aspekte der Vermarktung bestimmen. Steve Burkes Stab konnte festlegen, wie die Artikel plaziert, zu welchem Preis sie angeboten und wie die Verkaufsfläche gestaltet wurde. Darüber hinaus floß die Gewinnspanne, die sonst der Handel einstrich, in Disneys eigene Kassen.

Daß durch den direkten Verkauf an die Konsumenten der Zwischenhandel ausgeschaltet wurde, behagte Michael Eisner ganz besonders. Der Disney-Aufsichtsratsvorsitzende hatte sich, noch bevor Steve Burke ihm das Konzept der Disney Stores vorgelegt hatte, bereits nach Möglichkeiten umgeschaut, die Disney-Produkte direkt an die amerikanischen Mütter und Väter zu verkaufen. Wie viele andere auch, bekamen Eisner und seine Familie eine Vielzahl von Postwurfsendungen und Versandhauskatalogen von Unternehmen wie L. L. Bean und Spiegel zugeschickt, und Eisner hatte Bo Boyd, bald nachdem er bei Disney angefangen hatte, angewiesen, etwas Ähnliches aufzuziehen.

Die Konsumproduktabteilung testete den Markt zunächst mit einem vierundzwanzigseitigen Versandkatalog mit dem Titel »Walt Disney Family Gift Catalog« (»Walt Disney Familiengeschenkkatalog«), in dem über zweihundert Disney-Produkte angeboten wurden. Die erste Auflage wurde, unter Benutzung einer Adressenliste, die sich aus den von Disneyland-Besuchern ausgefüllten Fragebogen ergab, an nicht viel mehr als dreihunderttausend Haushalte verschickt. Ein Jahr darauf versandte Disney jeden Monat schon 2,8 Millionen Kataloge und setzte auf diese Weise Waren im Wert von 10 Millionen Dollar ab.

Der Verantwortliche für das Versandgeschäft war Steve Burke. »Meine Anweisungen waren einfach«, erinnerte er sich gesprächsweise am 21. Juni 1990. »Klemmt euch dahinter, und macht die Sache größer.« Wenige Monate später hatte Burke die Gelegenheit dazu. Das französische Unternehmen Hachette SA hatte ein 450 Millionen Dollar schweres feindseliges Angebot für die Grolier Inc., eine in Danbury (Connecticut) sitzende Verlagsgesellschaft, unterbreitet und wollte einige Vermögenswerte zu Geld machen, um den Deal bezahlen zu können. Einer der zum Kauf stehenden Unternehmensbereiche war die Childcraft Education Corporation, die zwei der größten Versandlisten für Kinderprodukte besaß.

Disney kaufte Childcraft Anfang 1988 zum Preis von 52 Millionen Dollar.[10] Das in Edison (New Jersey) beheimatete Unternehmen war auf Kindermöbel und Bildungsspielzeug spezialisiert, die in zwei Katalogen angeboten wurden, die jeden Monat an sechs Millionen Haushalte gingen. Childcraft hatte 1988 einen Jahresumsatz von 52 Millionen Dollar, wogegen der Disney-Versand fast wie ein Zwerg wirkte. Zusammen mit Childcraft erreichte er jetzt jedoch acht Millionen amerikanische Haushalte, und 1990 setzte der zusammengefügte Versandhandel 70 Millionen Dollar um – wobei der größte Teil der Gewinne Disneys Bilanz zugute kam, und nicht derjenigen anderer Unternehmen.

Christa Larson hatte mit sieben Jahren in ihrer Heimatstadt St. Louis (Missouri) in Rundfunkwerbespots zu singen begonnen. Danach war sie, von einem örtlichen Agenten entdeckt, zwei Jahre lang mit einem Wandertheater unterwegs gewesen, das mit *Les Miserables* durch das Land reiste. Anfang 1990 schließlich wurde das 1,42 Meter große Schulmädchen, inzwischen zehn Jahre alt, zum Star des ersten Rockvideos, das die Walt Disney Company produzierte.

Die junge Sängerin, die unter dreißig Bewerberinnen ausgewählt worden war, hatte für die von Walt Disney Records produzierte Langspielplatte *Minnie 'n Me* zwölf Originalsongs gesungen, und zum Erscheinen der Platte sollte im August 1990 im Disney Channel ein Rockvideo laufen, in dem sie Songs von der Schallplatte vorstellte – Songs wie »Animal Crackers in My Soup«, die kindliche Texte mit rockiger Musik verbanden. Und um die Tour durch die »Disneyana« zu vervollständigen, sollte sie auch noch mit einer kindlichen Version der Minniemaus tanzen.

Christa Larson kam eine Schlüsselrolle in einem 10 Millionen teuren Werbefeldzug zu, der sowohl den Verkauf der Schallplatte ankurbeln als auch Disneys neue, für Mädchen im Alter von vier bis neun Jahren bestimmte Produktlinie »Minnie 'n Me« bekannt machen sollte. Darüber hinaus repräsentierte Christa Larson den Versuch der Disneyschen Konsumproduktabteilung, das der Gesellschaft traditionell anhaftende Etikett eines Unternehmens, das Plüschtiere auf der Grundlage von Comicfiguren und Märchengestalten vertrieb, loszuwerden.

Walt Disney Records hatte bis dahin überwiegend Märchenplatten und Lieder zum Nachsingen herausgebracht. *Minnie 'n Me* war ein Versuch, auch etwas ältere, anspruchsvollere Kinder anzusprechen. Einen Monat nach *Minnie 'n Me*, im Oktober 1990, brachte Walt Disney Records die zweite Schallplatte dieser Art heraus. *Sebastian,* so der Titel der Platte, enthielt Reggae- und Calypsosongs, die von Samuel E. Wright, der der Zeichentrickkrabbe in *Arielle – Die Meerjungfrau* die Stimme geliehen hatte, gesungen wurden.

Der Produzent beider Schallplatten war Mark Jaffe, ein früherer Direktor der Kinderabteilung von A & M Records, den Disney Anfang 1990 angeworben hatte, um das eigene Musikgeschäft neu zu beleben. (Walt Disney Records operiert unabhängig von Hollywood Records, einer Abteilung von Jeffrey Katzenbergs Filmproduktion. Das von dem früheren Musikagenten Peter Paterno geleitete Rocklabel Hollywood Records hatte zu dieser Zeit zwar bereits Heavy-Metal-Bands wie Pleasure Thieves, World War III und Vanity Kills unter Vertrag genommen,[11] aber die erste Veröffentlichung war erst für Anfang 1991 vorgesehen.)

Die wiederbelebte Schallplattenabteilung war nur eine von mehreren Unternehmungen, mit denen die Konsumproduktabteilung ihren überlieferten Geschäftsbereich auszudehnen gedachte. So wurde eine Firma gegründet, die Lizenzen für Computerspiele vergeben und eigene Software entwickeln sollte. Außerdem stieg Disney zum ersten Mal in der Unternehmensgeschichte in größerem Umfang ins Verlagsgeschäft ein. Die Gesellschaft begann, sich vorsichtig vortastend, mit der Übernahme der gut eingeführten italienischen Zeitschrift *Topolino,* in der Mickymaus-Geschichten veröffentlicht wurden. Der Besitz der Zeitschrift erhöhte mit einem Schlag die Einnahmen von Disney, da vorher nur Lizenzgebühren kassiert worden waren. Bald darauf brachte Disney in Südamerika und Spanien Comicbücher auf den Markt.

Die Comicbücher waren aber nur der Anfang eines massiveren Vorstoßes auf den Buchmarkt. In den Vereinigten Staaten erschienen zunächst ebenfalls Comicbücher, die auf den *DuckTales* und anderen Fernsehserien beruhten. Als Motor der weiteren Expansion im Verlagsgeschäft heuerte Bo Boyd den 52jährigen Charles Wickham an, einen Abteilungsdirektor von Field Publications, der dort die Kinderzeitung *Weekly Reader* herausgegeben hatte. Wickham sollte in New York einen Disney-Verlag auf die Beine stellen.

Dazu wurde Mickymaus als Held großer Abenteuer wiederbelebt und mit der Veröffentlichung von »Mickey Mouse Adventure«-Büchern begonnen, zu denen weitere Publikationen hinzukommen sollten. Ende 1990 waren in den Kassenständern der Supermärkte die ersten Exemplare von *Disney Adventures* zu sehen, einer im Taschenbuchformat erscheinenden Zeitschrift voller Spiele und Rätsel. In Zukunft sollen unter dem neuen Verlagsinsignum Disney Press traditionelle Märchenbücher und Schultexte erscheinen, und wie Jahre zuvor für den Spielfilmmarkt Touchstone Pictures gegründet worden war, so wurde jetzt auch ein Verlag für Erwachsene aufgemacht.[12]

Ende 1990 stand Bo Boyd an der Spitze eines Unternehmensbereichs, der Einnahmen von jährlich 574 Millionen Dollar hatte, fünfmal soviel, wie die Konsumproduktabteilung erwirtschaftet hatte, als Michael Eisner und Frank Wells zu Disney kamen. Der Gesamtwert der in den Vereinigten Staaten verkauften Disney-Produkte überstieg erstmalig in der Unternehmensgeschichte die Marke von 2,5 Milliarden Dollar. Aber auch anderswo, in Europa, in Japan und sogar in der Volksrepublik China wurden reichlich Disney-Produkte abgesetzt. In Erwartung wachsender Verkaufszahlen in Südamerika wurde ein Disney-Büro in Mexiko eingerichtet, und in Europa wurde im Vorfeld der Eröffnung von Euro Disneyland in der Londoner Regent Street der erste Disney Store außerhalb der Vereinigten Staaten eingeweiht. Steve Burke plant weitere Filialen in Paris und Tokio. Wohin man auch schaut, überall wird einem vor Augen geführt, welchen Weg Disney zurückgelegt hat, seit Walt 300 Dollar dafür bekam, daß seine Mickymaus auf einer Schultafel abgebildet werden durfte.

Kapitel 17

JENSEITS VON TOMORROWLAND

Am 13. Januar 1990 fanden sich fast 3000 Menschen zu einem festlichen Abendessen aus Anlaß der Eröffnung des Swan Hotels auf dem Gelände der Walt Disney World in Orlando (Florida) ein. Das Hotel war, wie viele von Michael Eisners Projekten in der Walt Disney World der vorangegangenen fünf Jahre, eine Mischung aus Kitsch und pragmatischen geschäftlichen Erwägungen. Während sich die Gäste dem Hotel näherten, konnten sie ein Paar 28 Tonnen schwerer Schwäne sehen, die in türkisfarbener Pracht auf dem Dach des Bauwerks thronten. Enorme Muschelspringbrunnen stießen hohe Wasserfontänen in die Luft; auf die Fassade gemalte Wellen brandeten gegen die Fenster der Hotelzimmer an, und im Innern wurden die Gäste von zweidimensionalen eingetopften Palmen und auf Sitzstangen hockenden Schattenrißpapageien mit Beleuchtungskörpern im Schnabel begrüßt.

Die Eröffnung des Swan Hotels war der Höhepunkt viertägiger Festlichkeiten, mit denen Disneys PR-Team in gewohnter Großspurigkeit »The Disney Decade« (das Disney-Jahrzehnt) einläutete. Über 1500 Journalisten waren mit ihren Frauen und teilweise auch Kindern zu einer einwöchigen Party eingeladen worden, die in Anaheim (Kalifornien) begann, wo man mit Rock-Bands und drei Stockwerke hohen Ballons in Form von Goofy, Roger Rabbit und anderer Disney-Figuren den 35. Geburtstag von Disneyland beging. Im Disneyland Hotel verkündete Eisner nach einigen Musik- und Tanzdarbietungen bei dieser Gelegenheit, daß die Gesellschaft plane, 300 Millionen Dollar für neue Erlebnisfahrten im ersten der Disneyschen Vergnügungsparks zu investieren.

Mit noch größerem Tamtam als sonst gab Eisner außerdem bekannt, Disney habe vor, einen zweiten Themenpark in Südkalifornien zu errichten, und die Städte Long Beach und Anaheim seien aufgefordert, bei der Bewerbung um das voraussichtlich 2 Milliarden Dollar teure Projekt miteinander in Wettstreit zu treten. Wie auf Stichwort stieg danach Fred Hunter, der Bürgermeister von Anaheim, aus dem Saal auf die Bühne, um dem Disney-Aufsichtsratsvorsitzenden seine besondere Anerkennung für die »Partnerschaft« auszusprechen, die Anaheim und Walt Disneys Gesellschaft seit drei Jahrzehnten verband.[1]

Die Festlichkeiten und Ankündigungen in Anaheim waren jedoch nur ein Vorspiel. Die Presse wurde anschließend, in Begleitung von Disney-Figuren und mit einem unerschöpflichen Vorrat an kostenlosen Cocktails, in gecharterten Jets nach Orlando geflogen, wo im Disney-MGM Studios Theme Park unter Mithilfe von George Lucas sowie zweier Stars aus seiner Filmtrilogie *Krieg der Sterne*, Mark Hamill und Carrie Fisher, die »Star Tours« eingeweiht wurden. Ein anderer Star, der Miami-Quarterback Dan Marino, war die Galionsfigur einer anderen Zeremonie, bei der ein 30 Tonnen schwerer türkisfarbener Delphin auf das Dach des Dolphin Hotels gehievt wurde, das auf der anderen Seite des Sees errichtet worden war, an dem auch das Swan Hotel steht.

Von Tänzern umgeben, die als Roger Rabbit und Mickymaus verkleidet auftraten, wiederholte Eisner während eines sonntäglichen Frühstücks im Blumenballsaal des Swan Hotels seine Ankündigung des »Disney-Jahrzehnts«. »Wir haben uns nicht weniger vorgenommen als die Neuerfindung der Disneyschen Themenparks«, verkündete der 47jährige Eisner einleitend, bevor er seinen Zuhörern einen Plan vorlegte, der neue Projekte mit geschätzten Kosten von über 5 Milliarden Dollar umfaßte.[2] Bis zum Jahr 2000 wollte die Gesellschaft vier neue Parks bauen, je einen in Florida und Anaheim und zwei außerhalb von Paris. Ein fünfter sollte in Lizenz in Japan entstehen. Nach Angaben der Gesellschaft würden im Jahr 2000 mehr als 100 Millionen Menschen Disneys Themenparks besuchen, vierzig Millionen mehr, als 1990 durch die Drehkreuze in Orlando, Anaheim und Tokio gehen würden.

Für ein Unternehmen, das nur sechs Jahre vorher das Ziel einer erbittert geführten Übernahmeschlacht gewesen war, zeugten diese

Ankündigungen von beeindruckender visionärer und finanzieller Kraft. Seit damals hatte Disney allerdings auch einen enormen Aufschwung erlebt. Die Gesellschaft hatte im November 1989 für das vorausgegangene Jahr einen Gewinn von 703 Millionen Dollar bekanntgegeben, das Fünffache dessen, was Disney 1984, in dem Jahr, als Eisner und Wells das Steuer übernahmen, erzielt hatte. Disney konnte damit im fünften aufeinanderfolgenden Jahr ein Rekordergebnis vermelden. Der Umsatz der Gesellschaft hatte sich nahezu verdreifacht und war auf 4,6 Milliarden Dollar gestiegen.[3]

Eisners unter großem PR-Aufwand gemachte Ankündigungen zielten mindestens ebensosehr auf die Wall Street wie auf die Journalisten, die sich im Swan Hotel eingefunden hatten. Viele Marktanalytiker sagen Disney für 1995 einen Jahresumsatz von 11 Milliarden Dollar voraus; er wird sich also, aller Voraussicht nach, in den nächsten fünf Jahren mehr als verdoppeln.[4] Bis dahin wird die Walt Disney Company, wenn alles nach Eisners Drehbuch abläuft, zu einem riesigen Unterhaltungskonzern angewachsen sein. Die Filmproduktion wird 30 Filme im Jahr herausbringen und die Konsumproduktabteilung mehr als 100 Disney Stores betreiben. Darüber hinaus wird sich die Gesellschaft in den Hauptstrom der Schallplatten- und Buchproduktion eingefädelt haben, und neben den bereits geplanten neuen Themenparks wird sie sich, mit 30 Hotels und über 26000 Zimmern, zu einem bedeutenden Hotelbetreiber entwickelt haben. Alles in allem wird sie ein Unterhaltungsriese sein, den Walt Disney kaum wiedererkennen würde.

Trotz der glanzvollen Aura, mit der die Gesellschaft die Ankündigungen umgab, ballten sich am Horizont auch dunkle Wolken zusammen. Gary Wilson, der Finanzchef der Gesellschaft, erklärte Eisner Ende 1989, er habe die Absicht, Disney zu verlassen. Das Einvernehmen der beiden Männer war schon seit Monaten gestört gewesen. Die Probleme hatten ein Jahr zuvor begonnen, als Wilson das Angebot von Northwest Airlines annahm, dem Aufsichtsrat der Fluggesellschaft beizutreten. Einen Aufsichtsratsposten bei einem anderen Unternehmen zu bekleiden, widersprach den Regeln, die Eisner für seine Topmanager aufgestellt hatte. (Nur bei Dick Nunis war eine Ausnahme gemacht worden, indem ihm gestattet wurde, weiterhin seinen Pflichten als Aufsichtsrat einer kleinen Sparkasse in Florida nachzukommen.)

Eisner protestierte heftig gegen Wilsons Entscheidung, den Sitz im Aufsichtsrat der Northwest Airlines einzunehmen. Seiner Ansicht nach ergab sich daraus ein Interessenkonflikt hinsichtlich der langfristigen Vereinbarungen mit Delta Air Lines Inc. Wilson ließ sich jedoch nicht umstimmen und hielt Eisner entgegen, daß er das Angebot erhalten habe, als er noch bei der Marriott Corporation war. Er schied Anfang 1989 allerdings wieder aus dem Aufsichtsrat aus, um gemeinsam mit seinem langjährigen Freund Al Checchi an die Spitze einer Investorengruppe zu treten, die im Juni 1989 die Northwest Airlines erwarb. Wilson half, während er in London am Euro-Disneyland-Projekt arbeitete, dabei mit, den Deal zu finanzieren, was Eisner natürlich nicht entging und in gehörige Wut versetzte.

Als Wilson Ende 1989 seine Absicht, bei Disney auszusteigen, andeutete, traf er auf einen Michael Eisner, der ihn seinerseits aus der Gesellschaft entfernen wollte. Die beiden trafen eine Vereinbarung, die Wilson für fünf Jahre als Berater in Akquisitions- und Finanzfragen an die Gesellschaft band. Wilson würde für seine Dienste zwar kein Honorar erhalten, sollte aber einen Bonus von 2 Millionen Dollar bekommen. Außerdem durfte er seine Kaufoptionen für 339 400 Disney-Aktien behalten, die damals rund 35 Millionen Dollar wert waren. Zusätzlich würde er 1990 die 500 000 Dollar erhalten, die 1989 von seinem Einkommen in Höhe von 2 Millionen Dollar zurückbehalten worden waren.[5] Darüber hinaus realisierte Wilson 1989 47,5 Millionen Dollar durch den Verkauf von Aktienoptionen.

Wilsons Weggang trug mit dazu bei, daß der Kurs der Disney-Aktie um 4,50 Dollar auf 109,25 Dollar sank. Die Gesellschaft hatte zum erstenmal seit der Anfangszeit der Ära Eisner-Wells die Gunst der Wall Street verloren. Trotz des 4:1-Splitting von 1986 war die Disney-Aktie im Dezember 1989 noch zu 131 Dollar gehandelt worden – was einen Anstieg von 800 Prozent darstellte (nachdem die Aktie nach dem Splitting wieder auf dem Stand der Übernahmeschlacht von 1984 angekommen war). Mitte Dezember schraubten viele der Wall-Street-Analytiker auch ihre Schätzungen des Gewinns, den Disney 1990 erzielen würde, herunter und lösten damit eine Minipanik aus.

»Wenn über eine Aktie immer nur Gutes zu hören ist, kann die geringste Andeutung von Schwierigkeiten zu einem Massenverkauf führen«, erklärte Paul Marsh, ein Analytiker von Bateman, Eichler, Hill, Richards Inc. in Los Angeles, der *Los Angeles Times* gegenüber.[6] Sein Kommentar folgte nach einer Reihe schwacher Disney-Filme wie *Blaze – Eine gefährliche Liebe* und *Gross Anatomy*, die Marsh veranlaßte, geringere Gewinne vorauszusagen. Darüber hinaus hatte Disney bekanntgegeben, daß ein ungewöhnlich strenger Winter den Besucherzustrom nach Orlando beeinträchtigt hatte und daher mit einem niedrigeren Ertrag aus den Vergnügungsparks zu rechnen sei.

Im Gefolge dieser schlechten Neuigkeiten fiel der Disney-Kurs einmal sogar um 11 Dollar an einem einzigen Tag, was 2 Milliarden Dollar von dem Wert wegrasierte, auf den man die Gesellschaft in der Wall Street schätzte. Trotz der Expansion der vergangenen fünf Jahre waren die meisten Analytiker besorgt darüber, daß die Gesellschaft immer noch zu sehr von den Vergnügungsparks abhing, die vierundsechzig Prozent der Gewinne erwirtschafteten. »Disney sieht einfach ein bißchen zu zerbrechlich aus«, meinte die *Business Week*.[7]

Auch der Golfkrieg wirkte sich nachteilig auf die Walt Disney Company aus. Nachdem der irakische Präsident Saddam Hussein am 2. August in Kuweit einmarschiert war, sackte der Disney-Kurs um weitere 4,70 Dollar ab, da die Börsenmakler befürchteten, ein plötzlicher Anstieg der Benzinpreise würde den Tourismusmarkt, auf dem sich bereits die Auswirkungen des allgemeinen wirtschaftlichen Abschwungs bemerkbar machten, noch stärker schwächen.[8] Im Spätsommer war der Disney-Kurs auf 92 Dollar pro Aktie gesunken, den niedrigsten Stand seit dem Börsenkrach vom Oktober 1987.

Die irakische Invasion machte ironischerweise deutlich, wie sehr sich Disney während der Eisner-Jahre bisher hatte im Erfolg sonnen können. Fünf Jahre lang hatten die hohen Energiepreise und die durchwachsenen Wirtschaftsdaten, die Ron Miller und Card Walker so bedrückt hatten, keinerlei Auswirkung auf die Gesellschaft gehabt. Die zunehmende Zahl kleiner Kinder, die Mitte der 80er Jahre heranwuchsen, solide Einspielergebnisse an den Kinokassen und die Wachstumsmärkte des Direktvertriebs von Fernsehproduktionen und des Verkaufs bespielter Videokassetten waren Rahmenbedingungen gewesen, wie sie sich das Team Disney nicht günstiger hätte wünschen können.

Mitte 1990 jedoch schien sich das Glück der Gesellschaft zu wenden. Die Einspielergebnisse waren immer noch gut, und die Videokassetten verkauften sich ausgezeichnet. Aber die allgemeine Wirtschaftslage sah, nachdem man vier Jahre lang ruhelos vorwärts gestürmt war, eher trübe aus. Sogar die einst unerschütterliche Tokioter Börse erlebte einen scharfen Einbruch, der das Geld für Investitionen in Disney-Aktien verknappte und die Zahl der ausländischen Touristen, die Disneyland und die Walt Disney World besuchten, drosselte.

Im Juni 1990 registrierten die Disney-Manager an beiden Standorten einen leichten Rückgang der Besucherzahlen. Obwohl die Gesellschaft bald nach Eisners Amtsantritt aufgehört hatte, die exakten Besucherzahlen bekanntzugeben, meinten Beobachter des Markts, man müsse froh sein, wenn sie im nächsten Jahr nicht noch weiter sanken.[9] Indirekt bestätigte Disney diese Einschätzung dadurch, daß zum erstenmal in der jüngeren Geschichte der Gesellschaft Sonderangebote gemacht wurden. Zum einen wurden in Orlando bis zu zwanzig Prozent niedrigere Hotelpreise verlangt, und zum anderen bot Disney in einer gemeinsamen Werbeaktion mit Vons, einer örtlichen Supermarktkette, Eintrittskarten für Disneyland zum Discountpreis von 6 Dollar an.[10] Außerdem kamen Anfang 1991 Ortsansässige generell in den Genuß verbilligter Disneyland-Eintrittspreise.

Neben diesen wirtschaftlichen Sorgen erlebte Disney auch die erste Welle negativer Berichterstattung in den Medien. Gerade zu der Jahreszeit, in der überall im Land Urlaubspläne geschmiedet wurden, strahlte ABC in der Sendung *Prime Time* einen höchst mißgünstigen zwölfminütigen Bericht mit dem Titel »Tragic Kingdom?« aus, in dem der ABC-Korrespondent Chris Wallace das Eisner-Team mit scharfen Worten bezichtigte, beim Ausbau des Magic Kingdom Umweltfragen zu vernachlässigen und Bauvorschriften zu umgehen. »Ich glaube nicht, daß Walt Disney bei all dem glücklich gewesen wäre«, sagte Vera Carter als Vertreterin des Orange County vor laufender Kamera. »Sie sind eben nur eine Profitmaschine, und nichts weiter.«[11]

Drei Wochen darauf trat Vera Carter erneut im Fernsehen auf, diesmal in der *Today Show* von NBC, deren Bericht in dieselbe Kerbe hieb. Die Kritikpunkte reichten von den Verkehrsstaus auf den Straßen von Orlando bis zu den schäbigen Souvenirläden und schmierigen Hotels, die rund um das Magic Kingdom aus dem Boden geschossen waren. Vera Carter hielt sich diesmal in ihrer Kritik an der Walt Disney Company jedoch etwas zurück. »Wenn es nur Disney wäre, könnten wir damit leben«, sagte sie der Moderatorin Debra Norville. »Es sind die anderen Gesellschaften, die danach kamen.«[12]

Disney leitete sofort Schadensbegrenzungsmaßnahmen ein. Am Vormittag nach der Ausstrahlung des Wallace-Berichts sandte Tom Elrod, der Marketingchef der Walt Disney World, Frank Wells ein vierseitiges Schreiben zu, in dem er Punkt für Punkt die in dem Bericht erhobenen Anschuldigungen zurückwies. Um der Kritik entgegenzutreten, bot Disney außerdem an, dem Orange County bei der Refinanzierung eines Kredits aus dem Jahr 1980 zu helfen, um auf diese Weise 80 Millionen Dollar für den Bau preiswerter Sozialwohnungen aufzubringen. Später überreichte die Gesellschaft einer Organisation, die sich für Obdachlose einsetzte, einen Scheck über 50 000 Dollar – ihren Gewinnanteil an einem in der Walt Disney World durchgeführten Golfturnier.[13] Sie gab außerdem ihren Widerstand gegen eine Hochgeschwindigkeitsbahn auf, die Miami und Orlando verbinden sollte, und arbeitete mit der High Speed Rail Commission zusammen, um den Bau einer Haltestelle in der Nähe des Disney-Geländes durchzusetzen.

Aber Wirtschaft und Medien waren nicht die einzigen Unruheherde. Selbst die Natur schien sich gegen die Walt Disney Company verschworen zu haben. Im Spätsommer 1990 begannen in der Abenddämmerung Schwärme von Moskitos den Erreger der Gehirnhautentzündung in Orlando zu verbreiten. Disney reagierte darauf mit der Absage der abendlichen Aktivitäten in der Walt Disney World. Doch als die *New York Times* von der Gesundheitsgefährdung berichtete, sagten trotzdem viele Touristen ihre bereits gebuchten Reisen ab. Zu allem Überfluß brach auf dem Gelände der Universal Studios in Los Angeles ein Feuer aus, das Ursache dafür war, daß der Set des Sylvester-Stallone-Films *Oscar – Vom Regen in die Traufe* für zehn Tage dichtgemacht werden mußte.

Eisner und Wells ließen sich in ihren Plänen für den Ausbau der Walt Disney Company jedoch nicht beirren. »Nur Mangel an Kreativität und Nerven könnte uns davon abhalten, unseren Weg in den 90er Jahren fortzusetzen«, sagte Eisner einem Reporter.[14] Mitte 1990 war die Erweiterung von Disneyland und des Disney-MGM Studios Theme Park in Orlando bereits weit vorangeschritten. Eine der wichtigsten Neuheiten in Anaheim war ein fast zwei Hektar großer Kinderbereich mit Attraktionen, die auf dem Film *Arielle – Die Meerjungfrau* und auf den Muppets beruhten. Außerdem war George Lucas dabei, eine neue Show für Tomorrowland zu entwerfen, bei der ein elektronisch bewegtes Wesen mitten unter den Zuschauern landen sollte.

Für die Disney-MGM-Studio-Tour, deren Besucherkapazität bis 1992 verdoppelt werden sollte, plante die Ideenfabrik in Glendale Erlebnisfahrten auf der Grundlage der Erfolgsfilme *Falsches Spiel mit Roger Rabbit* und *Liebling, ich habe die Kinder geschrumpft*. Der Roger-Rabbit-Teil sollte als Hauptattraktion eine simulierte Fahrt mit Benny the Cab, dem Zeichentricktaxi aus dem Film, enthalten. Die Eröffnung war gleichzeitig mit dem Kinostart der Fortsetzung von *Roger Rabbit* vorgesehen. Für das EPCOT Center war als Teil des Schweizer Pavillons eine riesige Matterhorn-Achterbahn geplant. Insgesamt befanden sich neunundzwanzig Bereiche, Erlebnisfahrten und Shows für die bestehenden Parks der Walt Disney World in Arbeit.

Das größte Projekt neben der Erweiterung von Euro Disneyland war für Südkalifornien geplant. Schon 1987 hatte Disney unter der Hand mit Vertretern der Stadtverwaltung von Anaheim Gespräche über die Erweiterung des zweiunddreißig Hektar großen Disneyland aufgenommen. Der Gesellschaft gehörte schon seit Jahren ein Erdbeerfeld unmittelbar neben dem Park, und sie hatte ständig nach weiteren möglichen Landankäufen gefahndet. Der Parkplatz von Disneyland nahm einen Teil eines Geländes von knapp fünfzig Hektar ein, und die Gesellschaft hatte 1987 zusammen mit dem Disneyland Hotel weitere 10,5 Hektar Land erworben. Ebenfalls aus dem Wrather-Deal stammte ein Küstenstreifen in Long Beach, der sich einschließlich des aufgeschütteten Landes auf hundertvier Hektar erstreckte.

Disney Development, die Baufirma der Gesellschaft, verfügte seit 1987 über die Erschließungsrechte beider Gebiete und hatte in Zusammenarbeit mit Disneys Ideenfabrik für beide einen vorläufigen Entwicklungsplan erstellt. In Anaheim sollte danach, mit von Unternehmen getragenen Pavillons und ausländischen Regierungen als Sponsoren von Länderpräsentationen, etwas Ähnliches wie das EPCOT Center entstehen. Für Long Beach schlug die Gesellschaft am 31. Juli 1990 den Bau von Port Disney vor, eines 145 Hektar großen Themenparks und Hafenkomplexes mit 400 Bootsanlegestellen, einem Kai für Kreuzfahrtschiffe und fünf Hotels mit 3700 Zimmern.[15] Das Herzstück der Anlage sollte DisneySea sein, ein Themenpark mit Delphinen und Walen und nautischen Erlebnisfahrten. Die geschätzten Kosten von Port Disney beliefen sich auf 3 Milliarden Dollar. Darüber hinaus erforderte er eine Vielzahl von Genehmigungen seitens der Stadt und der Umweltbehörden.

Beide Projekte würden nicht vor dem Ende des Jahrzehnts gebaut werden. Aber das Disney-Management wollte schon jetzt, durch die Bekanntgabe der Absicht, einer der beiden Städte Tausende von Arbeitsplätzen zu bringen, einen Angebotspoker entfachen, der Disney fast mit Sicherheit riesige Steuerersparnisse und andere Zugeständnisse einbringen würde. Eisner hatte die Auktion im Januar durch seine Ankündigung des »Disney-Jahrzehnts« eröffnet. »Es hängt davon ab, welche Gemeinde uns mehr möchte«, antwortete er auf die Frage eines Reporters. »Wo wir auch hingehen werden, es geht um weit über 1 Milliarde Dollar, und wir können es uns einfach nicht leisten, einen Park von dieser Größe zu bauen, ohne uns einer gewissen Kooperation der örtlichen Partner sicher zu sein.«[16]

Während Eisner in Südkalifornien in aller Öffentlichkeit einen Wettstreit um das bessere Angebot initiierte, ging die Gesellschaft in Orlando in aller Stille vor, indem sie durch eine Firma, die nach außen hin von einem Rechtsanwalt aus Miami geführt wurde, fast achthundertdreißig Hektar Land, das im Südwesten an den Komplex der Walt Disney World anschloß, unter ihre Kontrolle brachte.[17]

Disney schwieg sich zwar darüber aus, was man mit dem Land vorhatte, aber die örtlichen Behörden waren bereits unterrichtet worden über den Plan der Gesellschaft, mehrere Straßen zu bauen, die das erworbene Land an das Verkehrsnetz anschließen sollten. Das dort vorgesehene Projekt, Dream City, würde, wie Disney schließlich im April 1990 bekanntgab, voraussichtlich über 2,5 Milliarden Dollar verschlingen. Die Gesamtbauzeit wurde mit fünfundzwanzig Jahren angegeben. Die Gesellschaft hat damit auf Walt Disneys ursprüngliches EPCOT-Konzept einer High-Tech-Stadt der Zukunft zurückgegriffen. In der »City«, wie sie kurz genannt wird, sollen auf 2100 Hektar 6300 Häuser mittlerer Preislage, ein riesiges Einkaufszentrum und Bürohochhäuser entstehen. Auf den Reißbrettern sind zum erstenmal auch Häuser mit Eigentumswohnungen zu sehen, die im Time-sharing-Verfahren an Urlauber verkauft werden sollen, die immer wieder nach Orlando zurückkehren. Die Disney-Planer erwägen außerdem »alleinstehende« Projekte, etwa eine Ferienranch in Wyoming oder ein polynesisches Dorf in Hawaii.

In fernerer Zukunft soll die Gesellschaft nach Eisners Vorstellungen in Orlando eine eigene Denkfabrik gründen, das Disney Institute. Außerdem soll etwas geschaffen werden, das »The Workplace« genannt wird, ein kombiniertes Ausbildungs- und Unterhaltungszentrum, in dem die Arbeitsvorgänge in Fabrikationsbetrieben im Mittelpunkt stehen werden, wie Eisner einem Planungsausschuß in Orlando mitteilte.[18]

Im Frühjahr 1990 konnte Michael Eisner aus dem Fenster seines großen Büros im dritten Stock des Animation Building auf das fast fertiggestellte neue Verwaltungsgebäude blicken, in das er bald umziehen würde. Die Architektur hatte ihn in den letzten fünf Jahren, während er den Bau neuer Disney-Hotels überwachte, immer stärker fasziniert. Eine Folge dieser Faszination war, daß das 5 Millionen Dollar teure neue Bürogebäude ein Phantasiestück geworden war, wie es dem bekanntesten Hersteller von »Feenstaub« wohl anstand. Von Michael Graves entworfen, einem umstrittenen Architekten, der für seine extravaganten Bauwerke bekannt ist, stellt das gut 30 000 Quadratmeter umfassende Gebäude eine Mischung aus toskanischem Palazzo und griechischen Höfen dar. Das griechische Giebeldach wird von 5,8 Meter großen Terrakottastatuen der sieben Zwerge aus *Schneewittchen* getragen.

»Es ist keine große Architektur«, stellte der ehemalige Disney-Aufsichtsratsvorsitzende Ray Watson, selbst gelernter Architekt, fest. »Aber es paßt zur Unterhaltungsbranche, und ihre (...) Verspieltheit paßt zu Eisners Sinn für Theatralik.«[19] Das neue Verwaltungsgebäude, das erste Bauprojekt auf dem Studiogelände seit fast zwei Jahrzehnten, konnte Ende September 1990 bezogen werden.

Während es langsam in die Höhe wuchs, arbeitete Eisner daran, das Team Disney so weit wie möglich zusammenzuhalten. Um den Verlust von Gary Wilson wettzumachen, hatte er zwei von Wilsons Mitarbeitern, Judson Green und Larry Murphy, befördert. Die beiden Manager teilten sich jetzt die Verantwortlichkeiten des ausgeschiedenen Abteilungsdirektors. Murphy hatte die Planungsaufgaben übernommen, während Green als Finanzchef fungierte.

Bis Ende 1989 hatten die meisten der Spitzenmanager Verträge unterzeichnet, die sie bis zum Ende des Jahrzehnts an Disney banden. Eisner und Wells hatten gleichfalls ihre Verträge verlängert, Eisner um neun und Wells um fünf Jahre. Die beiden Disney-Chefs hatten eingewilligt, weiterhin für das gleiche Gehalt zu arbeiten, das sie in den vergangenen fünf Jahren erhalten hatten, und außerdem hingenommen, daß ihr Bonus- und Optionsplan geringfügig zusammengestutzt wurde. Kritische Zeitungsartikel über die Summen, die den beiden Managern durch ihre bisherigen Aktienoptionen und Bonuszusagen zugeflossen waren, hatten den Aufsichtsrat bewogen, das Vergütungspaket neu zu schnüren.

Eisner verpflichtete Shapiro für weitere sechs und Katzenberg für weitere acht Jahre. Katzenberg verlängerte danach die Verträge seiner Spitzenleute – Richard Frank, Helene Hahn, Ricardo Mestres und David Hoberman – um jeweils fünf Jahre. »Nichts ist für das Management wichtiger als Kontinuität«, schrieb Michael Eisner Anfang 1990 den Disney-Aktionären in den Jahresbericht, »und in der Unterhaltungsbranche ist Kontinuität bei einem guten Managementteam eine absolute Ausnahmeerscheinung.«[20]

»Disneys Motor läuft langsamer«, posaunte die Schlagzeile auf der Titelseite von *Variety* in fünf Zentimeter großen Lettern, die bei anderen Zeitungen einem Weltkrieg vorbehalten sind, am 9. November 1990 heraus.[21] In ihrem üblichen bombastischen Stil verkündete die sogenannte Bibel der Unterhaltungsindustrie jedoch nur, was die meisten in Hollywood bereits wußten. Die stagnierende Wirtschaftsentwicklung hatte auch von der Walt Disney Company ihren Zoll verlangt.

Der Gewinn von 824 Millionen Dollar, den die Gesellschaft am 8. November 1990 bekanntgab, war erneut ein Rekordergebnis, das sechste, das sie in ebenso vielen Jahren erzielt hatte. Aber erstmals seit Michael Eisners und Frank Wells' Auftritt konnte Disney nicht mit einer zweistelligen Wachstumsrate aufwarten, wie sie von der Wall Street fast schon gewohnheitsmäßig von der Gesellschaft erwartet wurde. Im vierten Quartal war der Gewinn nur noch um 9,4 Prozent gestiegen, eine nach den hochfliegenden Disneyschen Vorstellungen enttäuschend durchschnittliche Rate.[22]

Im ersten Quartal 1991 war das Ergebnis noch schlechter. Der Ertrag war zum erstenmal in der Ära Eisner-Wells gesunken. Der Rückgang belief sich im Vergleich zum Vorjahr zwar nur auf zwei Prozent, und die Gesellschaft konnte immer noch einen Gewinn von 170 Millionen Dollar verbuchen, hatte also in einem Quartal fast doppelt soviel verdient wie während des ganzen letzten Jahres vor Eisner und Wells,[23] aber der wirtschaftliche Abschwung hinterließ auch bei Disney nicht zu übersehende Spuren.

Während der Ron-Miller-Ära hätte die Nachricht sinkender Erträge augenblicklich zu einem Kurssturz der Disney-Aktie geführt. Aber die Walt Disney Company, die Michael Eisner und Frank Wells geschaffen hatten, war nicht mehr das von Walt Disneys unmittelbaren Nachfolgern geführte verschlafene, träge Unternehmen, dem es an Elan und Vorstellungskraft mangelte. Damals war die Gesellschaft, da man sich nicht aus dem von Walt vorgegebenen Spielplan lösen konnte, immer noch überwiegend vom Geschäft mit den Vergnügungsparks abhängig gewesen, und wenn die Wirtschaft einen der periodisch wiederkehrenden Abschwünge durchmachte, hatte es jedesmal einen Besucherschwund in den Vergnügungsparks gegeben. Unfähig, ihre Aktivitäten zu diversifizieren, war die Gesellschaft jener Zeit die Gefangene ihrer eigenen Unbeweglichkeit gewesen.

1991 jedoch sah man in der Wall Street hinter Disneys Vergnügungsparks die Stärke der Filmproduktion, des Fernsehvertriebs und der wachsenden Zahl von Disney Stores. Die Folge davon war, daß der Disney-Kurs am Tag der Bekanntgabe der gesunkenen Erträge zwar um 1,62 Dollar sank, sich aber am nächsten Tag wieder erholte und um 2,25 Dollar stieg. Nach fünf Jahren ausschließlich positiver Neuigkeiten aus Burbank war man an der Wall Street bereit, eine allgemein als vorübergehend betrachtete Schwächeperiode zu übersehen und, wie seit der Anfangszeit der Ära Eisner–Wells, auf die Qualität des Disneyschen Managements und dessen Fähigkeit zu setzen, seine Pläne für eine zukünftige Gewinnsteigerung zu verwirklichen.

Diese Pläne beruhten auf zwei Prinzipien: kühner Expansion und geteiltem Risiko, das heißt der Beteiligung von Investoren, die an Disneys Aufstieg teilhaben wollten. Die größte Expansionsanstrengung war das 2,1 Milliarden teure Euro Disneyland bei Paris. Mit den Mitteln privater Anleger hatte Disney bis Ende 1990 bereits 920 Millionen Dollar in den Park investiert, der im April 1992 eröffnet werden konnte. Gleichzeitig wurde die Touchwood-Emission in Japan abgeschlossen, die der Gesellschaft 600 Millionen Dollar eingebracht hatte, mit denen sie ihre Filmproduktion in Schwung halten konnte.

Langjährigen Disney-Mitarbeitern war die wirtschaftliche Situation der Walt Disney Company im Jahr 1991 auf unheimliche Weise vertraut. Schon einmal, Mitte der 70er Jahre, hatte eine Krise im Nahen Osten die Erdölpreise in die Höhe getrieben, was verheerende Auswirkungen auf die Wirtschaft gehabt und eine Rezession ausgelöst hatte, die viele amerikanische Unternehmen zu überfordern drohte. Die Walt Disney Productions unter Ron Miller und Card Walker hatte damals mit Selbstbeschränkung reagiert: Die Filmproduktion war weitgehend aufgegeben, die Hotelbaupläne waren ad acta gelegt und alle Kräfte der Gesellschaft auf die Errichtung des EPCOT Center konzentriert worden. Da man sich nicht in der Lage glaubte, zwei Projekte gleichzeitig realisieren zu können, hatte man den Tokioter Park lizensiert, anstatt ihn selbst zu erbauen, und sich damit des größten Teils der Gewinne aus einem der lukrativsten Disney-Ableger beraubt.

Michael Eisner und Frank Wells wollten Anfang 1991 nicht noch einmal einen solchen Fehler machen. Ein Streit mit George Lucas verzögerte zwar die Premiere der Stuntshow »Young Indiana Jones« in Disneyland, aber ansonsten wurden nur wenige Projekte aufgeschoben oder gestrichen. Die Direktvertriebsabteilung, die 1990 einen Zweistundenblock mit Zeichentrickfilmen an hundert Sender verkaufte, begann an drei neuen Serien zu arbeiten. In einer von ihnen sollte Goofy die Hauptrolle spielen und in einer anderen ein neuer Kämpfer gegen das Verbrechen namens Darkwing Duck eingeführt werden.

In New York nahm der Disney-Verlag deutlichere Konturen an. Hollywood Records, Disneys erster Vorstoß auf das Gebiet der Popmusik, bereitete für Anfang 1991 die erste Veröffentlichung vor. Wie vorher bei Touchstone Pictures würde auch Peter Paternos Plattenlabel mit der Wiederbelebung ehemaliger Superstars beginnen, in diesem Fall mit derjenigen einer leicht ins Abseits geratenen Rockgruppe namens Queen.

Aber die Entschlossenheit, kühn voranzuschreiten, war nirgendwo augenfälliger als in Orlando, wo der Vergnügungsparkchef Dick Nunis in passendem Outfit – weiße Seglerhosen, Leinenhemd und blauer Blazer – Mitte November den Yacht and Beach Club mit 1200

Zimmern eröffnete. Die Landschaft in der näheren Umgebung war geradezu gesprenkelt von Hotelbaustellen. Das Port Orleans, ein Hotel mit 1008 Zimmern in der Nähe des EPCOT Center, war nahezu fertiggestellt. Für das Dixie Landings mit 2038 Zimmern wurden gerade die Betonfundamente gelegt, und mit dem Bau des Mediterranean Hotels mit 1000 Zimmern konnte jederzeit begonnen werden. Insgesamt war Disney dabei, zusätzliche 11 000 Hotelzimmer zu bauen, die den Bestand der Disney-Hotels nach ihrer Fertigstellung auf 22 000 vergrößern werden – rund fünfundzwanzig Prozent der Hotelkapazität der drei um die Walt Disney World herum gelegenen Countys.

Die Preiserhöhungen, während der ersten Jahre der Ära Eisner-Wells in schneller Abfolge vorgenommen, wurden jetzt seltener. In Disneyland wurde der Eintrittspreis 1990 vor Thanksgiving noch einmal um 2 Dollar erhöht, zum neunten Mal seit dem Amtsantritt der beiden Manager. Die nächsten Preiserhöhungen sind jedoch erst wieder vorgesehen, wenn sich die Wirtschaft erholt hat. Daneben reagierten Eisner und Wells, im Gegensatz zu ihren Vorgängern, die Werbekampagnen scheuten, auf den wirtschaftlichen Abschwung mit noch aggressiverer Fernsehwerbung. Die Werbeetats der Vergnügungsparks wurden um 10 Millionen Dollar aufgestockt. Das ist genug, um Micky, Minnie und das Panorama des EPCOT Center beinah allabendlich auf dem Bildschirm erscheinen zu lassen.

Jeffrey Katzenberg, dessen Filmstudio gerade das Produktionsvolumen verdoppelte, war wie gewöhnlich hektisch dabei, neue Deals auszuhecken. Disney sollte 1991 achtundzwanzig Filme produzieren, siebenmal so viele wie zu der Zeit, als das Team Disney die Arbeit aufnahm, und neun mehr, als 1990 in die Kinos gekommen waren.[24] Der Produktionsplan enthielt Filme, in denen Stars wie Sylvester Stallone und Dustin Hoffman spielten, die zum erstenmal für Disney arbeiteten, und andere, in denen Tom Hanks, Sean Connery und Goldie Hawn die Hauptrollen spielten. Das Studio sicherte sich die Rechte an einem Film auf der Grundlage der Comicfigur Blondie und verpflichtete den Autor und Oscar-Preisträger Alfred Uhry (*Miss Daisy und ihr Chauffeur*) für das Drehbuch. Außerdem wurde Madonna dazu überredet, die Hauptrolle in der Filmfassung des Erfolgsmusicals *Evita* von Andrew Lloyd Webber zu spielen.

In einem Angebotskrieg mit Warner Brothers und Twentieth Century Fox konnte Katzenberg die Produzenten Don Simpson und Jerry Bruckheimer, die Superhits wie *Top Gun* und *Beverly Hills Cop* vorzuweisen hatten, für Disney gewinnen. Außerdem umwarb Katzenberg, nachdem er acht Jahre zuvor mitgeholfen hatte, ihn zu Paramount zu holen, den Star aus *Beverly Hills Cop,* Eddie Murphy, der seit Monaten mit Paramount im Streit lag.

Die Jagd nach Superstars wie Eddie Murphy oder dem Produzentenduo Simpson und Bruckheimer belegte den Fluch im Segen von Disneys Erfolg. Das Studio hatte 1990 zum zweitenmal mehr Kinokarten verkauft als jedes andere Hollywood-Studio. Der größte Hit des Jahres war *Pretty Woman* gewesen, ein Film, der mit einem relativ bescheidenen Budget produziert worden war. Auch das Jahr 1991 begann Disney mit einem vielversprechenden Film, der für vergleichsweise wenig Geld gedreht worden war, *Green Card – Schein-Ehe mit Hindernissen,* mit Gérard Depardieu in der Hauptrolle. Wollte Disney jedoch in dem auf Superhits versessenen Hollywood bestehen, konnte man es sich nicht länger leisten, weniger bekannte Schauspieler einzusetzen und sich die Drehbücher von Neulingen schreiben zu lassen. Es war abzusehen, daß die großen Budgets solcher »Ereignisse« wie *Dick Tracy* und *Arachnophobia* zunehmend am Gewinn der Filmproduktion nagen würden.

»Wir haben uns langsam von unserer ursprünglichen Vorstellung davon, wie man das Filmgeschäft angehen sollte, entfernt«, hielt Katzenberg seinen Produktionsmanagern Anfang 1991 in einem Rundschreiben vor. Anstatt auf diesem Weg weiterzugehen, betonte der Studiochef, beabsichtige Disney, zu den Wurzeln zurückzukehren und »die Art von bescheidenen, von der erzählten Geschichte lebenden Filmen« zu drehen, »die wir in unseren mageren Tagen gemacht haben«.[25]

Anderswo in der Walt Disney Company setzte man unverdrossen auf Expansion. Eisner, der den Vertrieb Disneyscher Kinofilme und Fernsehproduktionen ausweiten wollte, prüfte die Chancen eines zweiten Kabelfernsehsenders, während sich Rich Frank weiterhin nach Fernsehstationen umsah, die Disney erwerben und mit K-CAL zu einem eigenen Fernsehnetz verknüpfen konnte. In jedem Fall blieb jedoch entscheidend, wie hoch die Kosten sein würden. Anfang 1991 erwog Disney, WWOR zu kaufen, einen New Yorker Fernsehsender, den MCA auf Druck von Matsushita, des neuen Besitzers von MCA, abstoßen mußte. Aber obwohl der Sender den größten Fernsehmarkt des Landes bediente, schreckte Disney vor dem Kauf zurück: Der Preis war einfach zu hoch.

Zur Zukunft der Walt Disney Company könnte dennoch ein Deal gehören, der weit größere Ausmaße hat als der geplatzte Kauf von WWOR. Eine Änderung der Bundesgesetze macht es vielleicht bald möglich, daß die großen Hollywood-Studios mit den drei großen Fernsehnetzen fusionieren. Ende 1990 waren an der Wall Street Gerüchte über bevorstehende Elefantenhochzeiten in der Unterhaltungsindustrie zu hören, vornehmlich zwischen dem einem oder anderen der drei großen Fernsehnetze und einen Hollywood-Studio. Die Paarungen wechselten zwar ständig, aber die Walt Disney Company wurde fast jedesmal als einer der Partner genannt.

Für Michael Eisner, Frank Wells und die anderen Disney-Manager waren diese Gerüchte eine passende Gratulationscour zum sechsjährigen Jubiläum des Teams Disney. Niemand konnte übersehen, daß die Walt Disney Company nicht mehr die schwache, einfallslose Gesellschaft war, die das Team Disney vorgefunden hatte. Die Gesellschaft, die Saul Steinberg, Irwin Jacobs und andere Raider einst hatten schlucken wollen, besaß jetzt selbst die finanzielle Spannkraft, um eine der größten Übernahmen aller Zeiten in Angriff zu nehmen.

QUELLENNACHWEIS

In Buchform vorliegende Quellen

Peter Bart, *Fade Out. The Calamitous Final Days of MGM* (New York 1990)
Alex Ben Block, *Outfoxed* (New York 1990)
Randy Bright, *Disneyland. The Inside Story,* New York 1987
Tony Ettore, *Arvida. A Business Odyssey,* Coral Springs (Florida) 1990
Ephraim Katz, *The Film Encyclopedia,* New York 1979
Alex McNeil, *Total Television,* New York 1984
John Taylor, *Storming the Magic Kingdom,* New York 1987
Bob Thomas, *Walt Disney. An American Original,* New York 1976

Einführung

1 Interview mit Sid Bass, 30. Mai 1990.
2 Walt Disney Productions, Jahresbericht 1983, S. 45.
3 Ebd. 1976, 1979 und 1983.
4 Ebd. 1984, S. 20
5 »North American Theatrical Film Rental Market Shares: *1970-1989*«, in: *Variety,* 11. Januar 1990, S. 4.

Kapitel 1

1 Thomas, *Walt Disney,* S. 78.
2 Taylor, *Storming the Magic Kingdom,* S. VII.
3 Thomas, *Walt Disney,* S. 137.
4 Ebd., S. 99.
5 Walt Disney Productions, Jahresbericht 1940, S. 10.
6 McNeil, *Total Television,* S. 899 f.
7 Walt Disney Productions, Jahresbericht 1974, S. 23.
8 Ebd. 1973-1979, S. 12, 16.
9 Walt Disney Productions, Jahresbericht 1979.

10 Ebd. 1983, S. 32.
11 Ebd. 1982.
12 Interview mit Stan Kinsey, 4. April 1990.
13 Interview mit Ray Watson, 16. April 1990.
14 Interview mit Ron Miller, 26. April 1990.
15 Taylor, *Storming the Magic Kingdom,* S. 1.
16 Interview mit Al Checchi, 14. April 1990.
17 Interview mit Rich Frank, 17. Mai 1990.
18 Interview mit Ray Watson, 14. März 1990.
19 Interview mit Sid Bass, 30. Mai 1990.
20 Interview mit Michael Eisner, 27. August 1990.

Kapitel 2

1 Protokoll der Aufsichtsratssitzung der Walt Disney Productions vom 22. September 1984.
2 Interview mit Stanley Gold, 8. Juni 1990.
3 Tony Schwartz, »Hollywood's Hottest Stars«, in: *New York,* 30. Juli 1984, S. 31.
4 *Variety,* 11. Januar 1990, S. 4.
5 Tony Schwartz, »Hollywood's Hottest Stars«.
6 Interview mit Michael Eisner, 12. März 1990.

Kapitel 3

1 *The Wall Street Journal,* 17. September 1984.
2 Interview mit Sid Bass, 30. Mai 1990.
3 Taylor, *Storming the Magic Kingdom,* S. 238.
4 Michael Cieply, »Disney Faces Calm Period as Bass Group Buys Out Jacobs Stake for 58.1 Million«, in: *The Wall Street Journal,* 5. Oktober 1984.
5 Interviews mit Sid Bass, 30. Mai 1990, und Michael Eisner, 27. August 1990.
6 Laura Landro, »Cablevision to Pay $ 75 Million for Rights to Offer Disney Channel to Its Subscribers«, in: *The Wall Street Journal,* 10. Oktober 1984.

Kapitel 4

1. Interview mit Graef »Bud« Crystal, 7. April 1990.
2. Interview mit Ray Watson, 14. April 1990.
3. Arbeitsverträge zwischen der Walt Disney Productions und Michael Eisner und Frank Wells, ergänzt und neu formuliert, 22. September 1984.
4. Walt Disney Productions, Vollmacht 1986, S. 16.
5. Ebd. 1985, S. 23.
6. Aljean Harmetz, »The Man Who Makes Disney Run«, in: *New York Times Magazine,* 7. Februar 1988, S. 51.
7. Interview mit Sid Bass, 30. Mai 1990.
8. Interview mit Michael Eisner, 24. August 1990.
9. Walt Disney Productions, Vollmachtsanweisung 6. Januar 1986, S. 12.
10. Interview mit Steve Beeks, 4. März 1990.
11. Interview mit Richard Berger, 27. März 1990.

Kapitel 5

1. Walt Disney Productions, Jahresbericht 1983, S. 46; 1984, S. 8.
2. Ebd. 1984, S. 8.
3. Information der Walt Disney Productions.
4. Interview mit Al Checchi, 14. April 1990.
5. Walt Disney Productions, Jahresbericht 1984, S. 47.
6. Interview mit Jack Lindquist, 4. Juni 1990.
7. Walt Disney Productions, Jahresbericht 1984, S. 47.
8. Interview mit Richard Nunis, 3. April 1990.
9. Katz, *Film Encyclopedia,* S. 740.
10. »Top 100 All-Time Film Rental Champions«, in: *Variety,* 11. Januar 1989, S. 26.
11. Stephen J. Sansweet, »Disney's ›Imagineers‹ Build Space Attraction Using High-Tech Gear«, in: *The Wall Street Journal,* 6. Januar 1987, S. 1.
12. Bright, *Disneyland,* S. 230.
13. Sansweet, *The Wall Street Journal,* 6. Januar 1987, S. 1.
14. Interview mit Jack Lindquist, 4. Juni 1990.
15. Michael Burkett, »Sneaking a Peek at Disneyland's ›Captain EO‹«, in: *The Orange County Register,* 15. September 1986.
16. Brief von Frank G. Wells an John L. Tishman, Tishman Realty & Construction Co., Inc., et al., vom 11. Dezember 1985.

17 S.G. Warburg und Walt Disney Productions, Jahresbericht 1984, S. 8.
18 Walt Disney Productions, 10-K-Meldung an die Securities and Exchange Commission, 1984, S. 2.
19 Orlando/Orange County Convention and Visitors Bureau.
20 *Tishman Realty & Construction, etal v. Walt Disney Productions, etal,* Fall Nr. 86-1518, eingereicht am 4. Februar 1986.
21 Archiv der Walt Disney Productions.
22 Walt Disney Productions, Jahresbericht 1983, S. 40; 1984, S. 42.
23 Ebd. 1987, S. 44.
24 Ed Bean, »Delta to Announce Pact with Disney World«, in: *The Wall Street Journal,* 30. Januar 1987.
25 Walt Disney Productions, Jahresbericht 1985, S. 34; 1987, S. 38.
26 Ebd. 1987, S. 6.
27 Ebd., S. 37, 39.

Kapitel 6

1 Interview mit Richard Berger, 27. März 1990.
2 Nancy Collins, »Bette Midler: The Cheese-Bomb American Crapola Dream«, in: *Rolling Stone,* 9. Dezember 1982, S. 15.
3 Jule Salamon, »Jeffrey Katzenberg: Disney's New Mogul«, in: *The Wall Street Journal,* 12. Mai 1987, S. 32.
4 Motion Picture Association of America, *U.S. Economic Review,* 1988, S. 6.
5 Aljean Harmetz, »Who Makes Disney Run«, in: *The New York Times Magazine,* Februar 1988, S. 29.
6 Katz, *Film Encyclopedia,* S. 360.
7 David Ansen, »A Wise Guy's Resussection«, in: *Newsweek Magazine,* August 1987, S. 56.
8 Interview mit Sam Cohn, 15. Mai 1990.
9 *Down and Out in Beverly Hills,* Produktionsnotizen.
10 Andy Pasztor u.a., »Hutton Unit Pleads Guilty in Fraud Case«, in: *The Wall Street Journal,* 3. Mai 1985, S. 3.
11 Silver Screen Partners II, Prospekt vom 17. April 1985, S. 2, 4, 18.
12 Interview mit Roland Betts, 9. Mai 1990.
13 Interview mit Frank Wells, 25. Juni 1990.
14 Walt Disney Productions, Presseerklärung vom 7. Mai 1982.
15 Laura Landro, »Unit Says 2 Officials Quit in Ethical Matter«, in: *The Wall Street Journal,* 6. Juni 1984.

16 Wade Lambert, »Grand Jury Indicts 2 Former Officials of Paramount Unit«, in: *The Wall Street Journal,* 30. April 1990, S. A-9.
17 Interview mit Ray Watson, 16. April 1990.
18 *New York Magazine,* 10. März 1986, S. 42.
19 Joseph Gelmis, »Living on the Down Side of the Good Life«, in: *Newsday,* 31. Januar 1986, Wochenendausgabe, S. 3
20 »Walt Disney Declares 4-for-1 Stock Split, Eight-Cent Dividend«, in: *The Wall Street Journal,* 14. Januar 1986.

Kapitel 7

1 »Top 100 All-Time Film Rental Champions«, in: *Variety,* 11. Januar 1989, S. 26.
2 Walt Disney Company, Jahresbericht 1988, S. 45.
3 Ebd. 1987, S. 1, 17.
4 Mike Clark, *USA Today,* 17. Oktober 1986.
5 Vincent Canby, *New York Times,* 17. Oktober 1986, S. 16.
6 David Ansen, *Newsweek,* 15. Oktober 1986, S. 75.
7 Interview mit Robert Levin, 22. Mai 1990.
8 *Good Morning, Vietnam,* Produktionsnotizen.
9 *Martin Burke v. The Walt Disney Company and Touchstone Pictures,* eingereicht am 16. November 1988 beim California Superior Court, Fall Nr. C 706826.
10 Donna Rosenthal, »Cadillac Man Finds a New Life«, in: *Los Angeles Times,* 1. Mai 1990, S. F6.
11 Interview mit Robert Levin, 22. Mai 1990.
12 *Variety,* 11. Januar 1990; Motion Picture Association, *U.S. Economic Review,* 1988, S. 1.

Kapitel 8

1 Interview mit Ron Miller, 26. April 1990.
2 Archiv der Walt Disney Company.
3 Walt Disney Productions, Jahresbericht 1966, S. 3.
4 Kim Masters, »What's Up, Doc«, in: *Premiere Magazine,* Juli 1988, S. 32.
5 Walt Disney Productions, Jahresbericht 1983, S. 18.
6 Silver Screen Partners III, Prospekt vom 7. Oktober 1986, S. 27.
7 Adam Eisenberg, *Cinefex,* S. 11.
8 Kim Masters, *Premiere Magazine,* S. 37.

9 Michael Reese, *Newsweek,* S. 54.
10 Walt Disney Company, Presseerklärungen.
11 »North American Theatrical Film Rental Market Shares: *1970-1989*«, in: *Variety,* 11. Januar 1990, S. 4; Motion Picture Association of America, *U.S. Economic Review,* 1988.
12 Interview mit Roy Disney, 14. März 1990.
13 »Sears and Disney Agree on an Mickey Mouse Deal«, in: *The Wall Street Journal,* 9. November 1987.
14 Interview mit Bert Fields, in: *American Film Magazine,* Dezember 1988, S. 6.
15 Motion Picture Association of America, *U.S. Economic Review,* 1988, S. 6.
16 Anna Quindlin, »Tracy, Tracy – Aaaugh!«, in: *New York Times,* 24. Juni 1990, S. 21.
17 Jack Matthews, »A Day and Night with Warren Beatty«, in: *Los Angeles Times,* 10. Juni 1990, S. 6.
18 Jim Emerson, »Back with a Simple Vision«, in: *Orange County Register,* 12. Juni 1990, Feuilleton S. 1.
19 Claudia Eller, »›Tracy‹ Expenses Revealed in Profit/Loss Statement«, in: *Variety,* 15. Oktober 1990, S. 1.

Kapitel 9

1 Walt Disney Company, *Buena Vista Home Video: A Ten-Year History,* S. 1.
2 Bericht von Robert J. Race, Reliance Group, 18. April 1984, S. 2, 6.
3 Interview mit Sid Bass, 30. Mai 1990.
4 Richard Simon, Goldman Sachs Investmentbericht, 10. März 1987, S. 6.
5 Walt Disney Productions, Jahresbericht 1983, S. 23, 46.
6 *Video Marketing Newsletter,* 4. Januar 1988, S. 5.
7 Buena Vista Home Video, Presseerklärung vom 31. März 1988.
8 Walt Disney Company, Jahresbericht 1986, S. 46.
9 Walt Disney Productions, Jahresbericht 1984, S. 1.
10 Ebd. 1983, S. 22, 32.
11 Ebd. 1984, S. 13.
12 Morgan Stanley, »Project Fantasy«, Bericht an den Aufsichtsrat der Walt Disney Productions vom 4. Mai 1984.

13 Laura Landro, »Cablevision to Pay $ 75 Million for Rights to Offer Disney Channel to Its Subscribers«, in: *The Wall Street Journal,* 10. Oktober 1984, S. A-12.
14 »Who's News: Walt Disney's Jimirro, President of 2 Units, Quits Unexpectedly«, in: *The Wall Street Journal,* 19. Juni 1985, S. B-6.
15 Walt Disney Company, Jahresbericht 1988, S. 14.
16 *Video Marketing Newsletter,* 27. Juli 1987, S. 1.
17 *Channels Magazine,* Februar 1990, S. 78.
18 Nielsen Media Research, Woche des 10. Oktober 1989.
19 Debra Goldman, »War in the Afternoon«, in: *Adweek,* 11. Juni 1990, S. 32.

Kapitel 10

1 Interview mit Richard Nunis, 3. April 1990.
2 Interview mit Ron Miller, 26. April 1990.
3 Richard Simon, Goldman Sachs Investmentresearchbericht vom 10. März 1987, S. 3.
4 Interview mit Richard Nunis, 3. April 1990.
5 McNeil, *Total Television,* S. 710.
6 Block, *Outfoxed,* S. 203.
7 Walt Disney Company, Jahresbericht 1987, S. 19.
8 Interview mit Richard Frank, 17. Mai 1990.
9 Interview mit Michael Eisner, 12. März 1990.

Kapitel 11

1 Katz, *Film Encyclopedia,* S. 803.
2 MGM/UA Communications Co., Prospekt 1989.
3 Aus einer Erklärung von Frank Rothman, in: *MGM/UA Communications Co. and MGM Grand, Inc. v. The Walt Disney Co.,* Oberstes Gericht von Kalifornien, Fall Nr. C686329.
4 Thomas, *Walt Disney,* S. 226.
5 Interview mit Richard Nunis, 3. April 1990.
6 Interview mit Martin Sklar, 18. April 1990.
7 Interview mit Frank Wells, 25. Juni 1990.
8 Aus einer Erklärung von Frank Davis, in: *MGM/UA Communications Co. and MGM Grand, Inc. v. The Walt Disney Co.*
9 Vertrag zwischen MGM/UA Entertainment Co., United Artists Corp. und Walt Disney Productions vom 27. Juni 1985.

10 Brief von Martin Sklar an Bill Dennis, den MCA-Abteilungsdirektor für Lizenzen und Merchandising, vom 4. September 1986.
11 Siehe Anm. 9.
12 Bart, *Fade Out,* S. 277.
13 *MGM/UA Communications Co. and MGM Grand, Inc. v. The Walt Disney Co.*
14 Walt Disney Productions, Presseerklärung vom 8. Juli 1985.
15 Vicki Vaughn, »MCA Smells a Rat in Disney's Plans for Studio Tour«, in: *Orlando Sentinel,* 15. Mai 1985, A1.
16 Michael Cieply, »Disney's Plan to Build Cities on Florida Tract Could Shape Its Future«, in: *The Wall Street Journal,* 9. Juli 1985, S. 1.
17 Charles Leerhsen, »Confrontation«, in: *Newsweek,* 11. Juni 1990, S. 67.
18 Michael Cieply, »MCA Inc. Says Disney Is Trying to Sabotage Plans to Build Facility«, in: *The Wall Street Journal,* 21. Mai 1985.
19 Ronald Grover, »Theme Parks: This Slugfest Is No Fantasy«, in: *Business Week,* 23. März 1987, S. 38.
20 Ike Flores, Artikel der Associated Press, abgedruckt in: *Los Angeles Herald Examiner,* 4. Januar 1987, S. A-6.
21 Greg Braxton, »MCA Admits Attack on Disney Backlot Plan«, in: *Los Angeles Times,* 12. November 1987, S. 8 der Metro-Valley-Ausgabe.
22 Brief von Alan Epstein, dem Abteilungsdirektor der Disney Development Company, an Robert R. Ovrom, den Geschäftsführer der Burbank Redevelopment Agency, vom 8. April 1987.
23 Charles Leerhsen, »How Disney Does It«, in: *Newsweek,* 3. April 1989, S. 48.
24 Richard Corliss, »Universal's Swamp of Dreams«, in: *Time Magazine,* 18. Juni 1990, S. 64.

Kapitel 12

1 S.G. Warburg Securities and Co., Inc., *International Offering of Shares for Euro Disneyland SCA,* 5. Oktober 1989, S. 36.
2 Interview mit Ron Miller, 26. April 1990.
3 S.G. Warburg Securities, *International Offering,* S. 39.
4 Walt Disney Company, The Disneyland Diary, Januar 1990.
5 S.G. Warburg Securities, *International Offering,* S. 16.
6 Landor Associates, »Image Power Study«, November 1988, zit. nach S.G. Warburg Securities, *International Offering,* S. 56.

7 Susan Carey/Nicholas Bray, »Disney, France Sign Preliminary Pact to Build Euro Disneyland Near Paris«, in: *The Wall Street Journal,* 19. Dezember 1985.
8 Interview mit Chuck Cobb, 3. Mai 1990.
9 S.G. Warburg Securities, *International Offering of Shares for Euro Disneyland SCA,* Juni 1989, S. 40.
10 Walt Disney Productions, Jahresbericht 1976, S. 6; 1979, S. 12.
11 Ebd. 1978, S. 14, und Interviews mit Disney-Managern.
12 Walt Disney Productions, Jahresbericht 1984, S. 42.
13 S.G. Warburg Securities, *International Offering,* Oktober 1989, S. 65.
14 David Lawday, »Where All the Dwarfs Are Grumpy«, in: *U.S. News & World Report,* 28. Mai 1990, S. 45.
15 Vertrag zwischen der Republik Frankreich et al. und The Walt Disney Company et al. vom 24. März 1987, S. 29 und Anhang 18.
16 Interview mit Joe Shapiro, 19. April 1990.
17 S.G. Warburg Securities, *International Offering,* Juni 1989, S. 12, 56.
18 Jane Sasseen, »Seducing the Money Men«, in: *International Management,* November 1989, S. 34.
19 S.G. Warburg Securities, *International Offering,* Oktober 1989, S. 45–48.
20 »Disney Stock Up Sharply on Euro Disneyland Demand«, Artikel der Associated Press vom 9. Oktober 1989.
21 »Disney President Pelted with Egg at Stock Announcement«, Artikel der Associated Press vom 5. Oktober 1989.
22 *L'Humanité Dimanche,* 23. Januar 1989, S. 13.
23 S.G. Warburg Securities, *International Offering,* Oktober 1989, S. 44.
24 Walt Disney Company, Presseerklärung vom 17. November 1989.
25 S.G. Warburg Securities, *International Offering,* Oktober 1989, S. 27 f.
26 Interview mit Stanley Gold, 8. Juni 1990.
27 Allan Sloan, »Has Disney Got A Deal for Dopey, Goofy and Dumbo«, in: *Los Angeles Times,* 11. Juni 1990, S. D-3.
28 Geraldine Fabrikant, »Studios Look to Foreign Markets«, in: *New York Times,* 7. März 1990, S. C-1.
29 Stewart Toy u.a., »An American in Paris«, in: *Business Week* (internationale Ausgabe), 12. März 1990, S. 34.
30 Interview mit Michael Eisner, 12. März 1990.
31 »French Grumble Over Disney Pacts: Not Getting Share of Euro Disneyland Work, Firms Claim«, Artikel von Reuters, 14. September 1988.

32 Chris Woodyard, »Grand Design: Euro Disney Is, Well, California«, in: *The Los Angeles Times,* 11. April 1992.
33 Richard Turner/Peter Gumbel, »Major Attraction: As Euro Disney Braces For Its Grand Opening, The French Go Goofy«, in: *The Wall Street Journal,* 10. April 1992, S. 1.
34 Rene Tempest, »EEQUE! A MOUSE! As Disney Prepares to Unveil a Theme Park Outside Paris, French Intellectuals Are Asking, Apres Mickey, le Deluge?«, in: *The Los Angeles Times,* 4. April 1992.
35 »France Objects to Dress Code at Disney Park«, Associated Press, 4. Dezember 1991.
36 »Euro Disney to Bail Out 40 Subcontractors«, in: *The Los Angeles Times,* 12. Februar 1992.
37 Tempest, »EEQUE! A MOUSE!«.
38 E.S. Browning, »Disney Gets Many Helping Hands To Sell the New Euro Disneyland«, in: *The Wall Street Journal,* 1. April 1992, S. B-4.
39 Rene Tempest, »Weather Smiles on Opening Day at Euro Disney«, in: *The Los Angeles Times,* 13. April 1992, S. 1.

Kapitel 13

1 Bruce Nussbaum, »Deal Mania«, in: *Business Week,* 24. November 1986, S. 75.
2 Laura Landro/Dennis Kneale, »Mega-Media. Entertainment Giants Are Now All the Rage, But Is Big Any Better?«, in: *The Wall Street Journal,* 9. Juni 1989, S. 1.
3 Walt Disney Company, Jahresbericht 1987, S. 47.
4 Bill Abrahams/Johnnie L. Roberts, »General Electric to Acquire RCA for $ 6.28 Billion«, in: *The Wall Street Journal,* 12. Dezember 1985.
5 Walt Disney Company, Jahresbericht 1986, S. 37.
6 Walt Disney Company, Presseerklärung vom 28. November 1989.
7 Interview mit Sid Bass, 30. Mai 1990.
8 Ida Picker, »Financial Magic for the Magic Kingdom«, in: *Corporate Finance,* Oktober 1989, S. 256.
9 *The Wall Street Journal,* 30. März 1988, S. 17.
10 Interview mit Gary Wilson, 21. April 1990.
11 Ettore, *Arvida,* S. 69.
12 Walt Disney Company, Jahresbericht 1987, S. 27; Vertrag zwischen The Walt Disney Company und Arvida Acquisition Association Ltd.

vom 29. Januar 1987; Arvida Corp., Einkommenserklärungen der einzelnen Unternehmensbereiche und Cash-flow von 1985-1986.
13 Vertrag zwischen The Walt Disney Company und Arvida Acquisition Association Ltd. vom 29. Januar 1987.
14 Briefliche Übereinkunft zwischen Arvida/JMB Partners L.P. sowie JMB Realty Corp. und The Walt Disney Company vom 10. September 1987.
15 Ettore, *Arvida,* S. 77.
16 *The Walt Disney Company v. Rovert E. Anderson,* et al., eingereicht beim Bezirksgericht der Vereinigten Staaten des Middle District von Florida, 10. April 1987, Fall Nr. 87-309-Civ-J-12.
17 Vergleichsvereinbarung und allgemeine Verzichtserklärung zwischen Charles E. Cobb und The Walt Disney Company vom 8. Juni 1987.
18 Gregory Stricharchuk, »Westinghouse Ends Accord to Purchase GenCorp's Los Angeles Television Station«, in: *The Wall Street Journal,* 30. Januar 1987, S. A-6; Bill Abrams, »GenCorp's RKO Alleges in an FCC Filing Two Ex-Aides Directed Ad Overcharges«, in: *The Wall Street Journal,* 15. August 1984, S. C-3.

Kapitel 14

1 Todd Vogel, »Vestron Is Now Starring in Its Own Cliffhanger«, in: *Business Week,* 17. Juli 1989, S. 66.
2 Motion Picture Association of America, *U.S. Economic Review,* 1988, S. 6.
3 *Variety,* 11. Januar 1990, S. 4.
4 Walt Disney Company, Jahresbericht 1989, S. 49.
5 Motion Picture Association of America, *U.S. Economic Review,* 1988, S. 6.
6 Richard Turner, »Disney Strategy to Increase Film Output Gets First Test in Spider Thriller-Comedy«, in: *The Wall Street Journal,* Marketplace-Teil, 13. Juli 1990, S. 1.
7 Produktionsnotizen von *Arachnophobia,* S. 29.
8 »North American Theatrical Film Rental Market Shares: *1970-1989«,* in: *Variety,* 11. Januar 1990, S. 2.
9 Interview mit Garry Marshall, 2. April 1990.
10 Ebd.
11 Ron Givens, »Tracking *Pretty Woman«,* in: *Entertainment Weekly,* 23. März 1990, S. 63.

12 *Hollywood Reporter,* 27. März und 12. Juni 1990.
13 Zahlen der Walt Disney Company.
14 *Advertising Age,* 26. September 1990, S. 55.
15 Interview mit Robert Cort, 1. Juni 1990.
16 Walt Disney Company, Jahresbericht 1989, S. 23, 49; 1990, S. 38.
17 Ebd. 1989, S. 46; 1987, S. 42.
18 *Variety,* 4. Januar 1991, S. 1.

Kapitel 15

1 »Disney Grins and Bears Canadian Pooh Statue«, Artikel der Associated Press, 30. September 1989.
2 Interview mit Peter Nolan, 22. Juli 1990.
3 Vickie Vaughan, »Disney Warns Union Members«, in: *Orlando Sentinel,* 11. November 1988, S. B-1.
4 Interview mit Jeffrey Katzenberg, 27. Juli 1990.
5 Interview mit Robert Cort, 1. Juni 1990.
6 Interview mit Garry Marshall, 2. April 1990.
7 Jeffrey Katzenberg, Pressekonferenz vom 10. April 1990.
8 Paul Richter, »Disney's Tough Tactics«, in: *Los Angeles Times,* Wirtschaftsteil, 8. Juli 1990, S. D-1.
9 Interview mit Jerry Zucker, 10. April 1990.
10 Will Tusher, »Disney Claims Kirkpatrick Breach«, in: *Variety,* 31. August 1990, S. 1.
11 Laura Landro, »U.K. Firm Seeks Movie Rights from Columbia«, in: *The Wall Street Journal,* 30. November 1988, S. B-8.
12 *Sky Television, PLC, v. The Walt Disney Company,* et al., eingereicht beim Obersten Gericht für den County Los Angeles, Fall Nr. C 724117, 15. Mai 1989.
13 *Sky Television, PLC, v. The Walt Disney Company, et al.*
14 Interview mit Larry Murphy, 7. Juni 1990.
15 *Metrocolor Partners v. The Walt Disney Company,* eingereicht beim Obersten Gericht für den County Los Angeles, Fall Nr. c 734625, 17. August 1989.
16 Laurie A. Knock/Glenn H. Epstein, »Disney Sues Property Appraiser's Office – Again«, in: *News Gazette* (Osceola, Florida), 23. September 1990, S. A-3.
17 Michael Griffin, »Disney May Help Orange Get a Loan«, in: *Orlando Sentinel,* 30. Mai 1990, S. A-1.

18 Richard Turner, »Well, Nobody Ever Claimed She Had a Sense of Humor«, in: *The Wall Street Journal,* 3. April 1989, S. 1.
19 Öffentliche Erklärung von Frank Wells, 30. März 1989.
20 Bruce V. Bigelow, »Disney Sues Academy Over Unauthorized Use of Snow White«, Artikel von Associated Press, 30. März 1989.
21 Thomas, *Walt Disney,* S. 271.
22 The Walt Disney Company, Jahresbericht 1988, S. 24.
23 »Disney in Copyright Spats with Day Care Center«, Artikel der Associated Press, 30. April 1989.
24 Paul Richter, »Disney's Tough Tactics«.
25 Interview mit Frank Wells, 25. Juni 1990.
26 Paul Richter, »Disney's Tough Tactics«.
27 Interview mit Richard Frank, 17. Mai 1990.
28 Paul Richter, »Disney's Tough Tactics«.
29 Walt Disney Studio, Presseerklärung, 21. Februar 1990.

Kapitel 16

1 Walt Disney Productions, Jahresbericht 1984, S. 14, 20.
2 Interview mit Steve Burke, 21. Juni 1990.
3 Walt Disney Productions, Jahresbericht 1984, S. 20.
4 Interview mit Barton Boyd, 16. April 1990.
5 Walt Disney Productions, Jahresbericht 1984, S. 16.
6 Walt Disney Company, Jahresbericht 1987, S. 22.
7 Interview mit Ron Miller, 26. April 1990.
8 Walt Disney Company, Jahresbericht 1986, S. 23.
9 Bob Pool, »Reagan Joins the Christmas Rush«, in: *Los Angeles Times,* Metro-Teil, 9. Dezember 1989, S. 1.
10 Walt Disney Company, Jahresbericht 1989, S. 49.
11 John Frook, »Firms Spin Off New Record Labels in Search of Market Share«, in: *Los Angeles Daily News,* Wirtschaftsteil, 27. August 1990, S. 5.
12 Meg Cox, »Disney Aims to Become Big in Books for Little People«, in: *The Wall Street Journal,* Marketplace-Teil, 29. Juni 1990, S. 1.

Kapitel 17

1 Michael Eisner, Pressekonferenz im Disneyland Hotel, Anaheim (Kalifornien), 12. Januar 1990.

2 Michael Eisner, Pressekonferenz im Swan Hotel, Orlando (Florida), 14. Januar 1990.
3 Walt Disney Productions, Jahresbericht 1984, S. 1; Walt Disney Company, Jahresbericht 1989, S. 51.
4 Schätzung von David J. Londoner in: Werthem Schroeder Researchbericht, 29. Mai 1990.
5 Walt Disney Company, Vollmachtsanweisung, 1990, S. 18.
6 Kathy M. Kristof, »Disney Shares Take a Dive«, in: *Los Angeles Times,* 21. Dezember 1989, S. D-1.
7 Kathleen Kerwin, »Disney Is Looking Just a Little Fragilistic«, in: *Business Week,* 25. Juni 1990, S. 52.
8 *The Wall Street Journal,* 3. August 1990, S. C-4.
9 Vicki Vaughan, »Tourism Slump Sweeps Country«, in: *Orlando Sentinel,* 3. September 1990, S. 13.
10 Vicki Vaughan, »Teetering Tourism«, in: *Orlando Sentinel,* Wirtschaftsteil für Zentralflorida, 3. September 1990, S. 1.
11 *Prime Time,* ABC, 10. Mai 1990.
12 *Today Show,* NBC, 14. Juni 1990.
13 *West Orange Times,* 19. Juli 1990.
14 John Frook, »Falling Stars«, in: *Los Angeles Daily News,* Wirtschaftsteil, 2. September 1990, S. 1.
15 Walt Disney Company, Vorläufiger Generalplan für Port Disney, Juli 1990.
16 Michael Eisner, Pressekonferenz im Disneyland Hotel, Anaheim (Kalifornien), 12. Januar 1990.
17 Lawrence J. Lebowitz, »Disney Acquires Control of 2,045 Acres of Osceola«, in: *Orlando Sentinel,* 12. August 1990, S. C-4.
18 Robin Benedick, »Disney Serious about Making Osceola Dream City a Reality«, in: *Orlando Sentinel,* 25. Juli 1990, S. 1.
19 Interview mit Ray Watson, 16. April 1990.
20 Walt Disney Company, Jahresbericht 1989, S. 3.
21 Judy Brennan, »Disney's Engine Slowing Down«, in: *Variety,* 9. November 1990, S. 1.
22 Walt Disney Company, Presseerklärung vom 8. November 1990.
23 Walt Disney Company, Presseerklärung vom 24. Januar 1991.
24 *Variety,* 4. Januar 1991, S. 1.
25 Jeffrey Katzenberg, »The World Is Changing: Some Thoughts on Our Business«, Rundschreiben vom 11. Januar 1991.

REGISTER

Abrahams, Jim 144, 346
Alda, Alan 325
Allen, Steve 195, 212
Allen, Woody 244, 327, 328
Ancier, Garth 233, 234
Andersen, Hans Christian 180
Anderson, Harry 228
Arkin, Alan 133, 227, 231
Armstrong, Larry 19
Arnold, Danny 232
Ashman, Howard 181, 192
Attenborough, Richard 78, 136
Avery, Tex 170
Avildsen, John 57, 123

Badham, John 57
Bagnall, Mike 22, 66, 69, 92, 93, 95, 126, 194, 199, 200, 204, 293
Barbera, Hanna 366
Bardot, Brigitte 182
Barr, Roseanne 232
Barrie, John M. 358
Basinger, Kim 317, 340, 341
Bass, Sid 13, 18, 22, 23, 41–44, 47–49, 63, 66–69, 71–76, 91–93, 100, 195, 197, 241, 248, 289, 297, 298, 300, 364
Baxter, Tony 279
Beals, Jennifer 145
Beatty, Warren 60, 182–190, 192, 256, 345, 368
Becks, Steve 98
Begelman, David 237
Belushi, John 161
Benjamin, Richard 184
Bergen, Candice 182
Berger, Richard 18, 39, 90, 98, 122, 124, 126, 127, 146, 167–169, 180, 200
Bergman, Ingrid 241
Bernard, Jean-René 262, 263, 266
Bernstein, Tom 18, 135, 140, 141
Betts, Roland 18, 78, 135–138, 140, 141, 169, 327–331
Black, Carol 233
Block, Alex Ben 357
Block, Bill 317, 340
Bluhdorn, Charlie 44, 58, 136, 290, 341
Bluth, Don 176
Bocher, Steven 218, 219, 230–232
Boesky, Ivan 74, 75, 287
Bogart, Humphrey 241

Bombyk, David 128
Bongirno, Carl 77, 239
Boyd, Bo 17, 76, 363–365, 370, 374, 376, 377
Boyer, Alfred 299
Boyett, Bob 230
Braderman, Bill 218
Bradshaw, Thornton 291
Brezner, Larry 159, 160
Bridges, Lloyd 223
Brierley, Ronald 298, 299
Bright, Charles R. 107
Brooks, James 71, 87, 231
Brooks, Mel 225, 226
Burke, Martin 160
Burke, Steve 17, 360–362, 371–374, 377
Burnett, Carol 233
Burns, George 62
Burstyn, Ellen 231
Burton, Tim 176
Butoy, Hendel 192
Byrd, Ralph 183

Caglione, John 188
Canby, Vincent 154
Cannell, Stephen 230
Canonero, Milena 188
Capetanos, Leon 129
Carsey, Marcy 230
Carter, Vera 384
Cash, Jim 187
Champlin, Chuck 18
Chandler, Raymond 165
Chapman, Ollie 336
Checchi, Al 18, 68, 72, 76, 93–95, 100–103, 113, 114, 241, 289, 381
Cher 285
Chirac, Jacques 262, 263, 267, 268, 360
Chruschtschow, Nikita 259
Clar, Hilary 18
Clements, Ron 178, 180, 192
Cobb, Chuck 18, 42, 49, 68, 69, 116, 260, 261, 300–303
Cohn, Sam 18, 77, 129, 130, 134
Cole, Natalie 323, 324
Colebourn, Harry 335
Collodi, Carlo (Carlo Lorenzini) 193
Comanechi, Nadia 259
Conlin, Maryanne 19
Connery, Sean 321, 392
Cook, Dick 17, 149, 159, 194, 199, 343, 344

Cooke, John 17, 211-213
Cooper, Gordon 121
Coppola, Francis Ford 106, 111, 119, 327, 345
Cora, Jim 258, 260
Cort, Robert 18, 128, 143, 151, 155-157, 159, 318, 331, 342
Cosby, Bill 142, 232
Craft, Chris 90
Crodin, Charles 321
Cronauer, Adrian 160, 162
Cronkite, Walter 224, 255
Cruickshank, Jim 157, 158, 342
Cruise, Tom 153-155, 163, 192, 325
Crystal, Billy 160
Crystal, Graef S. (»Bud«) 18, 82
Curtis, Jamie Lee 311

Dahsburg, John 95
Dailey, Peter 42
Daly, Bob 352
Danson, Ted 142, 157, 158
Dante, Joe 168
Danza, Tony 219
Davis, Geena 311
Davis, Martin 44-46, 49, 87, 91, 123
Davis, Marvin 38, 122
Dawber, Pam 229
De Vito, Danny 142, 145
Degelman, Thor 281
Depardieu, Gérard 393
Dickens, Charles 180
Dickensen, Peter 125
Diller, Barry 38, 44-47, 55-61, 69, 70, 81, 83, 86, 123, 124, 127, 128, 136, 137, 145, 155, 180, 183, 184, 221, 227, 229, 289, 290, 303, 338, 341, 347, 357, 358
d'Isigny, Hughes 286
d'Isigny, Robert 286
Disney, Lillian 25
Disney, Roy 17, 25-27, 30, 32-34, 36, 37, 39, 40, 42-44, 46, 49-52, 61, 66, 176-181, 276, 286, 294, 354, 362, 364, 371
Disney, Roy E. 31, 32
Disney, Walt 13, 16, 25-37, 39, 42, 46, 49-53, 61, 73, 77, 81, 88, 90-92, 103, 112, 116, 117, 122, 123, 146, 165, 166, 176, 178, 181, 193, 216, 223, 239, 240, 279, 286, 297, 336, 337, 352, 355, 356, 362, 377, 384, 390
Dixon, Leslie 342
Doctorow, E.L. 334
Dore, Jacques 269
Douglas, Kirk 141
Drexler, Doug 188
Dreyfuss, Richard 132-134, 145, 161, 231, 318, 326, 333, 341
Dunaway, Faye 188

Eastwood, Clint 21, 138, 184
Eden, Julie 205
Eisner, Jane 48, 69, 75, 76, 88, 121, 224
Eisner, Michael 11-18, 20-23, 38, 42, 44-50, 52-61, 63-67, 69-71, 73-79, 80-97, 99-102, 104, 105, 107, 108, 110-112, 114-148, 150, 152-156, 160, 163, 164, 166, 167, 169, 176-181, 183-187, 191, 193, 195-197, 199, 200, 202, 205, 208-213, 216-225, 227, 229-233, 236, 240-243, 245, 246, 248, 253, 257, 258, 260-263, 267, 270, 271, 274, 276, 278-280, 282, 283, 285, 286, 288-294, 296-298, 300, 301, 303, 308-311, 313-317, 319, 327, 328, 330, 332, 334, 337-339, 341, 346, 347, 352-355, 357, 360-364, 366-368, 371, 373, 377-383, 385-394
Epps, Jack 187
Estefan, Gloria 285
Eszterhas, Joe 325
Ettore, Tony 301

Fabius, Laurent 262, 263
Fast, Howard Melvin 318
Felcyn, Keith 19
Field, Ted 128, 318, 331
Fields, Bert 186, 187, 345
Fields, Sally 130
Fisher, Carrie 379
Fisher, Terry Louise 232, 233
Fitzgerald, Tom 109
Fitzpatrick, Robert 274, 279, 283, 284
Fleischer, Charles 172
Flom, Joe 64, 67
Fonda, Jane 119
Ford, Harrison 168, 172
Forsgren, John 268, 292
Fosse, Bob 184
Frank, Richard 17, 90, 91, 147, 200, 201, 222-225, 231, 234, 295, 303, 304, 307, 348-350, 358, 359, 389, 394

Gable, Clark 238
Gabriel, Mike 192
Ganz, Tony 128
Garbo, Greta 238
Garland, Judy 238
Garner, James 21, 32, 62, 338
Geffen, David 110, 111, 297
Gere, Richard 321
Gifford, Kathie Lee 208
Globus, Yolan 288
Golan, Menahem 288
Gold, Stanley 18, 39, 40, 42-44, 46-49, 52, 63, 64, 82, 92, 176, 276
Goldberg, Leonard 221
Goldberg, Whoopi 119
Goldblum, Jeff 311
Goldenson, Leonard 46, 55, 88f., 221, 222
Goldman, Bo 187
Goldwyn, Samuel 57, 127, 237
Good, Chuck 194, 197f.
Goodman, John 325
Gorbatschow, Michail 154
Gordon, Lawrence 60, 323
Gould, Chester 183
Graham, Bob 245-247
Graves, Michael 117, 271, 388
Graves, Peter 223
Green, Howard 18, 165
Green, Judson 268, 279, 292, 388
Greene, Tom 230
Greenwald, Henry 206

Griffith, Melanie 188
Grover, Elisabeth 19
Guttenberg, Steve 157

Haber, Bill 78, 219, 220
Hackett, Buddy 180
Hackman, Gene 188
Hahn, Helene 90, 186, 187, 331, 338, 340, 341, 389
Hall, Arsenio 189
Hall, Barbara 231
Hamill, Mark 379
Hanks, Tom 39, 333, 354, 392
Hannah, Darryl 39
Harlow, Jean 238
Harris, Susan 78, 219, 220, 226, 232-235
Hawn, Goldie 319, 392
Hawthorne, Nathaniel 59
Head, Murray 321
Headley, Glenne 188
Henderson, Rita 18
Hendrickson, Jennifer 18
Henson, Jim 307-309
Hill, Arthur 143
Hill, Walter 184
Hiller, Arthur 342
Hirsch, Barry 345
Hoberman, David 90, 315, 316, 320, 321, 389
Hockney, David 125
Hoffman, Dustin 188, 189, 256, 334, 354, 392
Hook, J.G. 365
Hope, Bob 62, 255
Hoskins, Bob 172
Houston, Anjelica 111
Howard, Ron 128, 217
Hudson, Bill 235
Hughes, Howard 298
Hughes, John 123, 128
Hurd, Gale Ann 332
Hussein von Jordanien 259
Hussein, Saddam 382

Icahn, Carl 287

Jackson, Michael 110-112, 119, 295, 296
Jacobs, Irwin 21, 43, 52, 64, 67, 74, 75, 81, 283, 288, 394
Jacquemin, Robert 17, 91, 205-208
Jaffe, Mark 375
Jagger, Mick 296
Jakoby, Don 317
Jimirro, Jim 18, 77, 194, 198, 209, 210-212, 239
Joel, Billy 180, 295, 296
Johns, Jasper 66
Johnson, Don 151
Johnson, Janet 264, 338
Jones, Tom 275

Kahn, Richard 354
Kaplan, Ed 347
Katz, Marty 143, 342
Katzenberg, Jeffrey 13, 17, 45, 46, 75, 85-91, 96-98, 100, 110, 111, 123-125, 127-132, 136-138, 141-144, 146-149, 154-157, 159-161, 163, 164, 167, 169, 173-175, 177-187, 191, 199-202, 221, 223-226, 230-233, 235, 242, 294, 295, 311, 313-317, 319, 320, 322, 323, 326-328, 331, 332, 334, 341-346, 348, 354, 357, 358, 367, 368, 376, 389, 392, 393
Katzenberg, Marilyn 75
Kaye, Danny 129
Keaton, Michael 317
Keillor, Garrison 212
Kellner, Jamie 358
Kerkorian, Kirk 237, 238, 243-245, 295
King, Larry 189
Kinsey, Stan 18, 36, 88, 89, 90, 97, 180, 181, 200, 201
Kirkpatrick, David 346f.
Kissinger, Henry 154
Klein, Calvin 60
Kluge, John 303
Knotts, Don 33
Korman, Harvey 226
Krames, Jeffrey 19
Krisel, Gary 207

Lancaster, Burt 141
Landis, John 184, 333
Lange, Jessica 126
Lansbury, Angela 318
Laughlin, Michael 183
Leachman, Cloris 226
Lear, Norman 90, 219, 315
Lee, Peggy 180
Leibowitz, Annie 158
Lemorande, Rusty 112
Lepetit, Jean-François 156
Lessing, Gunther 337
Letterman, David 160
Levin, Robert 17, 147, 158, 162, 181, 182
Levinson, Barry 145, 161, 345
Levitt, Arthur (III.) 17, 271f., 273
Levitt, Ron 233
Lewis, Huey 180
Lincoln, Abraham 103
Lindquist, Jack 17, 77, 103-105, 121
Lindsay, John 86
Linson, Art 183, 188
Lithgow, John 87
Litvak, Stanford 358
Lloyd, Christopher 172
Long, Earl K. 319
Long, Shelley 142
Lorenzini, Carlo (Carlo Collodi) 193
Lowe, Rob 354
Lozano, Ignacio 49
Lucas, George 14, 34, 47, 59, 71, 77, 78, 80, 106-111, 119, 126, 143, 173, 217, 242, 253, 255, 379, 385, 391

Mack, Consuelo 207
Madonna 132, 188, 189, 368, 393
Mancuso, Frank 46, 47, 81, 87, 145, 146
Markowitz, Mitch 160
Marriott, Bill 95, 96, 114, 289
Marsh, Paul 382
Marshall, Frank 171, 172, 318, 320, 321, 343

411

Marshall, Garry 18, 71, 160, 163, 229, 320-322
Martin, Cheech 180
Martin, Lucille 77
Mastrantonio, Elisabeth 155
May, Elaine 184f.
Mayer, Louis B. 237
Mazursky, Jill 317
Mazursky, Paul 77, 129, 130, 148
McBeth, Steve 365, 368
McCarthy, Neil 292
Mechanic, Bill 17, 90, 197, 198, 200, 202, 204
Melnick, Dan 132
Menken, Alan 181, 192
Mertz, Ethel 242
Mestres, Ricardo 17, 90, 157, 315-318, 339-342, 389
Midler, Bette 130-132, 134, 145, 148, 161, 163, 180, 226, 231, 255, 320, 323, 326, 328, 341, 343
Migenes, Julia 275
Milken, Michael 40, 74, 287
Miller, Ron 13, 18, 30-32, 34, 37-39, 42-45, 65, 77, 82, 83, 89, 90, 92, 100, 101, 104, 107, 122, 124, 126, 146, 152, 163, 165-168, 171, 177, 181, 193-195, 197, 198, 201, 204,209, 210, 212, 216-218, 236, 241, 258, 276, 283, 328, 365, 366, 383, 391
Miller, Sharon 19
Milne, A.A. 166, 335, 336
Milne, Christopher Robin 335
Montgomery, Mike 330
Morrains, Rick 333
Moses, Ben 160
Murdoch, Rupert 288, 289, 303, 306, 347-350
Murphy, Eddie 22, 123, 393
Murphy, Larry 18, 292, 296, 310, 350, 388
Murray, Bill 155, 169, 333
Murrow, Richard 338
Musker, John 178, 192
Mutrux, Floyd 183, 188

Naisbitt, John 113
Nanula, Richard 292, 298, 330
Neal, Sam 321
Newman, Paul 153-155
Nicholson, Jack 119, 130, 188
Nimoy, Leonard 151, 157, 342
Nixon, Richard 318
Nolan, Peter 18, 243, 339, 354, 355
Nolte, Nick 133, 134
Norville, Debra 384
Nowak, Ed 18, 338, 354
Nunis, Dick 13, 17, 49, 73, 75, 76, 92, 99-102, 104, 105, 217, 220, 240, 250, 258, 260, 339, 380, 391

Ogden, Robert 335, 336
Okun, Erwin 12, 17, 64, 65, 81
O'Neal, Ryan 354
Orbison, Roy 323
Orr, James 157, 158, 342
Ovitz, Michael 153, 154, 198, 230
Oz, Frank 308

Pacino, Al 188, 189

Parker, Fess 28
Parrish, Bernie 247, 248
Paterno, Peter 297, 376, 391
Perelman, Ronald 351
Permut, David 318
Perrenchio, Jerry 219, 230
Petrie, Daniel 128
Philbin, Regis 208
Pierce, Fred 89, 221-223
Pointer, Ruth 180
Pompidou, Georges 262
Pressler, Paul 18, 174, 366-370
Price, Frank 129, 155
Price, Jeffrey 168
Pritzker, Jan 114
Pulliam, Keshia Knight 228

Quindlin, Anna 189

Rainwater, Richard 42, 44, 47, 49, 68, 69, 71, 73, 74, 77, 93, 100, 241
Rashad, Phylicia 228
Reagan, Ronald 154, 254, 373
Redford, Robert 132
Reed, John 184
Reese, Michael 175
Reinhold, Judge 141, 145
Reitman, Ivan 123, 232
Renoir, Jean 128
Reynolds, Burt 208
Reynolds, William 303, 304, 306
Richardson, Sid 21
Ringwald, Molly 325
Roberts, Julia 320, 321
Rocard, Michel 278
Rockefeller, John D. 116
Rohatyn, Felix 291
Roosevelt, Teddy 53, 116
Rose, Stephen 146, 147
Rosenberg, Grant 230
Rothman, Frank 237-239, 242, 243
Rothschild, Rick 111
Rouse, Jim 113

Salkind, Alexander 63
Santaniello, Joe 339
Schine, Eric 19
Schwartz, Alan 225
Scorsese, Martin 153, 155, 184, 327
Scott, Erica 356
Seaman, Peter 168
Self, Ed 218
Selleck, Tom 142, 157, 158
Serreau, Coline 156, 157, 318, 342
Shapiro, Joe 17, 64, 243, 257, 262-264, 266-269, 338, 339, 351, 354, 389
Sheinberg, Sid 246-248, 251
Shepard, Ernest 336
Shepard, Sam 126
Shepard, Steve 19
Short, Martin 160
Shuler, Lauren 128
Simon, Bill 305, 306, 364
Simon, Neal 317

Simon, William 43, 304
Simpson, Don 58, 59, 316, 393
Sklar, Marty 18, 77, 78, 108, 109, 111, 239, 253, 279
Slater, Helen 145
Slayton, Donald 121
Sloan, Allan 277
Smadja, Gilles 271
Small, Bob 14, 18
Sondheim, Stephen 188
Spielberg, Steven 22, 34, 49, 59, 71, 81, 111, 123, 131, 159, 167-174, 318, 325, 326, 328, 333, 334, 367
Sporkin, Andi 18
Spottiswood, Roger 343
Springsteen, Bruce 295
Stallone, Sylvester 123, 325, 333, 385, 392
Stanfill, Dennis 49, 52
Stanley, Morgan 38, 41
Stanwyck, Barbara 328
Starr, Blaze 319
Stein, Gilbert 356
Stein, Jay 248, 277, 278
Steinberg, Saul 21, 40, 43, 81, 95, 195, 283, 287-289, 292, 394
Stella, Frank 66
Stewart, James 238
Stone, Peter 125
Storaro, Vittorio 188
Streisand, Barbra 151
Sturdivant, Mark 168, 171
Swayze, Patrick 311

Tannen, Ned 184
Tartikoff, Brandon 233
Tatum, Don 31
Taylor, John 16
Taylor, Liz 112
Tevis, Walter 153 f.
Thomas, Tony 219, 220, 226, 232, 234, 235
Thomopoulous, Tony 89, 221, 223
Tinker, Grant 291
Tisch, Lawrence 295
Tisch, Steve 145, 347
Tishman, John 18
Tomlin, Lily 145, 226
Turner, Ted 238, 295
Turner, Tina 285
Twain, Mark 24

Uhry, Alfred 392
Ullman, Liv 182

Vajna, Andy 332, 333
Vasallo, Ignacio 260
Verne, Jules 272, 280
Villa, Pancho 337
Vinci, Leonardo da 272, 280

Wahl, Ken 131
Walker, Card 31-38, 41, 49, 50, 52, 72, 83, 89, 100, 103, 121, 124, 126, 146, 165, 176, 181, 193, 194, 197, 200, 201, 209, 210, 241, 249, 258, 293, 365, 383, 391

Walters, Barbara 189
Warner, Jack 127, 338
Watson, Ray 18, 37, 41-43, 47, 49, 52, 61, 64, 66, 72, 75, 83, 104, 113, 115, 116, 125, 126, 148, 258, 293, 300, 364, 388
Wayne, John 241
Weaver, Gordon 146, 147
Webber, Andrew Lloyd 393
Weir, Peter 313
Weitzman, Howard 347
Wells, Frank 11, 13-18, 20-23, 40, 42, 44, 47-50, 52, 61-67, 69, 71, 73-76, 78-85, 88, 92, 93, 96, 97, 99-102, 104, 105, 108, 113-116, 118-120, 125, 126, 134-141, 146, 150, 163, 166, 167, 176, 177, 181, 182, 187, 193, 197-199, 205, 209-211, 213, 216, 238-243, 245, 249, 250, 252, 257, 258, 260, 263, 267, 275, 276, 288, 292, 297, 300, 301, 305, 306, 309, 310, 328, 337-339, 353-355, 357, 360, 362-366, 368, 31, 377, 380, 384, 385, 388-392, 394
Wells, H.G. 272
Wells, Luanne 64, 75, 306
Wexler, Norman 57
Wilhite, Tom 18, 38, 39, 122
Williams, Matt 232, 233, 235
Williams, Richard 170, 171, 173
Williams, Robin 142, 159-163, 217, 219, 255, 313, 333
Wilson, Gary 18, 94-96, 114, 265, 267, 268, 270, 279, 289, 290-296, 298, 299, 301, 302, 309, 328-330, 339, 361, 380, 381, 388
Winfrey, Oprah 162, 209
Winger, Debra 69, 119, 333
Witt, Paul Junger 18, 78, 219, 220, 226, 232-235
Wolf, Gary 18, 165
Wollenberg, Roger 306
Wolman, Bill 207
Wood, Lauren 323
Wrather, Jack 297-299
Wright, Samuel E. 375

Yeager, Jeana 121
Yetnikoff, Walter 295, 296
Young, Sean 188

Zemeckis, Robert 168, 170, 171, 173
Zlotkoff, Lee David 231
Zucker, David 144, 345
Zucker, Jerry 18, 58, 144, 346

Disneys Vergnügungsparks

Disneyland, Anaheim 28 f., 78, 80, 88, 92, 99, 100, 102-106, 110-112, 117, 120, 166, 191, 240, 258, 259, 272, 279, 280, 282, 379, 383, 385, 386, 392
Disneyland, Orlando (EPCOT) 29 f., 34-37, 72, 75 f., 99-103, 105, 115-121, 191, 194, 209, 213, 217, 239-243, 246, 247, 249-251, 253, 254, 259, 263, 272, 273, 276, 278, 282, 283, 288, 293, 363, 378, 379, 382, 383, 385-387, 391, 392

Euro Disneyland 257 ff., 348, 377, 381, 385 f., 390
Tokyo Disneyland 37, 100, 258, 264, 265, 272, 293, 330, 379, 391, 392
Walt Disney World 35, 105, 108, 113, 118, 120, 242, 246, 259, 378, 383–385, 387

Filmtitel

Disneys Filmproduktionen sind vollständig aufgeführt, andere im Text genannte Filme insoweit, als sie in Deutschland bekannt sind.

Air Born – Flügel aus Stahl 332
Alice Comedies 24
Alice im Wunderland 28, 33, 195, 280
Alice lebt hier nicht mehr 153, 231
Alladin 192
American Diner 145, 161
American Graffiti 133
Arachnophobia 317, 318, 325, 326, 328, 393
Archie und Harry – sie können's nicht lassen 141, 157
Arielle – Die Meerjungfrau 181, 191, 192, 284, 319, 367, 375, 385
Auf der Jagd nach dem Juwel vom Nil 149

Bambi 170, 203, 204
Barry Lindon 188
Basic Instinct 325
Basil, der große Mäusedetektiv (Basil of Baker Street) 178–180, 367
Batman 176, 186, 190, 317, 319, 368
Beauty and the Beast 192
Beetlejuice 176
Ben Hur 238
Betsy's Wedding 325
Beverly Hills Cop 57, 59, 85, 122, 128, 138, 141, 203, 229, 316, 393
Blaze – Eine gefährliche Liebe 319, 382
Blues Brothers 184
Bob & Caroline & Ted & Alice 77, 129
Brian's Song 78, 219

Captain EO 111, 112, 118
Casablanca 241
Castaway Cowboy 32
Chaos im Camp 152
Cheetah 319
Chinatown 130
Chip'n Dale's Rescue Rangers 208, 214, 275, 306, 357, 358
Cinderella 29, 194, 199, 203, 204, 209, 214
Club Paradise 161
Cocktail 163, 318, 322, 326
Cocoon 157
Cotton Club 188
Country 85, 122, 126
Crocodile Dundee 153, 159

Dallas 295
Das Imperium schlägt zurück 38
Das Reich der Sonne 171
Das Tal der Puppen 133
Das zauberhafte Land 126, 238, 244
Davy Crockett 28, 196, 228, 355
Der Club der toten Dichter 313, 319
Der Flieger 237
Der goldene Regenbogen 106
Der große Frust 58
Der Himmel soll warten 56, 184
Der Höllentrip 188
Der kleine Horrorladen 181
Der Untermieter 133
Der weiße Hai 33, 133, 172, 256
Dick Tracy 183–187, 189–192, 256, 273, 312, 313, 324–356, 368, 393
Die Bären sind los 57
Die blonde Versuchung 317, 339, 341
Die Bullen von Dallas 134
Die Farbe des Geldes 153–155, 162
Die Farbe Lila 149
Die Glücksritter 184
Die Himmelstürmer 135
Die Nacht hat viele Augen 152
Die nackte Kanone 346
Die Rache der Eierköpfe 128
Die Semmelknödelbande 33
Die Simpsons 191, 358, 368
Die Spur führt zurück 130
Die Stunde des Siegers 63, 138, 188
Die totale Erinnerung – Totall Recall 332
Die Überlebenskünstler 161
Die unglaubliche Entführung der verrückten Mrs. Stone 132, 144, 145, 149 f., 152, 296, 322, 346
Die unglaubliche Reise in einem verrückten Flugzeug 58, 144, 346
Die weiße Bestie 58
Die Wüste lebt 176
Die Zeit der bunten Vögel 319
Dirty Dancing 311
Disney Sunday Movie 105
Disneyland 28
Dornröschen und der Prinz 29, 166, 177, 181, 194, 202, 203
Drei Männer und ein Baby 14, 155, 156, 342
Drei Männer und eine kleine Lady 326, 328
Dschungel der tausend Gefahren 28
Du sollst mein Glücksstern sein 239, 244
DuckTales 167, 192, 207, 208, 214, 275, 306, 357, 358, 376
Dumbo – Der fliegende Elefant 195, 198, 201, 202, 206

Ein Draufgänger in New York 184
Ein toller Käfer 33, 210
Ein Offizier und Gentleman 146, 321
Eine entheiratete Frau 129
Eine ganz normale Familie 132
E.T. – Der Außerirdische 34, 106, 144, 166, 167, 172, 175, 191, 204, 324

Falsches Spiel mit Roger Rabbit 167–171, 173–176, 185, 186, 191, 213, 214, 277, 312, 313, 333, 345, 367, 385
Familie Feuerstein 356

Fantasia 23, 32, 139
Feivel, der Mauswanderer 170
Flashdance 57, 69, 136, 145, 229, 241
Footloose 59, 69, 85
Frankenstein Junior 225
Freundinnen 163, 320, 322, 343

Gandhi 78, 136
Geschenkt ist noch zu teuer 142
Ghost – Nachricht von Sam 346
Ghostbusters – Die Geisterjäger 233
Ghostbusters II 319
Gimme Shelter 106
Golden Girls 219, 220, 226, 232–235
Good Morning, Chicago 333
Good Morning, Vietnam 159–161, 163, 214, 313, 333, 345
Grease 56, 122, 322
Green Card – Schein-Ehe mit Hindernissen 393
Gremlins – Kleine Monster 122, 168, 171

Haie der Großstadt 153, 154
Harry 227
Harry und Tonto 77, 129, 231
Heartbreak Hotel 314
Heaven's Gate 112, 137
Help Wanted: Kids 224
Herbie groß in Fahrt 32
Hill Street Blues 218
Hook 334
Howard – Ein tierischer Held 137

Ich glaub', mich tritt ein Pferd 33, 184
Indiana Jones 78, 196, 203, 242
Indiana Jones und der Tempel des Todes 324
Is was, Sheriff? 225
Ist das nicht mein Leben? 133

Jäger des verlorenen Schatzes 21, 34, 38, 56, 59, 69, 71, 122, 138, 147, 203, 318
Jenseits von Afrika 149

Kentucky Fried Movie 144
Kleopatra 112
Knight Rider 230
König Artus und der Astronaut 33
Kramer gegen Kramer 33, 334
Krieg der Sterne 34, 47, 77, 78, 106, 109, 119, 147, 166, 225, 379

Lassie 297
Liebe niemals einen Fremden 106
Liebe ohne Ausweg 237
Liebling, ich habe die Kinder geschrumpft 191, 273, 313, 319, 333, 385
Live with Regis & Kathie Lee 208, 215
Lockere Geschäfte 145

MacGyver 230, 231
Mach's nochmal, Dad 149
Magnum 143, 218, 235
Mary Poppins 23, 29, 169, 194, 196, 198, 206
M*A*S*H* 218

Mel Brooks' »Spaceballs« 225
Melvin und Howard 187
Meuterei auf der Bounty 239
Miami Vice 249
Mona Lisa 172
Moskau in New York 129, 161
My Science Project 122, 144

Nachrichtenfieber 158
Natty Gann 122, 144
Never a Dull Moment 31
New Yorker Geschichten 327, 328
Nichts als Ärger mit dem Typ 143, 152, 155, 341, 342
Nightshift – Das Leichenhaus flippt völlig aus 142
Noch drei Männer, noch ein Baby 151, 152, 158, 159, 163, 214, 313, 315, 318, 324, 326, 331
Norma Rae – Eine Frau steht ihren Mann 130
Nummer 5 lebt 314
Nur 48 Stunden 60, 134, 184, 333

Off Beat – Laßt die Bullen tanzen 145, 152
Oliver & Co. 180, 182, 191
Onkel Remus' Wunderland 120
Oscar – Vom Regen in die Traufe 333, 385
Oswald the Lucky Rabbit 24
Oz – Eine fantastische Welt 126, 144
Ozzie and Harriet 212

Peter Pans heitere Abenteuer 166, 255, 259
Pink Panther 170
Pinocchio 23, 29, 193, 194, 198, 200, 201, 202, 214, 259
Predator 333
Pretty Woman 320, 322–324, 393
Police Academy 157
Poltergeist 106
Pongo und Perdita 29
Psycho 255

Randall & Juliet 318
Reds 58, 184, 185, 187, 188
Rififi am Karfreitag 172
Robin Crusoe, der Amazonenhäuptling 33
Rocketeer 333
Rocky 57, 244
Rocky IV 149, 152
Running Brave 85

Saturday Night Fever 21, 38, 56, 57, 122, 196, 322
Scenes from a Mall 328
Scott & Huutsch 333, 342
Schmeiß' die Mama aus dem Zug! 158
Schneewittchen und die sieben Zwerge 22f., 26, 29, 139, 171, 199, 388
Schütze Benjamin 58
Sein Freund Jello 31
Shampoo 184
Sidekicks 227
Something Wicked This Way Comes 43, 123, 198

415

Splash – Jungfrau am Haken 39, 85, 122, 124, 149, 198, 206
Star Trek 33, 87, 205
Star Trek II – Der Zorn des Khan 106
Star Trek III – Auf der Suche nach Mr. Spock 151
Star Trek IV – Zurück in die Gegenwart 151
Steamboat Willie 25, 26, 29
Stella Dallas 328
Stirb langsam 332
Supercup 210
Supergirl 145
Superman 63, 186
Susi und der Strolch 203, 372
Swamp Fox 196

Taking Care of Business 325
Taran und der Zauberkessel 144, 177, 178
Taxi 71, 231
Taxi Driver 153
Tex 146
The Adventures of the Gummi Bears 97, 167, 367
The Beauty and the Beast 284
The Disney Club 275
The Disney Sunday Movie 227
The Ellen Burstyn Show 227
The K-Mouse Hour 307
The Magical World of Disney 228, 235
The Mickey Mouse Club 29, 212, 213, 275
The Muppets 308
The New Leave It to Bear 210
The Oldest Rookie 227
The Proud and the Free 318
The Rescue 314
The Rose 130
The Wuzzles 97, 167, 367
Tin Men 145, 152, 161, 345
Today's Business 206

Toon Platoon 192
Top Gun 153, 187, 393
Trenchcoat 85, 123
Tron 43, 100, 201
Turtles 191
Twins – Zwillinge 233

Ultimatum 332
Unheimliche Begegnung der dritten Art 133, 159, 175
Unternehmen Donnerschlag 128

Verhext 131
Von Bullen aufs Kreuz gelegt 319, 326
Vom Winde verweht 238, 244

Walt Disney 216
Watcher in the Woods 23
Welcome back, Kotter 56
What About Bob? 333
Wild Drivers 133
Win, Lose or Draw 208, 215
Winnie Puuh... und der Honigbaum 166, 210
Witness 128
Wonderful World of Color 216
Wonderful World of Disney 23, 204
Wunder der Prärie 176

Yentl 112

Zeit der Zärtlichkeit 21, 87
Zelig 188
Zoff in Beverly Hills 77, 141, 143, 144, 148–150, 152, 203, 227, 322, 333
Zorro 31, 125, 196
Zurück in die Zukunft 168, 170, 172
20 000 Meilen unter dem Meer 196, 206
Zwei in Blue Jeans 183
Zwei mal Zwei 145, 226

Abbildungen
Deutsche Presse Agentur: Euro Disney, Oktober 1991
The Walt Disney Company: alle übrigen Abbildungen im Bildteil und auf der Rückseite